Diogenes Taschenbuch 20273

de
te
be

*Das Diogenes Lesebuch
irischer Erzähler*

*Herausgegeben von
Gerd Haffmans*

Diogenes

Dies Diogenes Lesebuch
versammelt Geschichten irischer Erzähler,
die im Diogenes Verlag erschienen sind.
Nachweise im Anhang.
Mitarbeit von Claudia Schmölders.
Umschlagzeichnung von Tomi Ungerer.

Alle Rechte vorbehalten
Copyright © 1976 by
Diogenes Verlag AG Zürich
60/82/9/5
ISBN 3 257 20273 3

Inhalt

Statt eines Vorworts
Frank O'Connor
Die Kurzgeschichte 7
›The Short Story‹, deutsch von Elisabeth Schnack

James Joyce
Irland – Insel der Heiligen und Weisen 12
›Irlanda, Isola dei Santi e dei Savi‹, deutsch von Hiltrud Marschall

Joseph Sheridan Le Fanu
Der ehrenwerte Herr Richter Harbottle 35
›The Honorable Judge Harbottle‹, deutsch von Helmut Degner

Oscar Wilde
Das Gespenst von Canterville 69
›The Canterville Ghost‹, deutsch von N. O. Scarpi

Lord Dunsany
Eine welterschütternde Erfindung 102
›The Lost Invention‹, deutsch von Elisabeth Schnack

George Moore
Heimweh 107
›Home Sickness‹, deutsch von Elisabeth Schnack

Sean O'Casey
Der Torero 120
›Toreador‹, deutsch von W. E. Richartz

James Joyce
Eine kleine Wolke 131
›A Little Cloud‹, deutsch von Dieter E. Zimmer

Liam O'Flaherty
Armut und Reichtum 146
›Two Lovely Beasts‹, deutsch von Elisabeth Schnack

Sean O'Faolain
Gottlos leben und beinah sterben 171
›Unholy Living and Half Dying‹, deutsch von Elisabeth Schnack

Frank O'Connor
Mein Ödipus-Komplex 182
›My Œdipus Complex‹, deutsch von Elisabeth Schnack

Frank O'Connor
Eine kleine Grube im Moor 190
›Guests of the Nation‹, deutsch von Elisabeth Schnack

Sean O'Faolain
Charlies Griechin 204
›Charlie's Greek‹, deutsch von Elisabeth Schnack

Brian Friel
Der Lerchengrund 221
›The Saucer of Larks‹, deutsch von Elisabeth Schnack

John Montague
Der Schrei 230
›The Cry‹, deutsch von Elisabeth Schnack

Edna O'Brien
Bindungen 258
›Cords‹, deutsch von Elisabeth Schnack

Anhang
Zeittafel 275
Zu den Autoren 283
Literaturhinweise 289
Chronologische Bibliographie 291

Frank O'Connor
Die Kurzgeschichte

Definitionen sind langweilig. Doch eins haben sie immerhin für sich: sie verhüten Mißverständnisse.

Als E. M. Forster seine *Theorie des Romans* verfaßte, bediente er sich einer französischen Definition, die besagte, daß der Roman »eine Prosadichtung von bestimmter Länge« sei, was genauso unanfechtbar richtig ist wie: »die auf Papier geschrieben ist«, aber sonst nicht viel nützt, da sie die stillschweigende Behauptung einschließt, daß jedes Prosastück von bestimmter Länge ein Roman sei und sich infolgedessen nichts weiter darüber sagen lasse.

Auch die Anthologien von Kurzgeschichten behaupten, daß »jedes Prosastück von bestimmter Länge« eine Kurzgeschichte sei – Skizzen von Dorothy Parker oder Saki, Aufsätze, Essays und die üblichen Schauerstückchen – und daß sich somit auch nichts weiter darüber sagen lasse.

Dieser Ansicht bin ich nicht. Ich gebe gern zu, daß ich mir selbst nicht ganz im klaren bin, was ich unter einer Kurzgeschichte verstehe – sonst brauchte ich mich nicht so abzuplagen, wenn ich eine schreibe. Aber ich bin mir leidenschaftlich klar darüber, was ich *nicht* unter einer Kurzgeschichte verstehe, und ich finde, daß die Anthologien nur so wimmeln von Belegen zu dieser negativen Definition.

Ein ›Garn‹ zum Beispiel ist keine Kurzgeschichte, genausowenig wie (mit Mr. Forsters gütiger Erlaubnis) ein mittelalterliches Epos oder eine Spielmannsdichtung ein Roman ist. In der Literatur ist jede Kunstform bis zu einem gewissen Grad Konvention; es ist genau das, was die Leute gewöhnlich meinen, wenn sie die entsprechende Bezeichnung in den Mund nehmen. Gerade wie wenn jemand sagt: »Ich hole Sie mit dem Wagen ab«, und man daraufhin erwartet, von einem Auto und nicht von einem Kinderwagen abgeholt zu werden. Romane sind *Tom Jones, Sense and Sensibility, Vanity Fair, Krieg und Frieden, La Chartreuse de Parme* und nicht (wieder mit Mr. Forsters gütiger Erlaubnis) *Pilgrim's Progress, Marius the Epicurean* oder *Zuleika Dobson*. Wenn Mr. Forster sich über *Zuleika Dobson* ausläßt, ist mir genauso zumute, wie wenn der Mann, der mich mit dem Wagen abholen wollte, mit einem Kinderwagen erschiene.

Der Roman und die Kurzgeschichte bedeuten beide rein konventionell Geschichten von wirklichen Leuten in wirklichen Situationen – und nicht die Art von Geschichten, die ich unter dem Begriff ›Katerschnurrbart‹ zusammenfasse und die bei den Redakteuren von Zeitschriften so beliebt sind. Meistens schließen sie nämlich (gesperrt gedruckt): »Das Gesicht war das Gesicht des Katers Minky, aber der Schnurrbart war der Schnurrbart des Colonel Claude Combpyne.«

Wenn wir dem unseligen Ding schon einen Namen geben müssen, taufen wir es meinetwegen Erzählung, und verwechseln wir es nicht mit Čechovs *Dame mit dem Hündchen*, mit der es überhaupt nichts gemeinsam hat – außer daß es ein »Prosastück von bestimmter Länge« ist.

Was meiner Ansicht nach die Kurzgeschichte charakterisiert, ist ihr Verhältnis zur *Zeit*. In jedem Roman ist Zeit die Hauptperson – trotz *Ulysses*, trotz *The Informer* und *Mrs. Dalloway*. Selbst in unbedeutenden Romanen und in Büchern, die, streng genommen, nicht literarisch schöpferisch sind, schafft die chronologische Folge der Ereignisse einen Rhythmus, der der Rhythmus des Lebens selbst ist, und ich kannte Romanschriftsteller, die oft Hunderte von Seiten schrieben, ehe dieser Rhythmus sich durchgesetzt hatte und damit erst der eigentliche Roman begann.

Was jedoch dem Romanschriftsteller bei seiner Arbeit die größte Kostbarkeit ist, wird dem Kurzgeschichtenschreiber zum Alpdruck. Dauernd versucht er, sich davor zu drücken, die Ereignisse in ihrer zeitlichen Reihenfolge zu beschreiben: der Rhythmus ist zu langsam, und wenn Romanciers wie Henry James oder Thomas Hardy Kurzgeschichten schreiben, und den Rhythmus des Romans anwenden, so stehen sie alsbald vor verheerenden Ergebnissen. Mit der größten Gemütsruhe verwendet Hardy drei volle Seiten, um seinen Helden heranzuschleppen, ehe er auch nur anfängt anzudeuten, wovon die Geschichte handelt. Mitarbeiter Zeit ist zum Schwätzer Zeit geworden.

Jede gute Kurzgeschichte stellt einen Kampf mit der Zeit (mit der Zeit des Romanciers) dar, indem sie es nicht zuläßt, daß die Zeit mit ihrem majestätischen Rhythmus (Erstes Kapitel: Ein Gang über die Heide) sich durchsetzt, sondern sie versucht, einen Feldherrnhügel zu erreichen, einen Blickpunkt der Handlung, von dem aus Vergangenheit und Zukunft gleich gut sichtbar sind. Die Krise einer Kurzgeschichte ist die Kurzgeschichte und nicht, wie im Roman, das logisch-unausweichliche Resultat allen Geschehens und des bloßen Sichentfaltens der Ereignisse. Ich möchte fast sagen, daß das, was in der Kurzgeschichte der Krise vorausgeht, eine Folge der Krise wird.

Es ist eine der Schwächen des Kurzgeschichtenschreibers, daß er, weil er genau weiß, wie wichtig die Krise ist, dazu neigt, sie aufzubauschen und ihr eine künstliche symbolische Bedeutung zu verleihen. Als ich über die Technik der Kurzgeschichte Seminarübungen hielt, mußte ich die Studenten immer warnend darauf aufmerksam machen, daß jeder, der Symbole benütze, sofort ausgeschlossen würde. Joyce, den dies Problem ungeheuer reizte, benutzte Symbole, doch weil er Joyce war, benutzte er sie auf so unmerkliche Art, daß es ihm gelingt, sie vor den meisten Lesern verborgen zu halten. Im *Efeutag im Sitzungszimmer*, einer satirischen Glosse über Irland nach Parnells Tod, hören wir von ein paar Politikern, die sich in gehässigen Gesprächen ergehen, weil es ihnen an etwas Trinkbarem fehlt. Dann erscheinen ein paar Flaschen Bier, und die Gefühle tönen sofort edler, bis schließlich in einer heroisch-komischen Parodie auf eines Helden Beerdigung ein sentimentales Gedicht an die Stelle des Trauermarsches tritt und drei aufspringende Flaschen Bier (die zum Öffnen über dem Kaminfeuer stehen), die Rolle der Salven übernehmen, die über dem Grabe des Helden abgefeuert werden.

Ganz prachtvoll wird der Kunstgriff mit dem »verhüllten Symbol« in den *Toten* angewandt. Die Ereignisse haben schon vor langer Zeit stattgefunden und waren nie von sehr großer Bedeutung. Ein schwindsüchtiger junger Mann, der ein Lied, ›Die Dirn von Aughrim‹, sang, verliebte sich in ein Mädchen von der Westküste Irlands, Gretta genannt. Eines Abends entdeckte sie, daß er durchnäßt und zitternd vor ihrem Fenster stand. Bald darauf starb er. Die eigentliche Geschichte beginnt erst Jahre später mit der Ankunft Grettas und ihres Mannes auf einem Hausball, den zwei alte Musiklehrerinnen in Dublin veranstalten. Als Gabriel Conroy, Grettas Mann, ins Haus kommt, kratzt er sich den Schnee von den Galoschen und macht vor dem Dienstmädchen einen Scherz über das Verheiratetsein. Sie entgegnet verbittert, daß die Männer von heute keine großen Liebenden sein könnten; nur die Toten seien vollkommen. Diese beiden Dinge, der Schnee und die Antwort des Dienstmädchens, bilden das Thema der Geschichte, und bis zum Höhepunkt werden sie – abgewandelt und drohender – wiederholt. »Nur die Toten sind vollkommen.« Das junge Mädchen aus der Gälischen Liga, mit dem Gabriel über Westirland plaudert – auch dieses Thema steigt auf wie die Toten –, mag reizend sein, aber sie kann nicht den Charme und die Anmut der alten Klavierlehrerinnen haben, die in den Schatten versinken. Caruso – ein feiner Zug – mag ja gewiß ein guter Sänger sein, aber nicht so wundervoll wie Parkinson, der unbekannte englische Tenor, den eine der beiden alten Damen einst gehört hatte. Und in der gewaltigen Schlußkadenz begreifen wir, daß Gabriel, wenn er auch ein netter Ehemann ist, seiner Frau nie das bedeuten kann, was ihr der tote Jüngling ist, der einst zitternd vor ihrem Fenster stand – nie, bis auch Gabriel unter dem Schnee liegt, der das Symbol des Todes ist.

Das ist natürlich nur *ein* Weg, um zu sagen, daß die Kurzgeschichte lyrisch und nicht episch ist. Daß sie eher dem Herzen einer Situation entspringt, anstatt zu einer Situation anzusteigen und sie zu erklären. Es gibt noch eine andere Art, das gleiche zu sagen, wenn man es nämlich auf den Roman bezieht. Der Roman ist nach allgemeiner Übereinkunft die typische Kunst des Mittelstandes, die im Jahrhundert des Bürgertums, dem neunzehnten, ihren Gipfel erreichte. Der Roman des neunzehnten Jahrhunderts hat in Europa eine eigentümliche geographische Verbreitung. Am großartigsten ist er in England, Frankreich und Rußland. Deutschland dagegen, das man doch für das Bollwerk des Mittelstandes hätte halten sollen, scheint weniger mächtige Romane hervorgebracht zu haben, und ich suche noch immer nach einer Erklärung dafür.

Mit der geographischen Verbreitung der Kurzgeschichte verhält es sich ganz anders. Hier behaupten die Russen das Feld. Die Franzosen mit Maupassant rücken kaum erst ins Blickfeld, während die Engländer immer noch am Startplatz herumtrödeln und eifrig nach dem Katerschnurrbart des Colonel Claude Combpyne Ausschau halten. Es ist wahr, daß die große Zeit der Kurzgeschichte erst mit dem Abstieg des Romans gegen 1880 anbrach – doch schon lange davor hatte Turgenev aus der Kurzgeschichte herausgeholt, was man überhaupt herausholen kann.

Heute liegen die Dinge noch merkwürdiger. Jetzt nimmt

Amerika den Platz des zaristischen Rußland ein und liefert erstklassige Kurzgeschichten und Romane. Doch Irland, das nie einen Roman hervorgebracht, hat Kurzgeschichten von bedeutendem Wert geschaffen, die – trotz Coppard und Pritchett – den englischen Kurzgeschichten weit überlegen sind. Das legt den Gedanken nahe, daß der Unterschied etwas mit der Einstellung zu tun hat, zu der die beiden Kunstformen ihre Autoren zwingen. Ich bin fest überzeugt, daß der Unterschied in der Einstellung des Autors zur Gesellschaft liegt.

Was dem irischen Roman den Boden nimmt, ist eben dies, daß ein Roman als Thema fast immer die Beziehung des Individuums zur Gesellschaft hat. Irland hat aber keine Gesellschaft, die das Individuum absorbieren könnte, oder, wie es ein amerikanischer Kritiker ausdrückte: »Jeder gute irische Roman endet auf einem Schiff, das nach England oder Amerika fährt.« Die Gefühle Gabriel Conroys dagegen sind nicht durch die Gesellschaft erzeugt, und die Einsamkeit der Leute von *Winesburg, Ohio* wird wohl schwerlich durch einen Wechsel in ihrer sozialen Lage anders. Ihre Sorgen sind »von Ewigkeit und nimmer endend«.

Und tatsächlich ist die Kurzgeschichte, verglichen mit dem Roman, eine einsame, persönliche Kunst, der *lyrische Schrei angesichts des menschlichen Geschicks*: sie handelt nicht, wie der Roman es tun muß, von Typen oder gewichtigen Problemen, sondern von dem, was Synge »die tiefen, gemeinsamen Lebensinteressen« nennt: vom kleinen Dienstmädchen, das des Kinderwartens so müde ist, daß es den Säugling erstickt; vom Droschkenkutscher, den der Tod seines Sohnes so verfolgt, daß (wenn seine geschäftigen Kunden seinen Kummer nicht mit anhören wollen) er dem alten Droschkengaul davon erzählen muß. Es ist nicht von ungefähr, daß einige berühmte Kurzgeschichtenschreiber (wie Gorkij) Stromer waren. Der Kurzgeschichtenschreiber ist kein Soldat auf dem Schlachtfeld, sondern ein Guerillakämpfer, der die unbekannten Einzelkämpfe eines großen Krieges ausficht. Immer steht er irgendwo am Rande der Gesellschaft und nimmt weniger Anteil an ihren berühmten und typischen Gestalten als an dem einsamen und verschrobenen und unbekannten Einzelgänger aus Winesburg, Ohio, und Dublin, Irland.

(Deutsch von Elisabeth Schnack)

James Joyce
Irland – Insel der Heiligen und Weisen

Nationen haben ein Ich, ganz wie Individuen auch. Der Fall eines Volkes, das sich selbst mit Eigenschaften und Ruhmesblättern auszustatten liebt, die anderen Völkern fremd sind, ist nicht gerade neu in der Geschichte, seit der Zeit unserer Vorfahren, die sich selbst als Arier und Edelmänner bezeichneten, oder der Griechen, die alle außerhalb des sakrosankten Landes Hellas Lebenden als Barbaren bezeichneten. Mit wohl nicht ganz so leicht erklärlichem Stolz sprechen die Iren von ihrem Land gern als der Insel der Heiligen und Weisen.

Dieser erhabene Titel wurde nicht erst gestern oder vorgestern geprägt. Er geht in früheste Zeiten zurück, als die Insel ein echter Brennpunkt der Frömmigkeit und des Geistes war, dessen Kultur und belebende Kraft auf den gesamten Kontinent ausstrahlten. Man könnte mühelos eine ganze Liste von Iren zusammenstellen, die die Fackel des Wissens von Land zu Land trugen, als Pilger und Eremiten, als Gelehrte und Propheten. Noch heute finden sich ihre Spuren an verlassenen Altären, in Überlieferungen und Legenden, wo selbst der Name des Helden kaum noch erkennbar ist, oder in dichterischen Anspielungen wie der Stelle in Dantes *Inferno*, wo der Führer auf einen der keltischen Magier weist, der von Höllenqualen gepeinigt wird, und sagt:

> *Quel'altro, che ne' fianchi è così poco,*
> *Michele Scotto fu, che veramente*
> *Delle magiche frode seppe il gioco.*[1]

Es würde wirklich das Wissen und die Geduld eines bedächtigen Bollandisten[2] erfordern, von den Taten dieser Heiligen und Weisen zu berichten. Doch erinnern wir uns wenigstens an den berüchtigten Widersacher des heiligen Thomas, Johannes Duns Scotus (*doctor subtilis* genannt im Unterschied zu Thomas von

---

[1] »Der andere so hagere Geselle
war Michel Scotus, der es nicht verschmäht
zu treiben einst das Gaukelspiel der Hölle.« XX, 115-117.
Deutsch von Wilhelm G. Hertz
[2] Die Bollandisten sind die Kompilatoren der *Acta Sanctorum*.

Aquin, dem *doctor angelicus*, und Bonaventura, dem *doctor seraphicus*), der ein militanter Verfechter der Doktrin von der Unbefleckten Empfängnis und, wie uns die Chroniken aus jener Zeit berichten, ein unschlagbarer Dialektiker war. Ganz ohne Zweifel – Irland war damals ein riesiges Seminar, in dem sich Gelehrte aus allen Ländern Europas zusammenfanden, in solchem Ansehen stand es wegen seiner Überlegenheit in geistigen Fragen. Wenngleich derlei Behauptungen mit großer Vorsicht aufgenommen werden sollten, ist es doch (schon im Hinblick auf die in Irland immer noch herrschende religiöse Inbrunst, von der Sie, die Sie in den letzten Jahren von der Frucht des Skeptizismus gekostet haben, sich kaum eine rechte Vorstellung machen können) mehr als wahrscheinlich, daß diese glorreiche Vergangenheit keineswegs eine dem Geist der Selbstverherrlichung entsprungene Fiktion ist.

Sollten Sie sich völlig überzeugen wollen, bleiben immer noch die verstaubten Archive der Deutschen. Ferrero[3] stellt neuerdings fest, daß die Entdeckungen dieser guten Professoren aus Deutschland, wenigstens was die antike Geschichte der Römischen Republik und des Römischen Reiches betrifft, von Anfang an falsch sind – beinah von Anfang bis Ende falsch. Das mag schon sein. Doch wie dem auch immer sei, niemand kann leugnen, daß diese gelehrten Deutschen die ersten waren, die Shakespeare dem getrübten Blick seiner Landsleute als einen Dichter von Weltgeltung vorstellten (für die war William bis dato nämlich eine Gestalt von untergeordneter Bedeutung gewesen, ein netter Kerl mit einem angenehmen Talent für Lyrik, ansonsten aber dem englischen Bier doch wohl ein wenig zu hold), und daß eben diese Deutschen die einzigen in Europa waren, die sich mit keltischer Sprache und der Geschichte der fünf keltischen Völker beschäftigten. Die einzigen irischen Grammatiken und Wörterbücher, die bis vor ein paar Jahren, als in Dublin die Gälische Liga gegründet[4] wurde, in Europa existierten, waren Werke von Deutschen.

Obwohl zur indoeuropäischen Familie gehörig, unterscheidet sich die irische Sprache vom Englischen fast ebensosehr, wie sich die in Rom gesprochene Sprache von der in Teheran gesprochenen unterscheidet. Sie hat ein Alphabet mit eigenen Schriftzei-

---

3 Guglielmo Ferrero, italienischer Historiker, dessen *Grandezza e Decadenza di Roma* 1902–1907 erschien. Vgl. *James Joyce Briefe I*, Frankfurt 1969, S. 353 f.
4 Im Jahr 1893.

chen und eine fast dreitausend Jahre alte Geschichte. Vor zehn Jahren wurde sie nur von den Bauern in den westlichen Provinzen an der Atlantikküste und in einigen wenigen im Süden gesprochen, außerdem auf den kleinen Inseln, die wie Vorposten an der vorgeschobensten Stelle Europas stehen, an der Front der östlichen Hemisphäre. Heute ist ihr Gebrauch durch die Gälische Liga neu belebt worden. Jede irische Zeitung, mit Ausnahme der Unionisten-Organe, druckt wenigstens eine besondere Schlagzeile auf irisch. Der Schriftwechsel der großen Städte ist irisch geschrieben, in den meisten Grundschulen und höheren Schulen wird Irisch gelehrt, und an den Universitäten ist es auf eine Stufe gestellt mit den anderen modernen Sprachen wie Französisch, Deutsch, Italienisch und Spanisch. In Dublin sind die Straßen zweisprachig beschildert. Die Liga organisiert Konzerte, Diskussionen und Geselligkeiten, bei denen sich der *beurla* (d. h. Englisch) -Sprechende wie ein Fisch auf dem Trockenen vorkommt, völlig konfus inmitten einer Menge, die sich in einer rauhen und gutturalen Sprache unterhält. In den Straßen begegnet man oft Gruppen von jungen Leuten, die, mit etwas mehr Emphase als vielleicht unbedingt nötig, irisch sprechen. Die Mitglieder der Liga schreiben einander auf irisch, und oft muß sich der arme Postbote, der die Adresse nicht lesen kann, an einen Vorgesetzten wenden, um das Problem zu lösen.

Diese Sprache ist orientalischen Ursprungs, und viele Philologen haben sie als die Sprache der alten Phönizier identifiziert, die den Historikern zufolge Handel und Schiffahrt erfunden haben. Dieses abenteuerlustige Volk, das das Monopol über die Meere besaß, gründete in Irland eine Kultur, die schon verfallen und fast vergessen war, ehe der erste griechische Geschichtsschreiber seine Feder zur Hand nahm. Es wachte eifersüchtig über die Geheimnisse seines Wissens, und die erste Erwähnung der Insel Irland in der ausländischen Literatur findet sich in einem griechischen Gedicht aus dem fünften Jahrhundert vor Christus, wo der Geschichtsschreiber die phönizische Überlieferung nacherzählt. Die Sprache, die der lateinische Komödienschreiber Plautus in seiner Komödie *Poenulus* den Phöniziern in den Mund legt, ist, nach Ansicht des Kritikers Vallanceys[5], fast die gleiche

---

[5] Charles Vallancey (1721–1812), auf dessen Identifikation des Irischen mit dem Phönizischen Joyce anspielt, veröffentlichte mehrere Werke zur irischen Sprache und Geschichte.

Sprache, wie sie die irischen Bauern heute sprechen. Religion und Kultur dieses alten Volkes, später als Druidismus bekannt, waren ägyptisch. Die druidischen Priester hatten ihre Tempel im Freien und verehrten Sonne und Mond in Eichenhainen. Bei dem rudimentären Stand des Wissens in jenen Zeiten galten die irischen Priester als sehr gelehrt, und wo Plutarch Irland erwähnt, sagt er, daß dort heilige Männer wohnten. Festus Avienus gab Irland im vierten Jahrhundert als erster den Beinamen *insula sacra*; und später, nach den Invasionen der spanischen und gälischen Stämme, wurde es vom heiligen Patrick und seinen Jüngern zum Christentum bekehrt und gewann erneut den Beinamen »Heilige Insel«.

Ich habe nicht die Absicht, eine vollständige Geschichte der irischen Kirche in den ersten Jahrhunderten des christlichen Zeitalters vorzulegen. Das würde den Rahmen dieses Vortrags sprengen und überdies nicht sonderlich interessant sein. Doch muß ich Ihnen mein Thema – Insel der Heiligen und Weisen – ein wenig erklären und Ihnen seine historischen Grundlagen verdeutlichen. Ich lasse die Namen der zahllosen Kirchenmänner beiseite, deren Wirkung ausschließlich national war, und bitte Sie, mir ein paar Minuten lang zu folgen, wenn ich mit Ihnen den Spuren nachgehe, die die zahlreichen keltischen Apostel in fast allen Ländern zurückgelassen haben. Einige Ereignisse, die dem Laien heute trivial erscheinen mögen, müssen kurz erwähnt werden, weil in den Jahrhunderten, in denen sie sich abspielten, und im ganzen folgenden Mittelalter nicht nur die Geschichte selbst, sondern auch die Wissenschaften und die verschiedenen Künste ausschließlich religiösen Charakter hatten, unter den wachsamen Augen einer mehr als nur mütterlichen Kirche. Was waren denn schließlich die italienischen Wissenschaftler und Künstler vor der Renaissance anderes als gehorsame Mägde Gottes, gelehrte Kommentatoren heiliger Schriften oder Illustratoren des Evangeliums in Wort und Bild?

Es mag seltsam erscheinen, daß eine vom kulturellen Zentrum so abgelegene Insel wie Irland sich als Schule für Apostel hervortun konnte, doch wird schon ein flüchtiger Überblick uns zeigen, daß die Beharrlichkeit, mit der das irische Volk darauf besteht, seine eigene Kultur zu entwickeln, nicht so sehr die Forderung einer jungen Nation ist, die im europäischen Konzert etwas nachzuholen hat, sondern vielmehr die Forderung einer sehr alten Nation, die unter neuen Formen den Glanz einer vergangenen Kultur wiedererstehen lassen möchte. Schon im ersten Jahrhundert des christlichen Zeitalters, zur Zeit des Apostels Petrus, wirkte der Ire Mansuetus, der später heiliggesprochen wurde, als Missionar in Lothringen, wo er eine Kirche gründete und ein halbes Jahrhundert lang predigte. Cataldus verfügte in Genf über eine Kathedrale und zweihundert Theologen und wurde später Bischof von Tarent. Der große Häresiarch Pelagius, ein weitgereister Mann und unermüdlicher Bekehrer, war, wenn nicht Ire, was viele behaupten, auf jeden Fall entweder Ire oder Schotte, genau wie seine rechte Hand, Caelestius. Sedulius durchquerte einen großen Teil der Welt und ließ sich schließlich in Rom nieder, wo er die Schönheiten von fast fünfhundert theologischen Abhandlungen komponierte, und viele fromme Hymnen, die noch heute im katholischen Ritus verwendet werden. Fridolinus Viator, der Wanderer also, aus königlichem irischem Geblüt, war Missionar der Deutschen und starb zu Säckingen in Deutschland, wo er auch begraben liegt. Dem feurigen Columbanus fiel die Aufgabe zu, die französische Kirche zu reformieren, und nachdem er in Burgund durch seine Predigten einen Bürgerkrieg entfacht hatte, ging er nach Italien, wurde zum Apostel der Lombarden und gründete das Kloster Bobbio. Frigidian, der Sohn des Königs von Nordirland, hatte das Bistum Lucca inne. Der heilige Gallus, zunächst Schüler und Gefährte Columbans, lebte als Einsiedler unter den Graubündnern in der Schweiz, jagte, fischte und bebaute selbst seine Felder. Er lehnte das Bistum Konstanz ab, das ihm angeboten wurde, und starb im Alter von fünfundneunzig Jahren. An der Stelle seiner Einsiedelei entstand eine Abtei; ihr Abt wurde durch Gottes Gnade Fürst des Kantons und tat sehr viel zur Ausstattung der Benediktinerbibliothek, deren Überreste noch heute den Besuchern der alten Stadt St. Gallen gezeigt werden.

Finnian, genannt der Gelehrte, gründete am Ufer des Boyne in Irland eine theologische Schule, wo er Tausende von Studenten aus Großbritannien, Frankreich, Armorica und Deutschland in der katholischen Lehre unterwies und ihnen allen (o glückliche Zeiten!) nicht nur Bücher und Unterricht gab, sondern auch freie Unterkunft und Verpflegung. Offenbar vergaßen jedoch einige von ihnen, ihre Studierlampen zu füllen, denn ein Student, dessen Lampe plötzlich erloschen war, mußte die göttliche Gnade anrufen, die seine Finger in wunderbarer Weise so zum Leuchten brachte, daß er seinen Wissensdurst stillen konnte, indem er mit den leuchtenden Fingern über die Seiten fuhr. Auch St. Fiacre, von dem eine Gedenktafel in der Kirche St. Mathurin in Paris zeugt, predigte den Franzosen und führte extravagante Begräbnisse auf Kosten des Hofes durch. Fursey gründete Klöster in fünf Ländern; sein Festtag wird noch heute in Peronne gefeiert, dem Ort in der Picardie, wo er starb.

Arbogast errichtete im Elsaß und in Lothringen Heiligtümer und Kapellen und regierte fünf Jahre lang das Bistum Straßburg, bis er sein Ende nahen fühlte und (so berichtet sein Dauphin) hinging, um in einer Hütte an der Stätte zu leben, wo man die Verbrecher hinrichtete und wo später das große Münster der Stadt gebaut wurde. Der heilige Verus wurde zum Vorkämpfer des Marienkults in Frankreich, und Disibod, Bischof von Dublin, reiste mehr als vierzig Jahre lang kreuz und quer durch Deutschland und gründete schließlich ein Benediktinerkloster mit Namen Berg Disibod, heute Disenberg genannt. Rumold wurde Bischof von Mechlin in Frankreich, und der Märtyrer Albinus gründete, von Karl dem Großen unterstützt, ein wissenschaftliches Institut in Paris und ein anderes im alten Ticinum (heute Pavia), das er viele Jahre lang leitete. Kilian, der Apostel Frankens, wurde zum Bischof von Würzburg in Deutschland geweiht, doch als er versuchte, zwischen Herzog Gozbert und seiner Geliebten die Rolle Johannes des Täufers zu spielen, wurde er von gedungenen Mördern umgebracht. Sedulius den Jüngeren wählte Gregor II. aus, um die Kämpfe des Klerus in Spanien zu schlichten; bei seiner Ankunft allerdings weigerten sich die spanischen Priester, ihn anzuhören, mit der Begründung, er sei Ausländer. Darauf erwiderte Sedulius, er sei ja ein Ire aus dem alten Volk von Milesius und daher in Wirklichkeit ein echter Spanier. Dieses Argument überzeugte seine Widersacher so gründlich, daß sie ihm gestatteten, sich im Palast des Bischofs von Oreto zu etablieren.

Kurz, die Epoche, die in Irland durch die Invasion der skandinavischen Stämme im achten Jahrhundert beendet wurde, ist eine ununterbrochene Folge von Aposteltum, Mission und Märtyrertum. König Alfred, der das Land besuchte und uns seine Eindrücke in einem Gedicht namens ›Die königliche Reise‹ hinterließ, berichtet in der ersten Strophe:

> *Ich fand, als ich im Exil war,*
> *In Irland, dem schönen,*
> *Viele Damen, ein ernstes Volk,*
> *Laien und Priester im Überfluß*

und man muß zugeben, daß sich dies Bild in zwölf Jahrhunderten nicht wesentlich gewandelt hat; wenngleich der gute Alfred, der im damaligen Irland Überfluß an Laien und Priestern feststellte, ginge er heute dorthin, mehr von den letzteren als den ersteren vorfinden würde.

Liest man die Geschichte der drei Jahrhunderte vor der Ankunft der Engländer, so braucht man einen guten Magen, denn die mörderischen Auseinandersetzungen und Kämpfe mit Dänen und Norwegern, den schwarzen Fremdlingen und den weißen Fremdlingen, wie sie genannt wurden, folgen einander so pausenlos und so brutal, daß sie die ganze Zeit als wahres Schlachtfest erscheinen lassen. Die Dänen besetzten alle wichtigen Häfen an der Ostküste der Insel und gründeten ein Königreich in Dublin, heute die Hauptstadt Irlands, seit zweitausend Jahren eine bedeutende Stadt. Dann brachten sich die einheimischen Könige gegenseitig um, wobei sie sich aber von Zeit zu Zeit zu einer wohlverdienten Ruhepause zum Schachspiel zurückzogen. Schließlich setzte der blutige Sieg des Usurpators Brian Boru über die nordischen Horden in den Dünen vor den Mauern Dublins den skandinavischen Überfällen ein Ende. Die Skandinavier verließen das Land jedoch nicht, sondern wurden nach und nach von der Gemeinschaft assimiliert, eine Tatsache, die man bedenken muß, will man das merkwürdige Wesen des heutigen Iren verstehen.

Notwendigerweise geriet in dieser Zeit die Kultur ins Hintertreffen, doch hatte Irland immerhin die Ehre, die drei großen Häresiarchen – Johannes Duns Scotus, Macarius und Vergilius Solivagus – hervorzubringen. Vergilius wurde vom französischen König mit der Abtei Salzburg betraut und später zum Bischof dieser Diözese ernannt, wo er eine Kathedrale baute. Er war Philosoph und Mathematiker und übersetzte die Schriften des Ptolemäus. In seiner Abhandlung über die Geographie vertrat er die damals als subversiv geltende Theorie, die Erde sei rund, und wurde für diese Unbotmäßigkeit von den Päpsten Bonifaz und Zacharias zum Verbreiter ketzerischer Lehren erklärt. Macarius lebte in Frankreich, wo das Kloster von St. Eligius noch heute seine Abhandlung *De Anima* aufbewahrt, in der er die später als Averroismus bekannt gewordene Lehre vertrat, über die uns Ernest Renan, selbst ein bretonischer Kelte, eine meisterliche Untersuchung hinterlassen hat. Scotus Erigena, Rektor der Pariser Universität, war ein mystischer Pantheist und übersetzte die mystisch-theologischen Bücher von Dionysius, dem Pseudo-Areopagiten, dem Schutzheiligen des französischen Volkes[6], aus dem Griechischen. Diese Übersetzungen machten Europa erstmals mit der transzendentalen Philosophie des Orients bekannt, die soviel Einfluß auf die Entwicklung des religiösen Denkens in Europa hatten wie später, zur Zeit Pico della Mirandolas, die Übersetzungen Platos auf die Entwicklung der profanen italienischen Kultur. Es versteht sich von selbst, daß solch eine Neuentdeckung (die wie ein lebenspendender Atemhauch die toten Gebeine der orthodoxen Theologie zu erwecken schien, die sich in einem sakrosankten Friedhof, einem Feld von Ardath häuften) nicht die Billigung des Papstes fand, der Karl dem Kahlen nahelegte, das Buch nebst Autor unter Geleitschutz nach Rom zu schicken, wahrscheinlich, weil er ihn die Wonnen päpstlicher Gastfreundschaft kosten lassen wollte. Doch scheint sich Scotus ein Körnchen gesunden Menschenverstandes in seinem überhitzten Geist bewahrt zu haben, denn er gab vor, diese höfliche Einladung nicht gehört zu haben, und reiste eiligst in Richtung Heimat ab.

Zwischen der englischen Invasion und heute liegt ein Zeitraum von fast achthundert Jahren, und wenn ich auch ziemlich ausgiebig bei der vorhergehenden Periode verweilt habe, um Ihnen die Wurzeln des irischen Temperaments verständlich zu machen, so will ich Sie doch keineswegs damit aufhalten, daß ich Ihnen die Wechselfälle der irischen Geschichte unter fremder Herrschaft vorrechne. Ich werde das schon deshalb nicht tun, weil Irland damals aufhörte, eine geistige Kraft in Europa zu sein. Die dekorativen Künste, in denen die alten Iren so groß gewesen waren, gerieten in Vergessenheit, und die heilige und die profane Kultur kamen außer Gebrauch.

Zwei oder drei illustre Namen leuchten hier wie die letzten

---

6 Joyce verwechselt Dionysius, den Pseudo-Areopagiten, mit Dionysius, dem Areopagiten (St. Denis oder Dionysius von Athen) und mit St. Denis oder Dionysius von Paris, dem Schutzheiligen Frankreichs.

Sterne einer strahlenden Nacht, die verblaßt, wenn die Dämmerung heraufzieht. Der Legende zufolge hörte Johannes Duns Scotus, von dem ich schon sprach, der Begründer der Scotisten-Schule, den Argumentationen aller Doktoren der Pariser Universität drei Tage hintereinander zu, erhob sich dann und widerlegte sie aus dem Gedächtnis, einen nach dem anderen; Johannes de Sacrobosco war der letzte große Vertreter der geographischen und astronomischen Lehren des Ptolemäus; und dem Theologen Petrus Hibernus war die große Aufgabe übertragen, den Geist des Verfassers der scholastischen Apologie *Summa contra Gentiles* zu bilden, Thomas von Aquino, der vielleicht der kühnste und klarste Geist war, den die menschliche Geschichte kennt.

Doch während diese letzten Sterne die europäischen Nationen noch an Irlands vergangenen Glanz erinnerten, entstand ein neues keltisches Volk, in dem der alte keltische Bestand und die skandinavischen, angelsächsischen und normannischen Stämme verschmolzen. Ein neuartiges nationales Wesen erwuchs auf dem Grund des alten, die verschiedensten Elemente vermischten sich und erneuerten den alten Körper. Die alten Feinde machten gemeinsame Sache gegen die englische Aggression, wobei die protestantischen Einwohner (die zu *Hibernis Hiberniores* – irischer als die Iren selbst – geworden waren) die irischen Katholiken mit ihrer Opposition gegen die kalvinistischen und lutherischen Fanatiker von jenseits des Meeres bedrängten und die Abkömmlinge der dänischen, normannischen und angelsächsischen Siedler die Sache der neuen irischen Nation gegen die britische Tyrannei vertraten.

Als kürzlich ein irischer Abgeordneter am Abend vor den Wahlen eine Rede vor den Wählern hielt, rühmte er sich, von der alten Rasse abzustammen, und warf seinem Gegner vor, er sei Abkömmling Cromwellscher Einwanderer. Dieser Vorwurf rief in der Presse allgemeines Gelächter hervor, denn es wäre, um ehrlich zu sein, unmöglich, aus der heutigen Nation all jene auszuschließen, die von ausländischen Familien abstammen, und wollte man all denen den Namen Patriot verweigern, die nicht irischer Urabstammung sind, müßte man ihn fast allen Heroen der modernen Bewegung absprechen – Lord Edward Fitzgerald, Robert Emmet, Theobald Wolfe Tone und Napper Tandy, den Anführern des Aufstands von 1798, Thomas Davis und John Mitchel, den Führern der jungirischen Bewegung, Isaac Butt, Joseph Biggar, dem Erfinder der parlamentarischen Obstruktionspolitik, vielen der antiklerikalen Fenier und schließlich Charles Stuart Parnell, sicher dem großartigsten Mann, der die Iren je führte, in dessen Adern jedoch nicht ein Tropfen keltischen Blutes floß.

Im nationalen Kalender müssen den Patrioten zufolge zwei Tage als unheilbringend vermerkt werden – der Tag der normannischen und angelsächsischen Invasion und der Tag der Union beider Parlamente vor hundert Jahren. An dieser Stelle muß man sich zwei haarsträubende und bedeutsame Tatsachen ins Gedächtnis rufen. Irland ist stolz darauf, mit Leib und Seele seiner nationalen Tradition und dem Heiligen Stuhl gleichermaßen treu zu sein. Die Mehrheit der Iren hält die Treue zu diesen beiden Traditionen für ihre erste Glaubenspflicht. Tatsache ist aber, daß die Engländer auf wiederholtes Bitten eines einheimischen Königs nach Irland kamen[7], ohne große Begeisterung ihrerseits (wie man sich denken kann) und ohne die Zustimmung ihres eigenen Königs, allerdings mit der päpstlichen Bulle Hadrians IV. und einem päpstlichen Brief von Alexander bewaffnet[8]. Mit siebenhundert Mann landeten sie an der Ostküste: eine Rotte von Abenteurern gegen ein Volk; sie wurden nur von ein paar eingeborenen Stämmen empfangen, und nach weniger als einem Jahr feierte der englische König Heinrich II. genüßlich in der Stadt Dublin Weihnachten. Weiter kommt die Tatsache hinzu, daß die Union der Parlamente[9] nicht in Westminster, sondern in Dublin legal beschlossen wurde, von einem Parlament, das vom irischen Volk gewählt worden war, wohl ein von den Agenten des englischen Premierministers mit größtem Geschick unterminiertes und korrumpiertes Parlament, aber immerhin ein irisches Parlament. Meiner Ansicht nach müssen diese beiden Ereignisse gründlich erklärt werden, ehe das Land, in dem sie sich abgespielt haben, mit der geringsten Berechtigung von einem seiner Söhne verlangen kann, seine Einstellung von der eines vorurteilsfreien Beobachters zu der eines überzeugten Nationalisten zu ändern.

7 Dermot MacMurrogh, König von Leinster.
8 Die Bulle *Laudabiliter* (1156), die Heinrich II. die Herrschaft über Irland zusicherte. Die Echtheit dieses Dokumentes ist strittig. Drei Briefe und ein päpstliches Privilegium von Alexander III. bestätigten Englands Anspruch auf Irland.
9 Das Gesetz von 1800, wonach die Königreiche von England und Irland vereinigt wurden, löste das irische Parlament auf. Die Iren waren von nun an im Parlament von Westminster vertreten.

Andrerseits wird Unparteilichkeit leicht mit einer bequemen Mißachtung der Tatsachen verwechselt, und wenn ein Beobachter, in der festen Überzeugung, daß Irland zur Zeit Heinrichs II. ein von wilden Kämpfen zerrissener Staatskörper und zur Zeit William Pitts ein giftiger Wirrwarr von Korruption war, aus diesen Fakten den Schluß zieht, daß England in Irland nicht viele Verbrechen wiedergutzumachen hat, jetzt und auf lange Zeit, dann irrt er sich gewaltig. Wenn ein siegreiches Land ein anderes tyrannisiert, kann man es logischerweise nicht für ungerechtfertigt erachten, wenn dieses andere rebelliert. Die Menschen sind so, und niemand, der sich nicht durch Eigeninteresse oder Arglosigkeit täuschen läßt, wird heute und in diesem Jahrhundert noch glauben, daß eine Kolonialmacht aus rein christlichen Motiven heraus handelt. Die sind vergessen, sobald von fremden Küsten Besitz ergriffen wird, mögen auch die Missionare nebst Taschenbibel der Ankunft der Soldaten und Zivilisationsapostel routinemäßig ein paar Monate zuvorgekommen sein. Wenn die Iren zu Hause nicht fähig waren zu tun, was ihre Brüder in Amerika getan haben, bedeutet das noch nicht, daß sie es nie tun werden, noch sind die englischen Historiker konsequent, wenn sie dem Gedächtnis George Washingtons ihre Reverenz erweisen und sich zufrieden über die Entwicklung einer unabhängigen, beinahe sozialistischen Republik in Australien äußern, die irischen Separatisten dagegen als Verrückte behandeln.

Die innerliche Trennung zwischen den beiden Ländern ist längst vollzogen. Ich kann mich nicht erinnern, die englische Nationalhymne »God Save the King« jemals ohne einen Sturm von Zischen, Schreien und Pschtpscht in der Öffentlichkeit gehört zu haben, der die feierliche und majestätische Musik absolut unhörbar machte. Aber um sich von dieser Trennung zu überzeugen, hätte man auf der Straße sein müssen, als Königin Victoria ein Jahr vor ihrem Tode in die irische Hauptstadt kam[10]. Dazu muß man vor allem festhalten, daß es jedesmal, wenn ein englischer Monarch aus politischen Gründen nach Irland kommen will, aufgeregte Auseinandersetzungen gibt, um den Bürgermeister dazu zu überreden, daß er ihn an den Toren der Stadt empfängt. Der letzte Monarch, der sie betrat[11], mußte

---

10 Vom 4. bis 26. April 1900. Joyce war damals achtzehn Jahre alt.
11 Edward VII. und Alexandra, 21. Juli bis 1. August 1903.

James Joyce, Irland – Insel der Heiligen und Weisen 23

sich freilich mit einem informellen Empfang durch den Sheriff zufriedengeben, weil der Bürgermeister die Ehre abgelehnt hatte. (Als Kuriosum erwähne ich nebenbei, daß augenblicklich[12] ein Italiener, Nannetti, Bürgermeister von Dublin ist.)

Ein einziges Mal war Königin Victoria bis dahin in Irland gewesen, fünfzig Jahre zuvor, neun Jahre nach ihrer Heirat[13]. Damals kamen die Iren (die weder ihre Treue zu den unglücklichen Stuarts noch den Namen Maria Stuarts, Königin der Schotten, noch den legendären Flüchtling, Bonnie Prince Charlie, ganz vergessen hatten) auf die böse Idee, den Gemahl der Königin zu verspotten, als wäre er ein abgedankter deutscher Fürst, sie amüsierten sich damit, die Art und Weise nachzumachen, in der er angeblich Englisch lispelte, und begrüßten ihn überschwenglich mit einem Kohlstrunk, als er seinen Fuß auf irischen Boden setzte.

Die irische Haltung und der irische Charakter waren der Königin, die von den aristokratischen und imperialistischen Theorien Benjamin Disraelis, ihres Lieblingsministers, beeinflußt war, unsympathisch, und sie zeigte wenig bis kein Interesse für die Lage des irischen Volkes, von ein paar geringschätzigen Bemerkungen abgesehen, auf die es wie gewohnt sehr temperamentvoll reagierte. Einmal freilich, als eine schreckliche Katastrophe die Grafschaft Kerry heimsuchte und fast die ganze Grafschaft ohne Nahrung und Obdach war, schickte die Königin, die ihre Millionen eisern zusammenhielt, dem Hilfskomitee, das von Wohltätern aller sozialen Schichten schon Tausende von Pfunden gesammelt hatte, eine königliche Zuwendung in Höhe von zehn Pfund[14]. Kaum hatte das Komitee den Eingang dieser Gabe vermerkt, da steckte es sie in einen Umschlag und schickte sie mit dem üblichen Dankesschreiben per Post an die Spenderin zurück. Aus diesen kleinen Vorfällen mag deutlich werden, daß es zwischen Königin Victoria und ihren irischen Untertanen wenig Sympathie zu verlieren gab, und wenn sie sich in der Abenddämmerung ihres Lebens zu einem Besuch bei ihnen entschloß, war dieser Besuch ganz sicher politisch motiviert.

In Wahrheit kam sie gar nicht; ihre Berater hatten sie

---

12 1907. – 13 1849.
14 Joyce folgt hier einer populären Mär. Victoria stiftete während der Hungersnot 1878–80 fünfhundert Pfund.

geschickt. Das Debakel im Burenkrieg in Südafrika hatte damals die englische Armee zur Zielscheibe des Spotts in der europäischen Presse gemacht, und es bedurfte des Genies der zwei Oberbefehlshaber Lord Roberts und Lord Kitchener (beides in Irland geborene Iren), um ihr bedrohtes Prestige zu retten (wie es schon 1815 des Genies eines weiteren irischen Soldaten bedurft hatte, um Napoleons neugewonnene Macht in Waterloo zu schlagen), so bedurfte es eben auch irischer Rekruten und Freiwilliger, die ihre weitberühmte Tapferkeit auf dem Schlachtfeld demonstrieren sollten. In Anerkennung dieser Tatsache erlaubte die englische Regierung den irischen Regimentern nach dem Krieg, am St.-Patricks-Tag den Shamrock, das patriotische Emblem, zu tragen. In Wirklichkeit kam die Königin also mit der Absicht herüber, die kurzlebigen Sympathien des Landes einzufangen und die Listen der Werbeoffiziere zu füllen.

Ich sagte, um den Abgrund zu verstehen, der die beiden Völker immer noch trennt, hätte man bei ihrem Einzug in Dublin dabeisein müssen. Den Weg entlang hatte man die kleinen englischen Soldaten aufgestellt (denn seit James Stephens' Fenier-Revolution schickte die Regierung keine irischen Regimenter mehr nach Irland), und hinter dieser Barriere stand die Menge der Bürger. Die Regierungsbeamten und ihre Frauen, die unionistischen Angestellten und ihre Frauen, die Touristen und ihre Frauen standen auf den geschmückten Balkonen. Als die Prozession in Sicht kam, stimmten die Leute auf den Balkonen ein Begrüßungsgeschrei an und schwenkten ihre Taschentücher. Die Kutsche der Königin fuhr vorbei, ringsum sorgfältig von einem eindrucksvollen Aufgebot an Leibwachen mit blanken Säbeln geschützt, und darin sah man eine winzige Dame, fast eine Zwergin, hin- und hergeworfen von den Bewegungen der Kutsche, in Trauer gekleidet, eine Hornbrille im fahlen und leeren Gesicht. Ab und zu verneigte sie sich ruckartig, auf irgendeinen vereinzelten Gruß antwortend, wie jemand, der seine Lektion schlecht einstudiert hat. Sie verbeugte sich nach rechts und links, mit vagen und mechanischen Bewegungen. Die englischen Soldaten standen in respektvoller Habachtstellung, während ihre Patronin an ihnen vorbeifuhr, und hinter ihnen schaute die Menge der Bürger neugierig und fast mitleidig auf die pompöse Prozession und die rührende Gestalt in ihrer Mitte; und als die

James Joyce, Irland – Insel der Heiligen und Weisen

Kutsche vorbeifuhr, schauten sie ihr mit zweifelnden Blicken nach. Diesmal gabs keine Bomben und keine Kohlstrünke, doch die alte Königin von England zog mitten durch ein schweigendes Volk in die irische Hauptstadt ein.

Die Gründe für die Temperamentsunterschiede, inzwischen zum Gemeinplatz der Phrasendrescher in Fleet Street geworden, sind zum einen Teil rassisch, zum anderen historisch. Unsere Kultur ist ein riesiges Gewebe, in dem sich die unterschiedlichsten Elemente vermischt haben, in dem nordische Aggressivität und römisches Recht, neue bürgerliche Konventionen und die Überbleibsel einer syrischen Religion vereint sind. Es ist sinnlos, in solch einem Gewebe nach einem Faden zu suchen, der rein und ursprünglich geblieben ist und auf den nicht ein benachbarter Faden abgefärbt hat. Welches Volk oder welche Sprache (wenn wir die paar ausnehmen, die eine mutwillige Vorsehung auf Eis gelegt zu haben scheint, das isländische Volk z. B.) kann sich heute rühmen, rein zu sein? Und kein Volk könnte mit weniger Recht sich dessen rühmen als das Volk, das heute in Irland lebt. Wenn Nationalität nicht ohnehin eine bequeme Fiktion ist wie so viele andere, denen die Skalpelle der modernen Wissenschaft den Todesstoß versetzt haben, muß sie ihren Sinn darin finden, auf etwas gegründet zu sein, was so vergängliche Dinge wie Blut und menschliche Worte übersteigt und transzendiert und durchdringt. Der mystische Theologe, der sich den Namen Dionysius zulegte, der Pseudo-Areopagit, sagt irgendwo: »Gott hat die Grenzen der Nationen nach seinen Engeln festgelegt« – und vielleicht ist das keine ausschließlich mystische Vorstellung. Können wir nicht verfolgen, wie sich in Irland die Dänen, die Firbolgs, die Milesier aus Spanien, die normannischen Eroberer und die angelsächsischen Einwanderer zu einer neuen Einheit zusammengeschlossen haben, man könnte sagen: unter dem Einfluß einer lokalen Gottheit? Und obschon das heutige Volk in Irland rückständig und inferior ist, muß man doch in Betracht ziehen, daß es das einzige Volk aus der gesamten keltischen Familie ist, das nicht gewillt war, sein Erstgeburtsrecht für ein Linsengericht zu verkaufen.

Mir kommt es ziemlich naiv vor, England mit Vorwürfen wegen seiner Schandtaten in Irland zu überhäufen. Eroberer können nicht nachlässig sein, und viele Jahrhunderte lang haben die Engländer in Irland nichts anderes getan, als was die Belgier heute im Freistaat Kongo tun und was der Zwerg Nippon morgen in anderen Ländern tun wird. Sie schürten die Streitigkeiten unter den Parteien und übernahmen das Staatsvermögen. Durch die Einführung eines neuen Agrarsystems reduzierten sie die Macht der einheimischen Führer und gaben ihren Soldaten große Besitzungen. Sie verfolgten die römische Kirche, solange sie rebellierte, und hörten auf damit, als sie zum wirksamen Instrument der Unterdrückung geworden war. Ihr oberstes Ziel war es, die Spaltung des Landes zu erhalten, und würde eine liberale englische Regierung, die sich des vollen Vertrauens der englischen Wähler erfreute, Irland morgen ein gewisses Maß an Autonomie zugestehen, so würde die konservative englische Presse augenblicklich die Provinz Ulster gegen die Autorität in Dublin aufzuhetzen versuchen.

England ging ebenso grausam wie gerissen vor. Seine Waffen waren und sind der Rammbock, die Keule und der Strick; und daß Parnell ein Pfahl im englischen Fleische wurde, kam in erster Linie daher, daß er als kleiner Junge in Wicklow von seinem Kindermädchen Geschichten über englische Grausamkeiten gehört hatte. Eine Geschichte, die er selbst erzählt hat, handelte von einem Bauern, der gegen die Strafgesetze verstoßen hatte und auf Befehl eines Colonels ergriffen, ausgezogen, an einen Karren gebunden und von den Soldaten ausgepeitscht wurde. Auf Anweisung des Colonels schlug man ihn so auf den Bauch, daß der unglückliche Mann unter den viehischsten Schmerzen starb und seine Eingeweide auf die Straße fielen.

Die Engländer verachten heute die Iren, weil sie katholisch, arm und unwissend sind; doch wird es manchen Leuten nicht so leicht fallen, diese Verachtung auch zu begründen. Irland ist arm, weil englische Gesetze die Industrien des Landes zugrunde gerichtet haben, insbesondere die Wollindustrie, weil die Gleichgültigkeit der englischen Regierung zur Zeit der Kartoffelhungersnot die Besten des Volkes Hungers sterben ließ, und weil, während Irland seine Bevölkerung verliert und Verbrechen so gut wie nicht vorkommen, Richter unter der gegenwärtigen Verwaltung die Gehälter von Königen bekommen und Beamte der Regierung und des öffentlichen Dienstes riesige Summen dafür erhalten, daß sie wenig oder nichts tun. Allein in Dublin, um ein Beispiel zu nennen, erhält der Lord Lieutenant eine halbe Million Francs pro Jahr. Für jeden Polizisten zahlen die

Dubliner Bürger 3500 Francs im Jahr (doppelt soviel, glaube ich, wie ein Hochschullehrer in Italien bekommt), und der arme Kerl, der den Posten des Obersten Stadtschreibers versieht, muß sich mit dem kümmerlichen Gehalt von sechs Pfund Sterling pro Tag so recht und schlecht durchschlagen. Die englischen Kritiker haben also recht, Irland ist arm und außerdem politisch rückständig. Den Iren bedeuten die Daten der lutherischen Reformation und der Französischen Revolution nichts. Die Feudalkämpfe zwischen Adel und König, in England als Krieg der Barone bezeichnet, hatten auch in Irland ihre Entsprechung. Wenn die englischen Barone es verstanden, ihre Nachbarn auf vornehme Weise abzuschlachten, verstanden das die irischen Barone auch. An Grausamkeiten, der Frucht aristokratischen Bluts, war in Irland damals kein Mangel. Der irische Fürst Shane O'Neill war von der Natur so überreichlich begabt, daß man ihn immer wieder bis zum Hals in seiner Muttererde begraben mußte, wenn ihn die fleischlichen Gelüste überkamen. Aber die irischen Barone wurden von fremden Politikern mit viel Geschick uneins gemacht und brachten es niemals fertig, nach einem gemeinsamen Plan zu handeln. Sie ergingen sich in kindischen Privathändeln untereinander und vergeudeten die Lebenskraft des Landes in Kriegen, während ihre Brüder jenseits des St.-Georgs-Kanals den König Johann zwangen, auf dem Feld von Runnymede die Magna Charta (das erste Kapitel der modernen Freiheit) zu unterzeichnen.

Die Welle der Demokratie, die England zur Zeit Simons von Montfort, der das House of Commons gründete, und später unter Cromwells Protektorat erschütterte, war verebbt, als sie Irlands Küsten erreichte; damit ist Irland (ein Land, das Gott zur immerwährenden Karikatur der ernstzunehmenden Welt bestimmt hat) heute ein aristokratisches Land ohne Aristokratie. Die Nachkommen der alten Könige (die man nur mit ihrem Familiennamen, nicht mit einem Titel anredet) sieht man, mit Perücke und eidesstattlichen Erklärungen versehen, in den Hallen der Gerichtshöfe, wo sie zugunsten irgendeines Angeklagten Gesetze anrufen, aufgrund deren ihnen ihre königlichen Titel genommen wurden. Arme gefallene Könige, selbst im Niedergang noch als unpraktische Iren zu erkennen. Nie kam es ihnen in den Sinn, dem Beispiel ihrer englischen Brüder in der gleichen Misere zu folgen, die ins wunderbare Amerika reisen, um einen anderen König um die Hand seiner Tochter zu bitten, und sei er auch ein Ölfarbenkönig oder ein Wurstkönig.

Nicht schwerer ist es zu verstehen, warum der irische Bürger reaktionär und katholisch ist und warum er die Namen Satan und Cromwell verbindet, wenn er flucht. Für ihn ist der große Protektor der Bürgerrechte eine wilde Bestie, die nach Irland kam, um ihren Glauben mit Feuer und Schwert zu propagieren. Er hat die Plünderungen von Drogheda und Waterford nicht vergessen und nicht die Scharen von Männern und Frauen, die die Puritaner auf den entferntesten Inseln aufspürten und denen sie sagten, sie könnten »ins Meer oder in die Hölle gehen«, und er hat den falschen Eid nicht vergessen, den die Engländer auf den zerbrochenen Steinen von Limerick schworen[15]. Wie hätte er vergessen können? Kann der Rücken des Sklaven die Peitsche vergessen? Tatsache ist, daß die englische Regierung den Katholizismus moralisch aufwertete, als sie ihn verbot.

Heute ist das Schreckensregiment vorbei, teils dank endloser Reden, teils dank der Gewalttaten der Fenier. Die Strafgesetze sind aufgehoben worden. Heute darf ein Katholik in Irland wählen, kann Regierungsbeamter werden, kann einen Handel oder einen Beruf ausüben, kann in einer öffentlichen Schule unterrichten, kann im Parlament sitzen, kann eigenes Land länger als dreißig Jahre besitzen, kann in seinen Ställen ein Pferd halten, das mehr wert ist als fünf Pfund Sterling, und kann eine katholische Messe besuchen, ohne dabei zu riskieren, vom Scharfrichter gehenkt, geschleift und geviertelt zu werden. Aber diese Gesetze sind erst seit so kurzer Zeit aufgehoben, daß ein englisches Gericht einen noch lebenden nationalistischen Abgeordneten wegen Hochverrats dazu verurteilte, vom öffentlichen Henker (der in England ein Gedungener ist und vom Sheriff unter seinen käuflichen Kollegen aufgrund hervorstechender Verdienste an Sorgfalt und Eifer gewählt wird) gehenkt, geschleift und geviertelt zu werden.

Die irische Bevölkerung, zu neunzig Prozent katholisch, trägt nicht länger zur Erhaltung der protestantischen Kirche bei, die nur zum Wohl einiger tausend Einwanderer existiert. Es genügt

---

[15] Der Vertrag von Limerick (1691), durch den die Williamitischen Kriege abgeschlossen wurden, sicherte Irland religiöse Freiheit zu, die ihm schon von Charles II. zugestanden worden war, doch die englische Unterdrückung der irischen Katholiken im 18. Jahrhundert war die schlimmste der Geschichte.

festzustellen, daß das englische Staatsvermögen einige Verluste erlitten und die römische Kirche eine Tochter mehr gewonnen hat. Mit Rücksicht auf das Bildungswesen gestattet sie, daß ein paar Ströme modernen Denkens langsam in den ausgedörrten Boden sickern. Vielleicht gibt es mit der Zeit ein Wiedererwachen des irischen Gewissens, und vielleicht erleben wir es vier oder fünf Jahrhunderte nach dem Reichstag zu Worms, daß ein irischer Mönch seine Kutte wegwirft, mit einer Nonne durchbrennt und lauthals das Ende der kohärenten Absurdität, die der Katholizismus war, und den Beginn der inkohärenten Absurdität, die der Protestantismus ist, verkündet[16].

Doch ein protestantisches Irland ist nahezu unvorstellbar. Ganz zweifellos ist Irland bis heute die treueste Tochter der katholischen Kirche gewesen. Es ist wohl das einzige Land, das die ersten christlichen Missionare höflich empfing und sich zu der neuen Lehre bekehren ließ, ohne daß ein Tropfen Blut floß. Und wirklich fehlt es der irischen Kirchengeschichte vollständig an einer Märtyrertradition, wie der Bischof von Cashel sich in einer Erwiderung auf den Spötter Giraldus Cambrensis rühmen konnte. Sechs oder acht Jahrhunderte lang war Irland der geistige Brennpunkt der Christenheit. Es schickte seine Söhne in alle Länder der Welt, das Evangelium zu verkünden, und seine Doctores, die heiligen Schriften auszulegen und zu erneuern.

Sein Glaube war niemals wirklich erschüttert, sehen wir ab von einer bestimmten Lehrmeinung des Nestorius im fünften Jahrhundert, die die hypostatische Union der zwei Seinsformen Jesu Christi betraf, von einigen kaum nennenswerten Meinungsverschiedenheiten über das Ritual, die man zur gleichen Zeit beobachten kann, z. B. über Art und Weise des Tonsurschnitts oder die zeitliche Festlegung des Osterfests, und schließlich vom Abfall einiger Priester, die dem Drängen der Reformabgesandten Eduards VII. nachgaben. Bei den ersten Anzeichen jedoch, daß die Kirche in Gefahr sei, brach sofort ein wahrer Schwarm von irischen Abgesandten nach allen Ländern Europas auf, wo man versuchte, die katholischen Mächte zu einer starken gemeinsamen Bewegung gegen die Ketzer aufzurütteln.

Nun, der Heilige Stuhl hat diese Treue auf seine Weise

---

16 Vgl. *Ein Porträt des Künstlers als junger Mann*, Frankfurt 1972, S. 522, »was für eine Befreiung wäre das, eine Absurdität, die logisch und kohärent ist, aufzugeben und sich in die Arme von einer anderen zu stürzen, die unlogisch und inkohärent ist?«

belohnt. Zuerst verschenkte er Irland vermittels einer päpstlichen Bulle und eines Rings an Heinrich II. von England, bereute aber später, unter der Regierung Gregors XIII., als in England die protestantische Ketzerei ihr Haupt erhob, das gläubige Irland den englischen Ketzern überlassen zu haben, und ernannte, um den Irrtum wiedergutzumachen, einen päpstlichen Bastard zum obersten Regenten Irlands[17]. Der blieb natürlich ein König *in partibus infidelium*, doch war die Absicht des Papstes deswegen nicht weniger liebenswürdig. Andrerseits ist Irlands Demut so vollkommen, daß es kaum einen Muckser tun würde, wenn der Papst, nachdem er die Insel bereits einem Engländer und einem Italiener übermacht hat, sie morgen irgendeinem Hidalgo vom Hofe Alfonsos gäbe, der sich aufgrund einer unvorhergesehenen Komplikation in Europa vorübergehend ohne Anstellung fände. Mit kirchlichen Ehrungen war der Heilige Stuhl dagegen sehr viel sparsamer, und wenngleich Irland, in der Weise wie wir gesehen haben, in der Vergangenheit die hagiographischen Archive bereichert hat, so wurde das doch in den Konzilen des Vatikans kaum anerkannt, und es vergingen mehr als vierzehnhundert Jahre, bis es dem Heiligen Vater einfiel, einen irischen Bischof zum Kardinal zu ernennen.

Was hat Irland also durch seine Treue gegenüber dem Papst und seine Untreue gegenüber der britischen Krone gewonnen? Es hat eine Menge gewonnen, freilich nicht für sich. Unter den Namen der irischen Schriftsteller, die im siebzehnten und achtzehnten Jahrhundert die englische Sprache übernahmen und ihr eigenes Land darüber fast vergaßen, finden sich Berkeley, der idealistische Philosoph, Oliver Goldsmith, Verfasser des *Vicar of Wakefield*, zwei berühmte Dramatiker, Richard Brinsley Sheridan und William Congreve, deren komische Meisterwerke selbst heute noch auf den sterilen Bühnen des modernen England bewundert werden, Jonathan Swift, Verfasser der *Gulliver's Travels*, die sich mit Rabelais in den Platz der besten Satire der Weltliteratur teilen, und Edmund Burke, den die Engländer selbst den modernen Demosthenes genannt und für den tiefsinnigsten Redner gehalten haben, der je im Unterhaus gesprochen hat.

---

[17] Joyce meint vermutlich Gregors illegitimen Sohn Giacomo Buoncompagno. Das Ereignis kommt in Geschichten des Papsttums nicht vor, und die Quelle, auf die Joyce sich bezieht, ist nicht bekannt.

Selbst heute trägt Irland trotz seiner schweren Behinderungen seinen Teil zur englischen Kunst und zum englischen Denken bei. Daß die Iren wirklich nur die unausgeglichenen, hilflosen Idioten sind, von denen wir in den Leitartikeln des *Standard* und der *Morning Post* lesen, wird durch die Namen der drei größten Übersetzer in der englischen Literatur widerlegt: Fitz-Gerald, den Übersetzer des *Rubaiyat* des persischen Dichters Omar Khayyam; Burton, den Übersetzer der arabischen Meisterwerke, und Cary, den klassischen Übersetzer der *Divina Commedia*. Auch die Namen anderer Iren sprechen dagegen: Arthur Sullivan, der Doyen der modernen englischen Musik, Edward O'Connor, der Begründer des Chartismus, der Romancier George Moore, eine intellektuelle Oase in der Sahara der unecht-spiritualistischen, messianischen Schriften und Detektivromane, deren Zahl in England Legion ist, und die Namen von zwei Dublinern, der zum Paradox neigende, bilderstürmende Komödienschreiber George Bernard Shaw und der allzu wohlbekannte Oscar Wilde, Sohn einer revolutionären Dichterin.

Schließlich wird diese abwertende Einschätzung Irlands auch auf praktischem Gebiet dadurch als falsch entlarvt, daß Iren, die sich außerhalb Irlands in veränderter Umgebung wiederfinden, sehr oft angesehene Männer werden. Die wirtschaftlichen und geistigen Bedingungen, die in ihrem eigenen Land herrschen, gestatten ihnen nicht, Individualität zu entwickeln. Die Seele des Landes ist in Jahrhunderten vergeblichen Kampfes und gebrochener Verträge schwach geworden, und persönliche Initiative wird durch den Einfluß und die Mahnungen der Kirche paralysiert, während der Körper des Landes von der Polizei, den Steuerbehörden und den Garnisonen gefesselt ist. Keiner, der etwas Selbstachtung hat, bleibt in Irland, sondern er flieht in die Ferne wie aus einem Land, das von einem zornigen Zeus heimgesucht wurde.

Seit dem Vertrag von Limerick, oder genauer, seit dieser von den Engländern treulos gebrochen wurde, haben Millionen Iren ihre Heimat verlassen. Diese Flüchtlinge, denn das waren sie vor einigen Jahrhunderten, hießen »Wildgänse«. Sie ließen sich in den Söldnerheeren der europäischen Mächte anwerben – Frankreich, Holland und Spanien, um genau zu sein – und gewannen auf vielen Schlachtfeldern den Siegeslorbeer für ihre angenommenen Herren. In Amerika fanden sie eine neue Heimat. In den

Reihen der amerikanischen Rebellen hörte man die alte irische Sprache, und 1784 sagte Lord Mountjoy persönlich: »Wir haben Amerika durch die irischen Emigranten verloren.« Heute zählen diese irischen Emigranten in den Vereinigten Staaten sechzehn Millionen, eine reiche, mächtige und fleißige Gemeinschaft. Doch vielleicht ist das kein Beweis dafür, daß der irische Traum einer Renaissance mehr ist als eine reine Illusion!

Wenn Irland in der Lage war, anderen Ländern Männer wie Tyndall zur Verfügung zu stellen, einen der wenigen Wissenschaftler, dessen Name über sein eigenes Gebiet hinaus bekannt geworden ist, wie den Marquess of Dufferin, Gouverneur von Kanada und Vizekönig von Indien, wie Charles Gavin Duffy und Hennessey, Kolonialgouverneure, wie den Herzog von Tetuan, der noch vor kurzem spanischer Minister war, wie Bryan, Kandidat für das Amt des Präsidenten der Vereinigten Staaten, wie Marschall MacMahon, Präsident der französischen Republik, wie Lord Charles Beresford, den eigentlichen Kopf der englischen Marine, der erst kürzlich mit dem Oberbefehl über die Kanalflotte betraut wurde, wie die drei hervorragendsten Generäle der englischen Armee – Lord Wolseley, den Oberbefehlshaber, Lord Kitchener, Sieger des Sudanfeldzuges und augenblicklich kommandierender General der Armee in Indien, und Lord Roberts, Sieger des Krieges in Afghanistan und Südafrika –, wenn Irland in der Lage war, soviel praktische Begabung in den Dienst anderer zu stellen, dann heißt das doch, daß seine eigene gegenwärtige Situation von etwas Feindlichem, etwas Unheilvollem und Despotischem beherrscht wird, weswegen seine Söhne ihre Kraft nicht dem eigenen Land zukommen lassen können.

Denn selbst heute noch geht der Flug der Wildgänse weiter. Jedes Jahr verliert Irland, ohnehin schon dezimiert, weitere 60 000 seiner Söhne. Von 1850 bis heute sind mehr als 5 000 000 Emigranten nach Amerika ausgewandert, und jede Post bringt ihre einladenden Briefe an die Verwandten und Freunde zu Hause nach Irland. Die alten Leute, die Korrumpierten, die Kinder und die Armen bleiben zu Hause, wo das doppelte Joch eine weitere Furcht in den gebeugten Nacken gräbt; und rund um das Totenbett, wo der arme, blutleere, fast schon leblose Körper im Todeskampf liegt, geben die Regierenden Befehle und erteilen die Priester Sterbesakramente.

Ist dieses Land dazu bestimmt, eines Tages seine alte Stellung als Hellas des Nordens wieder einzunehmen? Ist der keltische Geist, wie der slawische Geist, dem er in mancher Hinsicht gleicht, dazu bestimmt, irgendwann in der Zukunft das allgemeine Bewußtsein um neue Entdeckungen und neue Einsichten zu bereichern? Oder muß die keltische Welt, müssen die fünf keltischen Nationen, die die stärkeren Nationen an den Rand des Kontinents, auf die abgelegensten Inseln Europas abgedrängt haben, nach jahrhundertelangem Kampf schließlich ganz in den Ozean gestoßen werden? Ach, wir soziologischen Dilettanten sind leider nur zweitrangige Auguren. Wir schauen und spähen in die Eingeweide des menschlichen Tieres und bekennen schließlich, daß wir dort nichts sehen. Nur unsere Übermenschen sind in der Lage, die Geschichte der Zukunft zu schreiben.

Es wäre interessant, sich zu überlegen, wie sich eine Wiederbelebung dieses Volkes auf unsere Kultur auswirken könnte, doch würde das den Rahmen sprengen, den ich mir heute abend gesteckt habe. Man denke nur an die ökonomischen Auswirkungen, wenn neben England eine rivalisierende Insel auftauchte, eine zweisprachige, republikanische, eigenständige und unternehmungslustige Insel mit eigener Handelsflotte und eigenen Konsuln in allen Häfen der Welt. Und an die moralischen Auswirkungen, wenn die irischen Künstler und Denker im alten Europa auftauchen, diese eigenartigen Geister, frigide Enthusiasten, sexuell und künstlerisch ungebildet, voll von Idealismus und unfähig, ihm nachzugeben, kindliche Gemüter, naiv und satirisch, »die liebelosen Iren«, wie man sie nennt. Doch in der Hoffnung auf solch eine Erneuerung muß ich bekennen, daß ich nicht sehe, wozu es gut sein soll, gegen die englische Tyrannei zu wettern, solange die römische Tyrannei den Palast der Seele besetzt hält.

Ich sehe keinen Sinn in den bitteren Schmähungen gegen die englischen Räuber, in der Mißachtung der großen angelsächsischen Kultur, mag es auch eine fast ausschließlich materialistische Kultur sein, noch in der leeren Prahlerei, daß die Kunst der Miniatur in den alten irischen Büchern wie dem *Book of Kells*, dem *Yellow Book of Lecan* oder dem *Book of the Dun Cow* fast so alt wie die chinesische ist und aus einer Zeit stammt, da England noch ein unzivilisiertes Land war, und daß Irland schon einige Generationen lang seine eigenen Stoffe herstellte und nach Europa exportierte, bevor der erste Flame in London eintraf und den Engländern beibrachte, wie man Brot bäckt. Wenn eine derartige Berufung auf die Vergangenheit berechtigt wäre, hätten die Fellachen in Kairo alles Recht dieser Welt auf ihrer Seite, wenn sie es ablehnten, Gepäckträger für englische Touristen zu spielen. Das alte Irland ist so tot wie das alte Ägypten. Seine Todeshymne ist verklungen, und auf seinen Grabstein ist das Siegel gesetzt. Die alte Volksseele, die jahrhundertelang aus dem Mund sagenhafter Seher, wandernder Sänger und jakobitischer Dichter sprach, ist mit dem Tod James Clarene Mangans aus der Welt geschwunden. Mit ihm endete die lange Tradition der dreifachen Rangordnung der alten keltischen Barden; heute haben andere Barden, die von anderen Idealen beseelt sind, das Wort.

Eins allein scheint mir klar. Es ist allerhöchste Zeit, daß Irland ein für allemal aufhört, eine Versagerrolle zu spielen. Wenn es zur Erneuerung wahrhaft fähig ist, soll es erwachen, sonst aber sein Haupt verhüllen und mit Anstand auf immer ins Grab sinken. »Wir Iren«, sagte Oscar Wilde einmal zu einem meiner Freunde[18], »haben nichts zustande gebracht, aber wir sind die größten Redner seit den Griechen.« Doch wenn die Iren auch redegewandt sind, eine Revolution wird nicht aus menschlichem Atem und Kompromissen gemacht. Irland hat an Wortverdrehereien und Mißverständnissen genug gehabt. Wenn das Spiel beginnen soll, auf das wir so lange gewartet haben, sollte es diesmal ganz und vollständig und endgültig sein. Doch ist unser Rat an die irischen Regisseure derselbe, den unsere Väter vor nicht allzu langer Zeit ihnen auch schon gaben: Beeilt euch! Ich jedenfalls, dessen bin ich sicher, werde diesen Vorhang sich niemals heben sehen, denn ich werde schon mit dem letzten Zug heimgekehrt sein.

---

[18] W. B. Yeats.

Joseph Sheridan Le Fanu
Der ehrenwerte Herr Richter Harbottle

1 *Des Richters Haus*

Vor dreißig Jahren erschien ein älterer Mann, welchem ich quartalsweise zu Lasten eines meiner Häuser eine kleine Leibrente zahlte, am Fälligkeitstag, dieselbe abzuholen. Er war ein ernster, stiller, nüchterner Mensch, der bessere Tage gesehen und sich stets einen tadellosen Ruf bewahrt hatte. Man kann sich keinen besseren Gewährsmann für eine Gespenstergeschichte denken.

Er berichtete mir eine solche, wenn auch mit merklichem Zögern; er kam ins Erzählen, als er mir zu erklären suchte, warum er, was mir gar nicht aufgefallen war, zwei Tage vor Ablauf der Woche, welche er ansonsten nach dem festgelegten Zahltag verstreichen ließ, bei mir vorsprach. Der Grund lag in einem plötzlichen Entschluß, seine Wohnung zu wechseln, und der sich daraus ergebenden Notwendigkeit, seine Miete ein wenig früher zu bezahlen, als sie fällig war.

Er wohnte in einer finsteren Straße in Westminster, in einem großen, alten Haus, welches sehr warm war, denn seine Wände waren von oben bis unten mit Holz getäfelt, und die Fenster, von denen es nicht übermäßig viele gab, hatten dicke Rahmen und kleine Scheiben.

Dieses Haus war, wie die Affichen an den Fenstern kundtaten, zum Verkauf oder zur Vermietung angeboten. Doch niemand schien interessiert, es anzusehen.

Eine hagere Matrone in einem verschlissenen schwarzen Seidenkleid, sehr schweigsam, mit großen, starren, angstvollen Augen, die einen anstierten, als suchten sie einem vom Gesichte abzulesen, was man in den dunklen Zimmern und Korridoren, durch welche man gegangen, gesehen hatte, beaufsichtigte und versorgte es, von einem einzigen Dienstmädchen unterstützt. Mein armer Freund hatte sich in diesem Hause eingemietet, weil das Logis äußerst billig war. Er wohnte dort seit nahezu einem Jahr ohne die geringste Belästigung und war der einzige Mieter. Er besaß zwei Zimmer; einen Wohnraum und ein Schlafgemach mit einem anschließenden kleinen Kabinett, in welchem er seine

Bücher und Papiere verwahrte. Er war, nachdem er auch die äußere Tür versperrt, zu Bett gegangen. Unfähig einzuschlafen, hatte er eine Kerze angezündet und, nachdem er eine Weile gelesen, das Buch neben sich gelegt. Er hörte die alte Uhr auf dem Treppenabsatz einmal schlagen; und gleich darauf sah er zu seinem Entsetzen, wie die Kabinettür, welche er versperrt glaubte, sich langsam öffnete und ein schmächtiger, dunkelhaariger Mann mit unheimlich finsterer Miene, der etwa fünfzig Jahre zählen mochte und einen schwarzen Anzug von sehr altmodischer Fasson trug, wie man ihn auf Hogarth-Stichen sieht, auf Zehenspitzen in das Zimmer trat. Ihm folgte ein untersetzter älterer Mann, dessen mit Skorbutgeschwüren übersätes Gesicht starr wie das eines Toten war und den Stempel gräßlicher Sinnlichkeit und Ruchlosigkeit aufwies.

Dieser alte Mann trug einen geblümten seidenen Schlafrock mit Rüschen an den Ärmeln, und mein Freund bemerkte an seinem Finger einen goldenen Ring und auf seinem Kopf eine samtene Mütze, wie sie zu Zeiten der Perücke Herren daheim zu tragen pflegten.

Dieser widerliche alte Mann hielt in der beringten und umrüschten Hand ein eingerolltes Seil; und diese zwei Gestalten gingen quer durchs Zimmer, am Fuße seines Bettes vorbei, von der Kabinettür am Fenster links ihm gegenüber zur Korridortür rechts vom Kopfende seines Bettes.

Er suchte die Gefühle, welche ihn erfüllten, als er die zwei Gestalten so nah an sich vorüberschreiten sah, nicht zu beschreiben. Er sagte lediglich, daß ihn nichts auf der Welt je dazu bringen könne, dies Zimmer, und sei es auch bei Tageslicht, nochmals alleine zu betreten, geschweige denn darin zu schlafen. Er fand beide Türen, die des Kabinetts und jene auf den Korridor, am Morgen genauso fest versperrt, wie er sie vor dem Zubettgehen verlassen hatte.

Als ich ihn danach fragte, sagte er, daß keiner der beiden Männer von ihm die mindeste Notiz genommen habe. Sie schienen nicht zu schweben, sondern zu gehen, ganz wie lebendige Menschen, doch ohne jeden Laut, und er spürte, wie der Fußboden erzitterte, als sie darüberschritten. Es bereitete ihm solch sichtliches Unbehagen, über die Erscheinung zu sprechen, daß ich nicht weiter in ihn drang.

Seine Beschreibung enthielt jedoch gewisse, mir auf überaus

merkwürdige Weise bekannt erscheinende Details, und so sah ich mich veranlaßt, mit gleicher Post noch einem viel älteren Freund von mir zu schreiben, welcher damals in einer abgelegenen Gegend Englands lebte, und ihn um eine Auskunft zu ersuchen, welche er mir, wie ich wußte, geben konnte. Er hatte mir gegenüber mehr als einmal jenes alte Haus erwähnt und, wenn auch nur sehr kurz, eine seltsame Geschichte davon erzählt, welche mir ausführlicher zu berichten ich ihn nun bat.

Seine Antwort stellte mich zufrieden; und die folgenden Seiten seien ihrem Inhalt gewidmet.

Ich entnehme Deinem Brief (schrieb er), daß Du einige Einzelheiten über die letzten Lebensjahre des Herrn Richter Harbottle, welcher dazumalen dem Kriminalgerichte angehörte, zu erfahren wünschst. Du spielst, wie ich vermute, damit auf jene merkwürdigen Vorfälle an, welche diese Periode seines Lebens lange Zeit zu einem Thema von ›Kamingeschichten‹ und metaphysischen Spekulationen machte. Der Zufall will es, daß ich vielleicht mehr als irgendein anderer Mensch auf Erden über diese mysteriösen Dinge weiß.

Das alte Haus der Familie sah ich zum letztenmal vor über dreißig Jahren anläßlich eines Besuchs in London. In der seither verflossenen Zeit soll, wie ich hörte, jener Teil Westminsters, in dem es steht, nach vorangegangener Demolierung sehr verschönert worden sein. Wenn ich sicher wüßte, daß das Haus abgerissen worden ist, so würde ich nicht zögern, die Straße, in der es sich befand, zu nennen. Da jedoch das, was ich zu sagen habe, kaum dazu angetan ist, seinen wohl ohnedies geringen Wert zu erhöhen, und da ich nicht in Schwierigkeiten kommen möchte, ziehe ich es vor, über diesen Punkt Schweigen zu bewahren.

Wie alt das Haus war, weiß ich nicht. Man sagt, daß Roger Harbottle, ein Kaufmann, welcher mit der Türkei Handel trieb, es unter der Regentschaft König James' I. baute. Ich verstehe nicht viel von solchen Dingen; doch da ich es, wenn auch bereits in verkommenem, verlassenem Zustand, gesehen habe, kann ich Dir in großen Zügen schildern, wie es aussah. Es war aus dunkelrotem Backstein, und das Tor sowie die Fenster umrahmten Steine, welche im Lauf der Zeit verwittert waren. Es ragte ein paar Fuß aus der Reihe der andern Häuser in der Straße vor, und ein reich verziertes Geländer säumte die breite Treppe, welche zum Haustor emporführte, an dem, unter mehreren mit

Schnörkeln und verschlungenen Blättern geschmückten Lampen, zwei riesige, in der Form Zwergenkappen ähnelnde ›Löschhüte‹ sich befanden, in welche zu früheren Zeiten die Diener ihre Fackeln zu stecken pflegten, nachdem ihre Herrschaften den Sänften oder Kutschen entstiegen waren. Die Diele ist bis hinauf zur Decke mit Holz getäfelt und hat einen großen Kamin. Von ihr gelangt man beiderseits in zwei oder drei schöne alte Zimmer. Sie haben große, schmale Fenster mit vielen kleinen Scheiben. Tritt man durch das Gewölbe im rückwärtigen Teil der Diele, so steht man am Fuß der breiten, massiven Treppe. Es gibt auch eine Hintertreppe. Das Haus ist groß und längst nicht so hell wie moderne Häuser. Als ich es sah, war es schon lange unbewohnt, und es hieß, daß es darin spuke. Spinnweben hingen von den Decken und umflochten die Ecken der Karniesen, und auf allem lag dicker Staub. Die Fenster trübte Schmutz und Regen von fünfzig Jahren, und so war es noch finsterer als früher.

Meinen ersten Besuch machte ich in Begleitung meines Vaters im Jahre 1808. Ich war damals ein Knabe von zwölf Jahren mit einer diesem Alter eigenen regen Phantasie. Ich blickte scheu und furchtsam um mich, befand ich mich doch hier am Schauplatz jener Vorkommnisse, von welchen ich daheim am Kamin so angenehm erschaudernd erzählen gehört.

Mein Vater war bei seiner Heirat ein alter Junggeselle von fast sechzig Jahren. Er hatte, als er noch ein Kind war, Richter Harbottle vor dessen Tode im Jahre 1748 mindestens ein dutzendmal in Robe und Perücke im Gerichtssaale gesehen, und seine Erscheinung machte auf ihn einen ungeheuren und unguten Eindruck und beschäftigte danach lange, auf eine seinen Nerven durchaus unzuträgliche Weise, seine Phantasie.

Der Richter war zu jener Zeit ein Mann von etwa siebenundsechzig Jahren. Er hatte ein großes, maulbeerfarbenes Gesicht, eine riesige, von Karbunkeln bedeckte Nase, böse Augen und einen grimmigen und brutalen Mund. Mein Vater, damals noch jung, hielt es für das schrecklichste Gesicht, das er je gesehen; denn die Form und die Furchen seiner Stirn deuteten auf starke Geisteskräfte. Seine Stimme war laut und rauh und verlieh dem Sarkasmus, dessen er sich bei Gericht als Waffe gern zu bedienen pflegte, nachdrückliche Wirkung.

Dieser alte Herr galt als der bösartigste und verschlagenste

Mann von England. Selbst auf der Richterbank scheute er sich nicht, gelegentlich der Verachtung, die er Andersdenkenden entgegenbrachte, Ausdruck zu verleihen. Prozesse führte er auf seine eigene Weise, Advokaten, Sachverständige, ja sogar Geschworene überrumpelnd, mit Schmeicheleien, Zornesausbrüchen und Schwindeleien etwaigen Widerstand geschickt zerbrechend. Doch war er viel zu schlau, sich je eine Blöße zu geben. Sein Ruf war der eines gefährlichen und skrupellosen Richters; doch sein Ruf bekümmerte ihn nicht, ihn ebensowenig wie die Gefährten, mit welchen er seine Mußestunden zu verbringen pflegte.

II *Mr. Peters*

Eines Abends, während der Sitzungsperiode des Jahres 1746, ließ dieser alte Richter sich in seiner Sänfte zum Oberhause bringen, um in einem der Nebenräume auf das Ergebnis einer Abstimmung zu warten, welche ihn und seine Kollegen interessierte.

Danach wollte er in seiner Sänfte zu seinem nahe gelegenen Haus zurückkehren; doch der Abend war so lau und lind, daß er eines andern sich besann, sie heimschickte und in Begleitung zweier Diener, deren jeder eine Fackel trug, zu Fuß sich auf den Weg machte. Infolge seiner Gicht konnte er nur sehr langsam gehen, und er benötigte geraume Zeit, die zwei oder drei Straßen, welche ihn von seinem Hause trennten, hinter sich zu bringen.

In einer dieser schmalen, beiderseits von hohen Häusern gesäumten und zu dieser Zeit gänzlich leeren und stillen Straßen überholte er, so langsam er auch ging, einen überaus sonderbar aussehenden alten Herrn.

Er trug einen flaschengrünen Rock mit großen steinernen Knöpfen, einen Umhang und einen breitkrempigen, niedrigen Hut, unter welchem eine große gepuderte Perücke hervorblickte; er ging sehr gebeugt und schlurrte und schwankte, gestützt auf einen Krückstock, mühsam dahin.

»Ich bitte um Verzeihung, Herr«, sagte mit zitternder Stimme dieser alte Mann, als der wohlbeleibte Richter ihn erreichte, und streckte dabei die Hand nach seinem Arm aus.

Richter Harbottle sah, daß der Mann keineswegs arm gekleidet und sein Benehmen das eines Herren von Stand war.

So blieb der Richter stehen und sprach in barschem, unfreundlichem Ton: »Nun, wie kann ich Ihnen dienen?«

»Könnten Sie mich zu Richter Harbottles Haus geleiten? Ich habe ihm eine Nachricht von allergrößter Wichtigkeit zu überbringen.«

»Können Sie vor Zeugen darüber sprechen?« fragte der Richter.

»Keinesfalls; sie ist nur für *sein* Ohr bestimmt«, krächzte der alte Mann in feierlichem Ton.

»Wenn dem so ist, mein Herr, dann brauchen Sie mich nur ein paar Schritte zu meinem Hause zu begleiten, um unter vier Augen mich zu sprechen; denn ich bin Richter Harbottle.«

Diese Einladung nahm der invalide Herr mit der weißen Perücke bereitwillig an; und schon bald stand der Fremde dem heimtückischen und verschlagenen Richter in seinem vorderen Empfangszimmer gegenüber.

Er mußte, da er sehr erschöpft war, sich niedersetzen und war mehrere Minuten nicht imstande, zu sprechen; sodann erlitt er einen Hustenanfall, welcher ihm vollends den Atem zu verschlagen schien; und so vergingen zwei oder drei Minuten, während deren der Richter seinen Mantel auf einen Sessel legte und seinen Dreispitz darauf warf.

Endlich erlangte der ehrwürdige, weiß beperückte Alte seine Stimme wieder, und sie unterhielten sich eine Weile bei geschlossenen Türen.

In den Gesellschaftsräumen warteten Gäste, und man hörte deutlich aus dem ersten Stock lachende Männerstimmen und sodann die Stimme einer Frau, welche, von einem Cembalo begleitet, sang; denn der alte Richter Harbottle hatte für diesen Abend eines seiner ruchlosen Gelage arrangiert, welche gottesfürchtigen Menschen die Haare zu Berge stehen ließen.

Der alte Mann mit der weißen, gepuderten Perücke, welche auf seinen gebeugten Schultern ruhte, mußte etwas zu sagen haben, was den Richter höchlichst interessierte; denn ansonsten hätte er sich nicht mehr als zehn Minuten von dieser Art Schwelgerei fernhalten lassen, welche er hoch schätzte und bei der er hemmungslos und ausgelassen das Zepter zu führen, ja seine Gäste gar zu tyrannisieren pflegte.

Der Diener, welcher den alten Herrn hinausbegleitete, bemerkte, daß des Richters maulbeerfarbenes Gesicht samt seinen Pusteln und Geschwüren erbleicht und schmutziggelb war und daß er erregt und zerstreut von dem Fremden Abschied nahm. Es mußte eine Unterredung von ernsthafter Bedeutung gewesen sein, denn der Richter schien zutiefst bestürzt.

Statt nun sogleich treppauf zu eilen zu seiner skandalösen Lustbarkeit, seinen gottlosen Gästen und seiner großen Porzellanschüssel voll Punsch – der gleichen Schüssel, aus der ein einstmaliger Bischof von London, ein guter und ehrbarer Mann, des Richters Großvater getauft und an deren Rand nun silberne Schöpflöffel klirrten und Zitronenschalen hingen – statt, sage ich, polternd und schnaufend die breite Treppe hinaufzustapfen zu seiner Höhle lästerlicher Lüste, trat er ans Fenster und blickte, seine große Nase an die Scheibe gepreßt, dem kranken alten Manne nach, welcher, sich unbeholfen an das eiserne Geländer klammernd, Stufe für Stufe hinab zum Trottoir stieg.

Kaum war die Haustüre ins Schloß gefallen, da stürzte schon der Richter, Befehle brüllend und wie ein alter Obrist fluchend, mit dem Fuß aufstampfend und die geballte Faust schwenkend in die Diele. Er beorderte den Diener, dem alten weiß beperückten Herrn nachzulaufen, ihm seinen Schutz für den Heimweg anzubieten und sich ja nicht unter seine Augen zu trauen, ohne festgestellt zu haben, wo er wohnte und wer er war.

»Wenn du das nicht herausbekommst, zum Teufel, dann legst du meine Livree heut nacht noch ab!«

Fort machte sich der treue Diener und eilte, seinen schweren Stock unter dem Arm, hinab die Treppe und hielt, die Straße auf und nieder blickend, Ausschau nach der seltsamen, so leicht erkennbaren Gestalt.

Was er erlebte, will ich jetzt nicht schildern.

Der alte Mann hatte bei der Besprechung, zu welcher er in jenes Zimmer mit der schönen Wandtäfelung gebeten worden war, dem Richter eine höchst sonderbare Geschichte erzählt. Mag sein, daß er selbst ein Verschwörer war oder vielleicht auch ein Verrückter; aber möglicherweise war das, was er erzählte, die reine Wahrheit.

Der betagte Herr im flaschengrünen Rock hatte, als er Richter Harbottle alleine gegenübersaß, erregt gesagt:

»Im Gefängnis von Shrewsbury sitzt, was Ihnen vielleicht nicht bekannt ist, Euer Gnaden, ein Gefangener, welchen man der Fälschung eines Wechsels über hundertzwanzig Pfund beschuldigt. Sein Name ist Lewis Pyneweck, er besitzt einen Krämerladen in jener Stadt.«

»In der Tat?« sagte der Richter, welcher dies sehr wohl wußte.

»Ja, Euer Gnaden«, sagte der alte Mann.

»Sie hätten besser daran getan, nichts zu sagen, was den Verdacht erregt, Sie wollten diesen Fall beeinflussen. Wenn dies, zum Teufel, Ihre Absicht ist, so werde ich Sie dem Gericht übergeben, denn ich werde den Fall verhandeln!« sprach der Richter in bösem Ton.

»Nichts dergleichen liegt in meiner Absicht, Euer Gnaden; ich kenne weder ihn noch seinen Fall und bin auch nicht daran interessiert. Allein, mir ist etwas zur Kenntnis gelangt, was Ihr wohl erwägen solltet.«

»Und das wäre?« fragte der Richter; »ich bin in Eile, Herr, und muß Sie bitten, sich kurz zu fassen.«

»Mir ist zu Ohren gekommen, Euer Gnaden, daß ein geheimes Tribunal zusammentreten will, mit dem Vorhaben, das Verhalten der Richter zu überprüfen; in erster Linie *Ihr* Verhalten, Euer Gnaden; es ist eine üble Verschwörung.«

»Wer gehört ihr an?«

»Ich weiß bis jetzt noch keinen Namen. Ich weiß nur, daß es so ist, Euer Gnaden; es ist wirklich wahr.«

»Ich werde Sie vor den Staatsrat laden lassen, Herr«, sagte der Richter.

»Das wäre mir sehr recht; doch wenn ich bitten darf, nicht vor ein, zwei Tagen, Euer Gnaden.«

»Und warum nicht?«

»Ich weiß, wie ich schon sagte, noch keinen Namen; doch ich hoffe, in zwei oder drei Tagen eine Liste der Initiatoren sowie verschiedene andere mit dem Komplott zusammenhängende Dokumente zu erhalten.«

»Sie sagten eben in ein oder zwei Tagen.«

»Ungefähr, Euer Gnaden.«

»Ist es ein jakobitisches Komplott?«

»Ich glaube, ja, Euer Gnaden.«

»Nun, dann ist es eine politische Verschwörung. Ich habe niemals Prozesse gegen Staatsverbrecher geführt und gedenke auch nicht, in Zukunft dies zu tun. Warum will man sich also mit mir befassen?«

Der ehrenwerte Herr Richter Harbottle

»Soviel ich weiß, Euer Gnaden, gehören dem Tribunal Männer an, welche an bestimmten Richtern sich privat zu rächen wünschen.«

»Wie nennt sich dieses Intrigantenkomitee?«

»Hohes Appellationsgericht, Euer Gnaden.«

»Und wer sind Sie, mein Herr? Wie ist Ihr Name?«

»Hugh Peters, Euer Gnaden.«

»Das scheint mir der Name eines Whig zu sein?«

»So ist es, Euer Gnaden.«

»Wo logieren Sie, Mr. Peters?«

»In der Thames Street, Euer Gnaden, gegenüber den ›Drei Königen‹.«

»Den ›Drei Königen‹? Ist Ihnen das nicht einer zuviel, Mr. Peters? Wie kommen Sie, ein rechtschaffener Whig, wie Sie sagen, zur Kenntnis eines jakobitischen Komplotts? Antworten Sie.«

»Euer Gnaden, eine Person, der ich verbunden bin, hat sich verführen lassen, daran teilzunehmen; die unerwartete Bosheit der Verschwörerpläne erweckte in ihr Skrupel, und so beschloß sie, die Krone davon zu informieren.«

»Ein sehr weiser Entschluß, wie mir scheint. Was sagte Ihnen Ihr Vertrauter über die Teilnehmer an dem Komplott? Kennt er sie?«

»Nur zwei, Euer Gnaden; doch er soll in wenigen Tagen in den Klub eingeführt werden; dann wird er Genaueres über die Teilnehmer und ihre Pläne sowie über die Orte und Zeiten ihrer Zusammenkünfte erfahren. An wen, glauben Sie, Euer Gnaden, sollte er sich, wenn er im Besitz dieser Informationen ist, wenden?«

»Direkt an den Ersten Kronanwalt Seiner Majestät. Doch Sie sagten, diese Sache ginge im besonderen mich an? Was ist mit diesem Gefangenen, Lewis Pyneweck? Ist er einer von ihnen?«

»Das weiß ich nicht, Euer Gnaden; doch man glaubt, daß Euer Gnaden gut beraten wären, wenn Sie den Prozeß gegen ihn nicht führten. Wenn Sie es täten, so würde dies, so fürchtet man, Ihre Tage verkürzen.«

»Mir scheint, Mr. Peters, diese ganze Sache schmeckt stark nach Blut und Verrat. Des Königs Kronanwalt wird schon richtig damit zu verfahren wissen. Wann sehe ich Sie wieder, mein Herr?«

»Wenn es Ihnen recht ist, Euer Gnaden, morgen vor oder nach Beginn Ihrer Gerichtssitzung. Ich werde kommen und Euer Gnaden von dem Vorgefallenen berichten.«

»Tun Sie das, Mr. Peters – morgen früh um neun Uhr. Und hüten Sie sich, mich in dieser Sache zu hintergehen, Herr; sonst lasse ich Sie arretieren!«

»Sie haben nichts dergleichen von mir zu befürchten, Euer Gnaden; wünschte ich nicht, Ihnen zu dienen und mein Gewissen zu besänftigen, so hätte ich gewiß nicht den weiten Weg auf mich genommen, um mit Euer Gnaden zu sprechen.«

»Ich bin gewillt, Ihnen zu glauben, Mr. Peters; ja, ich glaube Ihnen.«

Worauf sie sich trennten.

›Entweder hat er sein Gesicht geschminkt, oder er ist todkrank‹, dachte der Richter.

Als der Fremde, sich leicht verbeugend, den Raum verließ, war das Licht auf sein Gesicht gefallen, und der Richter sah, daß es von unnatürlicher Weiße war.

»Hol ihn der Teufel!« sprach der Richter mürrisch, als er sich anschickte, die Treppe hinaufzusteigen; »er hat mir fast den Appetit verdorben.«

Doch wenn dem so war, so merkte es niemand außer dem Richter selbst, und aller Anschein, schien es, sprach dagegen.

III *Lewis Pyneweck*

In der Zwischenzeit hatte der Diener, welchen der Richter Mr. Peters nachgeschickt, denselben eingeholt. Der alte Mann hielt inne, als er hinter sich die Schritte hörte, doch die Furcht, welche in ihm aufstieg, schwand sogleich, als er die Livree erkannte. Er nahm höchst dankbar die gebotene Unterstützung an und legte zitternd seinen Arm in den des Dieners. Sie waren jedoch noch nicht weit gegangen, als der Alte plötzlich stehenblieb und sagte: »Mein Gott! Ich habe, scheint's, etwas verloren. Hörten Sie es nicht zu Boden fallen? Meine Augen, fürchte ich, sind zu schwach, und ich bin nicht imstande, mich tief genug zu bücken; doch wenn *Sie* nachsehen wollten, soll die Hälfte des Fundes Ihnen gehören. Es ist eine Guinea; ich trug sie in meinem Handschuh.«

Die Straße war still und leer. Der Diener hatte sich kaum hingekauert und begonnen, den Gehsteig abzusuchen, als der so tief erschöpft wirkende Mr. Peters ihm mit einem schweren Gegenstand einen kräftigen Hieb, und dann noch einen zweiten, auf den Hinterkopf versetzte, worauf er, ihn blutend und besinnungslos in der Gosse liegen lassend, flink wie ein Wiesel eine Gasse zur Rechten hinunterlief und verschwand.

Als eine Stunde später ein Wachmann den livrierten Mann, immer noch benommen und blutbefleckt, nach Hause brachte, beschimpfte Richter Harbottle seinen Diener fürchterlich, schwor, er sei betrunken, drohte ihn vor Gericht zu stellen, weil er durch Bestechung sich habe verleiten lassen, seinen Herrn zu verraten, und versprach, ihn an den Galgen zu bringen.

Nichtsdestoweniger war der Richter zutiefst befriedigt. Es gab keinen Zweifel, daß jener Mann ein Gauner war, gedungen, ihm Angst einzujagen. Der Schwindel war mißglückt.

Ein ›Appellationsgericht‹, wie der falsche Hugh Peters es erwähnte, wäre für einen ›Blutrichter‹ wie den ehrenwerten Mr. Harbottle eine äußerst unangenehme Institution gewesen. Dieser sarkastische und erbarmungslose Diener der englischen Kriminalgerichtsbarkeit, eines zu jener Zeit recht pharisäischen, grausamen und abscheulichen Justizsystems, hatte ganz bestimmte persönliche Gründe, den Prozeß gegen jenen Lewis Pyneweck zu führen, zu dessen Gunsten man diesen kühnen Schwindel inszeniert. Und er würde ihn führen. Kein Mensch auf Erden sollte ihn ihm entreißen.

Die Öffentlichkeit freilich ahnte nicht, daß er Lewis Pyneweck kannte. Er würde die Verhandlung gegen ihn wie üblich führen, ohne Furcht, ohne Wohlwollen, ohne jegliches Gefühl.

Allein, entsann er sich nicht eines gewissen mageren Mannes, in Schwarz gekleidet, in dessen Haus in Shrewsbury der Richter wohnte, bis plötzlich ans Licht kam, daß er seine Frau mißhandelte, und ein Skandal entstand? Eines Krämers mit scheuem Blick und leisem Schritt und hagerem Gesicht, dunkel wie Mahagoni, mit einer spitzen, langen und ein wenig schiefen Nase und zwei starren dunkelbraunen Augen unter dünnen schwarzen Brauen – eines Mannes, auf dessen Lippen stets ein leises verschlagenes Lächeln lag?

Hatte dieser Schurke nicht eine Rechnung mit dem Richter zu begleichen? Und war sein Name nicht Lewis Pyneweck, einstmals Krämer in Shrewsbury und jetzt Häftling im Gefängnis jener Stadt?

Der Leser mag, wenn es ihm beliebt, den Umstand, daß ihn nie Gewissensbisse plagten, als Beweis dafür betrachten, daß Richter Harbottle ein guter Christ war. Das war er zweifellos. Nichtsdestoweniger hatte er diesem Krämer oder, wenn man will, Fälscher vor fünf oder sechs Jahren ein schweres Unrecht zugefügt; doch es war nicht dies, sondern ein möglicher Skandal mit allerlei Komplikationen, was dem Richter Sorgen machte.

Wußte er nicht als Rechtsgelehrter, daß, um einen Mann aus seinem Laden auf die Anklagebank zu bringen, die Chancen, daß er schuldig war, mindestens neunundneunzig von hundert betragen mußten?

Ein schwacher Mensch wie sein gelehrter Kollege Withershins war nicht der rechte Richter, auf den Straßen Sicherheit zu schaffen und die Verbrecher Furcht zu lehren. Harbottle war der Mann, die Bösewichte mit Bange zu erfüllen, die Welt mit Strömen bösen Blutes zu erquicken und auf diese Weise die Rechtschaffenen zu schützen, gemäß dem alten Spruch, welchen er zu zitieren liebte:

> Törichtes Mitleid hat
> Zerstört schon manche Stadt.

Diesen Burschen zu hängen konnte nicht unrecht sein. Das Auge eines Mannes, welcher gewohnt war, auf die Anklagebank zu blicken, konnte nicht übersehen, daß in jenes Gesicht scharf und deutlich ›Halunke‹ geschrieben war. Selbstverständlich würde er und kein anderer den Prozeß gegen ihn führen.

Eine keck aussehende, gleichwohl recht hübsche Frau in einem geblumten Seidenkleid voller Spitzen und Rüschen, auf dem Kopf eine Morgenhaube, viel zu schmuck für des Richters Wirtschafterin, welche sie nichtsdestoweniger war, lugte am nächsten Morgen durch die Tür seines Studierzimmers und trat, als sie sah, daß der Richter allein war, ein.

»Hier ist wieder ein Brief von ihm; er kam heute morgen mit der Post. Kannst du denn gar nichts für ihn tun?« sprach sie in schmeichlerischem Ton, den Arm um seinen Nacken legend und mit Daumen und Zeigefinger zärtlich am Läppchen seines purpurnen Ohres zupfend.

Der ehrenwerte Herr Richter Harbottle

»Ich will's versuchen«, sagte Richter Harbottle, ohne den Blick von dem Dokument zu heben, welches er eben las.

»Ich wußte, daß du tun wirst, worum ich dich bat«, sagte sie. Der Richter legte seine gichtige Hand aufs Herz und machte eine ironische Verbeugung.

»Was«, fragte sie, »wirst du tun?«

»Ihn hängen«, sprach der Richter kichernd.

»Das ist doch nicht dein Ernst; aber nicht doch, mein Männchen«, sagte sie, in einem Spiegel an der Wand sich betrachtend.

»Hol mich der Teufel, doch mir scheint, du empfindest für deinen Gatten nun doch noch Liebe«, sagte Richter Harbottle.

»Verdammt, mir scheint, du bist auf ihn eifersüchtig«, erwiderte die Dame lachend. »Ich bitte dich; er war immer schlecht zu mir; ich bin schon lange mit ihm fertig.«

»Und er mit dir, bei Gott! Als er dir dein Geld, deine Löffel und deine Ohrringe genommen, hatte er alles, was er von dir wollte. Er jagte dich aus seinem Haus; und als er sah, daß du eine einträgliche Stellung gefunden hattest und es dir gutging, da nahm er von neuem dir deine Guineas und dein Silber und deine Ohrringe ab und ließ dich dann ein halbes Dutzend Jahre immer wieder seine Scheuern füllen. Du kannst ihm doch nichts Gutes wünschen; du lügst, wenn du das sagst.«

Sie lachte frech und böse und gab dem fürchterlichen Rhadamanthys einen scherzhaften Klaps aufs Maul.

»Er will, daß ich ihm Geld für einen Advokaten schicke«, sagte sie, indem sie ihren Blick über die Bilder an der Wand und dann wieder zum Spiegel schweifen ließ. Es schien nicht so, als ob die Gefahr, in der ihr Gatte schwebte, sie sonderlich bekümmerte.

»Welche Unverschämtheit von dem Schurken!« donnerte der alte Richter, in seinem Sessel zurück sich werfend, wie er es, wenn die Wut ihn packte, auf seiner Richterbank zu tun pflegte; sein Mund verzerrte sich brutal, und seine Augen schienen nah daran, aus ihren Höhlen zu springen. »Wenn du es wagst, aus meinem Haus ihm zu schreiben, so werde ich besorgt sein, daß du den nächsten Brief aus einem andern Haus schreibst. Mit mir ist nicht zu spaßen, verstehst du, keckes Frauenzimmer? Komm, laß das Schmollen; Flennen nützt dir nichts. Nicht einen roten Heller wirst du dem Gauner schicken, bei meiner Seele! Seit du im Hause bist, ist meine Ruh dahin. Mach dich hinaus, Dirne!

mach dich *hinaus*!« wiederholte er, mit dem Fuß aufstampfend; denn ein Klopfen an der Haustür heischte ihr augenblickliches Verschwinden.

Es erübrigt sich wohl zu sagen, daß der ehrenwerte Hugh Peters kein zweites Mal erschien. Der Richter verlor nie ein Wort über ihn. Doch seltsam, so verächtlich er auch über jenen durchsichtigen Schwindel gelacht, den aufzudecken ihm sogleich gelungen war – der Besucher mit der weißen Perücke und die Unterredung im düsteren Salon beschäftigten dennoch oft seine Gedanken.

Sein scharfer Blick sagte ihm, daß, abgesehen von der aufgeschminkten Farbe und anderen Verstellungsmitteln, die Züge dieses falschen alten Mannes, welcher zu stark für seinen kräftigen Diener gewesen war, stark jenen Lewis Pynewecks glichen.

Richter Harbottle sprach beim Kronanwalt vor und sagte ihm, daß ein Mann sich in der Stadt befände, welcher einem Gefangenen im Gefängnis von Shrewsbury erstaunlich ähnelte. Er bat ihn, sogleich brieflich nachzuforschen, ob irgendwer an Stelle Pynewecks im Gefängnis saß und ob dieser so oder auf andere Weise entkommen war.

Doch der Gefangene saß sicher hinter Gittern, und hinsichtlich seiner Identität bestand kein Zweifel.

IV *Ein Zwischenfall vor Gericht*

Richter Harbottle absolvierte plangemäß seine Rundreise, und zur vorgesehenen Zeit tagte das Gericht in Shrewsbury. Nachrichten reisten lang in jenen Tagen, und Zeitungen kannten, genau wie Rollwagen und Postkutschen, keine Eile. Mrs. Pyneweck, welcher des Richters verkleinerter Haushalt nicht viel Arbeit machte – der größte Teil der Dienstboten begleitete den Richter, denn dieser benützte bei seinen Rundreisen nicht mehr die Post, sondern reiste mit großem Pomp in seiner eigenen Kutsche – fühlte sich daheim recht einsam.

Trotz aller Streitigkeiten, trotz gegenseitiger, teils ganz abscheulicher Beleidigungen, trotz eines Ehelebens voller Zank und Zwist – eines Lebens, in welchem es seit Jahren keine Liebe noch Zuneigung noch Nachsicht zu geben schien – überkam sie nun, da Pyneweck dem Tode nahe schien, plötzlich doch etwas

Der ehrenwerte Herr Richter Harbottle

wie Reue. Sie wußte, daß das, was in Shrewsbury vor sich ging, sein Geschick bestimmte. Es war nicht so, daß sie ihn liebte; doch noch vor vierzehn Tagen hätte sie nicht gedacht, daß so heftige Spannung sie befallen würde.

Ihr war bekannt, an welchem Tag der Prozeß stattfinden sollte. Nicht einen Augenblick ging er ihr aus dem Kopf, und gegen Abend fühlte sie sich tief erschöpft.

Zwei Tage oder drei verstrichen; nun mußte der Prozeß schon vorüber sein. Zwischen London und Shrewsbury war eine Überschwemmung, und so traf keine Nachricht ein. Sie wünschte, die Überschwemmung möge ewig dauern. Und doch war es entsetzlich, so zu warten; entsetzlich, daß der Prozeß bereits stattgefunden hatte und sie nichts erfahren konnte, bevor ein störrischer Strom sich wieder in sein Bett begab.

Sie vertraute zage auf des Richters Gutmütigkeit und stark auf Glück und Zufall. Es war ihr gelungen, ihm das gewünschte Geld zu schicken. Er war nicht ohne anwaltlichen Rat und tatkräftige und geschickte Unterstützung.

Endlich erhielt sie Nachricht – einen ganzen Schwall auf einmal: den Brief einer Freundin in Shrewsbury; eine Liste der Urteile, adressiert an den Richter; und, höchst wichtig, weil am leichtesten zu lesen, kurz und knapp abgefaßt, den lang erwarteten Bericht über die in Shrewsbury gefällten Urteile im *Morgen-Anzeiger*. Gleich der ungeduldigen Leserin eines Romans, welche zuerst die letze Seite überfliegt, las sie wirren Blicks die Liste der Exekutionen.

Zwei Vollstreckungen waren aufgeschoben, sieben Verurteilte gehängt worden, und in deren Liste stand:

»Lewis Pyneweck – Wechselfälschung.«

Ein halbdutzendmal mußte sie es lesen, bevor sie es begriff. So lautete der Absatz:

Todesurteile – 7
Davon am Freitag, den 13., sofort vollstreckt:
Thomas Primer, *alias* Duck – Straßenraub.
Flora Guy – Diebstahl im Werte von
11 s. 6 d.
Arthur Pounden – Einbruch.

Matilda Mummery – Aufruhr.
Lewis Pyneweck – Wechselfälschung.

Wieder und wieder las sie diesen Satz und fühlte sich ganz kalt und krank.

Diese schmucke Wirtschafterin war im Haus bekannt als Mrs. Carwell, denn Carwell war ihr Mädchenname, welchen sie wieder angenommen hatte.

Niemand im Hause außer seinem Herrn wußte von ihrer Vergangenheit. Ihre Einstellung war sehr geschickt erfolgt, und niemand ahnte, daß sie und der alte Wüstling insgeheim sich abgesprochen hatten.

Flora Carwell eilte jetzt in den ersten Stock hinauf, riß ihre kleine Tochter von kaum sieben Jahren, welche ihr aus dem Gang entgegenlief, an sich, trug sie, ohne sich ihres Tuns recht bewußt zu sein, in ihr Schlafgemach und setzte sich, das Kind vor sich auf den Boden stellend. Sie war keines Wortes fähig. Sie umarmte das Kind, blickte in des kleinen Mädchens erstaunte Augen und brach in Tränen aus.

Sie war der Überzeugung, der Richter hätte ihn retten können, und auch ich neige zu dieser Ansicht. Eine Weile zürnte sie ihm und herzte und küßte das verwirrte kleine Mädchen, welches mit großen, runden Augen ihren Blick erwiderte.

Dieses kleine Mädchen war nun vaterlos und wußte von der ganzen Sache nichts. Man hatte ihr stets gesagt, ihr Vater sei schon lange tot.

Die Gedanken wie auch die Gefühle einer solchen derben, ungebildeten, eitlen und ungestümen Frau sind nicht klar und fest umrissen, doch in diese Tränen der Bestürzung mischten sich Gewissensbisse. Sie fürchtete sich vor diesem kleinen Kind.

Allein, Mrs. Carwell war ein Mensch, welcher nicht von Gefühlen, sondern von Rindfleisch und Pudding lebte; sie tröstete sich mit Punsch; sie nährte nicht einmal allzu lange ihren Groll; sie war eine stumpfe, oberflächliche Person, welche um etwas Unwiderrufliches, wenn überhaupt, so nur eine begrenzte Zahl von Stunden trauern konnte.

Richter Harbottle kehrte bald zurück nach London. Außer seiner Gicht plagte diesen rohen Epikureer nie irgendeine Krankheit. Er lachte und schwatzte und vertrieb die leisen Selbstvorwürfe der jungen Frau, und schon nach kurzer Zeit

Der ehrenwerte Herr Richter Harbottle

machte sie sich keine Gedanken mehr wegen Lewis Pyneweck; und der Richter frohlockte insgeheim über die geschickte Beseitigung jenes lästigen Mannes, welcher sich allmählich leicht zu einer Art Tyrann hätte auswachsen können.

Bald nach seiner Rückkehr ergab es sich, daß der Richter einige Prozesse im Old Bailey, dem Londoner Kriminalgericht, zu führen hatte. Er hatte soeben in einem Falle von Betrug mit seinem Plädoyer vor den Geschworenen begonnen und wetterte wie gewohnt voll zynischem Spott und Zorn gegen den Angeklagten, als der beredte Richter jäh verstummte und, statt die Geschworenen anzublicken, auf eine Person im Gerichtssaal starrte.

Unter den Personen, welche an den Seitenwänden standen und dem Gang der Verhandlung folgten, ragte eine durch ihre Größe ein klein wenig hervor: ein hagerer Mann, in schäbiges Schwarz gekleidet, mit einem schmalen, dunkelhäutigen Gesicht. Er hatte dem Ausrufer, bevor des Richters Blick auf ihn fiel, soeben einen Brief überreicht.

Der Richter erkannte zutiefst verblüfft die Züge Lewis Pynewecks. Auf seinen dünnen Lippen war wie stets das feine Lächeln; er reckte sein blaues Kinn empor und zerrte, die Aufmerksamkeit, welche er erregte, anscheinend nicht bemerkend, mit seinen dürren, krummen Fingern an seinem Halstuch, wobei er den Kopf von einer Seite zur anderen wandte, was den Richter befähigte, ganz deutlich einen geschwollenen blauen Streifen rund um seinen Hals zu sehen, welcher, wie er sogleich erkannte, vom Seil des Henkers herrühren mußte.

Dieser Mann stand mit einigen andern auf einer Treppe, von welcher aus er den Gerichtssaal besser überblicken konnte. Jetzt trat er herab, und der Richter verlor ihn aus den Augen.

Seine Lordschaft wies energisch mit dem Arm in die Richtung, in die der Mann verschwunden war. Er wandte sich zum Gerichtsdiener. Sein erster Versuch, zu sprechen, zeitigte lediglich ein Keuchen. Er räusperte sich und befahl dem verblüfften Beamten, jenen Mann zu verhaften, welcher soeben die Sitzung gestört.

»Er ist dort die Treppe hinabgestiegen. Nehmen Sie ihn fest und führen Sie ihn in spätestens zehn Minuten vor; sonst entkleide ich Sie Ihres Amtes!« schrie er und blickte blitzenden Auges dem Beamten nach.

Advokaten, Verteidiger, Zuschauer – alle blickten in die Richtung, in welche Richter Harbottles knorrige alte Hand gedeutet hatte. Man tauschte Bemerkungen aus. Niemand hatte eine Störung wahrgenommen. Man fragte sich, ob der Richter den Verstand verloren habe.

Die Suche führte zu keinerlei Erfolg. Seine Lordschaft beendete sein Plädoyer in wesentlich gemäßigterem Ton; und als die Geschworenen sich zurückgezogen hatten, blickte er sich mit einer Miene, als sei es ihm keinen Sixpence wert, den Angeklagten hängen zu sehen, im Gerichtssaal um.

v *Caleb Searcher*

Der Richter hatte den Brief erhalten; hätte er gewußt, von wem er stammte, so würde er ihn zweifellos sogleich gelesen haben. Doch da er dies nicht ahnte, las er nur die Anschrift:

An den ehrenwerten
Herrn Lordrichter Elijah Harbottle
Einen von Seiner Majestät Richtern
am Löblichen Kriminalgericht

Er steckte ihn in seine Tasche und vergaß ihn, bis er daheim war.

Als er, in seinem seidenen Schlafmantel in der Bibliothek sitzend, die geräumige Tasche seines Rockes leerte, stieß er darauf und stellte fest, daß sein Inhalt aus einem in kleiner Kanzlistenhandschrift verfaßten Brief sowie einem in spitzer Sekretärsschrift beschriebenen Bogen Pergament etwa in der Größe dieses Blattes bestand. Der Brief lautete:

HERRN RICHTER HARBOTTLE, – EUER GNADEN

Im Auftrag des Hohen Appellationsgerichtshofes habe ich Euer Gnaden, damit Sie sich auf Ihren Prozeß besser vorbereiten können, mitzuteilen, daß gegen Euer Gnaden Anklage erhoben wurde wegen Mordes an einem Lewis Pyneweck von Shrewsbury, unrechtmäßig hingerichtet wegen Fälschung eines Wechsels am –ten Tag des –, auf Grund vorbedacht falscher Auslegung

Der ehrenwerte Herr Richter Harbottle

des Beweismaterials, ungebührlichen Druckes auf die Geschworenen, sowie ungesetzlicher Zulassung von Beweismaterial, welche Handlungen von Euer Gnaden vorgenommen wurden im vollen Bewußtsein ihrer Ungesetzlichkeit, wodurch der Einreicher besagter Klage beim Hohen Appellationsgerichtshof sein Leben verloren hat.

Die Verhandlung über besagte Klage ist, wie ich Euer Gnaden weiter mitzuteilen habe, von dem Sehr Ehrenwerten Herrn Lordoberrichter Twofold des nämlichen Hohen Appellationsgerichtshofes auf den 10ten Tag dieses Monats angesetzt worden, an welchem Tag sie mit Gewißheit stattfinden wird. Ich habe, um jegliche Überraschung und jegliches Mißverständnis auszuschließen, Euer Gnaden des weiteren bekanntzugeben, daß an besagtem Tag Ihr Fall als erster zur Verhandlung ansteht und daß besagter Appellationsgerichtshof Tag und Nacht ohne Unterbrechung verhandelt; und ich übersende hierbei im Auftrag besagten Gerichtshofs Euer Gnaden eine Kopie (Auszug) des Protokolles über diesen Fall, ausgenommen die Anklageschrift, deren Inhalt Euer Gnaden diesem Schreiben entnehmen können. Weiter habe ich Sie davon zu informieren, daß, im Falle die Geschworenen Sie schuldig sprechen, der Sehr Ehrenwerte Herr Lordoberrichter gegen Sie ein Todesurteil fällen wird, dessen Vollstreckung am 10ten Tag des . . ., also einen kalendarischen Monat nach dem Tage des Prozesses, erfolgen wird.

Gezeichnet

CALEB SEARCHER
*Beamter des Kronanwaltes
im Reiche des Königs über Tod und Leben*

Der Richter starrte auf das Pergament.

»Beim Satan! Glaubt man, ein Mann wie ich läßt sich durch solch eine Komödie foppen?«

Des Richters rohe Miene verzerrte sich zu einem hohnvollen Grinsen; doch er war blaß. Möglicherweise waren doch Verschwörer am Werke. Hatten sie vor, in seiner Kutsche ihn zu erschießen, oder war es nur ihr Ziel, ihm Angst zu machen?

Richter Harbottle war ein Mann von großem Mut. Er fürchtete keine Straßenräuber und hatte in der Zeit, da er als Advokat verleumderische Reden bei Gericht führte, mehr als genug Duelle ausgefochten. Seine Fähigkeiten, sich zur Wehr zu setzen, waren unbestritten. Doch was den Fall Pyneweck betraf, saß er gewissermaßen in einem Glashaus. War da nicht seine hübsche, dunkeläugige, schmucke Wirtschafterin, Mrs. Flora Carwell? Es war sehr leicht für Leute, welche Shrewsbury kannten, Mrs. Pyneweck, waren sie erst einmal auf der rechten Fährte, zu identifizieren; und hatte er in diesem Fall nicht ganz besonderen Eifer an den Tag gelegt? Hatte er nicht alles darangesetzt, Pyneweck dem Henker zu übergeben? Wußte er nicht sehr wohl, was die Anwaltskammer davon dachte? Den schlimmsten Skandal würde es geben, der je über einen Richter hereingebrochen.

Das war es, was ihn an der Sache beunruhigte, doch weiter nichts. Der Richter war ein, zwei Tage etwas bedrückt und noch gereizter als gewöhnlich.

Er versperrte die Papiere; und etwa eine Woche später fragte er seine Wirtschafterin eines Tages in der Bibliothek:

»Hatte dein Mann einen Bruder?«

Mrs. Carwell brach bei der plötzlichen Erwähnung dieses traurigen Themas in Tränen aus und heulte zum Steinerweichen. Der Richter hatte keinen Sinn für solchen Humbug und sagte streng:

»Komm, laß das, es geht mir auf die Nerven! Heul ein andermal und gib mir Antwort auf meine Frage.« Was sie denn tat.

Pyneweck hatte keinen lebenden Bruder. Der einzige, den er je gehabt, war auf Jamaika lange schon gestorben.

»Woher weißt du, daß er tot ist?« fragte der Richter.

»Er hat es mir erzählt.«

»Doch nicht der Tote.«

»Nein, natürlich Pyneweck.«

»Was du nicht sagst!« spottete der Richter.

Er grübelte darüber nach; und die Zeit verging. Der Richter war recht mürrisch und schlecht gelaunt. Die Angelegenheit beschäftigte ihn doch mehr, als er geglaubt. Doch so ergeht es einem mit uneingestandenen Sorgen, und es gab niemanden, dem er diese anvertrauen konnte.

Der Neunte kam heran, und Richter Harbottle war guten Muts. Er war überzeugt, daß nichts geschehen werde. Dennoch war er nervös; doch morgen war ja alles überstanden.

vi *Verhaftet*

Richter Harbottle ging an diesem Abend ins Drury-Lane-Theater. Er war einer jener alten Burschen, welche die Nacht zum Tage zu machen pflegen und auf der Suche nach Vergnügungen oft lange herumziehen. Er hatte sich mit zwei Bekannten aus Lincoln's Inn verabredet, mit welchen er nach dem Theater bei sich daheim soupieren wollte.

Sie waren nicht in seiner Loge, sondern wollten am Ausgang auf ihn warten und dort in seine Kutsche steigen; und Richter Harbottle, der Warten haßte, blickte ein wenig ungeduldig aus dem Fenster.

Der Richter gähnte.

Er befahl dem Diener, nach Anwalt Thavies und Anwalt Beller Ausschau zu halten; dann legte er, wiederum gähnend, seinen Dreispitz auf die Knie, schloß die Augen, lehnte sich in die Ecke zurück, zog seinen Mantel enger um sich und versank in Gedanken an die hübsche Mrs. Abington.

Da Richter Harbottle imstande war, gleich einem Matrosen auf der Stelle einzuschlafen, gedachte er einen kleinen Schlummer zu tun. Es war schon reichlich keck von diesen Burschen, daß sie einen Richter warten ließen.

Jetzt vernahm er ihre Stimmen. Diese Teufelskerle lachten und scherzten und balgten sich wie gewohnt. Die Kutsche neigte sich und schwankte, als der eine einstieg, und dann nochmals, als der andere folgte. Die Türe klappte zu, und jetzt rumpelte die Kutsche übers Pflaster. Der Richter schmollte und dachte nicht daran, sich aufzusetzen und seine Augen aufzumachen. Sollten sie nur denken, er schlafe. Er hörte, wie sie lachten, als sie es bemerkten – eher hämisch und boshaft denn gutgelaunt, wie ihm schien. Er nahm sich vor, ihnen einen tüchtigen Puff zu versetzen, wenn sie vor seiner Haustür hielten, und bis dahin weiter so zu tun, als ob er schliefe.

Die Kirchenglocken schlugen zwölf. Beller und Thavies, sonst so ausgelassen und geschwätzig, waren wie Grabsteine still und stumm.

Der Richter fühlte plötzlich unsanft sich gepackt und aus der Ecke zur Mitte des Sitzes hingestoßen, und seine Augen öffnend, fand er sich zwischen seinen zwei Begleitern sitzend.

Bevor er noch den Fluch, der auf seinen Lippen war, ausstoßen konnte, bemerkte er, daß es zwei Fremde waren – bedrohlich aussehende Burschen, jeder mit einer Pistole in der Hand und gekleidet wie Polizisten.

Der Richter klammerte sich an den Haltegriff. Die Kutsche hielt. Er starrte um sich. Er sah keine Häuser; doch durchs Fenster erblickte er im hellen Mondlicht ein schwarzes Moor, welches leblos sich nach beiden Seiten streckte, mit verfaulten Bäumen, welche hier und dort in Gruppen standen und die bizarr geformten Zweige wie Arme und Finger in die Höhe streckten, als böten sie dem Richter freudig ein schreckliches Willkommen.

Ein Diener trat ans Fenster. Er kannte dieses magere Gesicht, diese eingesunkenen Augen. Es war Dingly Chuff, der vor fünfzehn Jahren bei ihm in Diensten stand und welchen er in einem Wutanfall stehenden Fußes entlassen und eines fehlenden Löffels wegen vor Gericht gebracht. Der Mann war im Gefängnis an Auszehrung gestorben.

Der Richter fuhr zutiefst erstaunt zurück. Seine bewaffneten Begleiter winkten stumm; und sie rollten weiter durch dieses unbekannte Moor.

Der feiste, gichtige alte Mann erwog, sich zur Wehr zu setzen, doch die Zeit, da er derlei Händel wagen konnte, war längst vorbei. Dieses Moor war öd und leer und keine Hilfe zu erwarten. Es gab im Augenblick für ihn nichts als Unterwerfung.

Auf einmal kam die Kutsche fast zum Stehen, und ein unheimlicher Anblick bot sich ihm durchs Fenster.

Es stand ein riesengroßer Galgen an der Straße, ein dreiteiliger Galgen, und an jedem der drei dicken Balken hingen an Ketten acht oder zehn Leichen, welchen zum Teil die Totenkleider abgefallen waren, so daß nackt die Skelette an den Ketten schwangen wie in einem leisen Wind. Eine schmale Leiter war an das Gerüst gelehnt, und darunter auf dem sumpfigen Boden lagen Knochen.

Hoch oben auf dem dunklen Balken, welcher der Straße zugewandt und an dem wie an den beiden andern dieses Todesdreiecks eine Reihe dieser Unglücklichen in Ketten hingen, saß, behaglich zurückgelehnt und im Munde eine Pfeife, ein Henker, welcher träge von einem kleinen Haufen neben seinen Ellenbogen Knochen nahm und auf die hängenden Skelette warf, bald eine Rippe oder zwei, bald eine Hand oder ein halbes Bein. Ein Mann mit scharfen Augen hätte erkannt, daß er ein dunkelhäutiger, magerer Bursche war; und von dem steten Niederblicken auf die Erde hinab von jenem mächtigen Gerüst, an dem gewissermaßen auch er hing, waren seine Nase, seine Lippen und sein Kinn schlaff und locker und grauenhaft verzerrt.

Dieser Bursche nahm, als er die Kutsche erblickte, die Pfeife aus dem Mund, stand auf, turnte langsam auf dem Gerüst herum und warf ein neues Seil herunter, mit hoher, ferner Stimme rufend, welche dem Krächzen eines Raben glich: »Eine Robe für Richter Harbottle!«

Die Kutsche fuhr jetzt im alten raschen Tempo weiter.

Von einem derart hohen Galgen hatte der Richter, selbst in seinen übermütigsten Momenten, nie geträumt. Er glaubte zu phantasieren. Und der tote Diener! Er zupfte sich am Ohr und rieb die Augen; doch wenn er träumte, war er nicht imstande, sich zu wecken.

Diesen Schurken zu drohen hatte keinen Sinn. Nur durch gänzliche Unterwerfung konnte es ihm gelingen, ihnen zu entkommen; und sowie er frei war, würde er Himmel und Erde in Bewegung setzen, sie aufzustöbern und zu fangen.

Plötzlich bogen sie um die Ecke eines riesigen weißen Baues und fuhren durch ein Tor.

VII *Oberrichter Twofold*

Der Richter fand sich in einem Gang, auf dessen kahle steinerne Wände das trübe Licht von Petroleumlampen fiel; er sah aus wie der Gang eines Gefängnisses. Seine Bewacher übergaben ihn an andere Leute. Da und dort sah er dürre, riesige Soldaten auf und nieder schreiten, Musketen über ihren Schultern. Sie blickten starr vor sich hin und knirschten zornig mit den Zähnen, und man hörte von ihnen keinen Laut außer dem Klappern ihrer Stiefel. Er sah sie stets nur kurz um Ecken und am Ende von Korridoren, ging aber nicht direkt vorbei an ihnen.

Jetzt wurde er durch eine schmale Tür geführt und stand in einem großen Gerichtssaal einem Richter in scharlachroter Robe gegenüber. Nichts gab es, was die Trostlosigkeit dieses Themistempels milderte. Grau und düster war er, obgleich genügend Kerzen brannten. Soeben war ein Prozeß zu Ende, und man sah den Rücken des letzten Geschworenen durch die Tür hinter der

Jurorenbank verschwinden. Etwa ein Dutzend Barrister waren im Saal; einige schrieben eifrig, andere studierten Akten und manche winkten mit den Schreibfedern ihren Solicitoren zu, an welchen ebenfalls kein Mangel herrschte; Kanzlisten liefen hin und her und Gerichtsbeamte; der Schriftführer übergab dem Richter eben ein Papier, und der Gerichtsdiener reichte einem Anwalt über die Köpfe der Menge weg ein Dokument. Eine unsagbare Hoffnungslosigkeit beschattete die bleichen Züge all dieser Menschen; keiner lächelte; alle schienen von tiefem Leid bedrückt.

»Der König gegen Elijah Harbottle!« rief der Beamte.

»Ist der Appellant Lewis Pyneweck anwesend?« fragte Oberrichter Twofold mit Donnerstimme, welche die Holzverkleidung des Saals erzittern ließ und durch die Korridore hallte.

Pyneweck stand von seinem Platz am Tische auf.

»Man führe den Gefangenen vor!« brüllte der Gerichtsvorsitzende, und Richter Harbottle spürte, wie die fürchterliche Stimme das Holz der Anklagebank, den Boden und das Gatter, hinter dem er stand, erbeben ließ.

Der Häftling erhob sogleich Einspruch gegen dieses angebliche Gericht; es sei eine Scheininstitution und ungesetzlich; und selbst wenn es dem Gesetz entspräche (der Vorsitzende gähnte), sei es nicht befugt, ihm wegen seines Verhaltens auf der Richterbank den Prozeß zu machen.

Worauf der Oberrichter plötzlich lachte, und auch alle anderen im Saal wandten sich zu dem Angeklagten um und lachten, bis das Lachen anschwoll gleich einem ohrenbetäubenden Applaus; er sah nichts außer glänzenden Augen und Zähnen, einem allgemeinen Starren und Grinsen; doch obgleich all die Stimmen lachten, sah von all den Gesichtern, die ihren Blick auf ihn geheftet hielten, kein einziges wie ein lachendes Gesicht aus. Ebenso plötzlich wie sie ausgebrochen war, legte sich die Heiterkeit.

Die Anklageschrift wurde vorgelesen. Richter Harbottle nahm tatsächlich dazu Stellung! Er bekannte sich ›nicht schuldig‹. Man vereidigte die Geschworenen. Der Prozeß nahm seinen Fortgang. Richter Harbottle war fassungslos. Dies konnte doch nicht wahr sein. Er mußte wahnsinnig sein, dachte er, oder im Begriff, es zu werden.

Allein, ein Umstand entging ihm trotz seiner Verwirrung

Der ehrenwerte Herr Richter Harbottle 59

nicht. Dieser Oberrichter Twofold, welcher ihn mit Hohn und Spott überhäufte und mit seiner grauenhaften Stimme auf ihn herabschrie, war ein riesenhaftes Ebenbild seiner selbst; ein Abbild des Herrn Richter Harbottle, wenigstens doppelt so groß wie er, mit der gleichen hitzigen Farbe des Gesichts, Blick und Miene von der gleichen Grausamkeit, doch alles gräßlich übersteigert.

Nichts, was der Angeklagte argumentierte, zitierte oder einwandte, konnte auch nur einen Augenblick den Gang dieses Prozesses zur Katastrophe hin aufhalten oder hemmen.

Der Oberrichter schien sich seiner Macht über die Geschworenen bewußt zu sein und sie schwelgerisch zu genießen. Er starrte sie an, er nickte ihnen zu; er schien sich ganz im Einvernehmen mit ihnen zu befinden. Jeder Teil des Saales war nur schwach beleuchtet. Die Geschworenen waren bloße aufgereihte Schatten; der Angeklagte sah im Dunkel ein Dutzend Paar weißer Augen kalt und lauernd schimmern; und immer wenn der Oberrichter während seines Plädoyers, welches verächtlich kurz war, nickte und spöttisch grinste, merkte der Gefangene am gemeinsamen Senken aller dieser Augen, daß die Geschworenen ergeben nickten.

Nun war das Plädoyer zu Ende, und der gewaltige Oberrichter lehnte keuchend sich zurück und musterte den Gefangenen grollend. Alle im Saale wandten sich herum und starrten haßerfüllt den Angeklagten an. Von der Geschworenenbank, wo die zwölf Vereideten flüsternd die Köpfe zusammensteckten, war in der tiefen Stille ein leises Zischen zu vernehmen; und dann kam auf die Frage des Beamten »Wie, Herren von der Jury, lautet Euer Spruch: Schuldig oder nicht schuldig?« in düsterem Tone der Befund »Schuldig«.

Dem Angeklagten schien es, als werde es immer finsterer im Saal, und endlich sah er nur noch das Leuchten all der Augen, welche von allen Bänken und Wänden und Ecken und der Galerie auf ihn gerichtet waren. Der Häftling gedachte noch allerlei Triftiges zu sagen und zu begründen, warum ein Todesurteil gegen ihn nicht ausgesprochen werden dürfe; jedoch der Oberrichter blies es wie eine Rauchwolke verächtlich hinweg, verhängte das Todesurteil über den Gefangenen und setzte die Vollstreckung für den zehnten Tag des nächsten Monats an.

Er hatte sich von der Verblüffung über diese grauenvolle

Farce noch nicht erholt, als man ihn in Befolgung des Befehls ›Führt den Gefangenen ab‹ bereits aus dem Saal geleitete. Die Lampen schienen nun alle verlöscht, und man sah da und dort Öfen und Kohlenfeuer, welche einen schwachen roten Schein auf die Wände der Gänge warfen, durch welche man ihn führte. Die Steine, aus denen sie bestanden, waren riesengroß, unbehauen und voller Sprünge.

Er trat in ein Gewölbe gleich einer Schmiede, in dem zwei Männer, bis zur Hüfte nackt, mit Köpfen, welche denen von Stieren ähnelten, und runden Schultern und den Armen von Riesen, rotglühende Ketten mit Hämmern, die wie Donnerkeile niederfuhren, zusammenfügten.

Sie blickten den Gefangenen mit grimmig roten Augen an und ließen ihre Hämmer eine Minute ruhen, dann befahl der Ältere seinem Gefährten: »Nimm Elijah Harbottles Fesseln aus dem Feuer«, und dieser nahm mit einer Zange die Kette aus dem Herd.

»Das eine Ende hat ein Schloß«, sagte er, das kalte Kettenende an sich nehmend; dann legte er, des Richters Bein umklammernd wie ein Schraubstock, den Ring um seine Knöchel. »Das andere«, sprach er grinsend, »wird geschmiedet.«

Das Eisenband, welches den Ring für das andere Bein abgeben sollte, lag, immer noch rotglühend, auf dem Boden, und helle Funken sprangen auf ihm hoch und nieder.

Sein Gefährte packte mit Riesenhänden des Richters anderes Bein und drückte seinen Fuß mit allen Kräften auf den Boden, während der Ältere blitzschnell, des Hammers und der Zange sich meisterhaft bedienend, das glutheiße Eisen um seine Knöchel schmiedete, so fest, daß Haut und Sehnen zischend schmorten. Richter Harbottle stieß einen Schrei aus, daß selbst die Steine zu erschaudern schienen und die Ketten an den Wänden bebten.

Ketten, Gewölbe, die zwei Gesellen und die Schmiede – alles versank um ihn, und es blieb nur der fürchterliche Schmerz an seinem Fußgelenk.

Thavies und Beller, seine Freunde, schreckte des Richters Brüllen mitten aus einem angeregten Gespräch über eine bevorstehende Heirat in der Welt der Gesellschaft auf. Der Richter war vor Schmerz und Schreck ganz außer sich. Die Straßenlampen und das Licht an seiner Haustür beruhigten ihn.

»Ich fühle mich schrecklich«, stieß er hervor, die Zähne fest zusammenbeißend, »mein Fuß schmerzt wie die Hölle. Wer war das nur, der meinem Fuß so weh tat? Es ist die Gicht – ganz klar, die Gicht!« sagte er, völlig zu sich kommend. »Wie viele Stunden sind wir vom Theater denn hierher gefahren? Was, zum Teufel, ist unterwegs passiert? Ich muß die halbe Nacht geschlafen haben!«

Die beiden Freunde erklärten ihm, daß sie ohne die mindeste Verzögerung schnurstracks heimgefahren waren.

Den Richter jedoch hatte die Gicht gepackt; er litt auch an Fieber; und der Anfall war, wenngleich kurz, sehr heftig; und als er nach etwa vierzehn Tagen genas, kehrte seine derbe Jovialität nicht wieder. Sein Traum, wie er es zu nennen vorzog, ging ihm nicht aus dem Kopf.

VIII *Jemand ist im Hause*

Es schien, als ob den Richter tiefe Melancholie befallen habe. Sein Doktor riet ihm, sich für zwei Wochen nach Buxton zu begeben.

Stets wenn der Richter ins Sinnieren kam, begann er über jenes in seinem Traum über ihn verhängte Urteil nachzudenken – ›auf den Tag einen Monat nach dem heutigen Datum‹, hatte es geheißen, und dann: ›Man wird am Hals Sie aufhängen, bis Sie tot sind.‹

›Das wäre am Zehnten‹, dachte er, ›doch mich hängt man nicht so leicht. Ich weiß, aus welchem Stoff Träume sind, und ich lache über sie; dieser aber beherrscht in einem fort mein Denken, als verheiße er irgendein Unheil. Wenn dieser Tag, den man in meinem Traum mir nannte, nur schon vorüber wäre! Wenn diese Gicht sich endlich nur wieder ganz verlieren würde! Wenn ich nur wieder wäre, wie ich war! Es ist nichts als ein Wahngebilde, nichts als ein Hirngespinst.‹ Immer wieder las er höhnisch lachend die Kopie des Dokumentes und den Brief, in welchem sein Prozeß ihm angekündigt worden war, und an allen möglichen Orten stiegen Schauplatz und Personen seines Traumes vor ihm auf, und er entsank allem, was um ihn war, für kurze Augenblicke in eine Welt der Schatten.

Seine eiserne Energie und seine Lust zu rohen Scherzen hatte er verloren. Er wurde schweigsam und verdrossen. Wie man sich denken kann, bemerkte man bei Gericht den Wandel. Seine Freunde hielten ihn für krank. Der Doktor sagte, es seien hypochondrische Beschwerden und in seinem Körper stecke immer noch die Gicht; er empfahl ihm eine Kur in Buxton, jenem uralten Ort der Krücken und des Kalks.

Der Richter war überaus gedrückter Stimmung; ihn erfüllte Angst und Schrecken; und bei einer Tasse Tee erzählte er seiner Wirtschafterin jenen seltsamen Traum auf der Heimfahrt vom Drury-Lane-Theater. Er verfiel in jene Art von Depression, in welcher man den Glauben an orthodoxe Heilmethoden verliert und voll Verzweiflung bei Scharlatanen, Astrologen und Quacksalbern Hilfe sucht. Ob solch ein Traum vielleicht bedeuten könne, daß er am Zehnten einen Herzkrampf haben werde? Sie war nicht dieser Meinung. Im Gegenteil, er verheiße mit Bestimmtheit, daß er ganz besonderes Glück an jenem Tage haben werde.

Der Richter blühte auf; und zum erstenmal seit vielen Tagen war er für eine oder zwei Minuten wieder der Alte und tätschelte ihr mit der Hand die Wange.

»Beim Himmel, ja! Mein süßer Schelm, du! Jetzt fällt mir etwas ein. Mein Neffe Tom, du weißt schon, der in Harrogate, liegt krank darnieder; es könnte doch sein, daß er an diesem Tage stirbt und ich eine Erbschaft mache! Als ich Doktor Hedstone gestern fragte, ob ich mit einem Herzkrampf rechnen müsse, lachte er nur und schwor, ich sei der letzte in der Stadt, den so etwas bedrohe.«

Der Richter schickte die meisten seiner Diener nach Buxton vor; sie sollten Quartier für ihn machen und für seine Bequemlichkeit besorgt sein, und er wollte in ein, zwei Tagen folgen.

Es war jetzt der Neunte; und wenn der nächste Tag gut vergangen war, würde er über seine dunklen Ahnungen und Ängste nur noch lachen.

Am Neunten abends klopfte Doktor Hedstones Diener an des Richters Haustür. Der Doktor eilte die finstere Treppe zum Salon hinauf. Es war ein Märzabend, kurz vor Sonnenuntergang, und ein scharfer Ostwind pfiff durch den Kamin, in welchem ein Holzfeuer lustig brannte. Und Richter Harbottle in seinem roten Hausrock, auf dem Kopf eine sogenannte Brigadiersperücke, verstärkte noch den Eindruck, daß das ganze dunkle Zimmer in rote Glut getaucht sei.

Der ehrenwerte Herr Richter Harbottle

Der Richter hatte seine Füße auf einem Schemel liegen und schien, das grimme purpurne Gesicht dem Feuer zugewandt, im gleichen Rhythmus, wie die Flammen emporzuckten und in sich zusammensanken, nach Luft zu ringen. Er war erneut in tiefste Depression versunken und dachte daran, in Pension zu gehen, und an fünfzig andere düstere Dinge.

Allein, der Arzt, ein energischer Sohn Äskulaps, hörte sich sein Jammern nicht lange an; er erklärte dem Richter, daß er in seinem gegenwärtigen Zustand, voll der Gicht, nicht einmal in seinem eigenen Fall ein Urteil fällen könne; er solle die Beantwortung all dieser traurigen Fragen um zwei Wochen verschieben.

In der Zwischenzeit müsse der Richter große Vorsicht walten lassen. Er sei übervoll der Gicht und dürfe keinen Anfall provozieren; er solle es den Wassern von Buxton überlassen, dies zu tun, und zwar auf ihre eigene heilsame Weise.

Der Doktor schien mit ihm nicht so zufrieden, wie er tat, denn er sagte ihm, er brauche Ruhe, und am besten wäre es, er ging gleich zu Bett.

Mr. Gerningham, sein Diener, der ihm assistierte, gab dem Richter seine Tropfen, und dieser bat ihn, bei ihm im Schlafzimmer zu warten, bis er eingeschlummert sei.

Drei Personen wußten über jene Nacht äußerst Seltsames zu berichten.

Die Wirtschafterin hatte an diesem sorgenvollen Abend ihres kleines Mädchens sich entledigt, indem sie ihm, wie üblich mit der Mahnung, nichts anzurühren, erlaubte, die Wohnräume aufzusuchen und das Porzellan und die Bilder zu betrachten. Erst als der letzte Schein der untergehenden Sonne schon seit geraumer Zeit erloschen war und das Zwielicht sich so verdunkelt hatte, daß es nicht mehr die Farben der Porzellanfiguren auf dem Kaminsims sowie in den Schränken erkennen konnte, kehrte das Kind zurück ins Zimmer seiner Mutter.

Ihr berichtete das Mädchen, nach einigem Geplapper über die Bilder und das Porzellan und des Richters zwei Prunkperücken im Ankleideraum neben der Bibliothek, von einem Abenteuer ganz besonderer Art.

In der Diele stand, wie zu jenen Zeiten üblich, die Sänfte, welche der Herr des Hauses gelegentlich benützte; mit gepreßtem Leder überzogen, beschlagen mit goldenen Nägeln, die roten

Seidenjalousien herabgezogen. Die Türen dieses altmodischen Beförderungsmittels waren geschlossen, die Fenster ebenfalls, und die Jalousien, wie ich schon sagte, herabgezogen, doch nicht ganz, so daß das neugierige Kind durch einen Spalt ins Innere blicken konnte.

Ein letzter Strahl der sinkenden Sonne drang durch das Fenster eines Nebenraums und durch die offene Tür und fiel, das Innere der Sänfte schwach erleuchtend, auf die rote Blende.

Zu seiner Überraschung sah das Kind einen mageren Mann, in Schwarz gekleidet, darin sitzen; er hatte scharfe dunkle Züge; seine Nase, schien ihm, war ein wenig schief, und seine braunen Augen starrten vor sich hin; seine Hand lag auf dem Schenkel, und er regte sich nicht mehr als die Wachsfigur, welche das Mädchen auf einem Jahrmarkt einst gesehen.

Ein Kind wird derart oft gescholten, still zu sein, Fragen nicht zu stellen und auf die überlegene Weisheit der Erwachsenen zu vertrauen, daß es schließlich die meisten Dinge in gutem Glauben hinnimmt; und so fand das kleine Mädchen sich respektvoll damit ab, daß dieser braungesichtige Mann in der Sänfte saß, und hielt es nicht für ungewöhnlich.

Erst als sie ihre Mutter fragte, wer dieser Mann wohl sei, und diese sich mit erschrockenem Gesicht nach dem Aussehen des Fremden erkundigte, begriff sie, daß sie etwas Sonderbares gesehen hatte.

Mrs. Carwell nahm den Sänftenschlüssel von seinem Nagel und ging, an der einen Hand das Kind, in der anderen eine Kerze, in die Diele. Sie blieb in einiger Entfernung von der Sänfte stehen und reichte dem Kind den Kerzenleuchter.

»Schau noch einmal hinein, ob jemand drin ist, Margery«, flüsterte sie; »halte die Kerze an die Jalousie, so daß ihr Licht durch den Vorhang fällt.«

Das Kind lugte, diesmal mit furchtsamem Gesicht, hinein und meldete sogleich, daß der Mann verschwunden sei.

»Schau zur Sicherheit noch einmal«, drängte die Mutter.

Das kleine Mädchen war sich völlig sicher; und Mrs. Carwell, die mit Spitzen und kirschenfarbenen Bändern geschmückte Haube und ihr dunkelbraunes, ungepudertes Haar über dem sehr bleichen Antlitz, sperrte die Tür auf, warf einen Blick hinein und sah, daß die Sänfte leer war.

»Siehst du, mein Kind, es war ein Irrtum.«

»*Da!* Mama! sieh doch, da! Er ging eben um die Ecke«, rief das Kind.

»Wohin?« fragte Mrs. Carwell und wich einen Schritt zurück.

»In jenes Zimmer.«

»Aber, Kind! Das war ein Schatten«, rief Mrs. Carwell zornig, denn sie hatte Angst. »Ich hab die Kerze hin und her bewegt.« Doch sie packte eine der Sänftenstangen, welche in einer Ecke an der Wand lehnten, und klopfte, da sie sich nicht traute, an der offenen Tür vorbeizugehen, damit heftig auf den Boden.

Die Köchin und zwei Küchenmädchen, welche den plötzlichen Lärm vernahmen, kamen heraufgeeilt.

Man durchsuchte sogleich den Raum; doch er war leer und still, und nichts ließ darauf schließen, daß jemand dagewesen war.

Manch einer mag vermuten, daß Mrs. Carwell, unter dem Eindruck dieses merkwürdigen Zwischenfalls stehend, einer Sinnestäuschung zum Opfer fiel, als sie zwei Stunden später etwas sehr Seltsames erlebte.

IX *Der Richter verläßt sein Haus*

Mrs. Flora Carwell stieg mit einem silbernen Tablett treppauf, dem Richter einen Beruhigungstrunk zu bringen.

Den oberen Treppenabsatz säumt ein massives Eichenholzgeländer; und als sie zufällig ihre Augen hob, fiel ihr Blick auf einen äußerst sonderbaren Fremden, welcher sich, eine Pfeife in der Hand, darüberbeugte. Nase, Lippen und Kinn schienen ungewöhnlich schlaff und weit herabzuhängen, wie er sein seltsam starres Antlitz über jenes Gatter neigte. In seiner andern Hand hielt er ein eingerolltes Seil, dessen eines Ende, bedeckt von seinem Ellenbogen, über das Geländer hing.

Mrs. Carwell, welche in diesem Augenblick keine Ahnung hatte, daß er kein wirklicher Mensch war, und annahm, er sei ein Dienstmann, damit beschäftigt, des Richters Gepäck zu verschnüren, rief ihm zu, was er denn da mache.

Anstatt zu antworten, wandte er sich ab, ging im gleichen langsamen Schritt, in welchem sie die Treppe emporstieg, durch die Diele und betrat ein Zimmer, in welches sie ihm folgte. Es war eine unmöblierte Kammer. Ein offener Schrankkoffer stand auf dem Boden, und daneben lag das Seil, doch ansonsten war das Zimmer leer und von dem Manne nichts zu sehen.

Entsetzen packte Mrs. Carwell, denn sie kam jetzt zu dem Schluß, daß ihre kleine Tochter den gleichen Geist gesehen haben mußte, der eben ihr erschienen war, doch andererseits hatte jener Mann, den das Kind beschrieb, nach Gesicht, Gestalt und Kleidung auf fürchterliche Weise Pyneweck geglichen, und jener, den sie selbst gesehen, war ganz gewiß nicht er gewesen.

Voll Angst und Hysterie lief Mrs. Carwell, furchtsam bedacht, nicht hinter sich zu blicken, die Treppe hinab in ihr Zimmer, rief ein paar Hausgenossen zu sich und weinte, schwatzte und trank mehr als einen Magenbitter, hub wieder an zu weinen und zu schwatzen und tat so, bis es zehn Uhr schlug und Zeit zu Bett zu gehen war.

Als einzige blieb eine Küchenmagd auf, welche noch einiges zu putzen und zu schrubben hatte – ein furchtloses Ding mit niederer Stirn, breitem Gesicht und schwarzem Haar, welches keine Angst vor Gespenstern kannte und das hysterische Gehabe der Wirtschafterin mit maßloser Verachtung strafte.

Tiefe Stille herrschte nun in dem alten Haus. Es war kurz vor zwölf und kein Laut zu hören bis auf das leise Heulen des Winterwindes, welcher zwischen Dächern und Schornsteinen hindurchpfiff und in jähen Stößen durch die schmale Straße fegte.

Es war schrecklich düster in der großen Küche, und außer jener furchtlosen Magd war im ganzen Hause kein Mensch mehr wach. Sie summte eine Weile leise vor sich hin; dann hielt sie lauschend inne und fuhr darauf mit ihrer Arbeit wieder fort. Es harrte ihrer ein Erlebnis, welches sie mit einem Grauen erfüllen sollte, das noch größer war als Mrs. Carwells.

Es gab in jenem Hause noch eine zweite, zum Hof gelegene Küche, und aus dieser hörte sie ein Geräusch wie schwere Schläge, welche den Boden unter ihren Füßen erzittern ließen; zuweilen ein Dutzend in gleichen Intervallen aufeinanderfolgend, zuweilen weniger. Sie schlich leise auf den Gang und sah zu ihrer Überraschung, daß ein glutroter Lichtschein, wie von einem Kohlenfeuer, aus dem Raume drang, und er schien dicht mit Rauch gefüllt.

Durch die Türe lugend sah sie dunkel und verschwommen eine riesige Gestalt, welche, über einen Herd gebeugt, mit einem

Der ehrenwerte Herr Richter Harbottle

mächtigen Hammer die Ringe und Glieder einer Kette schmiedete.

Die Schläge wirkten flink und kräftig und klangen dennoch fern und dumpf. Der Mann hielt inne und wies auf etwas auf dem Boden, das durch den dunklen Dunst aussah wie ein Leichnam. Mehr sah sie nicht; doch die Dienstboten im Nebenzimmer, durch einen gräßlichen Schrei aus dem Schlaf geschreckt, fanden sie halb besinnungslos vor der Tür, durch welche sie soeben dieses grauenhafte Bild erblickte.

Bestürzt über des Mädchens unzusammenhängende Beteuerungen, es habe des Richters Leiche auf dem Boden liegen sehen, begaben sich zwei Diener nach Durchsuchung des unteren Teils des Hauses voll Angst in den ersten Stock, um nachzusehen, ob ihr Herr sich wohlbefinde. Sie fanden ihn, zwar nicht in seinem Bett, jedoch in seinem Zimmer. Auf einem Tische neben seinem Bett brannten Kerzen; er war angekleidet und beschimpfte und verfluchte sie auf die gewohnte Weise und sagte ihnen, er sei beschäftigt und werde jeden auf der Stelle aus dem Hause werfen, der es wage, ihn nochmals zu stören.

So ließ man den Kranken denn allein.

Am Morgen ging in der Straße das Gerücht um, daß der Richter tot sei. Anwalt Traverse, welcher drei Häuser weiter wohnte, beauftragte seinen Diener, nachzufragen.

Der Diener, der ihm öffnete, war blaß und reserviert und wollte nicht mehr sagen, als daß der Richter krank sei. Er habe einen schweren Unfall erlitten und Doktor Hedstone sei um sieben Uhr früh bei ihm gewesen.

Gesenkte Blicke, knappe Antworten, blasse und düstere Gesichter ließen darauf schließen, daß ein Geheimnis schwer die Dienstboten bedrückte und daß es noch nicht an der Zeit war, es zu enthüllen. Die Zeit war da, als der Leichenbeschauer eintraf und der entsetzliche Skandal, welcher vorgefallen war, nicht länger sich verbergen ließ. Denn an jenem Morgen hatte man Richter Harbottle tot gefunden: er hing, am Halse aufgeknüpft, an dem Geländer oberhalb der großen Treppe.

Nicht das geringste deutete auf Kampf oder Widerstand. Man hatte weder einen Schrei noch ein anderes Anwendung von Gewalt verratendes Geräusch gehört. Nach Meinung der Ärzte hatte er in einem Anfall von Melancholie sich selbst entleibt, und so befand die Untersuchungskommission, daß es ein Fall von Selbstmord sei. Jenen jedoch, welche die merkwürdige Geschichte kannten, die der Richter zumindest zwei Personen anvertraute, erschien der Umstand, daß die Katastrophe am Morgen des 10. März geschah, als ein äußerst sonderbarer Zufall.

Einige Tage später hat man ihn mit großem Pomp bestattet; und also, wie es in der Bibel heißt, »starb der Reiche und ist begraben worden«.

(Deutsch von Helmut Degner)

Oscar Wilde
Das Gespenst von Canterville

Eine hylo-idealistische Romanze

I

Als Mr. Hiram B. Otis, der amerikanische Botschafter, Schloß und Gut Canterville kaufte, da gab es keinen Menschen, der ihm nicht gesagt hätte, daß er eine große Torheit begehe, denn es sei über jeden Zweifel erhaben, daß es im Schloß spuke. Ja, sogar Lord Canterville, ein untadeliger Ehrenmann, hatte es für seine Pflicht erachtet, als die Kaufbedingungen erörtert wurden, Mr. Otis gegenüber diesen Umstand zu erwähnen.

»Wir selber haben keinen Wert darauf gelegt, das Schloß zu bewohnen«, sagte Lord Canterville, »seit dem Abend, da zwei Knochenhände sich meiner Großtante, der verwitweten Herzogin von Bolton, auf die Schultern legten, als sie sich gerade zum Abendessen anzog; der Schreck war so groß, daß sie davon einen Nervenzusammenbruch erlitt, von dem sie sich nie völlig erholt hat. Ich fühle mich verpflichtet, Ihnen ferner mitzuteilen, Mr. Otis, daß das Gespenst von mehreren lebenden Mitgliedern meiner Familie gesehen wurde, aber auch von dem Pfarrer der Gemeinde, dem Reverend Augustus Dampier, der immerhin Professor am King's College in Cambridge ist. Nach dem unglückseligen Geschehnis mit der Herzogin wollte keiner unserer jüngeren Dienstleute im Haus bleiben, und Lady Canterville konnte häufig genug nachts kaum schlafen, weil vom Korridor und aus der Bibliothek allerlei geheimnisvolle Geräusche laut wurden.«

»Mylord«, erwiderte der Botschafter, »ich übernehme die ganze Einrichtung inklusive Gespenst zum Schätzungswert. Ich komme aus einem modernen Land, wo wir alles besitzen, was sich mit Geld erstehen läßt; und mit all unseren tüchtigen jungen Leuten, die sich in der alten Welt austoben und euch eure besten Schauspielerinnen und Sängerinnen entführen, nehme ich an, daß wir ein Gespenst, wenn es dergleichen noch in Europa geben sollte, sehr bald bei uns, in einem unserer Museen oder in einer Schaubude ausgestellt sehen würden.«

»Das Gespenst ist leider wirklich vorhanden«, sagte Lord

Canterville lächelnd, »wenn es auch den Lockungen Ihrer unternehmungslustigen Impresarios widerstanden haben mag. Es ist seit drei Jahrhunderten wohlbekannt, genau gesagt, seit dem Jahr 1584, und es zeigt sich immer, bevor eines der Mitglieder unserer Familie stirbt.«

»Nun, das hält ja der Hausarzt auch nicht anders, Lord Canterville. Doch es gibt nun einmal keine Gespenster, und ich möchte doch annehmen, daß die Naturgesetze nicht zugunsten der englischen Aristokratie aufgehoben werden!«

»Ihr in Amerika seid ganz gewiß sehr aufgeklärt«, meinte der Lord, der die letzte Bemerkung des Käufers nicht völlig verstanden hatte, »und wenn ein Gespenst im Haus Ihnen nichts ausmacht, so kann es mir recht sein. Nur bitte ich Sie, daran zu denken, daß ich Sie gewarnt habe.«

Einige Wochen später war der Kauf abgeschlossen, und als die Saison zu Ende war, begab sich der Botschafter mit seiner Familie nach Schloß Canterville. Mrs. Otis, einst als Miss Lucretia R. Tappan, West 53th Street, eine gefeierte Schönheit in New York, war auch jetzt noch eine sehr reizvolle Frau, in den besten Jahren, mit ausdrucksvollen Augen und einem herrlichen Profil. Viele amerikanische Damen legen Wert darauf, kränklich auszusehen, weil sie das für eine Form europäischer Verfeinerung halten; doch diesem Irrtum war Mrs. Otis nie verfallen. Ihr Gesundheitszustand war in bester Ordnung, und sie verfügte über eine Fülle von Lebenskraft. Ja, in vielen Beziehungen war sie durchaus englisch, und so stellte sie ein hervorragendes Beispiel für die Tatsache dar, daß wir Engländer heutzutage mit den Amerikanern alles gemeinsam haben – mit Ausnahme, natürlich, der Sprache. Der älteste Sohn, in einem Anfall von akutem Patriotismus von seinen Eltern auf den Namen Washington getauft, was er nie aufhörte zu bedauern, war ein blonder, recht gut aussehender junger Mann, der seine Tauglichkeit für den Dienst in der amerikanischen Diplomatie dadurch erwiesen hatte, daß er in drei Saisons hintereinander den Lancier im Casino in Newport arrangiert hatte und sogar in London den Ruf eines ausgezeichneten Tänzers genoß. Seine einzigen Schwächen waren Geranien und der Hochadel. Im übrigen war er außerordentlich vernünftig. Miss Virginia E. Otis war ein junges Mädchen von fünfzehn Jahren, schlank und lieblich wie ein Reh, und aus ihren großen blauen Augen strahlte ein offenes Herz.

Das Gespenst von Canterville

Sie war eine hervorragende Reiterin, war mit dem alten Lord Bilton auf ihrem Pony zweimal rund um den Park gerast und hatte das Rennen mit anderthalb Pferdelängen just vor dem Standbild des Achilles gewonnen. Der junge Herzog von Cheshire war darüber so entzückt, daß er auf der Stelle um ihre Hand anhielt und noch am selben Abend von seinen Vormündern, in Tränen aufgelöst, nach Eton zurückgeschickt wurde. Nach Virginia kamen die Zwillinge, das ›Sternenbanner‹ genannt, weil man sie beständig hin und her schwenkte. Sie waren ganz reizende Knaben und, mit Ausnahme des ehrenwerten Botschafters, die einzigen echten Republikaner der Familie.

Da Canterville sieben Meilen von Ascot, der nächsten Bahnstation, entfernt ist, hatte Mr. Otis telegraphisch einen Wagen bestellt, und nun traten sie hochgemut ihre Fahrt an. Es war ein angenehmer Juliabend, und der Duft der Tannenwälder durchschwebte köstlich die Luft. Dann und wann hörten sie die süße Stimme einer Waldtaube gurren oder sahen im raschelnden Farnkraut die bräunliche Brust des Fasans schimmern. Von den Buchen herab äugten kleine Eichhörnchen, als der Wagen vorüberfuhr, und die Kaninchen hoppelten, die Schwänzchen gehoben, durch das Unterholz und über moosbewachsene Hügel. Doch als sie in die Allee einbogen, die zum Schloß führte, bezog sich der Himmel jäh mit Wolken, eine unheimliche Stille schien sich der Atmosphäre zu bemächtigen, ein Krähenschwarm zog stumm über ihren Köpfen dahin, und bevor sie das Haus erreichten, waren schon einige schwere Tropfen gefallen.

Auf den Stufen stand, um sie zu empfangen, eine alte Frau, korrekt in schwarze Seide gekleidet, mit weißem Häubchen und Schürze. Das war Mrs. Umney, die Haushälterin; auf die dringende Bitte der Lady Canterville hin hatte Mrs. Otis eingewilligt, die alte Frau in ihrer Stellung zu belassen. Als die neuen Herren ausstiegen, machte Mrs. Umney jedem einen tiefen Knicks und sagte in wunderlich-altmodischer Manier: »Ich heiße Sie auf Canterville willkommen.« Sie folgten ihr durch die prächtige Tudorhalle in die Bibliothek, einen langen, niedrigen Raum, der mit schwarzem Eichenholz getäfelt war und an dessen Ende ein großes buntes Fenster glänzte. Hier war der Tee für sie bereitet, und nachdem sie ihre Mäntel abgelegt hatten, setzten sie sich und begannen Umschau zu halten, während Mrs. Umney sie bediente.

Plötzlich erblickte Mrs. Otis auf dem Boden vor dem Kamin einen dunkelroten Fleck, und da sie keine Ahnung davon hatte, was das in Wahrheit bedeutete, sagte sie zu Mrs. Umney: »Hier dürfte etwas vergossen worden sein.«

»Ja, Madam«, erwiderte die Haushälterin gedämpft. »An dieser Stelle ist Blut vergossen worden!«

»Wie schrecklich!« rief Mrs. Otis. »Ich habe aber gar nicht gern Blutflecken in meinem Wohnzimmer! Der Fleck muß sofort entfernt werden!«

Die alte Frau lächelte und erwiderte mit der gleichen geheimnisvollen Stimme: »Es ist das Blut der Lady Eleanore de Canterville, die eben an dieser Stelle im Jahre 1575 von ihrem eigenen Gatten, Sir Simon de Canterville, ermordet worden ist. Sir Simon überlebte seine Gemahlin um neun Jahre und verschwand dann mit einem Mal unter höchst mysteriösen Umständen. Sein Leichnam ist nie entdeckt worden, doch sein schuldbeladener Geist geht noch immer im Schloß um. Der Blutfleck ist von Touristen und andern Besuchern sehr bewundert worden und läßt sich nicht entfernen.«

»Das alles ist ja dummes Zeug«, rief Washington Otis. »Pinkertons erstklassiges Fleckputzmittel, einmalig, konkurrenzlos, wird das im Nu erledigt haben.« Und bevor die entsetzte Haushälterin eingreifen konnte, lag er bereits auf den Knien und rieb den Boden eifrig mit einem kleinen Stift, der wie schwarze Seife aussah. Wenige Sekunden später war keine Spur des Blutflecks mehr vorhanden.

»Ich wußte ja, daß Pinkerton hält, was es verspricht«, rief er triumphierend und sah sich im Kreis der begeisterten Seinen um; doch kaum waren ihm die Worte entfahren, als ein furchtbarer Blitz das dämmrige Zimmer durchzuckte, ein entsetzliches Donnerrollen alle auffahren ließ und Mrs. Umney ohnmächtig wurde.

»Was ist das für ein greuliches Klima«, sagte der amerikanische Botschafter gelassen und zündete sich eine lange Zigarre an. »Das alte Land dürfte derart übervölkert sein, daß es nicht genug gutes Wetter für jedermann gibt. Ich war ja immer der Ansicht, daß für England die Auswanderung die einzige Möglichkeit ist.«

»Mein lieber Hiram«, rief Mrs. Otis, »was sollen wir mit einem Frauenzimmer anfangen, das in Ohnmacht fällt?!«

»Zieh es ihr vom Lohn ab«, riet der Botschafter, »als ob sie

Geschirr zerbrochen hätte. Dann wird sie sich das schon abgewöhnen.«

Und tatsächlich, wenige Sekunden später war Mrs. Umney wieder bei Bewußtsein. Immerhin, ihre Aufregung war echt, und sie warnte Mr. Otis nachdrücklich: manches Unheil könnte über das Haus hereinbrechen!

»Mit meinen eigenen Augen habe ich Dinge gesehen, Sir, daß jedem Christenmenschen die Haare zu Berg stehen müssen, und viele, viele Nächte habe ich kein Auge zugetan, so schrecklich ist es, was hier geschieht.«

Mr. Otis aber und seine Frau versicherten der guten Seele wohlgelaunt, sie hätten gar keine Angst vor Gespenstern. Daraufhin rief die Haushälterin den Segen der Vorsehung über den neuen Herrn und die neue Herrin herab, brachte noch ein paar passende Worte wegen einer Erhöhung ihres Lohnes an und zog sich wankend in ihr Zimmer zurück.

II

Die ganze Nacht tobte der Sturm, sonst aber begab sich nichts von Belang. Doch am nächsten Morgen, als sie zum Frühstück hinunterkamen, entdeckten sie, daß der schreckliche Blutfleck den Boden wieder verunzierte.

»Ich glaube nicht, daß Pinkertons Fleckputzmittel dafür verantwortlich gemacht werden kann«, sagte Washington. »Ich habe es doch überall ausprobiert. Da muß das Gespenst dahinter stecken.«

Und so rieb er, bis der Fleck zum zweitenmal verschwand, doch am nächsten Morgen war er abermals da. Ebenso am dritten Morgen, obgleich Mr. Otis selber die Bibliothek abends zugesperrt und den Schlüssel mitgenommen hatte. Jetzt war das Interesse der ganzen Familie wachgeworden; Mr. Otis kämpfte sich zur Annahme durch, daß er das Vorhandensein von Gespenstern vielleicht doch zu dogmatisch abgeleugnet hatte; Mrs. Otis äußerte die Absicht, der Spiritistischen Gesellschaft beizutreten, und Washington entwarf einen langen Brief an die Messr. *Myers & Podmore* über das Thema der Dauerhaftigkeit von Blutflecken, wenn sie mit einem Verbrechen im Zusammenhang stehen. Und in jener Nacht sollten alle Zweifel an der objektiven Existenz von Geistererscheinungen endgültig behoben werden.

Der Tag war warm und sonnig gewesen; und in der Abendkühle unternahm die ganze Familie eine Ausfahrt. Erst um neun kehrte man wieder zurück, und da wurde ein leichtes Abendessen aufgetragen. Die Unterhaltung drehte sich keineswegs um Gespenster, und so waren auch nicht jene Grundbedingungen erwartungsvoller Aufnahmefähigkeit gegeben, die dem Auftreten spiritistischer Phänomene so häufig vorangehen. Die Themen, über die man sprach, waren, wie ich seither von Mr. Otis selber erfuhr, lediglich solche, wie sie die übliche Konversation gebildeter Amerikaner besserer Stände bilden; etwa die Feststellung, wie ungeheuer Miss Fanny Davenport als Schauspielerin Sarah Bernhardt überlegen sei; oder über die Schwierigkeit, selbst in den besten englischen Häusern Grünkorn, Buchweizenküchlein und grob gemahlenen Mais zu finden. Oder über die Bedeutung Bostons für die Entwicklung der Weltseele, die Vorteile des Systems der Gepäckaufgabe auf den Bahnen, die Sanftheit des New Yorker Akzents verglichen mit der schleppenden Redeweise der Londoner. Es fiel keine Anspielung auf das Übersinnliche, noch wurde Sir Simon de Canterville mit einem Wort erwähnt. Um elf Uhr zog die Familie sich zurück, und um halb zwölf waren sämtliche Lichter ausgelöscht. Doch bald darauf wurde Mr. Otis durch ein eigenartiges Geräusch auf dem Korridor vor seinem Zimmer geweckt. Es tönte wie ein metallisches Klirren und schien von Sekunde zu Sekunde näher zu kommen. Er stand auf, zündete ein Streichholz an und sah auf die Uhr. Es war genau eins. Er war vollkommen ruhig, tastete nach seinem Puls, der keinerlei Fieber anzeigte. Das eigenartige Geräusch dauerte an, und jetzt hörte er auch ganz deutlich das Stapfen von Schritten. Er schlüpfte in seine Pantoffel, nahm aus seinem Toilettenetui ein kleines, längliches Fläschchen und öffnete die Türe.

Vor ihm stand im fahlen Mondlicht ein alter Mann, der recht schreckenerregend aussah. Die Augen waren rot wie glühende Kohle, langes graues Haar fiel ihm in wirren Strähnen über die Schultern, seine Kleidung, die von höchst altmodischem Schnitt war, hing schmutzig und zerfetzt an ihm herab, und an den Gelenken von Armen und Beinen schleppte er schwere rostige Ketten.

Das Gespenst von Canterville

»Mein guter Herr«, sagte Mr. Otis, »ich muß ernstlich darauf bestehen, daß Sie diese Ketten schmieren, und zu diesem Zweck habe ich Ihnen ein Fläschchen von Tammanys Glanz-Öl ›Sonnenglanz‹ gebracht. Schon nach einmaligem Gebrauch soll es die besten Wirkungen erzielen, und auf dem Prospekt finden Sie mehrere Gutachten einiger unserer hervorragendsten heimischen Geistlichen. Ich lasse Ihnen das Fläschchen hier neben dem Schlafzimmerleuchter liegen und werde Sie mit einer weitern Flasche versorgen, wenn Sie Bedarf daran haben.«

Mit diesen Worten legte der Botschafter der Vereinigten Staaten das Fläschchen auf einen Marmortisch, schloß die Türe und legte sich wieder zur Ruhe.

Einen Augenblick lang blieb das Gespenst von Canterville in begreiflicher Empörung regungslos stehen; dann schmetterte es das Fläschchen auf den gewichsten Boden, floh durch den Korridor, stieß ein hohles Stöhnen aus und verbreitete ein unheimliches grünliches Licht. Doch als es den obern Absatz der Eichentreppe erreicht hatte, wurde eine Tür aufgerissen, zwei kleine weißgekleidete Gestalten tauchten auf, und ein mächtiges Kissen sauste an seinem Kopf vorüber! Da war offenbar keine Zeit mehr zu verlieren, und so benützte es hastig die Vierte Dimension als Mittel zur Flucht, verschwand durch die Täfelung, und Ruhe hielt wieder Einzug in Schloß Canterville.

Als der Geist eine kleine geheime Kammer im linken Flügel des Schlosses erreicht hatte, lehnte er sich an einen Mondstrahl, um Atem zu schöpfen, und nun versuchte er, sich über seine Lage klarzuwerden. Nie im Verlauf seiner glänzenden, ununterbrochenen Karriere von dreihundert Jahren war er so schwer beleidigt worden! Er gedachte der verwitweten Herzogin, die er bis zu einem Nervenzusammenbruch erschreckt hatte, als sie in Spitzen und Brillanten vor ihrem Spiegel stand; er dachte an die vier Zimmermädchen, die in ein hysterisches Geschrei ausgebrochen waren, als er sie bloß zwischen den Vorhängen eines der Gastzimmer angegrinst hatte. Er dachte an den Pfarrer des Sprengels, dem er eines Nachts, als der würdige Herr spät aus der Bibliothek kam, die Kerze ausgeblasen hatte; seither war der Geistliche ständig in Behandlung Sir William Gulls, ein unheilbares Opfer nervöser Störungen. Auch an die alte Madame de Tremouillac dachte er, die eines Morgens sehr früh erwachte, ein Skelett in ihrem Fauteuil am Kamin sitzen und ihr

Tagebuch lesen sah; sechs Wochen war die Arme mit einer Hirnhautentzündung zu Bett gelegen, und nach ihrer Genesung hatte sie sich mit der Kirche ausgesöhnt und ihre Beziehungen mit dem berüchtigten Skeptiker, Monsieur de Voltaire, abgebrochen. Auch an die schreckliche Nacht erinnerte er sich, als der arge Lord Canterville halb erstickt in seinem Ankleidezimmer gefunden wurde, den Karobuben in der Kehle, und kurz vor seinem Hinscheiden beichtete, daß er Charles James Fox bei Crockfords mit eben dieser Karte um fünfzigtausend Pfund bemogelt hatte. Er schwur, das Gespenst habe ihn gezwungen, die Karte zu schlucken! All dieser großen Taten entsann sich jetzt der Geist, angefangen von dem Butler, der sich in der Speisekammer erschoß, weil er eine grüne Hand erblickte, die an die Scheibe klopfte, bis zu der schönen Lady Stutfield, die stets ein schwarzes Samtband um den Hals tragen mußte, um die Spuren der fünf Finger zu verheimlichen, die sich in ihre weiße Haut gebrannt hatten. Die Arme hatte sich schließlich in dem Karpfenteich am Ende der Königsallee ertränkt. Mit der selbstgefälligen Begeisterung des echten Künstlers rief der Geist sich seine berühmtesten Taten wieder ins Gedächtnis und lächelte bitter vor sich hin, wenn er sich seines letzten Auftretens als ›Roter Ruben oder der erdrosselte Säugling‹ erinnerte, an sein Debut als ›Dürrer Gideon, der Blutsauger vom Bexley-Moor‹, oder welches Aufsehen es gab, als er an einem lieblichen Juniabend harmlos auf dem Tennisplatz mit seinen eigenen Knochen Kegel gespielt hatte. Und nach alldem sollten ein paar verfluchte moderne Amerikaner daherkommen, ihm das Haaröl ›Sonnenglanz‹ anbieten und Kissen an den Schädel werfen?! Nein, das war vollkommen unerträglich! So war zudem noch kein Gespenst in der Geschichte behandelt worden. Und so beschloß er, Rache zu üben, und verharrte bis zum Morgengrauen in tiefes Sinnen versunken.

III

Als die Mitglieder der Familie Otis sich am nächsten Morgen beim Frühstück versammelten, sprachen sie ziemlich ausführlich über das Gespenst. Der Botschafter der Vereinigten Staaten war natürlich ein wenig verärgert darüber, daß sein Geschenk keinen Anklang gefunden hatte.

Das Gespenst von Canterville

»Ich hege durchaus nicht den Wunsch«, sagte er, »das Gespenst irgendwie zu kränken, und in Anbetracht dessen, daß es doch schon so lange im Haus ist, muß ich betonen, daß ich es nicht für besonders höflich halte, ihm Kissen an den Kopf zu werfen« – eine sehr berechtigte Mahnung, bei der aber, wie ich mit Bedauern feststellen muß, die Zwillinge in ein schallendes Gelächter ausbrachen. »Wenn es andrerseits«, fuhr der Botschafter fort, »wirklich keinen ›Sonnenglanz‹ benützen will, so werden wir ihm die Ketten abnehmen müssen. Es ist ja völlig unmöglich, bei so einem Lärm im Korridor ruhig zu schlafen!«

Die übrige Woche blieben sie immerhin unbehelligt; und das einzige, was noch immer eine gewisse Aufmerksamkeit auf sich zog, war, daß der Blutfleck auf dem Boden in der Bibliothek ständig erneuert wurde. Das war gewiß höchst befremdend, da Mr. Otis die Türe jeden Abend zusperrte und auch die Fenster sorgsam verschlossen wurden. Auch daß die Farbe des Flecks chamäleonartig wechselte, gab Anlaß zu manchen Erörterungen. An manchen Morgen war es ein stumpfes, beinahe indisches Rot, dann wieder wurde es scharlachfarben, dann folgte ein üppiges Purpurrot, und einmal, als man sich zum Familiengebet gemäß dem schlichten Ritual der Freien Amerikanischen Reformierten Episkopalkirche versammelte, hatte der Fleck ein leuchtendes Smaragdgrün angenommen. Diese kaleidoskopartigen Wandlungen waren natürlich Stoff zur größten Erheiterung aller, und jeden Abend wurden Wetten auf die Farbe des nächsten Tages abgeschlossen. Die einzige, die an diesen Scherzen nicht teilnahm, war die kleine Virginia, die aus einem unerklärlichen Grund beim Anblick des Blutflecks immer sehr unglücklich dreinschaute und an jenem Morgen, da der Fleck smaragdgrün war, beinahe zu weinen anfing.

Zum zweitenmal erschien das Gespenst eines Sonntagabends. Kurz nachdem alle zu Bett gegangen waren, wurden sie plötzlich von einem entsetzlichen Krach in der Halle geweckt. Sie eilten die Treppe hinunter und stellten fest, daß eine mächtige alte Rüstung sich von ihrem Sockel gelöst hatte und auf die Steinfliesen gefallen war. Auf einem hochlehnigen Stuhl aber saß das Gespenst von Canterville und rieb sich die Knie; seinem Gesichtsausdruck konnte man entnehmen, daß es heftige Schmerzen litt. Die Zwillinge hatten ihre Blasrohre mitgenommen und sogleich zwei Schrotkörner auf den armen Geist abgeschossen, und das mit einer Treffsicherheit, die nur in langer, gewissenhafter Übung an einem Lehrer erreicht werden kann. Der Botschafter der Vereinigten Staaten aber richtete den Revolver auf das Gespenst und forderte es – nach den Regeln kalifornischer Etikette – auf, die Hände zu heben.

Mit einem wilden Wutgekreisch sprang der Geist auf, huschte wie ein Dunststreif zwischen ihnen durch, blies im Vorüberwehen Washington Otis die Kerze aus, und so standen sie in tiefster Dunkelheit da. Kaum hatte es sich zum Treppenabsatz hinaufgeschwungen, als es sich wieder leidlich erholte und beschloß, seine berühmte teuflische Lache anzuschlagen. Das hatte sich bei mehreren Gelegenheiten als sehr effektvoll erwiesen. Es hieß, daß Lord Rakers Perücke darüber in einer einzigen Nacht ergraut sei, und ganz gewiß hatten drei von den französischen Gouvernanten Lady Cantervilles deswegen ihre Stelle gekündigt.

So lachte es denn sein gräßlichstes Lachen, bis die alten Wölbungen widerhallten, doch kaum war das markerschütternde Echo verklungen, da öffnete sich eine Türe, und Mrs. Otis erschien in hellblauem Schlafrock.

»Ich fürchte, daß Sie sich nicht ganz wohl fühlen«, sagte sie, »und darum habe ich Ihnen eine Flasche mit Doktor Dobells Tropfen gebracht. Wenn es sich um eine Magenverstimmung handeln sollte, so werden Sie finden, daß dieses Mittel wahre Wunder tut.«

Der Geist blickte sie zornig an und traf sogleich die nötigen Anstalten, um sich in einen großen schwarzen Hund zu verwandeln, eine Leistung, mit der er zu Recht viel Ruhm geerntet hatte und der der Hausarzt den unheilbaren Schwachsinn von Lord Cantervilles Onkel, dem ehrenwerten Thomas Horton, zuschrieb. Doch das Geräusch nahender Schritte veranlaßte ihn, von seinem grimmigen Vorhaben abzustehen, und er begnügte sich damit, schwach zu phosphoreszieren, und verschwand mit klagendem Friedhofächzen, als die Zwillinge über ihn herfallen wollten.

Als er seine Kammer erreichte, brach er völlig zusammen und wurde die Beute heftigster Erregung. Die Roheit der Zwillinge, der krasse Materialismus von Mrs. Otis waren natürlich ungemein störend, doch was ihn tatsächlich am schwersten traf, war, daß er nicht mehr die Kraft in sich gespürt hatte, den Kettenpanzer zu tragen. Er hatte doch gehofft, daß selbst moderne Amerikaner beim Anblick eines Gespensts in Waffen erzittern würden, und wenn nicht aus einem vernünftigen Grund, so doch wenigstens aus Respekt vor ihrem Nationaldichter Longfellow, mit dessen anmutigen, reizvollen Versen er selber sich so manche langweilige Stunde verkürzt hatte, als die Familie Canterville in die Stadt übersiedelt war. Und noch dazu war es seine eigene Rüstung gewesen! Mit großem Erfolg hatte er sie bei dem Tournier von Kenilworth getragen, und keine geringere als die jungfräuliche Königin selbst hatte ihm Komplimente gemacht. Und doch, als er sie jetzt angelegt hatte, war er von dem Gewicht der mächtigen Brustplatte und des Stahlhelms derart niedergedrückt worden, daß er auf die Steinfliesen gefallen war, sich beide Knie zerschlagen und den Knöchel der rechten Hand verstaucht hatte.

Nach diesem Vorfall fühlte er sich einige Tage sehr elend und verließ sein Zimmer gerade nur, um den Blutfleck instand zu halten. Immerhin vermochte er durch größte Schonung wieder zu Kräften zu kommen, und so beschloß er, einen dritten Versuch zu unternehmen, der dem Botschafter der Vereinigten Staaten und dessen Familie einen tüchtigen Schrecken einjagen sollte. Er bestimmte dazu Freitag, den siebzehnten August, und verbrachte den größten Teil dieses Tages damit, seine Garderobe zu mustern; endlich entschied er sich für einen breitkrempigen Schlapphut, ein Leichenhemd mit Krausen an Hals und Gelenken und einen rostigen Dolch. Gegen Abend erhob sich ein heftiger Regensturm, und der Wind tobte derart, daß alle Fenster und Türen in dem alten Haus schepperten und klirrten. Ja, das war ein Wetter, so recht nach seinem Sinn. Folgendermaßen hatte er sich seinen Plan zurechtgelegt: Er wollte lautlos in das Zimmer Washington Otis' schleichen, sich ans Fußende des Bettes stellen, unverständliche Worte krächzen und sich, zu den Klängen leiser Musik, dreimal den Dolch in die Brust stoßen. Auf Washington Otis hatte er es ganz besonders abgesehen, denn er wußte sehr wohl, daß der junge Mann es war, der den berühmten Blutfleck von Canterville mit Hilfe von Pinkertons Fleckputzmittel beständig wieder entfernte. Hatte er dann den respektlosen, frechen Burschen gründlich das Fürchten gelehrt, so wollte er sich in das Zimmer begeben, das der Botschafter der Vereinigten Staaten und seine Frau bewohnten, wollte eine feuchte, klebrige Hand auf Mrs. Otis' Stirne legen und ihrem bebenden Gatten die gräßlichen Geheimnisse des Beinhauses ins Ohr zischeln. Was die kleine Virginia betraf, war er noch zu keinem rechten Entschluß gekommen. Sie hatte ihn nie und auf keine Art gekränkt, sie war hübsch und liebenswürdig. Ein wenig hohles Stöhnen aus dem Schrank, meinte er, dürfte mehr als genug sein, und wenn das sie nicht weckte, so würde er eben mit zuckenden Fingern an der Bettdecke zupfen. Den Zwillingen aber wollte er eine Lektion erteilen, die sie nicht so bald vergessen sollten. Zunächst einmal würde er sich ihnen natürlich auf die Brust setzen, damit sie erführen, was ein richtiger Alpdruck war. Dann, da ihre Betten eng nebeneinander standen, würde er sich als grüner, eiskalter Leichnam zwischen sie stellen, bis sie vor Furcht gelähmt waren, und schließlich würde er das Bahrtuch abwerfen und mit weißen, gebleichten Knochen und rollenden Augen als ›Stummer Daniel oder das Skelett des Selbstmörders‹ durch das Zimmer kriechen, eine Rolle, in der er mehr als einmal mit großem Erfolg aufgetreten war und die mit seiner berühmten Leistung als ›Martin der Wahnsinnige oder die Geheimnisvolle Maske‹ wetteifern konnte.

Um halb elf hörte er, wie die Familie zu Bett ging. Eine Zeitlang störte ihn noch das wilde Gelächter der Zwillinge, die sich offenbar mit der ganzen Leichtherzigkeit von Schuljungen die Zeit vertrieben, bevor sie einschliefen; doch um Viertel nach elf wurde alles still, und als es Mitternacht schlug, trat er seinen Weg an.

Die Eulen pochten an die Scheiben, die Raben krächzten aus der alten Eibe, und der Wind umkreiste stöhnend wie eine verlorene Seele das Haus. Die Familie Otis aber schlief, unbekümmert um das drohende Verhängnis, und über Sturm und Regen hinweg konnte der Geist das regelmäßige Schnarchen des Botschafters der Vereinigten Staaten hören. Verstohlen trat er aus der Täfelung, ein böses Lächeln umspielte den grausamen, verzerrten Mund, und jetzt verhüllte der Mond sein Antlitz hinter einer Wolke, als der Geist an dem großen Erkerfenster vorbeischlich, darauf sein eigenes Wappen und das Wappen seiner ermordeten Gattin in Blau und Gold glänzten. Immer weiter und weiter glitt er wie ein unheilvoller Schatten, und die Dunkelheit selbst schien in Abscheu vor ihm zurückzuweichen. Einmal glaubte er, etwas gehört zu haben, und blieb stehen; doch es war nur das Gebell eines Hundes vom Roten Pachthof, und so wanderte er weiter, murmelte veraltete Flüche aus dem sechzehnten Jahrhundert vor sich hin und schwenkte dann und wann den rostigen Dolch in die mitternächtliche Luft.

Endlich erreichte er die Ecke des Ganges, der zu dem Zimmer des unglücklichen Washington führte. Hier blieb er sekundenlang stehen; der Wind wehte ihm die langen grauen Locken um den Schädel und warf das namenlose Grauen des Leichentuchs in groteske, phantastische Falten. Dann schlug die Uhr das Viertel, und er spürte, daß seine Zeit gekommen war. Er grinste vor sich hin und bog um die Ecke; doch kaum hatte er das getan, als er mit einem kläglichen Jammerschrei zurückprallte und das gebleichte Antlitz in den langen knochigen Händen barg. Denn da vor ihm stand ein entsetzliches Schreckbild, reglos wie aus Holz geschnitzt und grauenhaft wie der Traum eines Wahnsinnigen! Der Schädel war kahl und glänzend, das Gesicht rund, feist und weiß, ein abstoßendes Gelächter schien die Züge zu ewigem Grinsen verzerrt zu haben. Aus den Augen strömten Strahlen von scharlachfarbenem Licht, der Mund öffnete sich weit wie ein feuriger Quell, und ein scheußlicher Mantel, nicht anders als sein eigener, verbarg mit schneeweißem Schweigen die Riesenglieder. Auf der Brust prangte eine Tafel mit seltsam altertümlichen Schriftzügen, ein Sündenregister anscheinend, ein Dokument der Schmach, eine grausige Liste wilder Verbrechen, und die rechte Hand schwenkte ein Krummschwert aus funkelndem Stahl.

Da er in seinem ganzen Dasein noch kein Gespenst erschaut hatte, war er natürlich furchtbar erschrocken; kaum eine Sekunde lang verweilte sein Blick auf dem bedrohlichen Phantom, und dann ging es in wilder Flucht zurück in das eigene Zimmer. Unterwegs trat er in der Hast auf sein Leichentuch und ließ schließlich den rostigen Dolch in die Reitstiefel des Botschafters fallen, wo der Butler ihn am nächsten Morgen fand. In der Abgeschiedenheit seiner Kammer warf er sich zunächst auf ein schmales Feldbett und versteckte das Gesicht unter den Decken. Doch binnen kurzem regte sich in ihm der ungebrochene Mut des Geschlechtes der Canterville, und er beschloß, sobald der Tag graute, mit dem andern Gespenst Zwiesprache zu halten. Dementsprechend kehrte er, als die Morgendämmerung mit silbernen Fingern die Hügel berührte, an die Stelle zurück, wo er das Bild des Schreckens zum erstenmal erschaut hatte. Zwei Gespenster waren, wenn man es wohl bedachte, besser als eines, und mit Hilfe des neuen Freundes könnte er sich die Zwillinge nur noch wirkungsvoller vorknöpfen. Doch welch unbeschreiblicher Anblick bot sich seinen Augen, als er wieder an der unseligen Stelle stand! Mit dem Gespenst war offensichtlich eine Wandlung vorgegangen, denn das Feuer in den hohlen Augen war völlig verblichen, das funkelnde Schwert war seiner Hand entglitten, und nun lehnte es zusammengekrümmt, in sehr unbequemer Stellung an der Wand. Der Geist von Canterville stürzte hinzu, nahm den Konkurrenten in die Arme, und da, zu seinem Entsetzen, fiel der Kopf ab und rollte über den Boden, der Körper sank in sich zusammen, und was der Geist umklammert hielt, erwies sich als ein weißes Bettlaken, ein Besen, ein Küchenmesser, und zu seinen Füßen lag ein hohler Kürbis. Er vermochte diese eigenartige Veränderung nicht zu fassen, fieberhaft griff er nach der Tafel, und da, im grauen Licht des Morgens, las er die verhängnisvollen Worte:

> *Das Gespenst der Otis –*
> *Einzig echter Originalspuk!*
> *Vor Nachahmung wird gewarnt!*
> *Alle andern Gespenster sind Fälschungen!*

Jetzt, wie mit einem Blitzschlag, wurde ihm alles klar. Er war genarrt, betrogen, überlistet worden! Der alte wilde Blick der Canterville leuchtete aus seinen Augen; er knirschte mit den zahnlosen Kiefern, reckte die entfleischten Hände hoch über den Kopf und schwur gemäß der malerischen Ausdrucksweise alter Schule, bevor noch Chanticleer ein zweites Mal in sein fröhliches Horn gestoßen, sollten Ströme von Blut fließen und der Mord auf stummen Sohlen über die Schwelle treten.

Kaum hatte er diesen grauenvollen Eid geendet, als von dem roten Schindeldach eines fernen Bauernhauses ein Hahn krähte. Ein langes, leises, bitteres Lachen lachte der Geist, und dann wartete er.

Er wartete Stunde um Stunde, doch aus irgendeinem seltsamen Grund krähte der Hahn kein zweites Mal. Endlich, um halb acht, erschienen die Zimmermädchen, und so brach er die verhängnisvolle Wache ab, stelzte in seine Kammer zurück und brütete über seine enttäuschten Hoffnungen, seine vereitelten Pläne. Dann zog er verschiedene Bücher über das alte Rittertum zu Rate, seine Lieblingslektüre, und stellte fest, daß jederzeit, wenn dieser Eid geschworen ward, Chanticleer auch wirklich ein zweites Mal gekräht hatte.

»Verdammnis über das manierlose Federvieh!« knurrte er. »Hab ich doch die Tage gesehen, da ich ihm meinen starken Speer durch die Brust gestoßen hätte! Dann hätt' er wohl für mich gekräht, und wär's auch nur im Tode!«

Damit zog er sich in einen bequemen Bleisarg zurück und harrte dort aus, bis es Abend wurde.

IV

Am nächsten Tag war der Geist sehr schwach, sehr müde. Die schrecklichen Aufregungen der letzten vier Wochen begannen sich auszuwirken. Seine Nerven waren vollständig zerrüttet, und beim leisesten Geräusch fuhr er auf. Fünf Tage lang verließ er seine Kammer nicht, und dann beschloß er, den Kampf um den Blutfleck auf dem Boden der Bibliothek aufzugeben. Wenn die Familie Otis keinen Blutfleck haben wollte, so war sie offenbar keines Blutflecks würdig. Es waren eben Menschen, die im tiefsten Materialismus wurzelten und denen es völlig an der Fähigkeit gebrach, den symbolischen Wert übersinnlicher Phänomene richtig einzuschätzen. Die Frage von spiritistischen Erscheinungen und die Entwicklung von Astralkörpern war natürlich etwas ganz anderes und entzog sich seiner Kontrolle.

Dagegen war es seine heilige Pflicht, einmal in der Woche auf dem Korridor aufzutauchen und am ersten und dritten Mittwoch jedes Monats von dem großen Erkerfenster aus unverständliche Laute auszustoßen, und er wußte wirklich nicht, wie er sich als Ehrengeist diesen Verpflichtungen entziehen sollte. Es war schon richtig, daß er ein sehr arges Leben geführt hatte. Andererseits aber war er in allen Dingen, die mit dem Übernatürlichen zusammenhingen, von größter Gewissenhaftigkeit. So strich er denn an den nächsten drei Samstagen, wie gewöhnlich, zwischen Mitternacht und drei Uhr durch den Korridor, verabsäumte aber keine Vorsichtsmaßregel, um weder gehört noch gesehen zu werden. Er zog die Stiefel aus, stapfte so leise wie möglich über die alten, wurmzerfressenen Dielen, umhüllte sich mit einem weiten schwarzen Samtmantel und war auch sorgsam darauf bedacht, seine Ketten mit ›Sonnenglanz‹ zu schmieren. Ich darf nicht verschweigen, daß es ihm sehr schwerfiel, sich zu dieser letzten Maßnahme zu bequemen. Und so schlüpfte er eines Abends, als die Familie bei Tisch saß, in Mr. Otis' Schlafzimmer und stahl die Flasche. Anfangs fühlte er sich wohl ein wenig gedemütigt, dann aber war er einsichtig genug, sich zu sagen, daß diese Erfindung doch große Vorteile hatte und in gewissem Ausmaß seinem Vorhaben dienlich war. Und trotzdem gönnte man ihm keine Ruhe. Immer wieder wurden Stricke über den Gang gespannt, über die er im Dunkeln stolperte, und einmal, als er das Kostüm seiner Rolle als ›Schwarzer Isaak oder der Jäger aus dem Hogley-Wald‹ trug, rutschte er auf einem Streifen aus, den die Zwillinge von der Türe des Gobelinzimmers bis zum Treppenabsatz mit Butter beschmiert hatten. Bei dem Sturz zog er sich etliche Verletzungen zu, und diese letzte Kränkung brachte ihn dermaßen in Wut, daß er beschloß, etwas zu tun, um seine Würde zu wahren. Schon in der nächsten Nacht wollte er diese unverschämten Lausbuben von Eton in seiner berühmten Rolle als ›Wilder Ruppert oder der Kopflose Earl‹ heimsuchen.

Seit mehr als siebzig Jahren war er nicht mehr in diesem Kostüm erschienen; genau genommen nicht mehr, seit er die reizende Lady Barbara Modish damit derart erschreckt hatte, daß sie die Verlobung mit dem Großvater des jetzigen Lord Canterville brüsk löste und mit dem schönen Jack Castleton nach Gretna Green durchbrannte. Nichts auf der Welt, erklärte sie, könnte sie veranlassen, in eine Familie zu heiraten, wo ein so abscheuliches Gespenst im Zwielicht auf der Terrasse auf und ab spazieren durfte. Der arme Jack wurde nachher von Lord Canterville auf dem Gemeindeanger von Wandsworth im Duell erschossen, und Lady Barbara starb, bevor noch das Jahr um war, in Tunbridge Wells an gebrochenem Herzen. Und so war es in jeder Beziehung ein großer Erfolg gewesen. Doch es war außerordentlich schwierig, diese Maske zu machen, wenn ich mir erlauben darf, einen Ausdruck aus dem Theaterleben in Verbindung mit einem der größten Mysterien des Übernatürlichen oder, um mich eines wissenschaftlichen Ausdrucks zu bedienen, der ›Übersinnlichen Welt‹ zu verwenden, und so dauerte die Vorbereitung nicht weniger als drei Stunden.

Schließlich war alles in schönster Ordnung, und er besah sich mit großer Genugtuung. Die gewaltigen ledernen Reiterstiefel, die zu dem Kostüm gehörten, waren ihm ein ganz klein wenig zu groß, und er konnte auch nur eine der beiden Sattelpistolen finden, doch alles in allem war er ganz zufrieden, und um Viertel nach eins schlüpfte er durch die Täfelung auf den Korridor hinaus. Als er vor dem Zimmer anlangte, das die Zwillinge bewohnten und das, was nicht unerwähnt bleiben soll, der Farbe seiner Wandbehänge wegen das ›Blaue Schlafzimmer‹ genannt wurde, fand er, daß die Türe nur angelehnt war. Um seinen Auftritt recht wirksam zu gestalten, riß er sie mit einem Ruck weit auf, doch, wehe, da fiel ein schwerer Wasserkrug auf ihn herab, durchnäßte ihn bis auf die Haut und verfehlte seine Schulter nur um zwei Zoll. Und gleichzeitig hörte er ein gedämpftes Lachen aus dem Himmelbett. Dieser Schlag traf sein Nervensystem derart, daß er, so schnell er nur konnte, in seine Kammer floh und den ganzen nächsten Tag mit einer schlimmen Erkältung den Sarg hüten mußte. Tröstlich war nur, daß er seinen Kopf nicht mitgenommen hatte, denn andernfalls wären möglicherweise sehr ernste Folgen eingetreten.

Jetzt ließ er alle Hoffnung fahren, daß er diese ungebildete amerikanische Familie je erschrecken könnte, und er begnügte sich damit, in Stoffpantoffeln durch die Gänge zu schleichen, ein dickes rotes Tuch zum Schutz gegen die Zugluft um den Hals geschlungen und in der Hand eine kleine Hakenbüchse für den Fall, daß die Zwillinge ihn angreifen sollten.

Die endgültige Niederlage aber wurde ihm am 19. September beigebracht. Er hatte sich in die große Halle begeben, denn dort glaubte er, keinen Behelligungen ausgesetzt zu sein, und vertrieb sich die Zeit damit, höhnische Bemerkungen über die großen Photographien des Botschafters der Vereinigten Staaten und dessen Frau zu machen, denn diese Photographien hingen jetzt dort, wo bisher die Familienbilder des Geschlechts der Canterville gehangen hatten. Er war einfach, aber reinlich in ein Leichentuch gekleidet, das mit etlichen Flecken von Friedhofmoder verziert war; er hatte seinen Kiefer mit einem gelben Leinenstreifen hochgebunden und trug in den Händen eine kleine

Laterne und den Spaten eines Totengräbers. Das war nämlich das Kostüm seiner Rolle als ›Jonas der Gruftlose oder der Leichendieb von Chertsey Barn‹, einer seiner hervorragendsten Leistungen und zudem einer, deren zu gedenken die Cantervilles alle Ursache hatten, denn da lag der wahre Grund ihres Zwistes mit ihrem Nachbarn, Lord Rufford. Es war ungefähr halb drei Uhr morgens, und, soweit er feststellen konnte, rührte sich nichts und niemand. Doch als er sich der Bibliothek näherte, weil er doch nachsehen wollte, ob noch Spuren vom letzten Blutfleck vorhanden waren, da sprangen ihn plötzlich aus einem dunklen Winkel zwei Gestalten an, schwenkten wild die Arme über den Köpfen und brüllten ihm »Buuh!« in die Ohren.

Daß ihn unter diesen Umständen panische Angst packte, war nur natürlich; er flüchtete ins Treppenhaus, doch dort erwartete ihn bereits Washington Otis mit der großen Gartenspritze, und so, überall von Feinden umstellt und beinahe zur Übergabe gezwungen, verschwand er in dem großen Eisenofen, der zu seinem Glück nicht geheizt war, und mußte durch Kamine und Schornsteine heimwärts fliehen. In einem furchtbaren Zustand, verschmutzt, zerfetzt, verzweifelt, erreichte er schließlich seine Kammer.

Von da an wurde er nicht wieder bei nächtlichen Streifzügen erwischt. Mehrmals lagen die Zwillinge auf der Lauer, bestreuten die Gänge Nacht für Nacht mit Nußschalen – nicht gerade zur Freude von Eltern und Dienstboten –, doch alles blieb vergebens. Es war ganz offenbar – seine Gefühle waren so tief verletzt, daß er sich nicht mehr zeigen wollte. Und so konnte denn Mr. Otis die Arbeit an seinem großen Werk über die Geschichte der Demokratischen Partei wiederaufnehmen, mit dem er sich bereits seit etlichen Jahren beschäftigte. Mrs. Otis veranstaltete ein großartiges, echt amerikanisches Essen, das in der ganzen Grafschaft Aufsehen erregte, die Kinder widmeten sich dem Hockey, dem Poker und anderen amerikanischen Nationalspielen. Und Virginia ritt auf ihrem Pony durch Wald und Wiesen, von dem jungen Herzog von Cheshire begleitet, der die letzte Woche seiner Ferien auf dem Schloß Canterville verbrachte. Ganz allgemein war man der Ansicht, der Geist habe sich verflüchtigt, und Mr. Otis schrieb auch in diesem Sinn einen Brief an Lord Canterville, der in seiner Antwort die aufrichtigste Freude über diese Nachricht zum Ausdruck brachte und auch der

Das Gespenst von Canterville

liebenswürdigen Frau Gemahlin des Botschafters seine herzlichsten Glückwünsche sandte.

Doch die Familie Otis gab sich da einer Täuschung hin, denn das Gespenst war noch immer im Hause. Der arme Geist war jetzt wohl beinahe als invalide zu bezeichnen, dennoch hatte er nicht die Absicht, die Dinge auf sich beruhen zu lassen, zumal dann nicht, als er hörte, daß unter den Gästen auch der junge Herzog von Cheshire eingetroffen war, dessen Großonkel, Lord Francis Stilton, einmal mit dem Obersten Carbury um hundert Pfund gewettet hatte, er werde mit dem Gespenst Würfel spielen. Am nächsten Morgen fand man ihn auf dem Fußboden des Spielzimmers, gelähmt, hilflos, und wenn er auch ein hohes Alter erreichte, so war er doch nicht mehr imstande, etwas anderes zu sagen als die Worte ›Doppel-Sechs‹. Die Geschichte hatte sich damals herumgesprochen, obgleich man natürlich, aus Rücksicht auf die Gefühle von zwei adligen Häusern, alles tat, um sie zu vertuschen; eine ausführliche Darstellung aller mit diesem Ereignis verbundenen Umstände findet sich im dritten Band von Lord Tattles ›Erinnerungen an den Prinzregenten und seine Freunde‹. Dem Geist war natürlich sehr daran gelegen, zu zeigen, daß er seine Macht über die Stiltons nicht verloren hatte, mit denen er ja entfernt verwandt war, da seine eigene Cousine ersten Grades in zweiter Ehe den Sieur de Bulkeley geheiratet hatte, von dem, wie allgemein bekannt, die Herzöge von Cheshire abstammen.

So traf er denn Anstalten, um Virginias jungem Anbeter in seiner berühmten Rolle als ›Der Vampirmönch oder der Blutlose Benediktiner‹ zu erscheinen, eine Leistung von so großartiger Grauenhaftigkeit, daß die alte Lady Startup, als sie ihn in der verhängnisvollen Neujahrsnacht des Jahres 1764 in diesem Kostüm erblickte, ein durchdringendes Geschrei ausstieß, das sich bis zu einem heftigen Schlaganfall steigerte, dem sie drei Tage später erlag, nicht ohne vorher die Cantervilles, die ihre nächsten Verwandten waren, zu enterben und ihr ganzes Vermögen ihrem Londoner Arzt zu vermachen.

Im letzten Augenblick aber hielt ihn die Furcht vor den Zwillingen davon ab, sein Zimmer zu verlassen, und so schlief der kleine Herzog friedlich unter dem prächtigen Betthimmel des sogenannten ›Königszimmers‹ und träumte von Virginia.

V

Wenige Tage später, als Virginia mit ihrem blondgelockten Ritter über die Wiesen von Brockley ritt, zerriß sie sich an einer Hecke ihr Kleid derart, daß sie nach ihrer Rückkehr ins Schloß, um nicht gesehen zu werden, die Hintertreppe benützte. Sie kam an dem Gobelinzimmer vorbei, dessen Türe zufällig offenstand, und da glaubte sie, jemanden darin zu sehen. Sie vermutete, daß es das Kammermädchen ihrer Mutter sein müsse, das sich manchmal mit seiner Arbeit hierher zurückzog, und so wollte Virginia das Mädchen bitten, ihr das Kleid zu flicken. Doch was sie, zu ihrer größten Überraschung, erblickte, war niemand anderes als das Gespenst, der Geist von Canterville! Da saß er am Fenster und schaute hinunter, wo das fahle Gold der vergilbten Bäume durch die Luft flog und die roten Blätter in der langen Allee einen tollen Tanz aufführten. Den Kopf hatte er in die Hand gestützt, und seine ganze Haltung verriet tiefste Niedergeschlagenheit. So verloren, so jämmerlich sah er aus, daß die kleine Virginia, deren erster Gedanke gewesen war, davonzulaufen und sich in ihrem Zimmer einzuschließen, vor Mitleid schmolz und beschloß, ihn nach besten Kräften zu trösten. Ihr Schritt war so leicht, sein Elend so schwer, daß er sie erst bemerkte, als sie ihn ansprach.

»Sie tun mir aufrichtig leid«, sagte sie, »aber morgen gehen meine Brüder wieder nach Eton zurück, und dann, wenn Sie sich korrekt benehmen, wird kein Mensch Ihnen etwas zuleide tun.«

»Es ist grotesk, von mir zu verlangen, ich solle mich korrekt benehmen!« Erstaunt musterte er das reizende kleine Mädchen, das es gewagt hatte, ihn anzureden. »Vollkommen grotesk! Ich muß mit den Ketten rasseln, ich muß durch die Schlüssellöcher seufzen, ich muß in der Nacht spuken, wenn es das ist, was Sie meinen. Das ist ja mein einziger Daseinszweck!«

»Das kann man nicht als Daseinszweck bezeichnen. Und Sie wissen doch, daß Sie sehr böse gewesen sind. Am ersten Tag, gleich als wir hier ankamen, hat Mrs. Umney uns erzählt, daß Sie Ihre Frau ermordet haben.«

»Das leugne ich nicht«, gab der Geist verdrossen zu, »doch das war eine reine Familienangelegenheit und geht keinen Menschen etwas an.«

»Es ist sehr häßlich, einen Menschen zu töten«, erklärte Virgi-

Das Gespenst von Canterville

nia mit jenem süßen puritanischen Ernst, der sich manchmal bei ihr zeigte und den sie von irgendeinem Vorfahren in Neu-England geerbt haben mochte.

»Ach, mir ist diese billige Strenge abstrakter ethischer Begriffe höchst zuwider. Meine Frau war ein Ausbund an Häßlichkeit, hat mir meine Krausen nie richtig gestärkt und hatte keinen Dunst von der Küche. Da habe ich doch einmal im Hogley-Wald einen prachtvollen Spießer geschossen, und wissen Sie, was sie damit angefangen hat? Nun, wir wollen das jetzt auf sich beruhen lassen, es ist ja ohnehin alles vorüber, aber ich finde nicht, daß es besonders freundlich von meinen Schwägern war, mich verhungern zu lassen; wenn ich auch ihre Schwester, meine Frau, umgebracht habe.«

»Sie verhungern lassen!? Oh, lieber Herr Geist – Sir Simon wollte ich sagen, haben Sie Hunger? Hier, in meiner Handtasche habe ich ein Brötchen. Hätten Sie Lust darauf?«

»Nein, danke. Jetzt esse ich überhaupt nicht mehr; aber Ihr Angebot ist nichtsdestoweniger sehr freundlich, und Sie sind viel netter als Ihre ganze gräßliche, rohe, vulgäre, unanständige Sippe!«

»Halt!« rief Virginia und stampfte mit dem Fuß auf, »Sie selber sind es, der roh und gräßlich und vulgär ist. Und was die Unanständigkeit angeht – Sie wissen ja, daß Sie mir die Farben aus meinem Malkasten gestohlen haben, um den lächerlichen Blutfleck in der Bibliothek immer wieder aufzufrischen! Erst haben Sie alle meine roten Farben genommen, sogar das Purpurrot, so daß ich keinen Sonnenuntergang mehr malen kann, dann haben Sie das Smaragdgrün gestohlen, dann das Chromgelb, und schließlich ist mir nur noch Indigo und Chinesisch-Weiß geblieben. Damit konnte ich nichts als Mondscheinszenen fertigbringen, vor denen man immer Lust hat zu weinen und die überdies sehr schwer zu malen sind. Ich habe Ihr Geheimnis nicht preisgegeben, obwohl ich sehr böse auf Sie war, und die ganze Geschichte war doch höchst lächerlich. Wer hat schon je von smaragdgrünem Blut gehört!«

»Ja, allerdings«, erwiderte der Geist beinahe demütig. »Aber was hätte ich tun sollen? Heutzutage ist es sehr schwer, richtiges Blut aufzutreiben, und da Ihr Bruder mit seinem Fleckputzmittel kam, fand ich es nur recht und billig, daß ich Ihre Farben benützte. Farben sind übrigens immer eine Geschmacksfrage; die

Cantervilles, zum Beispiel, haben blaues Blut, das allerblaueste Blut von England. Aber ich weiß schon – euch Amerikanern sind solche Dinge sehr gleichgültig!«

»Gar nichts wissen Sie! Und Sie könnten nichts Besseres tun, als auszuwandern und sich ein wenig mehr zu bilden. Mein Vater wird Ihnen mit dem größten Vergnügen freie Überfahrt verschaffen, und wenn auch Geist in jeder Form mit hohen Zöllen belastet ist, werden Sie bei den Behörden keine Schwierigkeiten haben, weil ja alle Beamten Demokraten sind. Und sind Sie erst einmal in New York, so ist Ihnen der größte Erfolg sicher. Ich kenne eine Menge Leute, die hunderttausend Dollar dafür geben würden, um einen Großvater zu haben! Und gar erst für ein Familiengespenst! Dafür wäre ihnen kein Preis zu hoch!«

»Ich glaube nicht, daß Amerika mir gefallen würde.«

»Aha! Weil wir keine Ruinen und keine Merkwürdigkeiten besitzen! Nicht wahr?« meinte Virginia spöttisch.

»Keine Ruinen? Keine Merkwürdigkeiten?« erwiderte der Geist. »Und eure Marine? Und eure Manieren?!«

»Guten Abend! Ich werde Papa bitten, den Zwillingen noch eine Woche Ferien zu erwirken.«

»Gehen Sie nicht, Miss Virginia! Bitte, bitte!« rief er. »Ich bin ja so einsam und so unglücklich, und ich weiß wirklich nicht, was ich anfangen soll. Ich möchte so gern schlafen gehn und kann doch nicht.«

»Das ist blanker Unsinn. Legen Sie sich einfach ins Bett und blasen Sie die Kerze aus. Manchmal ist es sehr schwierig, sich wach zu halten, zumal in der Kirche. Aber einzuschlafen ist gar nicht schwer.«

»Seit dreihundert Jahren habe ich nicht geschlafen«, sagte er traurig, und Virginia riß erstaunt die schönen blauen Augen auf. »Seit dreihundert Jahren habe ich nicht mehr geschlafen, und ich bin doch so müde!«

Da wurde Virginia sehr ernst, und ihre kleinen Lippen zitterten wie Rosenblätter. Sie trat auf ihn zu, kniete neben ihm nieder und schaute in sein altes, verwittertes Gesicht.

»Sie armes, armes Gespenst«, flüsterte sie. »Haben Sie denn nirgends ein Plätzchen, wo Sie schlafen könnten?«

»Doch, doch! Weit hinter dem Tannenwald«, sagte er leise, verträumt, »dort ist ein kleiner Garten. Dort wächst das Gras hoch und dicht, dort leuchten die großen, weißen Sterne des Schierlings, dort singt die Nachtigall die ganze Nacht. Die ganze Nacht singt sie, und kühl, kristallen schaut der Mond hernieder, und die Eibe breitet ihre Riesenarme über die Schläfer.«

Virginias Augen trübten sich von Tränen; sie verbarg das Gesicht in den Händen.

»Sie meinen den Garten des Todes?« wisperte sie.

»Ja, des Todes! Der Tod muß doch wunderschön sein! In der weichen, braunen Erde zu liegen, wenn die Gräser über uns wogen, und dem Schweigen zu lauschen! Kein Gestern zu haben, kein Morgen! Die Zeit zu vergessen, dem Leben zu verzeihen, in Frieden zu sein! Sie können mir helfen. Sie können mir die Pforten zum Haus des Todes öffnen, denn mit Ihnen ist die Liebe, und die Liebe ist stärker als der Tod!«

Virginia zitterte, ein kalter Schauer überlief sie, und eine Weile lang blieb es still. Es war ihr, als träumte sie einen furchtbaren Traum.

Dann begann der Geist wieder zu sprechen, und seine Stimme tönte wie das Seufzen des Windes.

»Haben Sie die alte Prophezeiung auf dem Fenster in der Bibliothek gelesen?«

»Ja, und wie oft!« rief das Mädchen und schaute auf. »Ich kenne sie ganz genau. Sie ist in seltsamen schwarzen Lettern gemalt und gar nicht leicht zu lesen. Sechs Zeilen sind es nur:

Wenn's einer blonden Maid gelingt,
Daß des Sünders Mund ein Gebet sich entringt,
Wenn ein Kind für ihn seine Tränen vergießt,
Der verdorrte Mandelbaum blüht und sprießt,
Dann wird es hier im Hause still,
Und Friede zieht ein in Canterville.

Was das zu bedeuten hat, weiß ich nicht.«

»Das bedeutet, daß Sie um mich, um meiner Sünden willen weinen müssen, denn ich selber habe keine Tränen, und dann müssen Sie mit mir für meine Seele beten, denn ich selber habe keine Religion; und dann, wenn Sie immer gut und lieb und nett gewesen sind, wird der Todesengel sich meiner erbarmen. Sie werden im Dunkeln schreckliche Ungeheuer sehen, verruchte Stimmen werden Ihnen ins Ohr flüstern, doch sie werden Ihnen nichts anhaben, denn gegen die Reinheit eines Kindes können selbst die höllischen Mächte nicht obsiegen.«

Virginia gab keine Antwort, und der Geist rang in wilder Verzweiflung die Hände, als er auf ihren gesenkten, goldblonden Kopf hinunterschaute. Plötzlich aber stand sie auf; sie war sehr blaß, doch in ihren Augen brannte ein seltsames Licht. »Ich habe keine Angst«, sagte sie fest. »Und ich will den Engel bitten, daß er sich Ihrer erbarme!«

Mit einem leisen Freudenschrei erhob er sich, nahm ihre Hand, beugte sich in altmodischer Höflichkeit darüber und küßte sie. Seine Finger waren kalt wie Eis, seine Lippen brannten wie Feuer, doch Virginia wankte nicht, als er sie durch den dämmrigen Raum führte. Auf den verschossenen grünen Gobelins waren kleine Jäger eingestickt. Sie stießen in die Hörner, daran Troddeln hingen, mit den winzigen Händen winkten sie ihr. »Kehr um, kleine Virginia!« riefen sie, »kehr um!« Doch das Gespenst hielt ihre Hand nur um so fester, und sie schloß die Augen und sah die Jäger nicht an. Greuliche Untiere mit Schuppenschwänzen und rollenden Augen glotzten sie vom kunstvollen Kaminsims an und flüsterten: »Hüte dich, kleine Virginia, hüte dich! Mag sein, daß wir dich nie wiedersehen!« Doch nur noch rascher glitt das Gespenst weiter, und Virginia lauschte nicht auf sie. Als sie das Ende des Raumes erreicht hatten, blieb der Geist stehen und flüsterte Worte, die sie nicht verstand. Sie schlug die Augen auf und sah, wie die Wand langsam verschwand wie ein Nebel, und vor ihr tat sich eine mächtige schwarze Höhle auf. Ein bitterkalter Wind umwehte die beiden, und sie spürte, wie etwas an ihrem Kleid zog. »Schnell, schnell!« rief der Geist, »sonst ist es zu spät!« Und im nächsten Augenblick hatte die Täfelung sich hinter ihnen geschlossen, und das Gobelinzimmer stand leer.

VI

Etwa zehn Minuten später rief der Gong zum Tee, und da Virginia nicht herunterkam, schickte Mrs. Otis einen Diener hinauf, um sie zu holen. Doch bald kam er wieder und meldete, er könne Miss Virginia nirgends finden. Nun hatte sie die Gewohnheit, jeden Abend in den Garten zu gehen, um Blumen für den

Abendtisch zu schneiden, und so war Mrs. Otis anfangs nicht weiter in Sorge; doch als es sechs schlug und Virginia noch immer nicht zu sehen war, da wurde sie mit einem Mal unruhig, schickte die Jungen auf die Suche nach dem Mädchen, während sie selber und Mr. Otis von Zimmer zu Zimmer gingen. Um halb sieben kehrten die Jungen heim; nein, sie hatten nirgends eine Spur ihrer Schwester entdecken können! Jetzt waren alle in höchster Erregung. Was tun?! Plötzlich kam es Mr. Otis in den Sinn, daß er einige Tage vorher einer Zigeunerbande erlaubt hatte, ihr Lager im Park aufzuschlagen. So machte er sich denn sogleich auf den Weg nach Blackfell Hollow; er wußte, daß die Zigeuner dorthin gezogen waren. Sein ältester Sohn und zwei Knechte vom Gut begleiteten ihn. Der kleine Herzog von Cheshire, der ganz außer sich vor Angst war, flehte, man möge ihn doch auch mitnehmen, das aber wollte Mr. Otis nicht zulassen, denn er fürchtete, es könnte zu einer Balgerei kommen.

Als sie das Lager erreichten, stellte sich heraus, daß die Zigeuner ihre Wanderung fortgesetzt hatten, und ganz augenscheinlich waren sie ziemlich überstürzt aufgebrochen, denn das Feuer brannte noch, und im Gras lag Geschirr umher. Mr. Otis sandte Washington und die beiden Knechte aus, damit sie die Gegend durchforschten, er selber aber eilte heim und telegraphierte sämtlichen Polizeiinspektoren der Grafschaft, man möge doch nach einem jungen Mädchen Ausschau halten, das von Landstreichern oder Zigeunern geraubt worden sei. Dann ließ er sein Pferd satteln, bestand darauf, daß seine Frau, der junge Herzog und die Zwillinge sich zu Tisch setzten, und ritt mit einem Reitknecht die Straße nach Ascot. Kaum hatten sie zwei Meilen zurückgelegt, als Mr. Otis hinter sich Hufschläge hörte, und als er sich umsah, erblickte er den kleinen Herzog, der auf seinem Pony dahergaloppierte; die Wangen des jungen Mannes glühten, und er hatte keinen Hut auf.

»Es tut mir wirklich furchtbar leid, Mr. Otis«, keuchte der Herzog, »aber ich kann keinen Bissen essen, solange Virginia nicht gefunden ist. Seien Sie mir, bitte, nicht böse; hätten Sie uns voriges Jahr erlaubt, uns zu verloben, so wäre es nie zu diesem Unglück gekommen. Sie dürfen mich jetzt nicht zurückschicken! Ich kann nicht anders, ich muß mit Ihnen reiten!«

Der Botschafter lächelte wider Willen über den Eifer des netten jungen Ritters, fand zudem solch hingebungsvolle Liebe rührend, und so beugte er sich auf seinem Pferd hinunter, klopfte dem jungen Herrn auf die Schulter und sagte: »Schön, Cecil, wenn Sie doch nicht heimkehren wollen, werden Sie wohl mit mir reiten müssen. Aber das sage ich Ihnen – in Ascot kaufe ich Ihnen einen Hut!«

»Zum Teufel mit dem Hut!« rief der kleine Herzog lachend. »Virginia will ich haben!« Und so galoppierten sie zum Bahnhof. Hier erkundigte sich Mr. Otis bei dem Stationsvorstand, ob ein Mädchen, das der Schilderung von Virginias Äußerem entsprach, auf dem Bahnsteig gesichtet worden sei, konnte aber nichts erfahren. Immerhin telegraphierte der Stationsvorstand die Strecke hinauf, hinab und versicherte, man werde genaue Nachforschungen anstellen. Dann kaufte Mr. Otis in einer Schnittwarenhandlung, die gerade schließen wollte, einen Hut für den Herzog, und nun ritten sie nach Bexley, einem Dorf, das etwa vier Meilen entfernt und, wie man ihm versicherte, ein wohlbekannter Zufluchtsort der Zigeuner war, weil sich neben dem Ort die große Gemeindewiese befand.

Hier wurde der Ortspolizist aufgeboten, doch auch von ihm ließ sich nichts erfahren; keinen Fleck der Wiese ließen sie undurchsucht, doch schließlich mußten sie ihre Pferde heimwärts wenden und erreichten gegen elf, fast mit gebrochenem Herzen und todmüde, das Schloß. Washington und die Zwillinge warteten schon mit Laternen beim Pförtnerhaus, denn die Allee lag in tiefstem Dunkel. Nein, nicht die kleinste Spur von Virginia war gefunden worden. Die Zigeuner hatte man auf der Wiese in Broxley erwischt, doch bei ihnen war sie nicht, und sie konnten ihren überstürzten Aufbruch damit rechtfertigen, daß sie sich im Datum des Jahrmarkts in Chorton geirrt hatten. Darum waren sie so rasch weitergezogen; sie befürchteten, sie könnten zu spät kommen. Sie waren selber ganz entsetzt, als sie hörten, daß Virginia verschwunden war, denn sie wußten Mr. Otis großen Dank dafür, daß er ihnen erlaubt hatte, in seinem Park zu lagern; vier von der Bande beteiligten sich sogar an den Nachforschungen.

Schon hatte man den Karpfenteich mit Schleppnetzen abgesucht; kein Winkel des ganzen Gutes, den man vergessen hätte, doch alles ohne Erfolg. Es wurde offenbar, daß Virginia, zum mindesten für diese Nacht, verloren war. Zutiefst niedergeschlagen ging Mr. Otis mit den jungen Leuten ins Schloß, hinter ihnen der Stallknecht mit den zwei Pferden und dem Pony. In der Halle drängte sich eine Schar verängstigter Dienstleute, und auf dem Sofa in der Bibliothek lag die arme Mrs. Otis, von Furcht und Schrecken ganz außer sich, und die alte Haushälterin netzte ihr die Stirne mit *Eau de Cologne*. Mr. Otis bestand darauf, sie müsse etwas zu sich nehmen, und ließ für die ganze Gesellschaft ein Abendessen auftragen.

Es war ein trauriges Mahl, kaum daß jemand ein Wort sprach, und selbst die Zwillinge waren still und bedrückt, denn sie hingen sehr an ihrer Schwester. Als man fertig war, erklärte Mr. Otis sogleich, dem Bitten und Flehen des kleinen Herzogs zum Trotz, nun müßten alle zu Bett gehen. Heute abend sei ohnehin nichts mehr zu machen, und morgen in aller Frühe wolle er an Scotland Yard telegraphieren. Unverzüglich müßten Detektive kommen!

Just als sie den Speisesaal verließen, begann es vom Turm zwölf zu schlagen, und als der letzte Schlag verklang, da hörten sie ein Getöse und einen jähen, schrillen Schrei; ein entsetzlicher Donnerschlag ließ das Schloß erbeben, überirdische Musik durchströmte das Haus, oben auf dem Treppenabsatz löste ein Brett in der Täfelung sich mit lautem Krach, und da stand auf der obersten Stufe, totenblaß, ein Schmuckkästchen in der Hand, Virginia.

Im nächsten Augenblick waren alle hinaufgestürmt, Mrs. Otis umschlang sie leidenschaftlich, der Herzog erstickte sie mit glühenden Küssen, und die Zwillinge vollführten einen Kriegstanz rund um die Gruppe.

»Um Gottes willen, Kind, wo bist du denn gewesen?« fragte Mr. Otis beinahe verärgert, denn er glaubte, das Mädchen habe ihnen einen albernen Streich gespielt. »Cecil und ich sind auf der Suche nach dir landauf, landab geritten, deine Mutter hat sich die Seele aus dem Leib geängstigt! Solche Scherze darfst du nie wieder machen!«

»Nur mit dem Gespenst!« brüllten die Zwillinge. »Nur mit dem Gespenst!« Und dazu hüpften sie wie junge Ziegenböcke.

»Ach, mein Liebling! Gott sei Dank, daß du wieder da bist! Jetzt lasse ich dich nie mehr von meiner Seite«, flüsterte Mrs. Otis, küßte das zitternde Kind und strich ihm über das goldene Gewirr des Haares.

»Papa«, sagte Virginia ganz ruhig. »Ich bin bei dem Geist

gewesen. Er ist tot, und ihr müßt mit mir kommen und ihn sehen. Er ist sehr böse gewesen, doch er hat all seine Untaten aufrichtig bereut, und bevor er starb, hat er mir dieses Kästchen mit wunderschönem Schmuck gegeben.«

Stumm und verblüfft starrte die ganze Familie sie an, doch sie blieb ernst und gefaßt; und dann wandte sie sich um und führte die andern durch die Lücke in der Täfelung in einen schmalen, geheimen Gang. Washington folgte mit einer brennenden Kerze, die er vom Tisch genommen hatte. Schließlich kamen sie zu einer schweren Eichentür, die mit rostigen Nägeln beschlagen war. Als Virginia die Tür berührte, drehte sie sich in den wuchtigen Angeln, und nun betraten sie einen kleinen, niedrigen Raum mit gewölbter Decke und einem winzigen Gitterfenster. In die Wand eingelassen war ein mächtiger eiserner Ring, und an ihn gekettet ein Gerippe, das längelang auf den Fliesen ausgestreckt lag, und anscheinend mit den dürren, entfleischten Fingern eine Schüssel und einen altmodischen Krug fassen wollte, die aber mit Bedacht so aufgestellt waren, daß der Gefangene sie nicht erreichen konnte. Der Krug war offenbar einst mit Wasser gefüllt gewesen, jetzt aber deckte grünlicher Schimmel sein Inneres. Auf der Schüssel hingegen war nichts als eine dichte Lage Staub. Virginia kniete neben dem Skelett nieder, faltete ihre kleinen Hände und begann leise zu beten, während alle andern staunend vor dem furchtbaren Drama standen, dessen Geheimnis sich ihnen jetzt enthüllt hatte.

»Hallo!« rief plötzlich einer der Zwillinge, der aus dem Fenster geschaut hatte, weil er doch gern wissen wollte, in welchem Flügel des Schlosses diese Kammer sich eigentlich befand. »Hallo! Der alte verdorrte Mandelbaum hat ja geblüht! Ganz klar kann ich die Blüten im Mondlicht sehen!«

»Gott hat ihm vergeben«, sagte Virginia ernst, als sie sich jetzt erhob. Und ihre Züge waren von einem wunderbaren Glanz erhellt.

»Du Engel, du!« rief der junge Herzog; und dann legte er ihr den Arm um den Hals und küßte sie.

Das Gespenst von Canterville

VII

Vier Tage nach diesen denkwürdigen Ereignissen verließ um elf Uhr nachts ein Leichenzug Schloß Canterville. Den Wagen zogen acht Rappen, von deren Köpfen große Büsche Straußenfedern nickten, den Bleisarg bedeckte ein prächtiges violettes Bahrtuch, darin das Wappen des Hauses Canterville eingestickt war. Neben dem Leichenwagen und den Kutschen schritten Diener mit brennenden Fackeln, und der ganze Zug bot ein großartiges Schauspiel. Der Hauptleidtragende war Lord Canterville, der eigens aus Wales gekommen war, um der Feier beizuwohnen, und mit der kleinen Virginia im ersten Wagen saß. Dann kam der amerikanische Botschafter mit seiner Frau, dann Washington, die Zwillinge und der Herzog, und im letzten Wagen saß Mrs. Umney. Da der Geist sie mehr als fünfzig Jahre ihres Lebens geplagt hatte, kam ihr nach allgemeiner Ansicht das Recht zu, ihn auf seinem letzten Weg zu begleiten. In der Ecke des Friedhofs, unter der alten Eibe, war ein tiefes Grab ausgehoben worden, und Reverend Augustus Dampier las ungemein eindrucksvoll das Gebet. Nachdem die Zeremonie beendet war, löschten die Diener, einem alten Brauch der Familie Canterville gemäß, die Fackeln aus, und der Sarg wurde in das Grab gesenkt; nun trat Virginia vor und legte ein großes Kreuz aus rosa und weißen Mandelblüten darauf. In diesem Augenblick tauchte der Mond hinter einer Wolke auf und überflutete den kleinen Friedhof mit schweigendem Silber; und aus einem fernen Busch tönte das Lied einer Nachtigall. Da dachte Virginia daran, wie das Gespenst den Garten des Todes geschildert hatte, ihre Augen füllten sich mit Tränen, und auf der Heimfahrt sprach sie kaum ein Wort.

Am nächsten Morgen, bevor Lord Canterville die Rückfahrt in die Stadt antrat, trug Mr. Otis ihm die Geschichte von dem Schmuck vor, den der Geist Virginia gegeben hatte. Es waren prachtvolle Stücke, zumal ein Halsband aus Rubinen in altvenezianischer Fassung, ein wahres Meisterwerk aus dem 16. Jahrhundert. Die Juwelen waren so kostbar, daß Mr. Otis sich durchaus nicht im klaren darüber war, ob er seiner Tochter erlauben durfte, ein derartiges Geschenk anzunehmen.

»Mylord«, sagte er, »ich weiß, daß in diesem Land die Unveräußerlichkeit eines Erbes sich ebensogut auf Schmuck beziehen kann wie auf Grundbesitz, und so ist es mir vollkommen klar, daß diese Juwelen ererbtes Gut Ihrer Familie sind oder sein sollten. Darum muß ich Sie bitten, diese Stücke nach London mitzunehmen und als einen Teil Ihres Vermögens anzusehen, der Ihnen unter gewissen eigenartigen Umständen wieder zugefallen ist. Meine Tochter ist schließlich noch ein Kind und hat bis jetzt, wie ich mit Vergnügen feststelle, nur geringes Interesse an diesen Symbolen eines eitlen Luxus. Auch hat Mrs. Otis, die, wie ich sagen darf, sehr viel Verständnis für Kunst besitzt, weil sie den Vorzug genoß, als Mädchen einige Winter in Boston zu verbringen, mich wissen lassen, daß die Juwelen einen beträchtlichen Geldwert darstellen und beim Verkauf hohe Preise erzielen würden. Unter diesen Umständen, Lord Canterville, werden Sie selber gewiß begreifen, wie vollkommen unmöglich es mir wäre, zu erlauben, daß der Schmuck im Besitz eines Mitgliedes meiner Familie bleibt; und mag so eitler Tand und Flitter der Würde englischen Adels entsprechen oder in diesem Rahmen sogar notwendig sein, so wäre das alles doch bei jenen Menschen fehl am Ort, die in den strengen und, wie ich glaube, unsterblichen Grundsätzen republikanischer Schlichtheit aufgewachsen sind. Ich darf vielleicht noch erwähnen, daß Virginia glücklich wäre, wenn Sie ihr gestatteten, das Kästchen zur Erinnerung an Ihren unglücklichen, aber mißleiteten Vorfahren zu behalten. Da es sehr alt ist und demzufolge eingehender Reparatur bedarf, werden Sie es vielleicht für möglich halten, dieser Bitte zu entsprechen. Ich für meinen Teil muß gestehen, daß ich nicht wenig überrascht bin, bei einem Kind von mir in irgendeiner Form eine Vorliebe für das Mittelalter zu entdecken, und ich kann mir das nur durch den Umstand erklären, daß Virginia kurz nach der Rückkehr von Mrs. Otis von ihrer Reise nach Athen in einem Londoner Vorort das Licht der Welt erblickt hat.«

Mit tiefem Ernst lauschte Lord Canterville den Worten des würdigen Diplomaten, strich sich nur dann und wann über den grauen Schnurrbart, um ein unfreiwilliges Lächeln zu verbergen, und als Mr. Otis geendet hatte, schüttelte er ihm kräftig die Hand und sagte: »Mein lieber Herr, Ihre reizende Tochter hat meinem unseligen Ahnen, Sir Simon, einen ganz außerordentlich wichtigen Dienst geleistet, und ich und meine Familie, wir sind ihr für ihren Mut und ihre Seelenstärke zutiefst verpflichtet. Die

Das Gespenst von Canterville

Schmuckstücke gehören eindeutig ihr und ihr allein, und, bei Gott, ich glaube, wenn ich herzlos genug wäre, sie von ihr anzunehmen, würde der verruchte alte Knabe binnen vierzehn Tagen wieder aus dem Grab steigen und mir ein Höllenleben bereiten. Und was Ihre Skrupel betreffend die Unveräußerlichkeit mancher Besitztümer angeht, darf ich Sie beruhigen. Nichts ist ein Erbstück, was nicht ausdrücklich in einem Testament oder einem andern gesetzlich gültigen Dokument als solches angeführt wurde; und von dem Vorhandensein dieses Schmucks hat kein Mensch eine Ahnung gehabt. Ich versichere Sie, daß ich keinen größeren Anspruch darauf habe als Ihr Butler, und wenn Miss Virginia einmal eine Dame ist, dann wird sie – das darf ich wohl voraussetzen – recht gern schöne Dinge tragen. Überdies wollen Sie, bitte, nicht vergessen, Mr. Otis, daß Sie die Einrichtung inklusive Gespenst zum Schätzwert gekauft haben, und damit ist auch alles, was dem Geist gehört hat, in Ihren Besitz übergegangen, denn wie immer Sir Simon sich nachts auf dem Korridor betätigt haben mag, war er doch vom Standpunkt des Gesetzes aus einwandfrei tot, und so haben Sie sein Eigentum durch den Kauf miterworben.«

Mr. Otis war gar nicht erfreut über die Weigerung des Lords und bat ihn, die Frage doch noch einmal zu erwägen, der gutmütige Peer aber blieb fest, und schließlich gelang es ihm, den Botschafter dazu zu überreden, daß dessen Tochter das Geschenk behalten durfte, das sie vom Gespenst erhalten hatte, und als im Frühling des Jahres 1890 die junge Herzogin von Cheshire, anläßlich ihrer Vermählung, der Königin vorgestellt wurde – eines Nachmittags, weil Ihre Majestät abends nicht mehr empfing –, war das Entzücken über ihren Schmuck allgemeines Gesprächsthema. Denn Virginia erhielt die Adelskrone, wie es die Belohnung aller braven kleinen amerikanischen Mädchen ist, und heiratete ihren jugendlichen Verehrer, sobald er mündig geworden war. Die beiden waren so reizend und liebten einander so sehr, daß alle Welt über diese Eheschließung begeistert war, mit Ausnahme der alten Marquise von Dumbleton, die den Herzog für eine ihrer sieben unverheirateten Töchter zu angeln versucht und zu diesem Zweck nicht weniger als drei kostspielige Soupers veranstaltet hatte, und, seltsam genug, auch mit Ausnahme von Mr. Otis. Ja, gewiß, Mr. Otis hatte den jungen Herzog persönlich sehr gern, theoretisch aber war er ein Gegner aller

Adelstitel und konnte, um seine eigenen Worte zu gebrauchen, »die Besorgnis nicht verhehlen, daß unter dem erschlaffenden Einfluß einer vergnügungssüchtigen Aristokratie die echten Grundsätze republikanischer Schlichtheit vergessen werden könnten«. Doch seine Einwände mußten verstummen, und an dem Tag, da er seine Tochter durch das Schiff vom St. George's, Hanover Square, an den Altar führte, wird es wohl im ganzen Vereinigten Königreich keinen stolzeren Mann gegeben haben. Das ist meine Ansicht.

Kaum waren die Flitterwochen vorüber, als der Herzog und die Herzogin sich auch schon nach Canterville begaben, und am Tag nach ihrer Ankunft gingen sie nachmittags auf den einsamen Friedhof im Tannenwald. Zunächst waren manche Schwierigkeiten zu überwinden gewesen, denn man wußte nicht recht, was man auf Sir Simons Grabstein setzen sollte, doch schließlich entschied man sich dafür, nur die Initialen des alten Herrn einzumeißeln und darunter die Verse vom Fenster in der Bibliothek. Die Herzogin hatte liebliche Rosen mitgebracht, die sie nun über das Grab streute; das junge Paar blieb noch eine Weile stehen und wanderte dann in die Trümmer des alten Klosters. Dort setzte die Herzogin sich auf eine gestürzte Säule, ihr Mann legte sich ihr zu Füßen, zündete eine Zigarette an und schaute seiner Frau in die wunderschönen Augen. Doch plötzlich warf er die Zigarette weg, griff nach Virginias Hand und sagte: »Virginia, eine Frau soll vor ihrem Gatten keine Geheimnisse haben!«

»Ja, aber liebster Cecil, ich habe doch keine Geheimnisse vor dir!«

»O ja«, erwiderte er lächelnd. »Du hast mir nie erzählt, was sich zugetragen hat, als du mit dem Gespenst eingeschlossen warst.«

»Das habe ich keinem Menschen erzählt, Cecil«, sagte sie ernst.

»Ich weiß wohl, aber mir könntest du es doch erzählen!«

»Verlange das nicht von mir, Cecil; ich kann es dir nicht sagen. Armer Sir Simon! Ich habe ihm sehr viel zu verdanken. Ja – lach nicht! Es ist die pure Wahrheit. Von ihm habe ich gelernt, was das Leben ist und was der Tod bedeutet. Und warum die Liebe stärker ist als beide.«

Der Herzog stand auf und umarmte seine Frau zärtlich.

»Du darfst dein Geheimnis so lange behalten, wie dein Herz mir gehört!« flüsterte er.

»Das war immer dein, Cecil.«

»Und vielleicht erzählst du es eines Tages unseren Kindern; ja?«

Virginia errötete.

(Deutsch von N. O. Scarpi)

Lord Dunsany
Eine welterschütternde Erfindung

»Ach, der menschliche Geist!« rief Jorkens nach einem etwas schweren Essen. »Der menschliche Geist! Wie unzulänglich! Wie furchtbar beschränkt! Ich kannte früher einen Mann, von dem mehrere seiner Freunde glaubten, er sei der intelligenteste Kopf unserer Zeit, und, wie ich finde, mit vollem Recht. Und doch ließ er sich von den Ausführungen seines Projektes durch das Blöken eines Schafs abhalten. Ein altes Schaf blökte ihm ins Gesicht – und er gab's auf!«

»Was für ein Projekt war es?« fragte eins unserer Klubmitglieder. Jorkens hatte die Bemerkung nämlich bei uns im Klub gemacht. Vermutlich war er nach dem schweren Essen etwas niedergedrückt, wenn ich auch nicht ganz begreife, wieso eine kräftige Mahlzeit einen gesunden Magen niederdrücken kann.

»Ein überwältigendes Projekt!« rief Jorkens. »Eine Millionensache! Nein, eine Billionensache!«

»In englischen Pfunden?« fragte Terbut.

»Ja«, sagte Jorkens. »Billionen englischer Pfunde! Eine Erfindung von unglaublicher Großartigkeit, und zwar eine, die er meiner Ansicht nach bereits fertig vorliegen hatte, oder mindestens gab er sie ganz kurz vor der Vollendung auf.«

»Und nur, weil ihn ein Schaf angeblökt hatte?« fragte Terbut.

»Ja«, bestätigte Jorkens. »Der menschliche Geist ist eben so. Kleine Geister lassen sich von flüchtigen Einfällen hierhin und dorthin treiben. Aber wir sind alle gleich, große und kleine Geister. Und dieser Mann, von dem ich spreche, war genausowenig standhaft wie jeder andere Mensch auch, ob kleinen Geistes oder nicht.«

»Erzählen Sie uns doch von seiner Erfindung!« sagte Terbut.

»Oh, es ist eine lange Geschichte, und der Mund würde einem trocken, wenn man sie erzählen sollte. Und wenn ich erst damit anfange, dann wollen Sie auch, daß ich sie bis zu Ende erzähle; daher will ich es lieber lassen.«

Terbut nickte müde und hob den Finger, bis ihm ein Kellner zunickte. Umgehend – aber der Leser möchte vermutlich nicht jede Einzelheit aus dem Leben in unserem Klub hören, wie es sich tagein, tagaus abspielt, und deshalb will ich lieber die Geschichte erzählen, die uns Jorkens – eine Minute drauf – zum besten gab. Terbut hatte gefragt: »Hinterließ er keine Aufzeichnungen über seine Erfindung? Keine Zahlen, an die sich später andere hätten halten können?«

»Nein«, erwiderte Jorkens, »er hatte einen fabelhaften Verstand, war aber leichtfertig wie die meisten von uns und ließ sich von flüchtigen Einfällen hierhin und dorthin treiben. Idstein hieß er, ein junger Gelehrter, von dessen wissenschaftlichen Arbeiten man gerade vernommen hatte, und das Direktorium des Werks, über das ich gleich berichten werde, suchte einen jungen Mann, der eine kompetente Kraft war und eine Erfindung für sie ausarbeiten sollte. Wessen Erfindung es eigentlich war, weiß ich nicht, jedenfalls nicht Idsteins. Vermutlich war es der Einfall von ein oder zwei Herren des Direktoriums, und den jungen Idstein brauchten sie nur für die Ausführung.«

»Wenn aber«, warf Terbut ein, »das ganze Direktorium davon wußte, dann sehe ich nicht recht ein, wieso Sie behaupten können, die Erfindung sei verlorengegangen?«

»Ich sagte nicht, daß sie verlorenging. Ich sagte nur, daß das Projekt aufgegeben wurde. Ich weiß auch darüber Bescheid und kann Ihnen sagen, um was es sich handelt. Vielleicht kann dann jemand von Ihnen die Einzelheiten ausarbeiten und das Ganze in die Wirklichkeit umsetzen. Es schadet nichts, wenn ich Ihnen davon erzähle, denn die Direktion ist durch Patentrechte reichlich geschützt. Und sie würden Ihnen auch nur zahlen, was sie dem jungen Idstein versprochen hatten.

Sie ließen sich Idstein kommen und baten ihn, das Projekt für sie auszuarbeiten. Sie sagten ihm, daß sie ihm pro Stunde eine halbe Krone zahlen würden, und er könne so viele Stunden daran arbeiten, wie er wolle. Und sie versprachen ihm eine Gratifikation, wenn er die Arbeit beendet habe, und er mußte ein Papier unterzeichnen, in dem er versicherte, daß er nie weitere Ansprüche erheben würde, nachdem er die Gratifikation empfangen hätte – abgesehen von seinem täglichen Gehalt, das er natürlich für jeden Tag erhielt, den er für sie an der Arbeit war. Die Gratifikation war nicht schlecht: sie sollte eine Million betragen.

Die Erfindung, die er, wie ich schon sagte, so gut wie ausgearbeitet hatte, als er sie plötzlich aufgab, wurde vom Direktorium genauestens mit ihm durchgesprochen, als er vor ihnen erschien.

Der Präsident des Direktoriums machte ihn darauf aufmerksam, die Wissenschaft habe jetzt solche Fortschritte gemacht, daß jeder gescheite Wissenschaftler in der Lage sein sollte, nachzumachen, was die Natur mache, ja, es sogar noch besser zu machen. Idstein gab ihm begeistert recht.

›Sie wissen ja nun auch‹, fuhr der Präsident fort, ›daß verschiedene Tiere Gras fressen. Wenn man einem Kalb Gras zu fressen gibt‹, sagte er, ›dann hat sich nach einer gewissen Anzahl von Jahren das Gras in eine bestimmte Menge Rindfleisch verwandelt. Und außer dem Gras ist nichts weiter nötig, nur noch Luft und Wasser und vielleicht im Winter ein wenig Leinsamenkuchen. Wohlgemerkt also: Gras, Wasser und Luft plus vielleicht ein wenig Leinsamenkuchen vermögen sich in Rindfleisch zu verwandeln. Die Natur weiß, wie es gemacht wird. Und wenn ein Wissenschaftler nicht fähig ist, eine ähnliche Umwandlung zustande zu bringen, und zwar mit einem Hundertstel an Zeitaufwand, dann sieht sich das Direktorium zu seinem Bedauern veranlaßt, auf . . .‹ In diesem Augenblick berührte ihn ein Mitglied des Direktoriums am Arm und hinderte ihn daran, auszusprechen, was er beinahe gesagt hätte. Ich selbst war dort und konnte es genau beobachten. Ich arbeitete damals bei einer Firma in der City, und meine Firma war bereit, das Projekt finanziell zu fördern, und ich war eingeladen worden, an der Besprechung teilzunehmen.

Der Präsident hustete ein wenig, und dann fuhr er fort: ›Und durch einen andern Prozeß können Gras, Wasser und Luft in Hammelfleisch verwandelt werden, das heißt, wenn man Hammel auf die Weide schickt. Doch ist es ein langwieriger Prozeß, und für ein solches Verfahren haben wir heutzutage wirklich keine Zeit mehr. Wir wünschen also, daß Sie das ganze Verfahren beschleunigen und aus dem natürlichen einen künstlichen Prozeß machen. Ein Wissenschaftler sollte doch bestimmt dazu in der Lage sein?‹

›Gewiß, Sir‹, erwiderte Idstein.

›Gut, dann wäre alles in Ordnung‹, schloß der Präsident. ›Wir haben Ihnen unsere Bedingungen genannt, und wir liefern Ihnen alle Geräte, die Sie benötigen!‹ Der Präsident war schon ziemlich alt und ein wenig vergeßlich; deshalb schrieb ein Mitglied etwas auf einen Briefumschlag und ließ ihn weiterreichen, um ihn an etwas zu erinnern.

Eine welterschütternde Erfindung

›Ach ja, richtig‹, sagte der Präsident. ›Das wäre natürlich eine ganz bedeutende Leistung. Aber es ist nur die Hälfte von dem, was Sie für uns zu tun hätten. Wir verlangen auch von Ihnen, daß Sie Gras auf die gleiche Weise erzeugen, wie Sie etwa Hammelfleisch erzeugt haben. Gras ist weiter nichts als ein Bodenprodukt, entstanden aus Erde und von der Natur auf eine Art hervorgebracht, die nachzuahmen der Mensch bisher vernachlässigt hat – oder die nachzuahmen er bisher nicht fähig war. Nun muß aber doch gewiß die Zeit bald reif sein, in der wir zu intelligent geworden sind, um derlei Dinge noch der Natur zu überlassen. Könnten Sie nicht die Methode herausfinden, mittels der die Natur Erde in Gras verwandelt? Sie brauchen weiter nichts zu tun, als Erde und Gras zu analysieren und nachzuschauen, wie die Umwandlung zustande kommt. Unter Mithilfe von Wasser und Luft wiederum, das ist klar. Wir möchten, daß Sie eine Maschine konstruieren, in die unsere Arbeiter Erde hineinschaufeln, die als Hammelfleisch wieder herauskommt, falls wir nicht Rindfleisch vorziehen. Und deshalb müßten wir noch auf einem Schalthebel bestehen, mit dem wir auf eine der beiden Fleischsorten einstellen könnten – etwa so wie am Radio. Das sollte ganz einfach sein.‹

›Oh, gewiß, Sir‹, sagte Idstein.

›Ich glaube, meine Herren‹, sagte der Präsident zu den Herren des Direktoriums und räusperte sich, ›ich glaube, das wäre alles, wie?‹ Ein leises Gemurmel am Vorstandstisch bestätigte ihm, daß er nun alles über die neue Erfindung mitgeteilt hatte.

Idstein ging also fort und machte sich an die Ausarbeitung des Projekts. Ein ausgezeichnetes Laboratorium wurde ihm zur Verfügung gestellt, und er arbeitete nur ein knappes Jahr darin. Ich glaube, die erste Hälfte der Erfindung glückte ihm fast umgehend. Und wie ich hörte, war auch die zweite Hälfte kurz vor der Fertigstellung. Deshalb begab er sich zu einem Spaziergang nach Kent, um sich den Kopf etwas zu lüften und um über den Bericht nachzudenken. Denn ich glaube, die schwere Arbeit, ich meine, der wissenschaftliche Teil, war fertig, und nur noch die schriftliche Arbeit verblieb, nämlich die Abfassung des Berichts. Er fuhr also aufs freie Land hinaus, wo nichts von den Vororten zu sehen war, nur die weiten Felder, die von kleinen Haselnuß-Gebüschen eingefriedet werden. Und so gelangte er zu einer Wiese und lehnte sich an ein Gatter und ruhte sich aus. Es war

Sommer, und die Butterblumen und ähnliches Zeugs blühten, und alles glänzte in der Sonne, und das wellige Gelände dehnte sich weithin in grünen Wogen bis zum Horizont. Und auf der Wiese weideten Schafe, und Idstein mußte plötzlich an seine Jugend denken und wurde sentimental. Als Idstein ein Kind war, trugen die Schafböcke noch Glöckchen, und er hatte sie in den Wiesentälern läuten gehört, während er dasaß und Blumen pflückte. Und die Erinnerung daran hatte sich so in seinem Geiste festgesetzt, und dazu noch eine Menge anderer unnützer Dinge: Falter, die um die Blüten schwirren, Glühwürmchen in Sommernächten, Heckenrosen und Brombeerranken und später dann die Brombeeren, die schwarz wie Kobold-Augen funkeln, und kleine Walderdbeeren und Skabiosen, die sich über Grashalmen wiegen, und dazwischen der dunkelgrüne Wiesenknopf mit den scharlachroten Tupfen, und Reseda und Margeriten und noch viele andere Blumen, und Schmetterlinge, ganz besonders die Bläulinge, die über die Kreidefelsen flattern, und dann Nächte voller Eulenschrei, weit über ferne Täler hin. Und dieser ganze Müllkübel voll Erinnerungsfetzen war durch das verdammte Blöken eines Schafes wieder an die Oberfläche gelangt, und Idsteins genialer Geist hörte sofort auf, intelligent zu denken, und statt dessen dachte er, die alten Zeiten mit ihren alten Methoden seien doch besser gewesen, und er wolle wieder die Schafe auf den Wiesen blöken hören, anstatt eine Million für seine eigene Tasche und Tausende von Millionen für das Direktorium zu verdienen, das ihn bisher wirklich hochanständig behandelt hatte. Also ging er schnurstracks heim und zerriß seine Papiere und verbrannte jeden Zettel.

Die Erfindung wartet aber immer noch auf jemand, der wissenschaftlich befähigt ist und doch einen Geist hat, welcher kindlichen Gefühlen nicht nachgibt und hierhin und dorthin schwankt, sondern der einfach eine Maschine herstellt, die Billionen wert ist. Ich glaube, viele Einzelheiten könnte ich selbst angeben. Aber jetzt habe ich mir den Mund schon wieder ganz trocken geredet. – Ah, danke sehr!«

(Deutsch von Elisabeth Schnack)

George Moore
Heimweh

Er sagte dem Doktor, daß er um acht Uhr früh wieder in der Bar sein müsse. Die Bar befand sich in einer Spelunke der Bowery in New York. Er hatte sich nur dadurch halbwegs gesund erhalten können, daß er jeden Morgen um fünf aufstand und weite Spaziergänge im Central Park machte.

»Eine Seereise wäre das beste für Sie«, erklärte der Arzt. »Warum gehen Sie nicht für zwei, drei Monate nach Irland? Sie werden wie neugeboren wiederkommen.«

»Ich würde Irland ganz gern wiedersehen.«

Und bei sich dachte er, wie es den Leuten daheim wohl ergangen sei. Ja, der Doktor hatte recht. Er dankte ihm, und drei Wochen später ging er in Cork an Land.

Als er im Eisenbahnabteil saß, versuchte er sich sein heimatliches Dörfchen vorzustellen – er konnte es sehen, und auch den See, ein Feld nach dem andern, und die Landstraße. Etwa dreihundert bis vierhundert Äcker felsigen Landes sah er, und eine Landzunge, die in den gewundenen See vorstieß. Auf diesem kleinen Vorgebirge ihre Hütten zu errichten war den Bauern von den früheren Besitzern des Herrenhauses auf dem freundlichen grünen Hügel erlaubt worden. Die jetzigen Besitzer betrachteten das Dorf als einen Schandfleck, doch bezahlten die Dörfler für ihr Land hohen Zins, und alle Hilfskräfte, die das Herrenhaus brauchte, kamen aus dem Dorf: Gärtner, Stallburschen, Haus- und Küchenmädchen.

Bryden war dreizehn Jahre lang in Amerika gewesen, und als der Zug auf dem kleinen Bahnhof hielt, schaute er sich um, ob sich wohl etwas verändert habe. Doch es war das gleiche blaugetünchte Stationsgebäude wie vor dreizehn Jahren. Von der Station bis nach Duncannon waren es fünf Meilen auf der Landstraße. Fünf Meilen waren ihm heute doch zuviel; als er das letztemal diese Straße gegangen war, hatte er einundeinhalb Stunden dafür gebraucht.

Es tat ihm leid, daß er sich noch nicht kräftig genug fühlte, um zu laufen. Der Abend war schön, und er würde viele Leute treffen, die vom Markt nach Hause kamen, und manche von ihnen hatte er in seiner Jugend gekannt, und sie hätten ihm sagen können, wo er eine saubere Unterkunft bekommen könnte. Doch das würde ihm auch der Fuhrmann sagen. Er winkte dem Wagen, der vor dem Bahnhof hielt, und bald beantwortete er Fragen über Amerika. Aber er wollte von Leuten hören, die noch in der alten Heimat lebten, und nachdem er die Geschichte vieler Leute vernommen hatte, die ihm bereits fremd waren, erfuhr er, daß Mike Scully vom King's County zurückgekommen sei und sich ein feines Haus mit Zementfußboden gebaut habe. Und in Mike Scullys Haus war auch ein schöner Dachboden; da würde Mike ihn sicher gern als Logiergast aufnehmen.

Es fiel Bryden jetzt ein, daß Mike damals im Herrenhaus gedient hatte. Eigentlich hatte er Jockey werden wollen, doch plötzlich fing er an zu wachsen und wurde so groß und stattlich, daß er Kutscher werden mußte. Mike war einer der Helden seiner Kindheit gewesen. Auf einmal sagte der Fuhrmann: »Dort ist Mike Scully«, und zeigte mit der Peitsche auf einen großen, gutgebauten, älteren Mann.

Mike konnte sich noch viel weniger an Bryden erinnern als Bryden an ihn, und viele Tanten und Onkel mußten aufgezählt werden, ehe er endlich begriff.

»Du bist ein rechter Mann geworden, James«, sagte er und blickte auf James' Brustkorb. »Doch deine Wangen sind eingefallen, und blaß sind sie auch.«

»Es ist mir in der letzten Zeit nicht besonders gut gegangen, deshalb vor allem bin ich hergekommen. Aber ich wollte auch alle wiedersehen.«

Bryden gab dem Fuhrmann seinen Lohn und wünschte ihm Glück; dann teilten er und Mike sich das Gepäck. Sie gingen um den See, denn die Ortschaft lag am anderen Ende des Gutes, und während sie gingen, schlug James vor, er wolle Mike zehn Shilling die Woche für Verpflegung und Unterkunft zahlen.

Er hatte den Wald als dichten, gutgepflegten Forst in Erinnerung. Aber der Wind hatte darin gehaust, und die Abzugsgräben waren verschlammt, und die Brücke, die über den Zufluß zum See führte, drohte einzufallen. Die Landstraße war aufgerissen, und Bryden wunderte sich, wie wohl die Dorfleute mit ihren Karren hier fahren konnten. Mike erzählte, daß der Gutsherr die Straße nicht in Ordnung halten wolle, denn er fand, eine öffentliche Straße solle nicht über sein Land laufen.

Nach einer langen Reihe von Feldern kam endlich das Dorf, und es sah öde und verlassen aus, selbst an solch schönem Abend, und Bryden meinte, daß die Gegend einen weniger bewohnten Eindruck mache als früher. Es kam ihm gleichzeitig fremd und vertraut vor, daß die Hühner in der Küche waren, und da er sich wieder in die alten Sitten einfügen wollte, bat er Mrs. Scully, sie nicht hinauszujagen, und sagte, es mache ihm nichts aus. Mike erzählte seiner Frau, daß Bryden in Duncannon geboren sei, und als sie seinen Namen gehört, gab sie ihm die Hand, die sie vorher an der Schürze abgewischt hatte, und sagte, er sei herzlich willkommen, nur fürchte sie, daß er nicht auf dem Dachboden schlafen wolle.

»Warum sollt ich nicht auf dem Dachboden schlafen, in einem trockenen Bodenraum!« rief er. »Ihr denkt hier wunders was von Amerika, aber ich sage euch, es ist nicht alles so, wie ihr's euch vorstellt. Hier könnt ihr arbeiten, wann ihr wollt, und euch hinsetzen und ausruhen, wann ihr wollt. Aber wenn ihr so eine Blutvergiftung gehabt hättet wie ich, und wenn ihr junge Leute am Stock herumlaufen sähet, dann würdet ihr denken: es hat doch etwas für sich, im guten alten Irland zu leben.«

»Möchten Sie nicht einen Schluck Milch haben? Sicher wollen Sie nach der Reise gern etwas trinken?« meinte Mrs. Scully.

Und als er die Milch getrunken hatte, fragte Mike, ob er ins Haus gehen oder einen kleinen Spaziergang mit ihm machen wolle.

»Vielleicht ist dir's lieber, du setzt dich ein wenig hin?«

Und sie gingen ins Haus und sprachen von den Löhnen, die man in Amerika bekommen könne, und von den vielen langen Arbeitsstunden.

Und nachdem Bryden alles von Amerika erzählt hatte, was ihm interessant schien, fragte er Mike über Irland aus. Aber Mike konnte ihm anscheinend nicht viel Interessantes erzählen. Sie waren alle sehr arm, vielleicht noch ärmer als damals bei seiner Abreise.

»Ich glaube nicht, daß außer mir noch einer fünf Pfund sein eigen nennen kann.«

Bryden bemühte sich, Mitgefühl für Mike aufzubringen. Aber schließlich gingen ihn Mikes Leben und Zukunft nicht viel an. Er war hergekommen, um sich zu erholen, und es ging ihm bereits besser; die Milch hatte ihm gut getan, und von dem Topf mit Kohl und Speck gingen köstliche Düfte aus. Die Scullys waren sehr nett zu ihm; sie nötigten ihn, tüchtig zuzulangen; ein paar Wochen Landluft und kräftiges Essen, sagten sie, würden ihm die in der Bowery verlorene Gesundheit wiedergeben; und als Bryden sagte, er sehne sich nach etwas Rauchbarem, erwiderte Mike, das sei ein sehr gutes Zeichen. Während seiner langen Krankheit hatte er nie rauchen wollen, und dabei war er ein eingefleischter Raucher gewesen.

Es war gemütlich, vor dem freundlichen Torffeuer zu sitzen und dem Rauch aus ihren Pfeifen nachzuschauen, wie er in den Kamin schlüpfte, und Bryden wäre von Herzen gern still für sich gewesen; er wollte nicht von anderer Leute Mißgeschick hören; aber gegen neun Uhr erschien eine Anzahl Dorfleute, und es war niederdrückend, wie sie aussahen. An einen oder zwei von ihnen konnte Bryden sich erinnern, er hatte sie ganz gut gekannt, als er ein kleiner Junge war; sie redeten ebenso traurig, wie sie aussahen, und er konnte kein Interesse für sie aufbringen. Es tat ihm nicht leid, als er hörte, daß der Steinmetz Higgins gestorben sei; es berührte ihn nicht, daß Mary Kelly, die immer im Herrenhaus bei der Wäsche half, sich verheiratet hatte; doch als er hörte, daß sie nach Amerika gegangen sei, da horchte er interessiert auf. Nein, er hatte sie nicht getroffen; Amerika sei groß. Dann fragte ihn einer der Bauern, ob er sich an Patsy Carabine erinnern könne, der im Herrenhaus Gärtner gewesen war. Ja, an Patsy konnte er sich noch gut erinnern. Patsy war im Armenhaus. Er hatte nicht mehr arbeiten können wegen seines Armes; sein Haus zerfiel; er hatte sein Pachtland aufgegeben und war ins Armenhaus gezogen. All dies war sehr traurig, und um nicht noch mehr unangenehme Dinge hören zu müssen, erzählte Bryden ihnen von Amerika. Und sie saßen da und hörten ihm zu; doch immer sprach nur er allein; er wurde es leid; und als er in die Runde blickte, erkannte er einen grauhaarigen, zerlumpten Buckligen; vor zwanzig Jahren war er jung und bucklig gewesen; und Bryden kehrte sich ihm zu und fragte, ob es alles recht stünde auf seinen fünf Äckern Land.

»Ach, nicht besonders; wir hatten ein schlechtes Jahr. Die Kartoffeln sind mißraten; sie waren naß und dann sättigen sie nicht.«

Die Bauern hier waren sich alle einig, daß mit ihrem Pachtland nichts anzufangen sei. Sie bedauerten es, daß sie nicht nach

Amerika ausgewandert waren, als sie noch jung gewesen; und nachdem Bryden noch mit Mühe etwas Interesse für die Tatsache aufgebracht hatte, daß O'Connor eine Stute und ein Fohlen im Werte von vierzig Pfund eingegangen waren, fing er an, sich nach seiner Spelunke in der Bowery zurückzusehnen. Als sie fortgingen, dachte er im stillen, ob wohl jeder Abend genau so verliefe. Mike häufte neuen Torf aufs Feuer und hoffte, daß es hell genug leuchte, damit Bryden sich bei seinem Schein im Dachraum ausziehen könne.

Ein paar Gänse schnatterten auf der Straße und hielten ihn wach, und die Einsamkeit der Felder schien ihm bis in die Knochen zu dringen und das Mark zu durchkälten. Auf dem Dachboden war eine Fledermaus – in der Ferne heulte ein Hund –, und dann zog er sich die Bettdecke über den Kopf. Noch nie war er so unglücklich gewesen, und daß er unten in der Küche Mike neben seiner Frau atmen hörte, erfüllte ihn nur noch tiefer mit Angst und Schrecken. Dann schlief er ein; und er lag auf dem Rücken und träumte, er sei wach, und die Leute, die am Abend mit ihm vor dem Feuer gesessen hatten, schienen wie Gespenster aus einem Sumpf und schilfbestandenen Teich zu kommen. Er tastete mit der Hand nach seinen Sachen, denn er mußte fliehen, fort aus diesem Haus; doch dann fiel ihm die einsame Landstraße ein, die zum Bahnhof führte, und er sank zurück auf das Kissen. Die Gänse schnatterten, aber er war zu müde, als daß sie ihn noch länger wachhalten konnten. Es kam ihm vor, er habe erst wenige Minuten geschlafen, als er Mike rufen hörte. Mike war die Leiter halbwegs nach oben gestiegen und sagte ihm, daß das Frühstück fertig sei. ›Was für ein Frühstück wird er mir wohl vorsetzen‹, dachte Bryden, während er sich anzog. Es gab Tee und heiße Kuchen und frische Eier; die Küche war voll Sonne, und es machte ihm Freude, Mike zuzuhören, der vom Feld erzählte, und was er heute schaffen wollte. Mike hatte fünfzehn Acker Land gepachtet, von denen mindestens zehn Acker Weideland waren. Er hatte ein schönes Stück Wiese und holte sich die Sense; und als er den Wetzstein in den Gürtel steckte, erblickte Bryden eine zweite Sense, und er fragte Mike, ob er mit ihm kommen und ihm helfen könne, die Wiese zu mähen.

»Du hast so viele Jahre nicht mehr gemäht. Geh nur lieber am See spazieren; doch am Nachmittag kannst du mitkommen, wenn du Lust hast, und mir beim Wenden helfen.«

Bryden befürchtete, am See könne es sehr einsam sein; doch für einen Genesenden ist der Zauber wiederkehrender Gesundheit Freude genug, und der Vormittag verging ihm heiter. Das Wetter war still und sonnig. Er konnte die Enten im Schilf hören. Die Tage verträumten sich einer nach dem andern, und es wurde ihm zur Gewohnheit, jeden Morgen an den See zu gehen. Eines Vormittags traf er den Gutsherrn, und sie gingen zusammen und sprachen vom Land und wie es gewesen und welchem Verfall es entgegenglitt. James Bryden erzählte ihm, daß ihn seine schlechte Gesundheit nach Irland zurückgeführt hätte; und der Gutsherr lieh ihm sein Boot, und Bryden ruderte um die Inseln, und auf die Ruder gelehnt, betrachtete er die alten Burgen und erinnerte sich der plündernden Horden aus vorgeschichtlicher Zeit, von denen der Gutsherr gesprochen hatte. Er kam auch zu den Steinen, an denen die Seebewohner ihre Boote vertäut hatten, und diese Zeichen aus Alt-Irland machten Bryden in seiner gegenwärtigen Stimmung Freude.

Außer dem großen See war da noch ein kleinerer See im Moor, wo die Dorfleute ihren Torf stachen. Dieser See war berühmt wegen seiner Hechte, und der Gutsherr erlaubte ihm, dort zu angeln, und eines Abends, als er einen Frosch suchte, den er als Köder an die Angel stecken wollte, traf er Margaret Dirken, die die Kühe zum Melken nach Hause trieb. Margaret war die Tochter des Hirten, und sie wohnte in einer Hütte in der Nähe des Herrenhauses; doch kam sie immer zum Dorf, wenn dort Tanz war, und Bryden hatte ihr schon beim Reel-Tanz gegenübergestanden. Bis zu diesem Abend hatte er wenig Gelegenheit gehabt, mit ihr zu sprechen, und er war froh, mit jemand sprechen zu können, denn der Abend war einsam, und sie standen beieinander und sprachen.

»Mit deiner Gesundheit scheint es besser zu sein«, sagte sie. »Du wirst uns wohl bald wieder verlassen?«

»Es eilt mir nicht.«

»Feine Leute seid ihr dort drüben in Amerika, ich habe gehört, ein Mann bekommt für den Tag vier Dollar Arbeitslohn.«

»Und wieviel«, sagte James, »muß er für sein Essen und seine Kleider ausgeben?«

Ihre Augen glänzten, und ihre Zähne waren klein, weiß und wunderbar regelmäßig; und aus ihren weichen irischen Augen

Heimweh

blickte ihn eine Frauenseele an. Bryden wurde unruhig und sah beiseite, und er gewahrte einen Frosch, der aus einem Grasbüschel hervorguckte, und sagte: »Ich habe einen Frosch für meine Angel gesucht.«

Der Frosch hüpfte nach rechts und links und wäre beinah in ein Gebüsch entkommen; aber Bryden fing ihn und kam wieder und hielt ihn in der Hand.

»Es ist gerade die richtige Sorte, die ein Hecht gern hat«, sagte er. »Was für einen dicken weißen Bauch und leuchtend gelben Rücken er hat!«

Und ohne Umstände stieß er den Draht, an dem der Haken befestigt war, durch den lebendigen Leib des Frosches und zog ihn durchs Maul und steckte den Haken in die Hinterbeine und band die Angelleine an das Ende des Drahtes.

»Ich glaube, ich muß nach meinen Kühen sehen«, sagte Margaret; »es ist Zeit, daß ich sie nach Hause bringe.«

»Willst du nicht an den See kommen und zuschauen, wie ich die Angel auswerfe?«

Sie dachte einen Augenblick nach und sagte:

»Nein, ich kann dich auch von hier aus sehen.«

Er ging an den schilfbestandenen Teich, und als er näherkam, flogen mehrere Schnepfen auf und über ihn hinweg und stießen schrille Schreie aus. Seine Angel war ein langer Haselstock, und er warf den Frosch, so weit er konnte, in den See. Dabei schreckte er ein paar Wildenten hoch; ein Enterich und zwei Weibchen stiegen auf und flogen zum größeren See hinüber. Margaret sah ihnen nach; sie flogen in einer Reihe längs einer alten Burg; und sie waren noch nicht außer Sicht, als Bryden auf sie zukam, und er und sie trieben zusammen die Kühe heim.

Sie hatten sich noch nicht sehr oft so getroffen, als sie sagte:

»James, du solltest lieber nicht so häufig herkommen.«

»Möchtest du nicht, daß ich komme?«

»Doch, ich habe es sehr gern, wenn du kommst. Aber es ist hierzulande nicht Sitte, daß man zusammen geht; und ich möchte nicht, daß über mich geredet wird.«

»Hast du Angst, der Priester könne in der Kirche etwas über uns sagen?«

»Er redet darüber, wenn man mit jemand geht; doch ist es nicht deswegen, denn wenn man nur zusammen spricht, ist es nicht so schlimm.«

»Und wenn man sich heiraten will? Dann kann es doch nicht so schlimm sein, wenn man mit jemand geht?«

»Nein, nicht so sehr; aber hier bei uns kommen die Heiraten anders zustande. Langes Werben, das gibt es eigentlich nicht.«

Und am folgenden Tag wußte es das Dorf, daß James Bryden Margaret heiraten wollte.

Sein Verlangen, die andern im Tanze auszustechen, hatte einen Wirbel von Fröhlichkeit in der Gemeinde entfacht, und eine Zeitlang wurde in jedem Hause getanzt, in dem es einen geeigneten Fußboden gab; und wenn der Kätner kein Geld hatte, ein Fäßchen Bier zu bezahlen, ließ James Bryden, der Geld hatte, ihm ein Fäßchen schicken, damit Margaret zum Tanz gehen konnte. Sie erzählte ihm, daß sie manchmal in eine andere Pfarrgemeinde hinüberzögen, wo der Priester nicht so gegen das Tanzen war, und James wunderte sich. Und am andern Morgen während der Messe wunderte er sich über die schlichte Inbrunst der Leute. Einige hielten beim Beten die Hände über den Kopf, und all das war für James Bryden sehr neu und sehr alt. Doch der Gehorsam dieser Menschen ihrem Priester gegenüber erstaunte ihn. Als er ein kleiner Junge gewesen, gehorchten sie nicht in dem Maße, oder er hatte ihren Gehorsam vergessen; und in einer Mischung aus Ärger und Staunen hörte er zu, wie der Priester seine Pfarrkinder schalt und sie mit Namen nannte und sagte, er habe gehört, daß sie bei sich zu Hause tanzten. Und schlimmer als das, sagte er, habe er auch gesehen, daß Burschen und Mädchen sich auf der Straße herumtrieben, und gesprochen würde von nichts anderem als von – Liebe. Er sagte, daß Zeitungen mit Liebesgeschichten ihren Weg in die Häuser fänden, Geschichten, die weder erhebend noch veredelnd wirkten. Die Leute hörten zu und nahmen es hin, ohne des Priesters Meinung anzuzweifeln. Es war die Unterwürfigkeit primitiver Menschen, die sich an eine Autorität in Glaubensdingen klammerten, und Bryden verglich Schwäche und Unvermögen der Leute um ihn her mit der modernen Rastlosigkeit und kalten Entschlossenheit des Volkes, bei dem er bis jetzt gelebt hatte.

Eines Abends, als sie gerade tanzten, klopfte es an die Tür, und der Pfeifer hörte auf zu spielen, und die Tanzenden flüsterten:

»Einer hat uns verraten: das ist der Priester!«

Und die erschrockenen Dörfler drängten sich ums Feuer und scheuten sich zu öffnen.

Doch der Priester sagte, wenn sie die Tür nicht aufmachten, würde er die Schulter dagegen stemmen und sie aufbrechen. Bryden ging zur Tür und sagte, er ließe sich von niemand drohen, Priester hin, Priester her, aber Margaret packte ihn am Arm und sagte, wenn er gegen den Priester spräche, würde dieser von der Kanzel herunter über sie reden, und die Nachbarn würden sie meiden. Schließlich ging Mike Scully an die Tür und ließ den Priester ein, und er kam und sagte, sie tanzten ihre Seelen in die Hölle.

»Ich habe gehört, wie ihr's treibt«, sagte er. »Das dulde ich nicht in meiner Gemeinde. Wenn ihr so etwas wollt, geht nur gleich nach Amerika.«

»Falls das auf mich gemünzt ist, Herr, so gehe ich morgen, und Margaret kann nachkommen.«

»Ich bin nicht so gegen das Tanzen wie gegen das Trinken«, sagte der Priester zu Bryden.

»Aber keiner hat unmäßig getrunken, Herr«, antwortete Bryden.

»Ihr sitzt ja die ganze Nacht auf und trinkt«, und die Augen des Priesters wanderten in die Ecke, wo die Frauen beieinander standen; und Bryden spürte, daß der Priester die Frauen für gefährlicher hielt als das Bier.

»Es ist Mitternacht vorbei«, sagte der Priester und sah auf seine Uhr.

Doch nach Brydens Uhr war es erst halb zwölf, und während sie über die Zeit diskutierten, bot Mrs. Scully dem Priester Brydens Schirm an, denn vor lauter Eile, dem Tanzen Einhalt zu gebieten, war der Priester ohne seinen Schirm fortgelaufen; und wie um Bryden zu zeigen, daß er ihm nicht übel wolle, nahm er den Schirm an, denn er dachte an die hohe Traugebühr, die Bryden ihm zahlen würde.

Kaum war der Priester aus dem Hause, da sagte Bryden: »Der Schirm wird mir morgen sehr fehlen.« Er wollte mit seinem Schwiegervater auf den Markt und lernen, wie man Vieh kauft und verkauft. Und sein Schwiegervater sagte, daß es langsam besser würde im Lande und daß ein Mann reich werden könne in Irland, wenn er ein kleines Anfangskapital habe. Bryden hatte etwas Kapital, und Margaret hatte einen Onkel am andern Ufer des Sees, der wollte ihr alles vermachen, was er besaß, nämlich fünfzig Pfund, und nie hatte ein junges Paar im Dorfe Duncannon mit so viel Aussicht auf Erfolg begonnen wie James Bryden und Margaret Dirken.

Es wurde abgemacht, daß nach Weihnachten die beste Zeit zum Heiraten sei; James Bryden sagte, daß er nicht vor dem Frühjahr sein Geld aus Amerika erhalten könne. Er schien sich über die Verzögerung zu ärgern, und er hätte anscheinend gern bald geheiratet, bis er eines Tages einen Brief aus Amerika erhielt, von einem Mann, der mit ihm in der Bar gearbeitet hatte. Dieser Freund hatte ihm geschrieben, um zu fragen, ob Bryden zurückkäme. Der Brief war nichts weiter als ein flüchtiger Wunsch, Bryden wiederzusehen. Und doch stand Bryden und starrte ihn an, so daß alle sich wunderten, was wohl in dem Brief stünde. Es schien etwas Wichtiges zu sein, und sie konnten ihm fast nicht glauben, als er sagte, der Brief sei von einem Freunde, der wissen wolle, wie es mit seiner Gesundheit bestellt sei. Er bemühte sich, den Brief zu vergessen, und sah auf das müde Land, das von Mauern lockerer Steine unterteilt war, und eine große Sehnsucht überfiel ihn.

Der Geruch der Bowery-Spelunke war über den Atlantik gekommen und hatte ihn hier im Westen auf dieser Landzunge erwischt; und eines Nachts erwachte er von einem Traum. Er hatte seinen Freund in der weißen Kellnerjacke gesehen, wie er ein Glas nach dem andern füllte, mitten im Stimmengewirr fremdartiger Dialekte; er hatte den Klang des Geldes gehört, wie es in die Schublade gewischt wurde, und er verging fast vor Sehnsucht nach der Bar. Aber wie sollte er Margaret Dirken sagen, daß er sie nicht heiraten könne? Sie hatte ihr Leben auf diese Ehe eingestellt. Er konnte ihr nicht sagen, daß er sie nicht heiraten wollte, und doch mußte er fort. Es war ihm zumute, als würde er verfolgt. Der Gedanke, daß er Margaret nicht heiraten könne, verfolgte ihn tagein, tagaus, wie ein Wiesel, das ein Kaninchen jagt. Wieder und wieder ging er zu ihr, um ihr zu sagen, daß er sie nicht liebe, daß sie nicht füreinander geschaffen seien und daß alles ein Irrtum gewesen sei. Margaret jedoch, als ahne sie, worüber er sprechen wolle, warf beide Arme um seinen Hals und bat ihn, ihr zu sagen, daß er sie liebe und daß sie auf der Stelle heiraten würden. Er gab zu, daß er sie liebe und daß sie auf der Stelle heiraten würden. Aber wenige Minuten, nachdem er gegangen, überfiel ihn wieder das Gefühl, er könne sie nicht heiraten und er müsse weg. Der Geruch der Bar verfolgte ihn. Wollte er wegen des Geldes zurück, das er dort verdienen konnte? Nein, es war nicht wegen des Geldes. Weshalb dann? Seine Blicke fielen auf das öde Land und auf die schmalen Felder, die durch öde Mauern unterteilt waren; die tragische Unwissenheit der Leute fiel ihm ein, und das war es, was er nicht ertragen konnte. Es war der Priester, der daherkam und ihnen das Tanzen verbot. Ja, es war der Priester. Wie er so dastand und auf die Berglinie blickte, schien die Bar ganz nahe. Er hörte, wie die Leute politisierten, und wieder ging ihm ihre Erregung ins Blut. Er mußte fort von diesem Ort hier – er mußte wieder zurück in die Bar. Er sah auf und gewahrte den kärglichen Obstgarten, und er haßte die armselige Landstraße, die ins Dorf führte, und er haßte den kleinen Hügel, auf dessen Anhöhe das Dorf begann, und vor allem haßte er das Haus, in dem er mit Margaret Dirken leben sollte – wenn er sie heiratete. Er konnte es von der Stelle aus sehen, wo er stand: dicht am See, mit zwanzig Äckern Weideland, denn der Gutsherr hatte ihnen einen Teil des zum Gut gehörenden Landes überlassen.

Er erblickte Margaret, und er rief ihr zu, über den Zauntritt zu kommen.

»Ich habe gerade einen Brief aus Amerika erhalten.«

»Wegen des Geldes?« sagte sie.

»Ja, wegen des Geldes. Aber ich muß selbst nach drüben.«

Er stand und sah sie an und suchte nach Worten, und aus seiner Verlegenheit erriet sie, daß er ihr sagen wollte, er müsse nach Amerika, bevor sie verheiratet seien.

»Meinst du, James, daß du sofort gehen mußt?«

»Ja«, sagte er, »sofort. Aber ich komme rechtzeitig zurück. Es bedeutet nur, daß wir die Hochzeit etwa einen Monat verschieben müssen.«

Plaudernd gingen sie ein wenig weiter, und bei jedem Schritt, den James machte, fühlte er sich der Bowery um einen Schritt näher. Und als sie am Tor standen, sagte Bryden:

»Ich muß mich beeilen, oder ich verpasse den Zug.«

»Aber«, sagte sie, »du gehst doch nicht jetzt – du gehst doch nicht heute?«

»Ja, heute. Es sind sieben Meilen Wegs. Ich muß mich beeilen, damit ich den Zug nicht verpasse.«

Und dann fragte sie ihn, ob er überhaupt wiederkommen würde.

»Ja«, sagte er, »ich komme wieder.«

»Wenn du wiederkommst, James, warum läßt du mich dann nicht mit dir gehen?«

»Du kannst nicht so schnell laufen. Wir könnten den Zug verpassen.«

»Einen Augenblick, James! Quäle mich nicht; sage mir die Wahrheit! Du kommst nicht zurück; deine Sachen – wo soll ich die hinschicken?«

Er hastete fort und hoffte, daß er wiederkommen würde. Er versuchte sich einzubilden, daß er das Land liebe, welches er jetzt verließ; daß es besser sei, ein Bauernhaus zu besitzen und dort mit Margaret Dirken zu wohnen, anstatt hinter der Theke in der Bowery Getränke auszuschenken. Er glaubte nicht, es sei gelogen, als er sagte, er käme wieder. Ihr Anerbieten, seine Sachen nachzuschicken, griff ihm ans Herz, und am Ende der Straße blieb er stehen und fragte sich, ob er zu ihr zurückkehren solle. Wenn er noch eine Minute wartete, würde er den Zug verpassen, und er lief weiter. Und er hätte den Zug auch verpaßt, wenn nicht ein Wagen gekommen wäre. Sowie er auf dem Wagen saß, fühlte er sich sicher – das Land lag schon hinter ihm. Der Zug und der Dampfer in Cork waren eine reine Formsache; er war bereits in Amerika.

Im Augenblick, da er drüben an Land ging, durchschauerte ihn ein Gefühl, zu Hause zu sein, das er in seinem Heimatdorf nie empfunden hatte, und er wunderte sich, woher es kam, daß ihm der Geruch der Bar natürlicher schien als der Geruch der Felder, und das Gesumm der Menge willkommener als das Schweigen am Rande eines Sees. Er stieß ein Dankgebet aus, weil er entkommen war, und begann Unterhandlungen, um die Bar zu erwerben.

Er nahm sich eine Frau, sie schenkte ihm Söhne und Töchter, die Bar blühte auf, Wohlstand kam und ging; er wurde alt, seine Frau starb, er zog sich vom Geschäft zurück und erreichte das Alter, wo der Mensch fühlt, daß er nicht mehr viele Jahre vor sich hat und daß alles, was er im Leben hätte tun müssen, getan war. Seine Kinder heirateten; Einsamkeit schlich heran, wenn er abends in das Licht der Flammen blickte; unbestimmte, zarte

Träume schwebten näher, und Margarets Name und ihre weichen Augen machten die Dämmerung lebendig. Seine Frau und seine Kinder schwanden aus seinem Denken, und es schien ihm, als sei sein einziger wirklicher Besitz eine Erinnerung, und der Wunsch, Margaret wiederzusehen, wuchs und wuchs. Doch sie war eine alte Frau, sie hatte geheiratet, vielleicht war sie tot. Ja, er wollte gern begraben sein in dem Dorf, wo er geboren war.

Es ist ein unwandelbares, verschwiegenes Leben in jedem von uns, um das keiner weiß als wir selbst, und sein unwandelbar verschwiegenes Leben war seine Erinnerung an Margaret Dirken. Die Bar war vergessen wie alles, was mit ihr zusammenhing; und die Dinge, die am klarsten vor ihm standen, waren die grünen Hügelhänge und der Moorsee mit dem Schilf, und der größere See in der Ferne, und dahinter die blaue Linie der wandernden Berge.

(Deutsch von Elisabeth Schnack)

Sean O'Casey
Der Torero

Der Tag war sehr heiß gewesen, aber eine köstliche Kühle war mit der Abendluft gekommen, als Stephen Benson, nachdem die Tagesarbeit für diesmal fertig und erledigt war, im ›Black Bull‹ saß und seinen Liter Bier schlürfte. Stephen war ein kleiner, schmächtiger Mann, mit einem großen Schnurrbart, der über seiner Oberlippe wuchs – nein sich ergoß, und an beiden Seiten seines Kinns herabtröpfelte. Er war bis zum Hinterkopf hin kahl, von dort ab begann das Haar wieder mühsam zu wachsen und wurde nach unten, am Nacken etwas dicker. Seine Arme waren dünn und sehnig, und seine Hände waren so breit wie das größte Blatt des Kastanienbaums. Trübsinnig schaute er aus dem Fenster der Kneipe, starrte leer auf die vorbeigehenden Gestalten und überlegte, wie er sich nur die nächsten Tage etwas erträglicher machen könnte; denn erst die Hälfte der Woche, zwischen Wochenbeginn und dem Glückstag, dem Zahltag, war vergangen.

»Bah«, sagte er, »das Leben steht mir bis hier, ich hab von allem genug, ich hab die Nase voll«, und er wischte mit den Fingern den Bierschaum weg, der wie gelbbrauner Tau an seinem zottigen Schnurrbart hing. »Den ganzen Tag auf dem Wagen sitzen, versuchen, ein sterbendes Pferd ein bißchen länger am Sterben zu hindern, damit es den Wagen hinter sich zieht, das ist nicht das Leben, wofür man einen Orden kriegt. Jaja, so ist es – ich hab die Nase voll, von allem.«

Neidisch blickte er hinüber zum Barmann, der die schmutzigen Gläser wusch.

»Der hat 'n guten Arbeitsplatz«, dachte Stephen, »der is nie weit weg von dem, was das Leben ein bißchen zum Funkeln bringt.«

Er beobachtete, daß der Barmann jetzt den Kopf hochreckte, um über den Vorhang rüberzuschauen, der das Fenster zur Hälfte bedeckte.

»Irgendwas los?« fragte er.

»Ne Menge Leute rennen da die Straße vor«, sagte der Barmann.

»Brauchst bloß 'n klein'n Finger hochzuheben«, sagte Stephen, »un schon laufen die Leute zusammen. Alle suchen sie was Aufregendes, und nie erwischen sie was«; er nahm einen großen Schluck von dem Bier, das noch im Glas war.

»Vor zehn Jahren hatte ich mal 'ne Chance, und ich hab se verpaßt.«

»So?« fragte der Barmann; er bemühte sich so auszusehen, als sei er an allem, was Stephen sagte, interessiert: »Vor zehn Jahren?«

»Argentinien«, murmelte Stephen, »hat mich 'n Freund gedrängelt, ich soll hin mit ihm, als Cowboy. Tolles Leben, aufregend, über die Pampas galoppieren, und die Wege entlang traben, die wir durch die Kardonendornen geschlagen hatten, und die Bullen und Jungstiere zusammentreiben.«

»Gefährliches Vergnügen«, murmelte der Barmann.

»Is nich gefährlicher, Bullen zusammentreiben, als Hühner ins Hühnerhaus«, sagte Stephen, »vorausgesetzt, du hast den richtigen Mumm, denn die Bullen haben von Natur aus Angst vor Menschen. Wir nennen sie Stiere, nicht Rinder, in Argentinien, und wenn du ruhige Nerven hast, kannst du sogar einen nervösen Bullen mit den Augen fixieren, und du gehst langsam und fest auf ihn zu, und er wird Angst kriegen, und wenn du dicht an ihm dran bist, dann wird er ganz weich un dann geht er fast in die Knie vor dir.«

»Mir wär's lieber, du machst es, und nicht ich«, sagte der Barmann.

»Und dann«, fuhr Stephen fort, »brauchst du bloß ein Seil um seine Hörner zu schnüren und ihn heimführen. Aber wenn, laß dir bloß das geringste Anzeichen von Angst in die Augen kriechen – und wär's auch nur für 'ne Sekunde – schon kriegt er dich unter.«

»Muß schon 'ne komische Kraft sein, in den Augen von 'nem Mann«, murmelte der Barmann.

»Nein«, antwortete Stephen, »es ist Schwäche in den Augen des Bullen. Sie sind größer als unsere, und ein Bulle sieht den Mann zehn oder zwanzig mal größer als er wirklich ist, so daß ein Mann für einen Bullen wie eine Art von Gott aussieht; das ist eben, wie die Augen von 'nem Tier gebaut sind. Ich hab's oft an Bullen ausprobiert, als ich da unten in dem Land war, und es hat immer funktioniert.«

»Andere Länder, andere Sitten«, sagte der Barmann.

»Ach«, sagte Stephen und füllte seine Pfeife, »die Arbeit, Aufregung oder was so los ist – hier bei uns ist das alles so winzig. Da draußen ist alles im großen Maßstab. Schmetterlinge gibt's da, rote, schwarze, grüne, blaue, und orangene, manche gestreift und gepunktet, Millionen Schmetterlinge, drei Meter Spannweite, und Fühler so groß wie Besenstiele mit Knöpfen vorne dran.«

»Ich bin gern im Urlaub, aber da draußen würde ich nicht gern leben«, sagte der Barmann.

»Gewöhnste dich dran«, antwortete Stephen. »Es kommt durch die Hitze. Durch die tropische Hitze wächst alles schnell und wild. Die Blüten von Blumen sind da drüben größer als die Luftpfeifen von Ozeandampfern – 'ne ganze Familie könnte in so einer bequem kampieren.«

»Wie kommen denn die Bienen zurecht?« fragte der Barmann.

Stephen betrachtete ihn verächtlich. »In Argentinien gibt's keine Bienen«, sagte er, lehnte sich in seinen Sitz und rauchte gedankenvoll.

Plötzlich öffnete sich die Schwingtür der Kneipe und zwei Männer in Manchesterhosen traten ein. Ihre Gesichter wurden hell, als sie Stephen erblickten, und sie gingen gleich zu ihm hin. »Nach dir haben wir gesucht, Stephen, mein Junge«, sagte einer der Männer, »und schließlich haben wir uns gedacht, daß wir dich hier finden.«

»Jawohl«, sagte der zweite, »du kannst dir ein Pfund verdienen, Stephen, und so leicht wie Händeküssen.«

»Sofort, als wir gesehen haben, was passierte, sind wir los, um nach dir zu suchen«, sagte der erste Mann.

Stephen grübelte nach, warum sie ihn wohl so eifrig finden wollten. Immer, wenn er gesucht wurde, fiel ihm ein, war es, um ihm was Unangenehmes zu erzählen, und sogleich war es ihm unwohl zu Mute.

»Ach was«, murmelte er, »sollen sie mich doch suchen, sollen sie warten – ich habe hier meine Ruhe nach einem harten Tag voll Arbeit.«

Die beiden Männer traten nahe an ihn heran, jeder griff nach seinem Arm, und sie versuchten, Stephen von seinem Sitz hochzuhieven; doch Stephen saß fest.

»Trink dein Bier aus und komm schnell mit«, sagte einer von ihnen.

»Wohin soll ich mitkommen, Mann«, fragte Stephen.

»Denk doch nur, was wir uns, mit einem Pfund, für einen wundervollen Abend machen können, wir drei«, sagte der andere, »die Chance, auf die du seit Jahren wartest, ist endlich da.«

»Was für'ne Chance, Mann«, fragte Stephen.

»So'n Ding gibt's nur alle hundert Jahre einmal«, sagte der zweite Mann, »komm nur mit.«

»Was für'n Ding? Was für'n Ding?« rief Stephen.

Der erste Mann sah grüblerisch in Stephens Augen und murmelte, »du hast doch keine Angst, es zu riskieren?«

Was fragt er mich, ob ich Angst haben würde, dachte Stephen. Irgendwo mußte da was Gefährliches herumspuken, sonst würde er mich das nicht fragen – also Vorsicht, Stephen, Vorsicht, mein Junge.

»Tausende werden zugucken, und Tausende werden jubeln, wenn du ihn hypnotisierst«, sagte der erste Mann.

»Bis der ruhige Blick deiner Augen das Tier zwingt, vor dir auf die Knie zu gehen«, sagte der erste Mann.

Stephen machte sich mit einem Ruck von der vorwärtsziehenden Fessel ihrer beiden Hände frei.

»Wofür haltet ihr mich – für'n Hypnotiseur? Was für'n Tier?«

Der erste Mann beugte sich vor und blickte voller Bewunderung in Stephens Gesicht.

»Der Bulle«, sagte er, »der Bulle ist ausgebrochen, und jetzt brüllt er und rennt wild herum, auf der Straße da draußen.«

»Ein Bulle«, stammelte Stephen, »brüllt und rennt wie wild rum auf der Straße da draußen?«

An der Türe zu der Kneipe sammelte sich allmählich eine Menschenmenge an und fing an Bemerkungen zu machen.

»Wir haben ihn gefunden«, sagte der erste Mann, zu der Gruppe hin, »und er kommt jetzt in einer Sekunde mit.«

»Sieh zu, daß er schnell macht«, sagte einer aus der Menge, »denn der Bulle wird jetzt ein bißchen unruhig, und er könnte jemand verletzen, wenn man ihn nicht einfängt.«

»Die Polizei«, sagte der andere Mann, »hält die Menschen in Schach, so daß Stephen genug Platz zum arbeiten hat.«

Stephen wurde schwach zumute. Er hatte den Mund zu weit

aufgerissen, hatte im ganzen Bezirk herumgetönt, wie gut und erfolgreich er mit Bullen umgehen konnte. Viele Male, in Wohn- und Wirtshauszimmern hatte er gezeigt, wie man sowas machte. In welchem irren Augenblick hatte er es sich in den Kopf gesetzt, sich mit Bullen einzulassen? Und Argentinien? Was zum Teufel wußte er über Argentinien, oder was interessierte es ihn überhaupt? Er würde es nicht mal ohne weiteres auf einer Landkarte finden, obgleich er noch vor ein paar Sekunden darüber geredet hatte. Und jetzt zerrte man ihn hinaus, damit er mit einem Bullen fertig würde! Zurück konnte er auch nicht mehr, ohne sich bei allen, die ihn kannten – und bei Tausenden, die ihn nicht kannten – lächerlich zu machen. Er fühlte sein Herz rascher schlagen. Er wollte so weit es möglich war langsam gehen, so daß der Bulle vielleicht schon eingefangen war, wenn er dort eintraf.

»Was für eine Art von Bulle is es denn?« fragte er, als sie ihn zur Tür hin schoben.

»Oh«, antwortete einer aus der Menge, »viel Arbeit wirst du damit nicht haben; er ist noch ein junges Tier, und weiß.«

»Ein junges Tier, und weiß«, wiederholte Stephen, und warf einen rachsüchtigen Blick auf den, der geredet hatte. »Da sieht man, daß du aber rein gar nichts drüber weißt. Bloß ein junges Tier, und weiß – dabei sind grade die jungen Bullen die gefährlichsten, vor allem wenn sie weiß sind.«

Stephen fühlte sich blitzschnell die Straße vorangezogen. Plötzlich hörten sie ein tiefes, anhaltendes Brüllen des Bullen.

»He, stoßt mich doch nicht so«, schimpfte Stephen. »Anscheinend ist keinem von euch klar, daß ich vielleicht in den Tod gehe. Nichts einfacher für einen jungen Stier, wenn er weiß ist, als einem Mann das Horn durchzurennen.«

Die beiden Freunde, die Stephen geholt hatten, schritten ihm zur Seite, der eine links, der andere rechts, und ihre Haltung zeigte ihren Stolz und ihre Wichtigkeit.

Verdammt leicht für sie, sich großartig zu fühlen, dachte Stephen, auf Kosten eines armen Nächsten. Er konnte das eifrige, freudige Geschnatter der Menge hinter ihm hören.

»Stephen wird's schon machen, in einem Augenblick hat der den Bullen ganz lässig mit einem Seil gefesselt«, sagte einer.

»Ich hab schon selber gesehen«, sagte ein anderer, »wie ein Bulle, der größer war als dieser, und vor dem sich eine ganze

Farm hinter verschlossenen Türen verschanzte, wie der von Stephen durch eine Fingerbewegung, durch einen Blick aus seinen Augen niedergezwungen wurde.« »Ein Glück, daß wir an Stephen gedacht haben«, sagte eine Frau. »Und noch mehr Glück, daß wir ihn gefunden haben«, sagte eine andere.

»Eine Bande von Kannibalen, das sind sie«, murmelte Stephen, »eine Bande von Kannibalen.«

»So, hier sind wir«, sagte einer der Männer, die Stephen führten, mit einem heiteren, vertrauensvollen Ton in der Stimme: »So, hier sind wir«, als sie in eine große Menschenmenge gerieten, die sich am Straßenende angesammelt hatte, und sich durchkämpften. »Platz da, macht Platz, Platz da bitte.«

Stephen wurde nach vorne geschoben, und jemand drückte ihm ein gerolltes Stück Tau in die Hand. Er blickte um sich, und sah, durch einen Dunst, daß er sich in einer langen Straße befand, deren beide Seiten von den düsteren Umrissen riesiger steinerner Lagerhäuser überragt wurden, deren Mauern in regelmäßigen Abständen durch schwere hölzerne Tore durchbrochen war, die jetzt alle geschlossen waren. Vor einem dieser Tore bemerkte er einen niedrigen Wagen, von dem man das Pferd ausgespannt hatte; da stand er herum, nutzlos, und die langen schweren Deichseln ruhten auf den Pflastersteinen der Straße. In der Ferne sah er eine Menschenmenge, die sich am anderen Ende der Straße angesammelt hatte, und sah, daß die Leute sich nahe an den Ecken hielten, so daß sie nach verschiedenen Richtungen fortstürzen konnten, falls der Bulle ihnen zu nahe käme. Die ganze Welt wie eine Arena, dachte er; die Lagerhäuser, die Kneipen; die massigen Eingänge, die Tore, durch die man wilde Tiere einläßt und herausläßt; das Pflaster war der Platz, wo die Schlachten geschlagen wurden; an beiden Enden die Menschenhaufen, das Publikum, das zuschaute, lachte, jubelte oder die Daumen nach unten drehte. Seine Augen schwammen, seine Ohren summten, sein Magen fühlte sich ungut, seine Beine fühlten sich an wie schwere Säulen aus Stahl, und sein Herz hüpfte so wild, daß er schon meinte, er sähe seine Brust vorne anschwellen, einschrumpfen, und wieder anschwellen. Er empfand ein schreckliches Verlangen zu schreien, kehrt zu machen und wegzufliegen, zu schreien, zu schreien, umzukehren und fortzufliegen – Gott weiß wohin.

»Du solltest jetzt lieber anfangen, Mann«, sagte ein Polizist mit schwerem, dickem Kopf zu Stephen, »wenn du es geschafft haben willst, bevor die Sterne rauskommen.«

»Paß bloß auf, daß niemand hustet oder lacht und klatscht, damit das Tier sich nicht erschreckt«, sagte Stephen, während er sich vorwärts bewegte.

Er wünschte, daß das Tau, das er in der Hand hielt, ein Rosenkranz wäre; aber das war es nicht, und es wurde jetzt so schwer wie eine Schiffstrosse. Er plinkerte mit den Augen, um den leichten Schleier loszuwerden, der auf ihnen lag, und lugte nach vorn. Dann sah er den Bullen. Es war ein junger, gelenkiger, gelblich-weißer Bursche, mit langen gebogenen Hörnern mit schwarzen Enden; einem kräftigen, muskulösen Hals, stark genug, um einen Menschen über das Lagerhaus zu schleudern; schlanke, zuckende Flanken, die sich im Schein der untergehenden Sonne zu Bronze verwandelten. Da stand er nun und blickte starr auf das Gedränge am anderen Ende der Straße, peitschte seinen Rücken mit seinem zuckenden Schwanz – jetzt nach links, dann nach rechts. Als Stephen weiterging, verlangsamte sich sein Gang. Plötzlich, mit einem kräftigeren und bösartigen Schlenker seines Schwanzes, wandte sich der Stier um und blickte auf Stephen. Stephen stand ruhig. Er fühlte, wie er zu einem kleinen, winzigen Menschen zusammenschmolz, während der Kopf des Bullen immer größer wurde, bis seine Augen wie riesige Novembersonnen waren, und seine Hörner sich wie die Zweige einer Eiche vor dem Himmel erstreckten. Dann hörte Stephen ein Geräusch wie Donner und wußte, daß der Bulle gebrüllt hatte. Er ließ das Tau aus seinen Händen fallen, machte auf dem Absatz kehrt und floh. Seine Beine, die bleischwer gewesen waren, bewegten sich nun wie Schwalbenflügel. Er wollte sich kopfüber in die Menschenmenge am Ende der Straße stürzen, sich tief zwischen den Menschen eingraben, eine Wand von Leibern zwischen sich und dem angreifenden Bullen stellen. Dann hörte er das Klop klop klop klopf, Klo klo klo Klopf der Hufe des Stiers auf den Pflastersteinen, während das Tier ihm nachlief. Er warf einen Blick nach vorn und sah, daß der Haufen sich zerstreut und in verschiedene Richtungen die Flucht ergriffen hatte. Eine Welle von Haß stieg in seine Seele, als er die Stimme erhob und brüllte: »Bleibt doch stehen! Hallo! Bleibt stehen!« Aber sie achteten nicht auf ihn und rannten um ihr Leben. Dreckige Feiglinge, diese Menschen, dachte Stephen,

Der Torero

während er weiterstürmte; verdammte Feiglinge alle – sie würden nicht mal einen Nadelstich in Kauf nehmen, um ein Menschenleben zu retten. Das ist der Dank dafür, daß man ihnen ein Beispiel dafür gegeben hat, wie ein Mann sein muß.

Immer näher kam das Klop klop klop Klopf, Klo klo klo Klopf der Hufe des Bullen auf den Pflastersteinen, und Stephen spürte den heißen, ätzenden Atem aus den Nasenlöchern des Bullen in seinem Nacken.

Sein Blick fiel auf den Wagen ohne Pferd, der ein paar Meter entfernt müßig an einer Lagerhaustür stand. Er rannte auf den Wagen los, indem er einen Haken schlug, während der Bulle an ihm vorbeistürmte. Er hörte, wie die Hufe des Bullen auf den Pflastersteinen scharrten, als das Tier sein Tempo bremste, um umzukehren und erneut auf ihn loszugehen. Als jedoch der Bulle sich beinahe auf ihn gestürzt hatte, ging er unter dem Wagen in Deckung, schlidderte auf dem Pflaster zu dem Ende, wo er am weitesten von dem Bullen weg war, wobei er sich die Hosen und Knie aufriß. Der Bulle steckte den Kopf unter den Wagen, starrte ihn haßerfüllt an und brüllte. Stephen kroch an der anderen Seite heraus, aber der Bulle trabte im Bogen zu ihm hin, so daß er wieder unter den Wagen kriechen mußte. Er schaute unter dem Wagen heraus und sah, daß die Leute sich wieder an der alten Stelle sammelten, um zuzugucken. Erst hatten sie sehen wollen, was er mit dem Bullen anfing, jetzt wollten sie sehen, was der Bulle mit ihm anfing. Im Augenblick, als er unter den Wagen kroch, steckte der Bulle ebenfalls seinen Kopf darunter, und versuchte, ihn mit seinen Hörnern zu erreichen, so daß Stephen auf den Knien schnell zum anderen Ende des Wagens krabbeln mußte. Der Bulle begab sich wieder ans andere Ende, und wieder mußte Stephen auf seinen Knien eilig zum anderen Ende des Wagens kriechen. Keiner in der Menge rührte sich irgendwie, um ihm zu helfen. Stephen war allmählich erschöpft; lange konnte er das Fangspiel nicht weiter betreiben. Er krabbelte geschwind zum anderen Wagenende und schrie hinüber zu dem Menschenhaufen: »Um Gottes willen, liebe Christenmenschen, tut doch was, um ihn hier wegzujagen, bevor er mich aufschlitzt und mich in Streifen auf dem Weg liegen läßt!« Er hatte kaum den Satz beendet, da war der Bulle schon wieder da und stocherte nach ihm, und er war genötigt, schnell wieder zum anderen Wagenende zu kriechen. Dann spitzte er erstaunt seine

Ohren, denn er hörte ein Geräusch von Gelächter; die Menge lachte und amüsierte sich über seine schreckliche Prüfung. Sie fingen sogar an, ironische Bemerkungen über die Situation zu machen. Stephen hörte sie, während er von einer Seite des Wagens zur anderen, und von einem Ende zum anderen schlidderte.

»Der entkommt dir noch, wenn du nicht aufpaßt, Stephen.«

»Misch dich nicht ein – Stephen hat seine eigene Art, um Bullen zu zähmen.«

»Er betreibt diese Rumkriecherei bloß, um das Tier müde zu hetzen.«

»Hoffentlich wird er nicht wegen Tierquälerei verklagt.«

»Er sollte das Tier nicht so ärgern, er ist hier schließlich nicht in Argentinien.«

Der Bulle ließ seinen Kopf vorschnellen, spießte seine Hörner zwischen die Speichen eines Rades, hob ein Ende des Wagens gut einen Meter hoch und ließ es wieder fallen – mit einer Wucht, daß Stephens Schädel beinahe zersprang. Er hatte das Gefühl, nun sei es aus mit ihm. Aber es durfte nicht sein, daß er ins Unbekannte hinüberglitt, die Ohren voll von der Heiterkeit einer feigen, vergnügungssüchtigen Menge. Er unternahm eine letzte Anstrengung, sie fühlen zu lassen, was für eine ernste Sache das Leben war: Auf dem Bauch liegend, krümmte er seine Hände um den Mund, so daß sie ein plumpes Megaphon ergaben, und schrie zu den Leuten hinüber: »Brüder, um Gottes willen, macht, daß die Polizei was unternimmt, oder holt die Feuerwehr!« Dann legte er sich, mit zerrissenen und schmutzigen Kleidern, aufgerissenen Knien und Händen und schweißnaß, flach auf den Boden und erwartete den Bullen. Er hörte das Klappern des Wagens, als der Bulle ihn wütend herumzerrte, wobei seine Hörner sich in den Speichen verfangen hatten. Er hörte das Geräusch von Füßen und das Gemurmel vieler Stimmen. Er betete, wenn der Bulle käme, um einen schnellen und schmerzlosen Tod. O Mutter Gottes: schon spürte er, wie die Hörner an seiner Jacke herumstocherten. Noch ein paar Sekunden, und die Hörner würden sich in sein Inneres bohren! Er wurde grob umgedreht und auf den Rücken gelegt, er wurde gezogen und gestoßen – der Bulle wollte wohl mit seinem Schrecken spielen, bevor er ihm den letzten Stoß versetzte. Er hörte Gelächter und eine laute Stimme, die zu ihm sagte, er solle

Der Torero

jetzt Vernunft annehmen und aufstehen. Er schlug die Augen auf und sah einen vierschrötigen Polizisten, der sich über ihn beugte.

»Wo ist er«, murmelte Stephen. »Ist er fort; ist er entsprechend gesichert?«

»Auf, Mann«, antwortete der Polizist, »jetzt kommen Sie mal zu sich, diese Menschenmenge hier um Sie rum, die hält ja den ganzen Verkehr auf. Wenn Sie den Bullen meinen – der ist schon lange weg; den haben sie verschnürt, wie 'ne Fliege im Spinnennetz. Ihre Vorführung von Kühe-Boxen genügt uns vollständig, also los, kommen Sie zu sich und gehn nach Hause – Sie, und Ihr Herumstolzieren und Lassowerfen.«

Unter Schmerzen stellte Stephen sich auf die Beine, sehr niedergeschlagen und kleinmütig. Mit gesenktem Kopf bahnte er sich einen Weg durch die Menge, die um ihn herum ironische Lobesworte murmelte.

»Ich geh fort aus dieser Gegend«, brummte Stephen, während er forteilte, »noch vor dem Wochenende; das sind keine Christen hier. Die würden nie aufhören zu spötteln, wenn ich bei ihnen bliebe – eine ignorante Heidenbrut sind sie.«

Es war ein drückend heißer Abend, als Stephen in einer Kneipe am anderen Ende der Stadt saß und genüßlich einen Krug schaumigen Bieres trank.

»Die Gegend hab ich verlassen«, sagte er zu dem Barmann, »weil die keine Christen waren. Wilde mit Kleidern an – weiter sind die nichts.«

»Heute muß der heißeste Abend des Jahres sein«, murmelte der schwitzende Barmann.

»Gegen die Hitze in Argentinien ist das nix«, antwortete Stephen.

»Sin Sie mal dort gewesen?« sagte der Barmann.

»Man gewöhnt sich schnell dran«, sagte Stephen nachlässig. »Natürlich, man muß da höllisch aufpassen. Ich habe manchen guten Mann aufgespießt gesehen, weil er nicht aufpaßte.«

»Große Bullen gibt's da drüben, nicht?« fragte der Barmann.

»So groß wie Büffel«, sagte Stephen. »Da ist alles im Riesenmaßstab, da drüben. Die Blüten von Blumen sind so groß wie die Luftpfeifen von 'nem Ozeandampfer – 'ne ganze Familie könnte da bequem drin wohnen.«

»Wie kommen denn die Bienen zurecht?« fragte der Barmann.

Stephen leerte seine Pfeife, indem er ihren Kopf gegen seine Schuhsohle klopfte, und warf einen verächtlichen Blick auf den Barmann.

»In Argentinien gibt's keine Bienen«, sagte er.

(Deutsch von W. E. Richartz)

James Joyce
Eine kleine Wolke

Acht Jahre zuvor hatte er seinen Freund am North Wall verabschiedet und ihm glückliche Reise gewünscht. Gallaher war vorangekommen. Man merkte es sofort an seiner weltläufigen Miene, seinem gutgeschnittenen Tweedanzug und seiner unerschrockenen Aussprache. Wenige Burschen hatten Talente wie er, und noch wenigere wurden von einem solchen Erfolg nicht verdorben. Gallaher hatte das Herz am rechten Fleck, und er hatte seinen Triumph verdient. Es war schon etwas, einen solchen Freund zu haben.

Little Chandler hatte sich seit dem Mittagessen in Gedanken mit dem Wiedersehen mit Gallaher beschäftigt, mit Gallahers Einladung und mit der großen Stadt London, wo Gallaher lebte. Er wurde Little Chandler genannt, weil er klein wirkte, obwohl er nur wenig kleiner war als der Durchschnitt. Seine Hände waren weiß und klein, sein Leib zerbrechlich, seine Stimme ruhig und seine Manieren kultiviert. Sein helles seidiges Haar und seinen Schnurrbart pflegte er aufs sorgfältigste, und sein Taschentuch war dezent parfümiert. Die Halbmonde seiner Fingernägel waren makellos, und wenn er lächelte, erblickte man eine Reihe kindlich weißer Zähne.

Während er an seinem Pult in den King's Inns saß, dachte er an die Veränderungen, die diese acht Jahre mit sich gebracht hatten. Aus dem Freund, den er in einem schäbigen und ärmlichen Zustand gekannt hatte, war eine glänzende Figur der Londoner Presse geworden. Er sah oft von seiner ermüdenden Schreibarbeit auf, um aus dem Bürofenster zu blicken. Die Glut eines Spätherbstsonnenuntergangs bedeckte die Rasenflächen und Wege. Sie sprühte freundlichen Goldstaub auf die verschlampten Kindermädchen und hinfälligen Greise, die auf den Bänken dösten; sie flimmerte auf all den sich bewegenden Figuren – auf den Kindern, die kreischend die Kiespfade entlangrannten, und auf allen, die durch den Park gingen. Er beobachtete die Szene und dachte an das Leben; und er wurde (wie immer, wenn er an das Leben dachte) traurig. Eine sanfte Melancholie ergriff Besitz von ihm. Er spürte, wie zwecklos es war, gegen das Geschick anzukämpfen – darin bestand die Last der Weisheit, die die Jahrhunderte ihm vermacht hatten.

Ihm fielen die Gedichtbände auf seinen Bücherborden zu Hause ein. Er hatte sie in seinen Junggesellentagen gekauft, und manch einen Abend, wenn er in dem kleinen Zimmer neben dem Flur saß, war er versucht gewesen, einen vom Bord zu nehmen und seiner Frau etwas vorzulesen. Doch immer hatte ihn Schüchternheit abgehalten; und so waren die Bücher auf ihren Borden geblieben. Manchmal wiederholte er sich einzelne Verse, und das tröstete ihn.

Als seine Stunde geschlagen hatte, stand er auf und verabschiedete sich gewissenhaft von seinem Pult und den Kollegen. Er tauchte unter dem feudalen Bogen der King's Inns auf, eine ordentliche bescheidene Figur, und ging rasch die Henrietta Street hinunter. Der goldene Sonnenuntergang war im Schwinden, und die Luft war kühl geworden. Eine Horde schmieriger Kinder bevölkerte die Straße. Sie standen oder rannten auf dem Fahrdamm oder krochen die Stufen vor den gähnenden Haustüren hinauf oder hockten wie Mäuse auf den Schwellen. Little Chandler wendete keinen Gedanken an sie. Geschickt suchte er sich den Weg durch all dieses winzige ungezieferhafte Leben im Schatten der hageren geisterhaften Patrizierhäuser, in denen einst der alte Adel Dublins bramarbasiert hatte. Keine Erinnerung an die Vergangenheit berührte ihn, denn sein Sinn war voll einer gegenwärtigen Freude.

Er war noch nie bei Corless gewesen, aber er wußte, was der Name galt. Er wußte, daß die Leute dort nach dem Theater hingingen, um Austern zu essen und Likör zu trinken; und er hatte gehört, daß die Kellner dort Französisch und Deutsch sprachen. Wenn er abends schnell vorbeigegangen war, hatte er Droschken vor der Tür halten und reichgekleidete, von Kavalieren begleitete Damen aussteigen und rasch eintreten sehen. Sie trugen rauschende Kleider und viele Umhänge. Ihre Gesichter waren gepudert, und wie erschreckte Atalantas rafften sie ihre Kleider hoch, wenn diese den Boden berührten. Er war immer vorbeigegangen, ohne den Kopf zu wenden. Selbst bei Tag war er gewohnt, auf der Straße schnell zu gehen, und immer, wenn er sich spät abends in der Stadt befand, eilte er furchtsam und aufgeregt seines Wegs. Zuweilen jedoch forderte er die Ursachen seiner Angst heraus. Er suchte dann die dunkelsten und engsten Straßen auf,

Eine kleine Wolke

und während er tapfer weiterging, ängstigte ihn die Stille, die um seine Schritte gebreitet war, ängstigten ihn die schweifenden schweigenden Figuren; und zuweilen ließ ihn der Klang leisen flüchtigen Gelächters wie ein Blatt erzittern.

Er bog nach rechts, Richtung Capel Street. Ignatius Gallaher bei der Londoner Presse! Wer hätte das vor acht Jahren für möglich gehalten? Dennoch, als er jetzt auf die Vergangenheit zurückschaute, konnte Little Chandler sich an viele Anzeichen künftiger Größe bei seinem Freund erinnern. Die Leute sagten, Ignatius Gallaher wäre nicht zu bändigen. Natürlich hatte er damals einen ziemlich liederlichen Umgang gehabt, reichlich getrunken und von allen Seiten Geld gepumpt. Schließlich war er in irgendeine fragwürdige Affäre verwickelt gewesen, irgendeine Geldtransaktion: jedenfalls war das die eine Erklärung für seine Flucht. Doch Talent sprach ihm niemand ab. Immer gab es ein gewisses ... Etwas in Ignatius Gallaher, das einen wider Willen beeindruckte. Selbst wenn er völlig abgebrannt war und keine Ahnung mehr hatte, wo er Geld herbekommen sollte, trug er ein hochgemutes Gesicht zur Schau. Little Chandler erinnerte sich (und die Erinnerung ließ ein wenig stolzes Rot auf seine Wangen treten) an eine von Ignatius Gallahers Redensarten, wenn er in der Klemme war:

– Nun mal langsam, Jungs, sagte er dann heiter. Wo ist meine Denkkappe?

Das war der ganze Ignatius Gallaher; und zum Teufel, man konnte nicht umhin, ihn dafür zu bewundern.

Little Chandler beschleunigte seinen Schritt. Zum ersten Mal in seinem Leben fühlte er sich den Leuten, an denen er vorüberkam, überlegen. Zum ersten Mal rebellierte seine Seele gegen die öde Uneleganz der Capel Street. Es gab keinen Zweifel: wenn man Erfolg haben wollte, mußte man fortgehen. In Dublin konnte man nichts werden. Als er über die Grattan Bridge ging, blickte er flußabwärts zu den unteren Quays und bedauerte die armen verkümmerten Häuser. Sie kamen ihm vor wie eine Bande von Vagabunden, zusammengekauert am Flußufer entlang, die alten Mäntel mit Staub und Ruß bedeckt, betäubt von dem Panorama des Sonnenuntergangs und in Erwartung der ersten Nachtkühle, die sie aufstehen, sich schütteln und weiterziehen heißen würde. Er fragte sich, ob er ein Gedicht schreiben könnte, das diese Idee ausdrückte. Vielleicht wäre Gallaher in der Lage, es für ihn in einer Londoner Zeitung unterzubringen. Konnte er etwas Originelles schreiben? Er war nicht sicher, welche Idee er auszudrücken wünschte, doch der Gedanke, daß ein poetischer Augenblick ihn gestreift hatte, erwachte in ihm zum Leben wie eine aufkeimende Hoffnung. Tapfer schritt er voran.

Jeder Schritt brachte ihn London näher, weiter weg von seinem eigenen nüchternen unkünstlerischen Leben. Ein Licht begann am Horizont seines Geistes zu flackern. Er war gar nicht so alt – zweiunddreißig. Sein Charakter hatte sozusagen den Punkt der Reife gerade erreicht. Es gab so viele verschiedene Stimmungen und Eindrücke, die er in Versen auszudrücken wünschte. Er fühlte sie in seinem Innern. Er versuchte, seine Seele zu wägen, um zu sehen, ob sie eine Dichterseele war. Melancholie war der Grundton seines Charakters, dachte er, doch es war eine Melancholie, die durch wiederkehrende Phasen des Glaubens und der Resignation und einfacher Freude gemildert war. Wenn es ihm gelang, sie in einem Gedichtband zum Ausdruck zu bringen, würde die Menschheit vielleicht aufhorchen. Populär würde er nie sein: das war ihm klar. Die Menge konnte er nicht entflammen, aber vielleicht fände er bei einem kleinen Kreis verwandter Geister Anklang. Die englischen Kritiker würden ihn aufgrund des melancholischen Tons seiner Gedichte vielleicht zu der keltischen Schule rechnen; außerdem würde er Anspielungen einfügen. Er begann, Sätze und Wendungen aus den Rezensionen seines Buches zu erfinden. *Chandlers Begabung für beschwingte und anmutige Verse ... Eine wehmütige Trauer durchzieht diese Gedichte ... Der keltische Ton.* Es war ein Jammer, daß sein Name nicht irischer wirkte. Vielleicht wäre es besser, vor dem Nachnamen den Namen seiner Mutter einzufügen: Thomas Malone Chandler, oder besser noch: T. Malone Chandler. Er würde mit Gallaher darüber reden.

So hingegeben fuhr er in seinen Träumen fort, daß er seine Straße verpaßte und zurückgehen mußte. In der Nähe von Corless überwältigte ihn seine frühere Erregung, und er blieb unentschlossen vor der Tür stehen. Schließlich öffnete er die Tür und trat ein.

Das Licht und der Lärm der Bar hielten ihn eine kurze Zeit am Eingang zurück. Er sah sich um, doch der Glanz vieler roter und grüner Weingläser verwirrte seinen Blick. Die Bar schien ihm voller Leute, und er hatte das Gefühl, daß die Leute ihn

Eine kleine Wolke

neugierig beobachteten. Schnell schaute er nach links und rechts (und runzelte dabei leicht die Stirn, um seinem Hiersein den Anschein der Ernsthaftigkeit zu geben), doch als sein Blick etwas klarer wurde, sah er, daß niemand sich nach ihm umgedreht hatte: und da war ja auch Ignatius Gallaher, mit dem Rücken an den Tresen gelehnt und sehr breitbeinig aufgepflanzt.

– He, Tommy, altes Haus, da bist du ja! Was soll's denn sein? Was nimmst du? Ich einen Whisky: besser hier als das Zeug, das wir da drüben am andern Ufer kriegen. Soda? Lithiumwasser? Kein Mineral? Für mich auch nicht. Verpatzt den Geschmack ... Hallo, *garçon*, bringen Sie uns zwei halbe Malzwhisky, seien Sie so gut ... Na, und wie ist es dir denn so ergangen, seit wir uns zum letzten Mal gesehen haben? Großer Gott, was werden wir alt! Sieht man mir an, daß ich älter werde – hm, wie? Ist ein bißchen grau und gelichtet oben, wie?

Ignatius Gallaher nahm den Hut ab und entblößte einen großen kurzgeschnittenen Schädel. Sein Gesicht war schwer, bleich und glattrasiert. Seine Augen, die von bläulichem Schiefergrau waren, belebten seine ungesunde Blässe und leuchteten auffällig über dem lebhaften Orange seiner Krawatte. Zwischen diesen rivalisierenden Zügen erschienen die Lippen sehr lang und form- und farblos. Er senkte den Kopf und befühlte mit zwei teilnahmsvollen Fingern das dünne Haar um seinen Scheitel. Little Chandler schüttelte verneinend den Kopf. Ignatius Gallaher setzte seinen Hut wieder auf.

– Das schafft einen, sagte er. Diese Presse. Immer auf Zack, immer auf Trab, immer auf der Suche nach Stoff, und manchmal findet sich keiner: und dann soll immer auch noch etwas Neues dabeisein. Korrekturen und Drucker können mir ein paar Tage gestohlen bleiben, hab ich mir gesagt. Ich bin verflixt froh, wieder mal in den heimatlichen Gefilden zu sein, das kann ich dir sagen. Tut einem gut, ein bißchen Urlaub. Ich fühl mich viel wohler, seit ich wieder im lieben schmuddeligen Dublin an Land gegangen bin ... Hier, das ist für dich, Tommy. Wasser? Sag halt.

Little Chandler ließ sich seinen Whisky sehr verdünnen.

– Du weißt ja nicht, was gut für dich ist, alter Knabe, sagte Ignatius Gallaher. Ich trinke meinen pur.

– Ich trinke in der Regel sehr wenig, sagte Little Chandler bescheiden. Gelegentlich mal einen Halben, wenn ich einen von dem alten Haufen wiedersehe; mehr nicht.

– Na dann, sagte Ignatius Gallaher fröhlich, auf uns und auf die alten Tage und die alte Bekanntschaft.

Sie stießen an und tranken.

– Ich hab heute ein paar aus der alten Runde getroffen, sagte Ignatius Gallaher. Mit O'Hara scheint es schlimm zu stehen. Was macht er?

– Nichts, sagte Little Chandler. Er ist auf den Hund gekommen.

– Aber Hogan hat eine gute Stellung, nicht?

– Ja; er ist in der Land Commission.

– Ich habe ihn einmal abends in London gesehen, und er schien gut bei Kasse ... Der arme O'Hara! Suff, vermute ich?

– Auch anderes, sagte Little Chandler knapp.

Ignatius Gallaher lachte.

– Tommy, sagte er, ich sehe, du hast dich kein bißchen geändert. Du bist immer noch derselbe ernsthafte Kerl, der mir sonntagmorgens Predigten gehalten hat, wenn ich einen dicken Kopf hatte und eine pelzige Zunge. Du solltest dich ein wenig in der Welt umtun. Bist du denn nie wo gewesen, wenigstens kurz mal?

– Ich bin auf der Insel Man gewesen, sagte Little Chandler.

Ignatius Gallaher lachte.

– Die Insel Man! sagte er. Fahr nach London oder Paris: Paris zum Beispiel. Das würde dir gut tun.

– Kennst du Paris?

– Das kann man wohl sagen! Ich habe mich da ein bißchen umgetan.

– Und ist es wirklich so schön, wie es heißt? fragte Little Chandler.

Er nippte ein wenig an seinem Whisky, während Ignatius Gallaher den seinen verwegen hinunterkippte.

– Schön? fragte Ignatius Gallaher und verweilte bei dem Wort und dem Geschmack seines Whiskys. So schön ist es eigentlich nicht. Natürlich ist es schön ... Aber es ist das Pariser Leben; das ist die Chose. Ach, es gibt keine Stadt sonst, die wie Paris ist, so lebenslustig, so munter, so aufregend ...

Little Chandler trank seinen Whisky aus und brachte es nach einiger Mühe zuwege, den Blick des Barmanns zu erhaschen. Er bestellte noch einmal das gleiche.

– Ich war im Moulin Rouge, fuhr Ignatius Gallaher fort, als

Eine kleine Wolke

der Barmann ihre Gläser weggenommen hatte, und in all den Künstlercafés. Dolle Kiste! Nichts für eine brave Haut wie dich, Tommy.

Little Chandler sagte nichts, bis der Barmann mit den zwei Gläsern zurückkam: dann stieß er leicht mit seinem Freund an und erwiderte den Toast von vorhin. Er fing an, sich etwas desillusioniert zu fühlen. Gallahers Aussprache und Redeweise gefielen ihm nicht. Sein Freund hatte etwas Ordinäres an sich, das ihm früher nicht aufgefallen war. Aber vielleicht kam das nur von dem Leben in London bei der Hetze und dem Konkurrenzkampf der Presse. Der alte persönliche Charme war unter seiner neuen großtuerischen Art immer noch da. Und schließlich hatte Gallaher gelebt, hatte die Welt gesehen. Little Chandler sah seinen Freund neidisch an.

– Alles in Paris ist lebenslustig, sagte Ignatius Gallaher. Sie finden, man soll das Leben genießen – und meinst du nicht, daß sie recht haben? Wenn du was vom Leben haben willst, mußt du nach Paris. Und weißt du, für Iren haben sie da viel übrig. Als sie gehört haben, daß ich aus Irland bin, haben sie mich geradezu verhätschelt, Mensch.

Little Chandler trank vier oder fünf Schluck aus seinem Glas.

– Sag mal, begann er, stimmt es, daß Paris so ... unmoralisch ist, wie man behauptet?

Ignatius Gallaher machte eine weltumfassende Geste mit dem rechten Arm.

– Alle Orte sind unmoralisch, sagte er. Natürlich ist in Paris manches schon ganz happig. Du brauchst bloß mal auf einen der Studentenbälle zu gehen. Da geht es hoch her, allerdings, wenn die Kokotten loslegen. Du weißt, was Kokotten sind, ja?

– Ich habe von ihnen gehört, sagte Little Chandler.

Ignatius Gallaher trank seinen Whisky und schüttelte den Kopf.

– Ach, sagte er, du kannst sagen, was du willst. Keine Frau ist wie die Parisienne – keine hat soviel Stil, soviel Schwung.

– Dann ist es also eine unmoralische Stadt, sagte Little Chandler mit schüchterner Hartnäckigkeit – ich meine im Vergleich zu London oder Dublin?

– London! sagte Ignatius Gallaher. Das gibt sich nichts. Frag mal Hogan, mein Lieber. Ich hab ihn ein bißchen in London herumgeführt, als er drüben war. Er würde dir die Augen

öffnen ... Also, Tommy, mach keinen Punsch aus deinem Whisky: gieß dir noch einen hinter die Binde.
- Nein, wirklich ...
- Ach was, los, einer mehr wird dir schon nicht schaden. Was soll's sein? Dasselbe noch mal, ja?
- Hm ... na gut.
- *François,* noch mal dasselbe ... Möchtest du was rauchen, Tommy?

Ignatius Gallaher zog sein Zigarrenetui hervor. Die beiden Freunde zündeten ihre Zigarren an und pafften schweigend, bis ihre Getränke kamen.

- Wenn ich dir meine Meinung sagen soll, sagte Ignatius Gallaher und kam hinter den Rauchschwaden zum Vorschein, in denen er eine Zeitlang Zuflucht gesucht hatte, es ist schon eine irre Welt. Was heißt hier Unmoral! Ich habe von Fällen gehört - was sage ich? - ich habe sie miterlebt: Fälle von ... Unmoral ...

Ignatius Gallaher paffte nachdenklich an seiner Zigarre und hob dann an, seinem Freund mit der Gelassenheit eines Historikers ein paar Bilder der Verderbnis, die im Ausland wucherte, zu umreißen. Er resümierte die Laster vieler Hauptstädte und schien geneigt, die Palme Berlin zuzugestehen. Für manches konnte er nicht bürgen (er hatte es von Freunden gehört), aber anderes hatte er selber erlebt. Er schonte weder Rang noch Stand. Er enthüllte viele der Geheimnisse von religiösen Häusern auf dem Kontinent und beschrieb einige der Praktiken, die in der guten Gesellschaft im Schwange waren, und erzählte zum Abschluß in allen Einzelheiten eine Geschichte über eine englische Herzogin - eine Geschichte, die wahr sei, wie er wisse. Little Chandler war erstaunt.

- Na ja, sagte Ignatius Gallaher, hier sind wir in dem alten Trott von Dublin, wo man von solchen Sachen keine Ahnung hat.
- Wie öde mußt du es finden, sagte Little Chandler, nach all den Orten, wo du gewesen bist!
- Na ja, sagte Ignatius Gallaher, es ist ganz erholsam, wieder mal rüberzukommen, weißt du. Und schließlich sind es die heimatlichen Gefilde, wie man so sagt, nicht? Dafür hat man nun einmal eine gewisse Schwäche. Das liegt in der Natur des Menschen ... Aber jetzt erzähl mir von dir. Hogan hat mir erzählt,

Eine kleine Wolke

daß du ... von den Wonnen der ehelichen Freuden gekostet hast. Vor zwei Jahren, nicht?

Little Chandler wurde rot und lächelte.

– Ja, sagte er, ich habe im Mai vor einem Jahr geheiratet.

– Ich hoffe, es ist nicht zu spät am Tag, dir meine herzlichsten Wünsche auszusprechen, sagte Ignatius Gallaher. Ich habe deine Adresse nicht gehabt, sonst hätte ich's seinerzeit getan.

Er streckte seine Hand aus, die Little Chandler nahm.

– Also, Tommy, sagte er, da wünsche ich dir und der Deinigen alle Wonnen des Lebens, altes Haus, und Berge von Geld, und daß du nicht stirbst, bis ich dich erschieße. Und das wünscht dir ein aufrichtiger Freund, ein alter Freund. Das weißt du doch?

– Das weiß ich, sagte Little Chandler.

– Wie steht's mit dem Nachwuchs? fragte Ignatius Gallaher.

Little Chandler wurde wieder rot.

– Wir haben ein Kind, sagte er.

– Sohn oder Tochter?

– Einen kleinen Jungen.

Ignatius Gallaher schlug seinem Freund dröhnend auf den Rücken.

– Bravo, sagte er, ich hatte auch nicht an dir gezweifelt, Tommy.

Little Chandler lächelte, blickte verwirrt auf sein Glas und biß sich mit drei kindlich weißen Vorderzähnen auf die Unterlippe.

– Ich hoffe, du kommst uns einen Abend besuchen, sagte er, ehe du zurückfährst. Meine Frau wird sich freuen, dich kennenzulernen. Wir können etwas Musik machen und –

– Tausend Dank, altes Haus, sagte Ignatius Gallaher, schade, daß wir uns nicht früher gesehen haben. Aber morgen abend muß ich wieder weg.

– Vielleicht heute abend?

– Tut mir schrecklich leid, alter Freund. Weißt du, ich bin mit jemand anders hier, ein gescheiter junger Kerl übrigens, und wir wollten ein bißchen Karten spielen gehen. Sonst gerne ...

– In diesem Fall natürlich ...

– Aber wer weiß? sagte Ignatius Gallaher rücksichtsvoll. Nächstes Jahr mache ich vielleicht mal wieder eine Spritztour herüber, jetzt wo ich das Eis gebrochen habe. Aufgeschoben ist nicht aufgehoben.

- Also gut, sagte Little Chandler, wenn du das nächste Mal kommst, müssen wir einen Abend zusammen verbringen. Das steht fest, nicht?

- Ja, das steht fest, sagte Ignatius Gallaher. Nächstes Jahr, falls ich komme, *parole d'honneur*.

- Und um das zu besiegeln, sagte Little Chandler, trinken wir jetzt noch einen.

Ignatius Gallaher zog eine große goldene Uhr hervor und schaute darauf.

- Ist es dann auch der letzte? fragte er. Weil, wie gesagt, ich habe nämlich eine Verabredung.

- Ja, absolut, sagte Little Chandler.

- Also schön, sagte Ignatius Gallaher, trinken wir noch einen als *deoc an doruis* – das ist gute Landessprache für einen kleinen Whisky, glaube ich.

Little Chandler bestellte die Getränke. Die Röte, die ihm einige Augenblicke zuvor ins Gesicht gestiegen war, behauptete sich. Jede Winzigkeit ließ ihn jederzeit rot werden: und jetzt fühlte er sich warm und aufgeregt. Die drei kleinen Whiskys waren ihm zu Kopf gestiegen, und Gallahers starke Zigarre hatte seine Gedanken durcheinandergebracht, denn er war fragil und enthaltsam. Das Abenteuer, Gallaher nach acht Jahren wiederzusehen, mit Gallaher zusammen in dem Licht und Lärm von Corless zu sein, Gallahers Geschichten anzuhören und für eine kurze Weile Gallahers unstetes und triumphales Leben zu teilen, brachte sein sensibles Wesen aus dem Gleichgewicht. Scharf fühlte er den Kontrast zwischen seinem eigenen Leben und dem seines Freundes und er schien ihm ungerecht. Gallaher war ihm nach Herkunft und Bildung unterlegen. Er war sicher, daß er etwas Besseres leisten könne, als sein Freund je geleistet hatte oder je leisten könne, etwas Höheres als bloßen billigen Journalismus, wenn er nur die Chance bekäme. Was war es, das ihm im Weg stand? Seine unglückselige Schüchternheit! Er wünschte sich irgendwie zu rechtfertigen, seine Männlichkeit unter Beweis zu stellen. Er durchschaute Gallahers Ablehnung seiner Einladung. Gallaher ließ sich durch seine Freundlichkeit nur gönnerhaft zu ihm herab, so wie er sich zu Irland durch seinen Besuch herabließ.

Der Barmann brachte ihre Whiskys. Little Chandler schob ein Glas seinem Freund hin und hob das andere verwegen.

Eine kleine Wolke

– Wer weiß? sagte er, als sie ihre Gläser hoben. Wenn du das nächste Jahr kommst, habe ich vielleicht das Vergnügen, Herrn und Frau Ignatius Gallaher ein langes Leben und viel Glück zu wünschen.

Ignatius Gallaher kniff beim Trinken vielsagend ein Auge über dem Rand seines Glases zu. Als er ausgetrunken hatte, schmatzte er entschlossen mit den Lippen, setzte das Glas ab und sagte:

– Da brauchst du weiß Gott keine Angst zu haben, mein Lieber. Ich tobe mich erst aus und lerne das Leben und die Welt ein bißchen kennen, ehe ich den Kopf in den Sack stecke – wenn ich das je tue.

– Eines Tages tust du's bestimmt, sagte Little Chandler ruhig.

Ignatius Gallaher wandte seine orange Krawatte und seine schieferblauen Augen voll dem Freund zu.

– Meinst du? sagte er.

– Du steckst den Kopf in den Sack, wiederholte Little Chandler wacker, wie alle anderen, wenn du nur die Richtige findest.

Er hatte seinem Ton etwas Nachdruck gegeben, und er merkte, daß er sich verraten hatte; aber obwohl die Farbe seiner Wangen intensiver geworden war, wich er dem Blick seines Freundes nicht aus. Ignatius Gallaher beobachtete ihn eine kurze Zeitlang und sagte dann:

– Wenn das je passiert, dann kannst du deinen letzten Dollar verwetten, daß keine Gefühlsduselei dabei ist. Ich habe vor, Geld zu heiraten. Sie hat entweder ein gutes dickes Bankkonto, oder sie ist nichts für mich.

Little Chandler schüttelte den Kopf.

– Also, Menschenskind, sagte Ignatius Gallaher heftig, was denkst du eigentlich? Ich brauche nur ein Wort zu sagen, und morgen kann ich die Frau und die Kohlen haben. Du glaubst das nicht? Ich weiß es aber. Es gibt Hunderte – was sage ich? – Tausende von reichen Deutschen und Jüdinnen, die im Geld ersticken und nur zu froh wären ... Wart's nur ab, mein Lieber. Paß auf, ob ich meine Karten nicht richtig ausspiele. Wenn ich mir was vorgenommen habe, dann meine ich es ernst, das sag ich dir. Wart's nur ab.

Er riß das Glas zum Mund, trank aus und lachte laut. Dann blickte er nachdenklich vor sich hin und sagte in ruhigerem Ton:

– Aber ich habe keine Eile. Die können warten. Ich denke nicht daran, mich an *eine* Frau zu binden, weißt du.

Er bewegte die Lippen, als koste er von etwas, und zog ein schiefes Gesicht.

– Muß ziemlich öd werden, denk ich, sagte er.

Little Chandler saß in dem Zimmer neben dem Flur und hielt ein Kind in den Armen. Um Geld zu sparen, hatten sie kein Mädchen, aber Annies jüngere Schwester Monica kam vormittags und abends für je etwa eine Stunde und half. Monica jedoch war längst nach Hause gegangen. Es war Viertel vor neun. Little Chandler war spät zum Tee nach Hause gekommen, und außerdem hatte er vergessen, Annie das Paket Kaffee von Bewley mitzubringen. Natürlich war sie schlechter Laune und kurz angebunden. Sie sagte, daß sie auf den Tee auch verzichten könne, aber als die Zeit heranrückte, da der Laden an der Ecke zumachte, beschloß sie, selber ein Viertelpfund Tee und zwei Pfund Zucker zu holen. Sie legte ihm das schlafende Kind geschickt in die Arme und sagte:

– Hier. Mach ihn nicht wach.

Eine kleine Lampe mit weißem Porzellanschirm stand auf dem Tisch, und ihr Licht fiel auf eine Photographie in einem Rahmen aus Hornsplittern. Es war Annies Bild. Little Chandler betrachtete es und verweilte auf den dünnen, fest geschlossenen Lippen. Sie trug die hellblaue Sommerbluse, die er ihr eines Samstags als Geschenk mitgebracht hatte. Zehn Shilling und elf Pence hatte sie ihn gekostet; aber welche Nervenqualen dazu! Wie hatte er damals gelitten, als er an der Ladentür wartete, bis der Laden leer war, als er am Ladentisch stand und ungezwungen zu wirken versuchte, während das Mädchen Damenblusen vor ihm aufhäufte, als er am Pult bezahlte und den Penny zu nehmen vergaß, den er herausbekam, und der Kassierer ihn zurückrief, und als er sich schließlich bemühte, sein Erröten beim Verlassen des Ladens zu verbergen, indem er untersuchte, ob das Paket sicher verschnürt war. Als er die Bluse nach Hause brachte, küßte Annie ihn und sagte, sie sei sehr hübsch und schick; doch als sie den Preis erfuhr, warf sie die Bluse auf den Tisch und sagte, es sei glatter Betrug, einem dafür zehn Shilling und elf Pence abzunehmen. Zuerst wollte sie sie wieder zurückbringen, aber dann probierte sie sie an und fand sie entzückend, vor allem den Schnitt der Ärmel, und sie küßte ihn und sagte, daß es sehr lieb von ihm sei, an sie zu denken.

Eine kleine Wolke

Hm!...

Er blickte kalt in die Augen des Photos, und kalt antworteten sie. Gewiß waren sie hübsch, und das Gesicht selbst war es auch. Aber er fand etwas Gemeines darin. Warum war es so bewußtseinsleer und damenhaft? Die Gefaßtheit der Augen irritierte ihn. Sie stießen ihn ab und boten ihm Trotz: es war keine Leidenschaft in ihnen, keine Verzückung. Er dachte an das, was Gallaher über reiche Jüdinnen gesagt hatte. Diese dunklen orientalischen Augen, dachte er, wie sie voll sind von Leidenschaft, von wollüstiger Sehnsucht! ... Warum hatte er die Augen auf dem Photo geheiratet?

Er ertappte sich bei der Frage und sah sich nervös im Zimmer um. Er fand etwas Gemeines in den hübschen Möbeln, die er für sein Haus auf Ratenzahlung gekauft hatte. Annie hatte sie selber ausgesucht, und sie erinnerten ihn an sie. Auch sie waren steif und hübsch. Ein dumpfer Groll gegen sein Leben erwachte in ihm. Konnte er seinem kleinen Haus nicht entfliehen? War es für ihn zu spät, ein so verwegenes Leben zu versuchen wie Gallaher? Konnte er nach London gehen? Die Möbel mußten noch bezahlt werden. Wenn er nur ein Buch schreiben und veröffentlichen könnte, das würde ihm vielleicht die Bahn freimachen.

Ein Band mit Gedichten von Byron lag vor ihm auf dem Tisch. Er öffnete ihn vorsichtig mit der linken Hand, um das Kind nicht wachzumachen, und begann das erste Gedicht im Buch zu lesen:

Der Wind verstummt, der Abend düstert sich,
Kein leiser Zephyr wandelt durch den Hain,
Zu Margarethens Grabe wend' ich mich,
Um Blumen dem geliebten Staub zu streun.

Er hielt inne. Um sich her im Zimmer spürte er den Rhythmus der Verse. Wie melancholisch er war! Ob auch er so schreiben, die Melancholie seiner Seele in Versen ausdrücken könnte? Es gab so vieles, das er zu beschreiben wünschte: seine Empfindung auf der Grattan Bridge ein paar Stunden zuvor beispielsweise. Wenn er sich in jene Stimmung zurückversetzen könnte ...

Das Kind wurde wach und begann zu schreien. Er blickte von der Seite auf und versuchte, es zu beruhigen; aber es ließ sich nicht beruhigen. Er begann es in den Armen zu wiegen, doch sein plärrendes Geschrei wurde nur noch heftiger. Er wiegte es schneller, während seine Augen die zweite Strophe zu lesen begannen:

> *In dieser engen Zelle ruht ihr Staub,*
> *Der Staub, den erst . . .*

Es war zwecklos. Er konnte nicht lesen. Er konnte überhaupt nichts machen. Das Geplärr des Kindes zerriß ihm das Trommelfell. Es war zwecklos, zwecklos! Er war lebenslänglich gefangen. Seine Arme zitterten vor Zorn, und sich plötzlich zum Gesicht des Kindes hinabbeugend, brüllte er:
– Hör auf!

Das Kind hörte einen Augenblick lang auf, krümmte sich in Panik zusammen und begann dann laut zu kreischen. Er sprang vom Stuhl auf und ging mit dem Kind im Arm hastig im Zimmer auf und ab. Es weinte herzzerreißend, kam vier oder fünf Sekunden lang außer Atem, dann brach es von neuem aus ihm hervor. Die dünnen Wände des Zimmers warfen das Geschrei zurück. Er versuchte, es zu beruhigen, doch die Weinkrämpfe wurden nur schlimmer. Er blickte in das zusammengekniffene und zuckende Gesicht des Kindes und bekam Angst. Er zählte sieben Schluchzer ohne eine Pause dazwischen und drückte das Kind in Panik an die Brust. Wenn es starb! . . .

Die Tür wurde aufgestoßen, und eine junge Frau kam außer Atem hereingestürzt.
– Was ist los? Was ist los? rief sie.

Als das Kind die Stimme seiner Mutter hörte, wurde sein Weinen paroxystisch.
– Es ist nichts, Annie . . . es ist nichts . . . Er hat angefangen zu schreien . . .

Sie schleuderte ihre Päckchen auf den Boden und riß ihm das Kind weg.
– Was hast du ihm getan? schrie sie und starrte ihm ins Gesicht.

Little Chandler hielt einen Augenblick lang den Blick ihrer Augen aus, und sein Herz zog sich zusammen, als er dem Haß in ihnen begegnete. Er begann zu stammeln:
– Es ist nichts . . . Er . . . er . . . hat angefangen zu schreien . . . Ich konnte nicht . . . Ich habe nichts getan . . . Was?

Ohne ihn zu beachten, begann sie im Zimmer auf und ab zu gehen, drückte das Kind fest in die Arme und murmelte:

Eine kleine Wolke

– Mein Kleiner! Mein Kindchen! Ha'du Angst gehabt, Schätzchen? ... Nicht doch, Schätzchen! Nicht doch! ... Schäfchen! Mamas kleines Lämmerschwänzchen! ... Nicht doch!

Little Chandler fühlte Schamröte auf seinen Wangen und trat aus dem Lichtschein der Lampe. Er hörte, wie das paroxystische Weinen des Kindes mehr und mehr nachließ; und Tränen der Reue traten ihm in die Augen.

(Deutsch von Dieter E. Zimmer)

Liam O'Flaherty
Armut und Reichtum

Familie Derrane saß beim Frühstück, als eine Nachbarin namens Kate Higgins in ihre Küche gelaufen kam. Sie kauerte sich rechts neben der Tür auf den Fußboden, schlug die Schürze vors Gesicht und begann aus Leibeskräften ganz herzzerreißend zu jammern und zu heulen.

»Gott bewahre uns vor allem Übel!« rief Mrs. Derrane, stand auf und ging zu ihr hin. »Was ist denn passiert?«

Sie legte ihren Arm um die Schulter der jammernden Nachbarin und fuhr liebevoll fort: »Sagt doch, was passiert ist, damit wir Euern Kummer mit Euch teilen können!«

Colm Derrane, der den Mund noch voller Essen hatte, kam auch herbei, einen Becher Tee in der Hand, und die sechs Kinder hinter ihm drein. Sie standen alle im Halbkreis um Kate Higgins, die nicht aufhörte, über die Maßen zu wehklagen.

»Sprecht doch, in Gottes Namen!« sagte Colm, nachdem er hinuntergeschluckt hatte, woran er gerade kaute. »Sprecht doch, Frau, damit wir Euch helfen können!«

Es dauerte einige Zeit, ehe Kate von ihren Klagen abließ. Dann plötzlich nahm sie die Schürze vom Gesicht, und ihre wilden blauen Augen, die keinerlei Tränenspur aufwiesen, blitzten Colm funkelnd an. Es war eine knochige kleine Frau mit blassem Gesicht, in das der Kummer tiefe Falten gegraben hatte. Ihr Mann war vor einigen Monaten gestorben und hatte ihr eine große Kinderschar hinterlassen, die sie mit so gut wie nichts durchzubringen versuchte.

»Wollt Ihr ein Kalb kaufen?« fragte sie Colm mit zorniger Stimme.

»Ein Kalb?« wiederholte Colm überrascht. »Ich wußte nicht, daß Eure Kuh . . .«

»Vor einem Weilchen hat sie geworfen«, unterbrach ihn die Frau. »Dann ist sie gestorben! Gott steh uns bei! Sie hat sich aufs Gras gelegt und lang ausgestreckt und mit den Beinen gezuckt, und dann war's aus. Sie ist mausetot. Kein Lebensfünkchen ist noch in ihr. 's muß Gift gewesen sein, das sie mit ihren Zähnen aus der Erde gezerrt hat, als sie beim Kalben wie toll war.«

Die ganze Familie Derrane nahm die Neuigkeit stumm und mit offenem Mund entgegen. Es war ein Unglück, das jeden Haushalt im Dorf betraf. Jede Familie hatte nur eine einzige Kuh. Es war ein unumstößlicher Brauch, daß Familien, die Milch hatten, sie mit denen teilen mußten, die keine hatten. Daher war der Tod einer Kuh, einerlei, wem sie gehörte, ein Unglück, das alle betraf.

»Verdammtes Pech!« sagte Colm schließlich. »Verdammtes, elendes Pech! Das ist ein schrecklicher Schlag für Euch, und dabei habt Ihr erst vor kurzem Euern Mann verloren! Und sitzt nun da, das ganze Haus voller Kinder, und keine Kuh! Oh, verdammtes Pech!«

»Was nützt das Reden, Colm«, rief Kate Higgins wild. »Kauft mir das Kalb ab! Ich bitt Euch um Gottes Barmherzigkeit willen! Es muß rasch was zu saufen bekommen, sonst stirbt's mir vor Hunger. Sonst streckt sich's neben seiner Mutter ins Gras und stirbt mir, wenn's nicht saugen kann. Kauft mir's ab!«

Colm und seine Frau blickten einander sehr bestürzt an. Ihre Gesichter waren von Mitleid zerquält.

»Verdammtes Pech!« stieß Colm zwischen den Zähnen hervor.

In den Gesichtern der Kinder stand kein Mitleid. Nach ein paar Minuten, in denen sie vor Schreck den Mund aufgesperrt hatten, kehrten sie langsam an den Tisch zurück. Über die Schulter hinweg warfen sie Kate Higgins haßerfüllte Blicke zu. Denn jetzt haßten sie die Nachbarin, weil sie begriffen hatten, daß deren Unglück ihre eigene Versorgung mit Milch zu vermindern drohte.

»Ich bitt Euch um Gottes Barmherzigkeit willen«, fuhr Kate Higgins mit einer Stimme fort, die ganz rasend klang. »Mit dem Geld kann ich mir eine neue Kuh kaufen. Ich muß für meine Kinder eine Kuh haben. Der Doktor hat gesagt, sie müssen viel Milch bekommen, vor allem die beiden Kleinsten. Sie sind schwach, die armen Schätzchen. Eure Kuh hat ein schönes Euter, die Gute, und hat erst vor ein paar Tagen gekalbt. Sie wird's gar nicht spüren, wenn außer ihrem eigenen Bürschchen noch mein Kleiner an ihren Zitzen hängt. Die wird auch mit allen beiden fertig, die Gute! Ganz bestimmt, und obendrein noch viel Milch für Euch alle! Gott sei Lob und Dank – noch nie hab ich so ein schönes großes Euter gesehn!«

Colm wollte ihr schon antworten, als seine Frau ihn unterbrach.

»Ihr wißt doch, wie's bei uns steht«, sagte Mrs. Derrane. »Wir geben bereits an drei Familien Milch ab. Deren Kühe kalben erst in drei Wochen, wenn nicht später. Und Euch müssen wir auch noch helfen, weil Eure Kuh tot ist. Wie könnten wir da wohl noch ein zweites Kalb aufziehn? Das wäre ja gegen Gottes- und Menschen-Gebot. Wir können doch nicht die Nachbarn ohne Milch lassen, um dem Kalb den Bauch zu füllen!«

Kate Higgins sprang auf die Füße und stemmte die geballten Fäuste auf die knochigen Hüften.

»Das Kalb wird mir sterben, wenn Ihr's nicht kauft«, schrie sie wütend. »Keiner sonst kann's nehmen als Ihr allein. Ihr seid die einzigen, bei denen 'ne Kuh gekalbt hat. Mit dem Geld könnt ich mir wieder eine Kuh kaufen. Ich muß eine Kuh für die Kinder haben. Der Doktor hat gesagt ...«

»Hört jetzt auf, Frau!« warf Colm ein. »Ich will Euer Kalb für ein paar Tage an unsre Kuh lassen. Unterdessen findet Ihr vielleicht in einem andern Dorf jemand, der's Euch abkauft.«

Kate Higgins beruhigte sich sofort, als sie sein Anerbieten hörte. Die Tränen schossen ihr in die wilden blauen Augen.

»Gott schenke Euch Gesundheit, Colm«, sagte sie sanft. »Ich hatte Angst, es könnt mir vor Hunger sterben, eh's zu trinken bekommt. Dann wär's aus und vorbei mit mir. Wenn es mir auch noch gestorben wär, dann hätt ich überhaupt nichts mehr gehabt. Wenn man ein bißchen was hat, ist's leichter, sich noch mehr zu borgen, als wenn man rein gar nichts hat. Gott segne Euch beide!«

Colm ging mit ihr zur Weide, wo die tote Kuh schon gehäutet wurde. Er trug das rote Bullkälbchen auf den Armen zur Koppel, auf der seine eigene Kuh graste. Nach einigem Zureden ließ sie den Fremdling an ihr Euter.

»Er ist prächtig, das ist er, weiß Gott!« sagte Colm und blickte voller Bewunderung auf das dunkelweinrote Fell des saugenden Bullkalbs. »Ich hab geglaubt, mein Kalb sieht dies Jahr wie'n kleiner Preisbulle aus, aber wenn ich ihn mit dem da vergleiche, kommt er erst lange hinterdrein.«

»Ja, meins wird ein Preisbulle«, sagte Kate Higgins. »Er hat's im Blut. Wieso denn auch nicht? Mein Mann, Gott hab ihn selig, der mußte ja unbedingt zehn Shilling für den Regierungsbullen ausgeben. Wollte ja keinen schlechteren, um keinen Preis! Der arme Mann! 's war ja nicht viel an ihm dran, aber immer wollt er von allem das Beste haben.«

Plötzlich stürzte sie auf Colm zu und hielt ihren Mund dicht an sein Ohr. Jetzt waren ihre wilden blauen Augen voller Hinterlist.

»Ihr solltet mein Kälbchen kaufen, Colm«, flüsterte sie. »Kauft es und stellt's zu Eurer Kuh! Dann bekommt Ihr die beiden schönsten Jährlinge, die jemals in unsrer Gegend aufgezogen wurden. Dann seid Ihr der reichste Mann im Dorf. In unserm Kirchspiel werden sie Euch beneiden – von einem Ende bis zum andern!«

Colm drehte ihr den Rücken zu und nahm die Mütze ab. Er war noch sehr jung, und doch lichtete sich auf seinem Schädel oben schon das Haar. Er war ein großer, plumper Mensch mit Füßen, die über den großen Zehen latschten, und mit Armen, die so ungewöhnlich lang wie Affenarme waren. In der ganzen Gegend war er bekannt wegen seiner Kraft, seiner ungeheuren Zähigkeit und seiner Schaffensfreude.

»*Arrah!* Wie könnt ich's Euch wohl abkaufen?« fragte er mit leiser Stimme. »Wie könnt ich's wohl füttern, wenn soviel Menschen die Milch brauchen?«

Dann wandte er sich plötzlich wieder zu ihr um und hob die Stimme so sehr, daß er fast brüllte, als müsse er seine eigenen aufsässigen Gedanken niederschreien.

»Ich hab nur zwanzig Acker Land!« schrie er zornig. »Und beinah alles ist steiniges Land. Selbst an der tiefsten Stelle geht die Erde nur ein paar Zoll tief, und nicht mehr. Und auf dem Land, das ich hab, könntet Ihr keinen Fußbreit Boden finden, in den Ihr einen Spaten bis an den Griff reinstoßen könnt. Verdammt noch mal, Frau, ich sage Euch, daß ich nicht einen einzigen guten Acker, ja, keinen halben habe. Ich hab kaum genug Gras für meine Kuh, und von meinem armen unglücklichen Pferd will ich gar nicht erst reden. Durchs Fell von meinem armen Pferd könnt ihr all seine Rippen zählen. Und jedes Jahr weiß ich nicht, wo ich für meinen Jährling Gras finden soll. Gute Frau, in dem Dorf gibt's keinen Menschen, der zwei Jährlinge großziehen könnt. Ich wär verrückt, wenn ich's auch bloß versuchen wollte.«

»Die Engländer haben wieder angefangen, mit den Deutschen Krieg zu machen«, flüsterte Kate Higgins. »Sie werden nicht eher Ruhe geben, bis sie die ganze Welt in ihren Krieg gezogen haben. Der Krieg wird Jahre und Jahre dauern, genau wie der vorige. Dann wird alles teuer bezahlt, was es an Eßbarem gibt. Ein Mann, der zwei prächtige Tiere zu verkaufen hat ...«

»Hört auf, mich mit Eurem dummen Geschwätz zu überreden«, warf Colm dazwischen.

»Eure Kuh kann bestimmt zwei Kälbchen durchbringen«, fuhr Kate fort. »Das wär für sie ganz leicht. Und außerdem hätt sie noch eine Unmenge für Euch und für die Nachbarn. Und mit dem Gras braucht Ihr Euch auch nicht zu sorgen. Im Dorf Pusach kann man immer billiges Weideland pachten. Und für das Gras, das Ihr noch nebenbei braucht, hättet Ihr genug Geld, weil die Kartoffeln und die Fische im Preis steigen, und dann habt Ihr Geld die Fülle, genau wie letztesmal, Mann! Im vorigen großen Krieg haben sie sogar verfaulten Haifisch gekauft. Ich schwör's bei Gott, es ist die Wahrheit! Sie haben die höchsten Preise für den verfaulten Hai bezahlt, den der Sturm da drüben in der Bucht an Land geworfen hat.«

Colm wandte ihr wieder den Rücken zu und senkte die Stimme, so daß er ebenfalls flüsterte.

»Ich wär verrückt, wenn ich's versuchen wollte!« sagte er. »Kein Mensch in unserm Dorf hat jemals versucht, zwei Jährlinge aufzuziehen. Wir haben alle gleich viel von dem steinigen Land, haben jeder zwanzig Acker pro Kopf.«

»Aber Ihr seid anders als alle, Colm«, sagte Kate und hob die Stimme und sprach nun sehr rasch. »Die andern, die tun bloß, was sie tun müssen. Sie tun gerade soviel, daß sie und ihre Familien nicht verhungern. Aber Ihr, Ihr könnt gar nicht genug Arbeit finden. Ihr nehmt jede Gelegenheit wahr, noch einen Extra-Shilling zu verdienen. Tag und Nacht seid Ihr dahinter her, wenn auch bloß die kleinste Hoffnung besteht. Ihr seid voll Unternehmungslust, und Ihr habt eine unbändige Kraft! Ja, wirklich, jeder weiß, daß Ihr nicht zu halten seid, wenn's irgendwo was zu tun gibt. Ihr spuckt Euch in die Hände, und schon legt Ihr los wie ein wilder Hengst. Weiß Gott, Ihr habt soviel Kraft wie zehn Männer, und Ihr seid nicht zu faul, mit Eurer Kraft was anzufangen. Ihr habt's verdient, daß es Euch gut geht, weil Ihr soviel guten Willen habt. Ihr ver-

Armut und Reichtum

dient's, reich und berühmt zu werden. Ihr braucht nichts weiter als Mut.«

»Kein Mensch hat's jemals versucht«, flüsterte Colm heiser. »Keiner! Ich wär verrückt, wenn ich's versuchen wollte.«

Kate Higgins trat einen Schritt zurück und reckte ihre Arme dramatisch in die Höhe.

»Dann müßt Ihr der erste sein«, schrie sie. »Nichts kann Euch dran hindern. Ihr habt nur nicht genug Mut! Ihr müßt der erste sein! Zeigt's den andern, wie man's machen muß, Colm!«

Colm hob ebenfalls seine Stimme und schrie, um ihr wütend zu antworten.

»Hört auf mit Eurem dummen Geschwätz, Frau!« sagte er. »Es kann ein paar Tage bei meiner Kuh stehn, aber mehr versprech ich Euch nicht.«

Kate riß vor ihm aus und warf beide Arme wild um sich.

»Zwei prächtige Tiere!« schrie sie ihm noch zu, als sie in einiger Entfernung war. »Denkt dran: nichts steht Euch im Weg als ein bißchen zu wenig Mut!«

»Kein Wort will ich mehr von Euch hören!« brüllte Colm ihr aus Leibeskräften nach. »Was Ihr da redet, ist gegen Gottes Gebot!«

Doch trotzdem konnte er in der Nacht kaum schlafen, weil er immerzu daran denken mußte, was die Frau zu ihm gesagt hatte. Als er am Morgen mit seiner Frau sprach, streifte er auch den Vorschlag, das Kalb zu kaufen.

»Ein prächtiges Kalb, das Kalb von Kate Higgins«, sagte er. »Was für'n Jammer, daß wir's nicht kaufen können!«

»Kaufen?« rief seine Frau. »*Yerrah!* Das können wir doch nicht!«

»Das Vieh wird mächtig im Preis steigen«, fuhr Colm fort. »Wegen des Krieges. Die Engländer und die Deutschen liegen sich schon wieder in den Haaren...«

»Nimm doch Vernunft an, Mann«, entgegnete seine Frau. »Bist du denn ganz von Gott verlassen? Du weißt ganz genau, wie unmöglich es ist, daß wir das Kalb kaufen. Nicht mal, wenn wir genug Gras hätten.«

»Trotzdem«, sagte Colm. »Mir läuft's Wasser im Mund zusammen, wenn ich den jungen Burschen seh. Solch Champion-Bullkalb hab ich noch nie gesehn.«

»*Yerrah!* Wir können doch die Nachbarn nicht ohne Milch sitzenlassen!« rief seine Frau.

»Ich rede ja auch bloß so«, sagte Colm. »Man wird doch wohl noch reden dürfen?«

»Sag lieber nichts mehr«, entgegnete seine Frau. »Die Leute könnten dich hören und sich entsetzen.«

In der folgenden Nacht konnte er wieder nicht schlafen. Er lag auf dem Rücken, dachte an die ›zwei prächtigen Tiere‹ und wünschte, beide zu besitzen. Bei dem Gedanken empfand er Freude und Kummer. Die Freude war so stark wie die Vorfreude auf den Beischlaf. Der Kummer fraß an seinem Gewissen.

Am Vormittag des nächsten Tages kam Kate Higgins wiederum zu ihm. Sie trug ihre Feiertagskleider.

»Ich will jetzt zum Metzger nach Kilmacalla gehn«, sagte sie zu Colm.

»Wieviel verlangt Ihr denn für das Kalb?« fragte er.

Weil er sich so über den Entschluß aufregte, den er gefaßt hatte, willigte er, ohne zu feilschen, in den Preis ein, den sie verlangte.

»Kommt mit ins Haus«, sagte er, »ich will Euch das Geld geben!«

»Gott erhalte Eure Gesundheit«, sagte Kate Higgins. »Mit dem Geld in der Hand kann ich mich gleich nach einer andern Kuh umsehn. Wenn man ein bißchen was hat, ist's leichter, sich noch mehr zu borgen.«

Mrs. Derrane wurde furchtbar zornig, als ihr Mann mit Kate Higgins in die Küche kam und den Geldbeutel verlangte.

»Willst du etwa das Kalb kaufen?« rief sie.

»Gib mir den Geldbeutel!« wiederholte Colm.

»Den Teufel werd ich tun!« rief seine Frau. »Es wär gegen Gottes Gebot, die Milch für die Nachbarn in den heidnischen Kälberbauch zu tun. Ich geb ihn dir nicht!«

Colm packte sie mit der Linken am Gürtel und schüttelte sie.

»Gib mir den Beutel, Frau«, sagte er mit leiser Stimme.

Ihr Zorn verflog sofort. Sie war eine große, kräftige Frau, beinah so stark wie ihr Mann, und von sehr zähem Willen. Sie hatte auch, solange sie verheiratet waren, stets über Colm und seine einfachere Natur regiert. Sooft er sich gegen ihre Entscheidungen auflehnen wollte, war er stets mühelos besiegt worden. Er hatte gebrüllt und Möbel zerbrochen und ihr sogar hin und wieder ein paar grausame Hiebe versetzt. Stets hatte sie einfach mit verschränkten Armen dagestanden, die Zähne zusammengebissen und abgewartet, bis seine dumme Wut verraucht war. Doch jetzt war es anders. Er schrie sie nicht an, und in seinen blaßblauen Augen glomm etwas, das ihr Angst machte.

Daher ging sie rasch zur großen Truhe und brachte ihm den langen Geldbeutel aus Fries.

»Was ist über dich gekommen?« sagte sie, während er die Schnur aufknotete. »Was sollen die Nachbarn dazu sagen?«

Colm rollte den Beutel auf und steckte seine Hand tief in die lange Innentasche. Wieder blickte er seiner Frau fest in die Augen.

»Halt den Mund, Frau«, sagte er ruhig. »Von jetzt an mischst du dich nicht mehr in Sachen, die dich nichts angehen. Ich bin hier Herr im Haus. Hast du verstanden?«

Wieder bekam sie Angst vor dem, was sie in seinen Augen sah. Sie kehrte ihm den Rücken zu.

»Gott mög's dir verzeihen«, sagte sie. »Ich hoffe bloß, daß du gut darüber nachgedacht hast!«

»Ich hab noch nie in meinem Leben so gut über etwas nachgedacht«, sagte Colm.

Kate Higgins brachte kein einziges Dankeswort hervor, als ihr das Geld ausgehändigt wurde. Sie stopfte die Geldscheine in ihre vordere Rocktasche und rannte aus dem Haus.

Während sie über den Hof lief, schrie sie: »Jetzt versuch ich, den paar Scheinchen noch mehr Kameraden zu verschaffen! Wenn man Geld hat, ist's immer leicht, sich noch mehr zu borgen. Die was haben, geben nur denen, die auch was haben. Die nichts haben, bekommen bloß Brosamen, wie die Hunde.«

Als Colm am Abend zum Versammlungsplatz auf der Klippe eines kleinen Hügels ging, der gegenüber vom Dorf lag, senkte sich Schweigen auf die dort versammelten Männer. Er warf sich auf die Erde, lehnte den Rücken gegen einen Felsblock und zündete sich die Pfeife an. Nach einer Weile begannen die andern mit gedämpfter Stimme über das Wetter zu sprechen. Dann entstand wieder ein Schweigen.

Endlich wandte sich ein Mann namens Andy Gorum an Colm und sagte: »Wir haben gehört, daß du das Kalb von Kate Higgins gekauft hast.«

»Ja«, sagte Colm.

»Hast du's gekauft, weil du's schlachten willst?«

»Nein«, sagte Colm.

»Willst du's aufziehen?«
»Ja«, sagte Colm.

Gorum erhob sich langsam und verschränkte die Hände auf dem Rücken. Er ging zu Colm hinüber und stellte sich vor ihm auf. Gorum war ein ältlicher Mann, sehr klein und dünn und mit einem verrunzelten Gesicht, das eine Farbe wie altes Pergament hatte. Seine Augen waren schwach, und er hatte fast keine Wimpern – wie einer, der von Geburt an blind ist. Wegen seiner Weisheit war er der Dorfälteste.

»Ich bedaure, Colm, daß du das getan hast«, sagte er. »Du bist ein guter Mann, und jeder aus deiner Familie war gut, viele Generationen hindurch. Aber was du jetzt vorhast, ist schlecht.«

»Wie kann es schlecht sein, wenn man einer Witwe hilft?« fragte Colm.

»Du weißt ganz genau, daß es einer Witwe nichts hilft, wenn du das Kalb mit der Milch für deine Nachbarn aufziehst!« sagte Gorum.

»Sie hatte mich gebeten und gebeten«, sagte Colm und hob die Stimme. »Ewig hat sie mir damit in den Ohren gelegen. Wie konnt ich's ihr abschlagen? Sie sagte, sie braucht das Geld, um sich wieder eine Kuh zu kaufen. Sie sagte, ihre Kinder würden sterben, wenn sie nicht...«

»Du weißt, daß du das Gesetz übertrittst«, unterbrach ihn Gorum. »Es nützt dir nichts, wenn du dich herausreden willst.«

»Wie kann es gegen das Gesetz sein, wenn man einer Witwe hilft?« schrie Colm.

»Das ist es auch nicht«, erklärte Gorum. »Wir wollen ihr alle helfen, so sehr wir können, wenn Gott es will. So leben wir ja hier in unserm Dorf: daß wir einander helfen. Unser Land ist unfruchtbar, und das Meer ist wild. Es ist ein schweres Leben. Wir können nur dann mit dem Leben fertigwerden, wenn wir zusammenhalten. Sonst müssen wir alle sterben. Es ist hier zu wild und zu unfruchtbar, als daß ein einzelner alleinstehen könnte. Wer hier versucht, alleinzustehen und nur für seinen eigenen Nutzen zu arbeiten, der wird der Feind von uns allen.«

Colm sprang auf die Füße. Er überragte Gorum wie ein Turm.

»Nennst du mich euren Feind, weil ich einer Witwe geholfen habe?« schrie er.

»Wenn du in einen Kälberbauch die Milch tust, die du deinen

Nachbarn schuldest, dann wird jeder gegen dich sein«, erklärte Gorum.

»Ich tue, was ich will«, schrie Colm.

Und damit eilte er vom Versammlungsplatz.

»Komm zurück, Nachbar«, rief ihm Gorum mit flehender Stimme nach.

»Ich habe genug Mut, um das zu tun, was ich für richtig halte«, brüllte Colm.

»Wir haben dich alle gern«, sagte Gorum. »Wir wollen uns nicht von dir abwenden. Komm wieder und gehorche dem Gesetz!«

»Ich tu, was ich für richtig halte«, schrie Colm und stieg über den Zaunübertritt in seinen Hof. »Ich zieh die beiden Kälber auf, und wenn ich dabei zugrunde gehe. Es soll sich nur keiner unterstehn und mich dran hindern!«

Von dem Tage an waren die Derranes Ausgestoßene. Keiner im Dorf sprach mit ihnen. Keiner half ihnen irgendwie aus. Keiner betrat ihr Haus. Alle Türen blieben ihnen verschlossen.

Selbst Kate Higgins wandte sich aufs schändlichste gegen ihre Wohltäter. Die unglückliche Frau hatte sich, entgegen ihren Erwartungen, kein Geld borgen können, abgesehen von einem einzigen Pfund, das sie nach langem Betteln von ihrer Tante erhielt. Sie konnte auch keine Kuh finden, die zum Verkauf gestanden hätte, obwohl sie das Kirchspiel wieder und immer wieder von einem Ende bis zum andern abtrabte. Infolge ihrer häufigen Abwesenheit verfiel ihr Hauswesen. Die Kinder verbrannten die Möbel, um nicht zu frieren. Sie verwilderten und verschmutzten so sehr, daß die Nachbarinnen ihre eigenen Kinder von ihnen fernhielten.

Kate geriet durch soviel Unglück ganz aus dem Gleichgewicht, gab ihre bäuerliche Sparsamkeit auf und brachte ihrer hungrigen Kinderschar von jeder ihrer erfolglosen Wanderungen ein paar Leckerbissen mit heim. Die arme Frau hatte nicht den Mut, ihnen mit leeren Händen gegenüberzutreten. So verbrauchte sie bald jeden Penny von dem Geld, das ihr Colm und die Tante gegeben hatten. Nach zwei Monaten war nichts mehr davon vorhanden. Als sie nichts mehr hatte, was sie bei ihrer Rückkehr den Kleinen geben konnte, die sich mit schmutzigen Händen an ihre Schürze klammerten und kläglich um Essen plärrten, verwirrte sich ihr Geist.

Wenn sie bei Anbruch der Nacht heimwärts schusselte, dann begann sie Colm auf der Landstraße vor ihrem Haus mit lauter Stimme zu verwünschen.

»Colm Derrane steht mit dem Teufel im Bund«, kreischte sie. »Er hat Unglück über mich gebracht. Ich war ihm dankbar, als er mein Kalb gekauft hat, und ich hab geglaubt, er tut mir einen Gefallen, und ich könnt mir noch dazuborgen und zusammenlegen und mir eine neue Kuh kaufen. Gott bewahr mich, nein! Auf seinem Geld liegt ein Fluch. Die Leute sagten alle, weil wieder Krieg sei, wollten sie nichts abgeben von dem, was sie besitzen. Sie sagten, aus Angst vor großem Unheil müßten sie alles zusammenraffen, was sie haben. Aber in Wahrheit ist's anders: sie wollten einer Frau kein Geld borgen, die ihr Kalb an einen Volksfeind verkauft hat. Und da steh ich nun ohne einen roten Penny in der Rocktasche, ohne Kuh und ohne Mann, aber mit kränklichen Kindern. Sie werden mir noch sterben, die armen kleinen Würmchen, ohne die Milch, die der Doktor ihnen verschrieben hat! Ich hab keine Kraft mehr und kann nicht für sie sorgen. Jeden Abend nach meinen weiten Gängen bin ich so müde, daß ich ihnen nicht mal die Läuse aus dem Haar lesen kann. Ach, die armen kleinen Würmchen! Gott, erbarm dich meiner Waisen!«

Colm kümmerte sich ebensowenig um ihr Geschimpfe wie um die Feindseligkeit der Dörfler. Seit dem Wutanfall, den er bekommen hatte, als man ihm sagte, er würde von nun an als Ausgestoßener behandelt, hatte er sich gut zu beherrschen verstanden. Er wurde streng und schweigsam und abweisend, und nur, wenn er die beiden jungen Bullkälber sah, war er anders. Dann konnte er lachen und liebevoll einherreden.

»Oh, ihr prächtigen Tiere«, sagte er, wenn er ihnen zuschaute, wie sie an den Zitzen der Kuh saugten. »Sauft tüchtig und werdet mir stark! Laßt ja keinen Tropfen Milch im Euter! Ihr beide sollt mir Preiskälber werden!«

So zärtlich er zu den Kälbern war, so grob war er zu seiner Familie. Er brachte nur soviel Milch ins Haus, daß sie sich damit ihren Tee färben konnten. Alles übrige durften die Kälber verschlingen. Damit es zu keinerlei Betrug kam, verbot er seiner Frau und den Kindern unter Androhung schwerster Strafen, in die Nähe der Kuh zu gehen.

Bald nachdem die Kälber von der Kuh abgesetzt waren, kam seine Frau zu ihm und erhob Einspruch.

»Ich kann ohne Butter auskommen«, sagte sie, »wenn's mir auch das Herz zerreißt, daß die Kinder quengeln. Dauernd fragen sie, wann's wieder Butter gibt. Aber wenn ich nicht genug Buttermilch für den Sauerteig von unserem Brot bekomme, dann ist mir das wirklich zuviel. Ich verlange ja weiter nichts als genug Milch, daß ich ein einziges Mal kirnen kann.«

»Ich geb sie dir nicht«, sagte Colm kalt. »Ich kann die Kälber nicht hungern lassen, bloß, damit unser Brotteig aufgeht. Wir können das Brot ebensogut flach essen. Kälber müssen während der ersten zwölf Monate eine gute Grundlage bekommen, indem man ihnen dauernd jedes Loch und jede Ecke in ihrem Bauch vollstopft. So bekommen sie Knochen und Muskeln und Kraft und Sehnen, und wenn's dann soweit ist mit ihnen, ist es einfach, gutes festes Fleisch aufzubauen. Dann haben sie ein Gerüst, das die ganze Last tragen kann.«

Seine Frau blickte ihn, während er sprach, voller Bestürzung an. Sie konnte es nicht begreifen, daß ein Mann, der früher so freundlich und so besorgt um das Wohl seiner Familie war, sich plötzlich so rücksichtslos benahm. Als er schwieg, brach sie in Tränen aus.

»Gott wird dich strafen, weil du so grausam bist«, sagte sie zu ihm.

»Still!« sagte Colm. »Nimm dir nur keine Frechheiten heraus!«

Der Hochsommer kam. Er war für die armen Leute im Dorf stets eine Zeit der Fülle. Die neuen Kartoffeln wurden aus dem Boden geholt. Die jungen Zwiebeln in den Gärtchen waren frisch und saftig. In den Häusern war reichlich Milch und Butter vorhanden. Jeden Tag wurden große Körbe voll Kabeljau und Pollack und Brassen und Makrelen vom Meer heraufgebracht. Die Hühner legten wieder, und die überschüssigen Hähnchen von der Frühlingsbrut ergaben eine Brühe für die Schwächlichen. Beim Abendbrot stopften sich die Leute mit ihrem Lieblingsessen voll: mit Kartoffelbrei, Butter, Schalotten und gekochtem Fisch. In die Mitte des dampfenden Gerichts wurde noch ein großer Klumpen gelbe Butter gedrückt. Der Tisch wurde draußen vor der Haustür gedeckt, so daß sie, während sie aßen, die Vögel im einschläfernden Zwielicht singen hören und die rote Pracht des Sonnenuntergangs über dem Meer sehen konnten. Hinterher watschelten die Männer bedächtig zum Versammlungsplatz des

Dörfchens hinauf und schickten aus ihren Pfeifen große Wolken Tabakrauch in die Abendluft. Sie streckten sich aus, den Rücken an die Felsen gelehnt, und lauschten hingerissen und zufrieden auf das Vogelkonzert. Hin und wieder erhob einer seine Stimme und sang mit den Vögeln um die Wette, Gott für seine gütigen Gaben zu danken.

Nun aber lehnte sich Mrs. Derrane offen gegen ihren Mann auf. Eines Abends nahm sie das Schüreisen in die Hand und stellte sich vor ihn hin.

»Jetzt laß ich mir's nicht länger gefallen, Colm«, rief sie wild. »Wir müssen hier von Kartoffeln und Salz leben, während unsre Nachbarn schlemmen. Alles muß für die Kälber aufgespart werden. Der Teufel soll sie beide holen! Du gönnst uns nicht mal ein bißchen frischen Fisch. Jeden Fisch, den du im Frühling ins Haus gebracht hast, den mußte ich doch, weiß Gott, einsalzen, damit du ihn später verkaufen kannst und Geld hast, um Gras für deine Biester zu kaufen. Die Kinder und ich, wir dürfen ruhig den Strand nach Schnecken und Muscheln absuchen, wie's die Leute während der Großen Hungersnot gemacht haben. Großer Gott, die Eingeweide sind uns schon zu Fetzen gerissen, weil die Schnecken so abführen! Es ist eine Schande für uns, daß wir wie die Möwen nach stinkiger Nahrung herumstöbern müssen, während die Dorfleute herrlich und in Freuden schmausen können. Jetzt muß mir das aber aufhören, sonst nehm ich die Kinder und kehr mein Gesicht zum Haus hinaus. Du mußt das Kalb abschaffen, das du gekauft hast. Dann können wir wieder so wie früher leben. Wir wollen nicht mehr wie Ausgestoßene leben!«

Colm stand auf und blickte sie kalt an.

»Ich zieh die beiden Kälber auf«, sagte er feierlich, »sogar wenn du und ich und die Kinder in der Zeit Dung essen müssen. Die andern Leute sollen sich ruhig im Hochsommer den Bauch vollschlagen und arm bleiben. Ich will vorankommen im Leben. Und das kann man nur, wenn man spart.«

Die Frau hob das Schüreisen hoch und bedrohte ihn damit.

»Das laß ich mir nicht gefallen«, schrie sie. »Ich sag's dir ins Gesicht: entweder hörst du auf mich, oder ich spalte dir den Schädel mit dem Schüreisen!«

»Leg das Schüreisen hin!« sagte Colm ruhig.

»Willst du das Kalb abschaffen?« fragte seine Frau.

»Leg's hin!« sagte Colm.

»Erst bring ich dich damit um«, schrie seine Frau hysterisch.

Sie holte mit aller Kraft zum Schlage aus, doch er sprang behende beiseite und wich dem Schlag aus. Dann griff er sie an und verschränkte ihr die Arme auf dem Rücken.

»Jetzt will ich dir eine Lehre erteilen«, sagte er ruhig. »Ich will dich so strafen, daß du's nie vergißt.«

Er schleppte sie vor den Kamin.

»Ruft die Nachbarn«, schrie seine Frau den Kindern zu. »Lauft auf den Hof und ruft, damit die Leute kommen und mich vor dem Mörder erretten!«

Die Kinder liefen auf den Hof hinaus und riefen um Hilfe, während Colm eine trockene Weidenrute ergriff, die neben dem Kaminplatz auf Holzpflöcken lag.

»In Zukunft wirst du mir hübsch gehorchen, meine Beste«, sagte er. »Ich schwör's dir hoch und heilig, daß du mir gehorchen wirst!«

Er begann sie durchzuprügeln. Sie versuchte ihn in die Beine zu beißen. Da drehte er sie um, so daß sie mit dem Gesicht zum Fußboden lag, und setzte seinen Fuß auf ihren Rücken.

»Ich bring dich um, sowie ich kann«, rief sie. »Ich mach dich tot, wenn du im Schlaf liegst!«

Dann verschränkte sie die Arme unter ihrem Gesicht, biß die Zähne zusammen und nahm die Prügel stumm in Empfang. Er mußte sie sehr lange schlagen, ehe das eigensinnige Geschöpf nachgab und um Gnade bat.

»Meinetwegen«, sagte Colm gelassen. »Versprichst du mir, von jetzt an gehorsam zu sein und mich nicht mehr wegen des Kalbs zu ärgern?«

»Ich versprech's«, sagte seine Frau.

»Dann steh in Gottes Namen auf«, sagte Colm sanft, »und ruf die Kinder ins Haus.«

Seine Frau blickte ihn von der Seite her voller Staunen an. Sie stand nicht auf. Sie war verblüfft, weil er so ruhig war und so liebevoll mit ihr sprach, nachdem er sie doch erst so grausam durchgeprügelt hatte.

»Steh auf, Frau«, fuhr er fort. »Wir wollen uns nicht wieder so benehmen. Es ist ein Ärgernis für die Kinder.«

Dann hob er sie sanft auf und stellte sie auf die Füße. Ohne ihn anzuschauen, rannte sie auf den Hof hinaus.

»Geht ins Haus!« gebot sie den Kindern strenge. »Marsch, hinein mit euch!«

Sie drehte sich zu den Nachbarn um, die herbeigelaufen waren, als die Kinder um Hilfe gerufen hatten. Sie standen draußen auf dem Weg und waren unschlüssig, ob sie einen Hof betreten dürften, der einer ausgestoßenen Familie gehörte.

»Was führt Euch denn her?« schrie Mrs. Derrane sie an. »Gutes wollt Ihr uns ja doch nicht antun! Fort mit Euch! Kümmert Euch um Euern eigenen Kram!«

Als sie in jener Nacht im Bett lag, umklammerte sie Colm mit beiden Armen und legte ihre Wange an seine Brust.

»Ich hab geglaubt, der Teufel wär über dich gekommen«, flüsterte sie, und die Tränen rollten ihr übers Gesicht. »Jetzt weiß ich's besser. Du möchtest, daß deine Familie vorankommt im Leben, und ich hab dich dran gehindert und war wie ein Mühlstein an deinem Hals.«

Colm nahm ihren Kopf in seine großen, rauhen Hände und küßte sie aufs Haar.

»Gott erhalte deine Gesundheit, Kind«, sagte er. »Mit deiner Hilfe muß uns alles glücken!«

Da die Kinder ihre Eltern wieder glücklich vereint sahen, wurden auch sie von deren Begeisterung angesteckt. Sie waren jetzt mit Freuden bereit, für das allgemeine Wohl Opfer zu bringen. Selbst der kleinste Junge, der erst fünf Jahre alt war, hatte tagtäglich eine andere Pflicht. Die ganze Familie arbeitete wie die Bienen in einem Bienenkorb.

Die Wendung der Dinge machte solchen Eindruck auf die Dorfleute, daß sie sich zu fragen begannen, ob sie sich der Familie Derrane gegenüber gerecht verhalten hätten.

»Wenn es schlecht ist, was er tut, warum kommt er dann voran?« fragte der eine den andern. »Ist es nicht eher so, daß Gott seine Bemühungen, im Leben voranzukommen, gesegnet hat? Vielleicht sind wir's, die schlecht sind – wegen unsrer Faulheit?«

Mit all seiner Geschicklichkeit bemühte sich Andy Gorum auf dem Versammlungsplatz, daß die Männer nicht andern Sinnes wurden.

»Ihr werdet's bald erleben, daß er auf den Knien zu uns kommt«, sagte Gorum, »und uns um Erbarmen bittet. Es scheint jetzt vielleicht so, als ob er gut vorankommt. Seine beiden Käl-

Armut und Reichtum

ber gedeihen unerhört. Seine Frau und seine Kinder und er selbst arbeiten Tag und Nacht. Er hat eine geschickte Hand in allen Dingen, die Geld einbringen. Aber wartet nur, bis der Winter kommt! Dann findet er kein Gras mehr für seine beiden Tiere. Der Metzger von Kilmacalla hat eine Herde schwarzer Rinder gekauft, die will er für die kriegführenden Engländer fett füttern. Im Dorf Pusach hat er deshalb alles übrige Weideland gepachtet. Viele reiche Leute im Distrikt haben sich Herden gekauft, weil Krieg ist. Nirgends wird auch nur ein einziger Grashalm stehen, den ein Armer sich pachten könnte. Die Reichen haben es alles in ihren Krallen. Dann muß Colm das Kalb mit dem dunklen Fell schlachten. Ich schwör's bei Gott, wenn die Weihnachtskerzen brennen, essen wir das Fleisch von dem dunklen Bullkalb!«

Gorums Prophezeiung erwies sich als falsch. Colm gelang es, Gras zu finden, denn die Familie Higgins war wieder ins Unglück geraten. Als der Sommer zu Ende ging, konnten die Dörfler der Witwe und ihren Waisen nicht viel mehr als das Allernotwendigste an Hilfe geben. Und das wenige, was die zerrüttete Frau erhielt, verbrauchte sie auf törichte Art. Ja, sie wandte sich jetzt sogar gegen das ganze Dorf – wie sie sich früher gegen Colm gewandt hatte – und beschimpfte die Gemeinde, so laut sie nur konnte.

»O je und o weh!« schrie sie jetzt, wenn sie barfuß von einem Haus zum andern lief. »Der Allmächtige war grausam, als er mich arme Witwe unter Leuten leben ließ, die schlimmer als Türken und Heiden sind! Da sitz ich mit meiner kranken Kinderschar, und ohne Essen und Trinken vom Morgen bis zum Abend! Kein Rauch steigt aus meinem Schornstein auf – die ganze Woche durch von Montag bis Samstag. Ich kann auf meinem Herd nichts weiter brennen als Kuhdung und armselige Brombeerranken. Kein heißer Schluck für den Magen meiner Kleinen! O je und o weh! Verflucht solln sie sein, meine hartherzigen Nachbarn!«

Gegen Ende September wurde es kalt, und die beiden Kleinsten überlebten die Kälte nicht. Sie starben beide in der gleichen Woche an Lungenentzündung. Nach dem Tod des zweiten Kindes geriet der Verstand der Mutter vollkommen in Verwirrung. Sie ließ das Kind unbeerdigt im Haus liegen und wanderte mitten in der Nacht mit kaum einem Faden auf dem Leib aus dem

Haus. Am Abend des folgenden Tages wurde sie gefunden, wie sie oben über die Steilklippen lief. Sie wurde ins Irrenhaus gebracht. Die überlebenden fünf Kinder, die keine Unterkunft bei Verwandten finden konnten, wurden ebenfalls in staatlichen Anstalten untergebracht. Und dann stellte es sich heraus, daß die Witwe rechts und links Geld schuldete. Ihre Gläubiger, hauptsächlich Laden-Inhaber von Kilmacalla, gerieten sich wegen der Verfügung über das Haus und das Land in die Haare. Die Sache gelangte vors Bezirksgericht.

»Das ist eine gute Gelegenheit für mich«, sagte Colm zu seiner Frau. »Vielleicht kann ich den Winter über dort Gras für meine Tiere bekommen.«

Am Tage, als der Fall vor Gericht verhandelt wurde, zog Colm seine Feiertagskleider an, nahm den großen Geldbeutel und ging zum Gericht in Kilmacalla. Nachdem er sich die Argumente der verschiedenen Advokaten eine Zeitlang angehört hatte, wurde ihm erlaubt, sich an den Richter zu wenden.

»Euer Gnaden«, sagte er, »es wäre ein Ungerechtigkeit gegen die Kinder, wenn das Anwesen jetzt versteigert oder zwischen den Ladeninhabern aufgeteilt würde. Damit würde man den Kindern das Brot vom Munde nehmen. Sie haben ein Recht, später mit dem Land zu machen, was ihnen paßt. Wenn sie erwachsen sind und ihr Leben selbst in die Hand nehmen, sollten sie selber entscheiden, ob das Land verkauft werden oder einem von ihnen zufallen soll, damit er sich dort seine eigene Familie gründet. Und bis dahin lassen Sie mich's von ihnen in Pacht nehmen, Euer Gnaden. Jahraus, jahrein will ich pünktlich meinen Pachtzins dafür zahlen. Jeder kennt mich, Sir, und weiß, daß ich Wort halte. Nie in meinem Leben hab ich ein Versprechen nicht gehalten. Jeder kann Ihnen das bestätigen, vom Priester angefangen. Die Schulden der Mutter können im Nu aus dem Pachtzins bezahlt werden. Und was könnten die Laden-Inhaber sonst noch wollen – falls sie nicht Landwucherer sind? In Gottes Namen, Euer Gnaden, wenn Sie mich das Land pachten lassen, anstatt daß die Leute hier es unter sich zerschnitzeln, dann verhalten Sie sich wie ein wahrer Christ. Gott mit Ihnen, Sir!«

Der Richter genehmigte schließlich Colms Vorschlag, den Streit auf solche Art beizulegen.

»Gelobt sei Gott!« rief Colm bei seiner Heimkehr. »Jetzt bin ich vor dem Winter sicher. Nun kann mir nichts mehr in die Quere kommen. Die beiden Tiere sind schon so gut wie aufgezogen, und damit Gott befohlen.«

Gorum war über die Wendung erbost. Abends auf dem Versammlungsplatz griff er Colm wutentbrannt an.

»Ein verdammter Heide bist du!« rief er. »Die beiden Kleinen sind kaum im Grabe kalt geworden, und schon stellt der Blutsauger, der sie um ihre Milch gebracht hat, seine beiden Kälber auf das Weidland ihrer Mutter. O ja, seine beiden Kälber sind prächtig, das stimmt. Warum auch nicht? So fett und stark sind sie durch die Milch geworden, die eigentlich die beiden kleinen Toten hätten trinken sollen. Oh, die armen kleinen Würmchen! Das ist wahrhaftig ein wunderbarer Zustand: zwei Kinder mußten sterben, und zwei Tiere platzen vor Fett, weil sie das Essen der Kinder bekommen haben. Heilige Mutter Gottes! Das ist ein ganz verfluchter Zustand. Den Tieren wird das beste Futter gegeben, und die Kinder läßt man Hungers sterben! Verdammnis über unser Dorf, wenn solche Sachen hier passieren dürfen!«

Die Männer spotteten über seine Reden. Sie hatten das Vertrauen zu dem alten Mann verloren.

»Du bist neidisch auf Colm«, sagten sie zu Gorum. »Du bist eifersüchtig auf seinen Erfolg und seine Klugheit. Du bist nicht länger ein weiser Mann. Der Haß hat einen Schafskopf aus dir gemacht!«

Einer nach dem andern gingen sie in Colms Haus und saßen an seinem Kaminplatz und rauchten zusammen die Pfeife. Die Frauen brachten Mrs. Derrane Geschenke, und am Sonntag nach der Messe saßen sie mit ihr auf dem Frauenhügel und strickten. Die Männer ließen sich von Colm beraten, wie sie sich vorher bei Gorum Rat geholt hatten. Auf dem Versammlungsplatz ließen sie Colm den Ehrensitz einnehmen. Wenn er sprach, herrschte Stille.

»Gott ist gut zu uns«, sagte Colm zu seiner Frau.

»Das ist er wahrhaftig«, sagte Mrs. Derrane. »Gepriesen sei sein Name!«

Und doch wurde es für die Familie Derrane immer schwieriger, den Winter zu überstehen. Die Pacht für das Land der Witwe riß ein großes Loch in den Geldbeutel. Die Begeisterung der Kinder flaute ab, je mehr der Winter vorrückte und je mehr sie hungern mußten. Bald konnte keiner sie dazu bringen, ihren Eltern zu helfen.

Mrs. Derrane vergaß ihr feierliches Versprechen, ihrem Mann beizustehen. Sie murrte laut, als Colm für das Weihnachtsessen nicht einmal ein Ei bewilligte.

»Großer Gott!« sagte sie. »Man kann's auch übertreiben. Seit dem Frühling haben wir weder Fisch noch Fleisch gegessen. Du hast nicht mal erlaubt, daß wir uns einen Stechpalmenzweig oder eine Weihnachtskerze kauften. Wir sind ein Schandfleck fürs ganze Dorf, wenn wir am Ehrentag unsres Herrn nur Kartoffeln mit Salz auf den Tisch stellen.«

»Ruhig!« sagte Colm. »Das ist nicht der rechte Augenblick, um dreist zu werden!«

Und obendrein befahl er noch, daß alles Tuch, das von der diesjährigen Wolle gesponnen worden war, verkauft werden müßte, anstatt daß Sachen für die Familie daraus genäht wurden.

»Unsre Lumpen reichen auch noch ein Jahr länger«, sagte er. »Und überhaupt wärmen geflickte Sachen genausogut wie neue.«

Jedermann in Colms Familie wurde schrecklich mager und schwach, doch Colms eiserner Wille riß sie hoch, so daß keiner krank wurde.

»Wir müssen nur noch kurze Zeit durchhalten«, sagte er ihnen stets, »und den Mut nicht sinken lassen. Und dann wird's uns gutgehen, und im ganzen Kirchspiel werden wir reich und berühmt sein!«

Er sah selber wie das reinste Skelett aus, denn er aß so gut wie gar nichts, damit die Kinder möglichst viel zu essen bekämen.

»Du wirst dich noch zugrunde richten«, sagte seine Frau, als er das Land für die Frühlingssaat vorbereitete. »Du siehst wie ein Kranker aus. Laß mich doch um Gottes willen Geld aus dem Beutel nehmen und dir ein bißchen Schweinebacke kaufen!«

»Ruhig, Frau!« sagte er. »Nicht ein Penny wird angerührt. Ich habe einen Plan! Wir brauchen alles, was wir haben, und noch mehr, damit mein Plan klappt. Es ist nicht so einfach, reich zu werden, das kannst du mir glauben.«

Die verzweifelte Lage der Familie wurde etwas erleichtert, als die Kuh ihr Kälbchen einen Monat früher als gewöhnlich bekam, nämlich in der ersten Märzwoche. Die Kinder wurden wieder fröhlich, denn jetzt durften sie viel frische Milch trinken.

Und Buttermilch war auch da, um den Brotteig zu säuern. Sogar herrliche, gesalzene gelbe Butter gab es, die frisch aus dem Kirnfaß kam: blasse Wassertropfen schimmerten noch auf ihrer Oberfläche, wenn sie dick auf die langen Scheiben knusprigen Kuchenbrots aufgetragen wurde.

Die glücklichen Kinder tuschelten abends aufgeregt vom bevorstehenden Frühlingsmarkt, denn durch den Verkauf der Schweine und der beiden Jährlinge würden große Reichtümer ins Haus kommen. Wieder und immer wieder unterhielten sie sich über die Spielzeuge und hübschen Sachen, die ihre Mutter ihnen am Jahrmarktstag in der Stadt kaufen würde, um sie zu belohnen, weil sie auch mitgeholfen hatten, die beiden Jährlinge aufzuziehen.

Wer weiß wie oft liefen sie auf die Weide, wo sich die beiden Jährlinge am saftigen jungen Gras satt fraßen.

»Es sind Champions«, riefen sie prahlerisch, wenn sie über die Feldsteinmauer auf die beiden Tiere starrten. »So prächtige Tiere hat noch kein Mensch gesehen!«

Ein paar Tage vor dem Jahrmarkt machte Colm den Träumen der Kinder ein Ende.

»Hört mal alle her«, sagte er eines Abends nach dem Essen zu seiner Familie. »Ihr habt schwer gearbeitet und tüchtig geholfen mit den beiden Tieren. Es sind jetzt zwei schöne Jährlinge, gottlob. Aber nun müssen wir alle noch ein bißchen schwerer arbeiten, und dann haben wir die beiden besten Ochsen, die es jemals gegeben hat.«

Mrs. Derrane war sprachlos, als sie die Neuigkeit hörte. Sie sank auf einen Schemel und fächelte sich mit der Schürze ihr Gesicht.

»Bist du verrückt geworden, Colm?« rief sie schließlich. »Wie können wir die beiden Tiere denn noch ein Jahr halten? Wie können wir zwei Ochsen halten? Wir haben doch auch noch unser diesjähriges Kälbchen, das größer wird und auch fressen will?«

»Ich habe einen Plan«, sagte Colm. »Wir richten uns einen Laden ein.«

Seine Frau bekreuzigte sich und blickte ihn voller Entsetzen an.

»Warum nicht?« sagte Colm. »Bloß die Laden-Inhaber bringen es zu etwas in der Welt.«

»Bist du verrückt?« rief seine Frau. »Wo sollen wir das Geld hernehmen, um einen Laden einzurichten?«

»Wir brauchen nichts weiter als Mut«, sagte Colm. »Die paar Pfund, die wir gespart haben, und dazu das Geld für die Schweine, das genügt, um den Laden zu eröffnen. Ich sage dir, Frau, daß wir nichts weiter brauchen als Mut und guten Willen. Wenn wir alle zusammen Tag und Nacht schwer arbeiten ...«

»Allmächtiger Gott!« unterbrach ihn seine Frau. »Du bist wahnsinnig geworden! Die beiden Tiere sind dir zu Kopfe gestiegen!«

»Aber, aber!« sagte Colm. »Das ist ja alles nicht wahr. Ich bin noch nie im Leben so gescheit gewesen. Der Krieg wird noch jahrelang dauern. Die richtige Kampfstimmung hat die im Kampf liegenden Völker erst jetzt gepackt. Meinetwegen. Während die verrückten Nationen sich gegenseitig bekämpfen und totschlagen, wollen wir unsern Vorteil daraus ziehen und es in der Welt zu etwas bringen. Für alles Eßbare wird bald eine große Nachfrage sein. Alles, wovon einem der Mund wässerig wird, kann höchste Preise erzielen. Lebensmittel werden bald wertvoller als Gold sein. Kleidungsstücke ebenfalls. Darum wollen wir in Gottes Namen einen Laden einrichten und ihn mit Ware ausstatten. Wir wollen mit unserm Pferd und dem Wagen durchs Kirchspiel ziehen und alles aufkaufen, was die Leute zu verkaufen haben: Eier und Butter und Karragheen-Moos und Fische und Wolle und Häute und Kartoffeln. Wir wollen alles kaufen, was man verkaufen kann. Und für das, was wir kaufen, können wir mit Ware aus dem Laden bezahlen. Dann können wir das, was wir hier aufgekauft haben, in der Stadt mit Gewinn verkaufen, begreifst du? Später können wir auch Schafe kaufen und ...«

»*Arrah!* Du bist vollkommen verrückt geworden!« unterbrach ihn seine Frau ärgerlich. »Hör doch auf, so vor den Kindern zu sprechen, Mann!«

Doch nun war für die Kinder der Augenblick gekommen, wo sie in Tränen ausbrachen, denn sie konnten ihre Enttäuschung nicht länger verbergen.

»Hört auf zu jammern!« schrie Colm und sprang auf. »Weint ihr etwa, weil ihr nichts vom Jahrmarkt bekommt? Weil ihr Bonbons und Knallerbsen und Spielzeug haben wollt? Gut! Dann sag ich euch jetzt, daß ihr haufenweise Bonbons und Spielzeug bekommt, wenn wir erst den Laden haben. Jeden Tag könnt ihr dann Bonbons bekommen, und Spielzeug auch. Habt ihr verstanden? Dann ist jeder Tag vom Jahr für euch wie ein Jahrmarkt.«

Seine groben, durch Entbehrungen und Sorgen bis auf die Knochen abgemagerten Gesichtszüge strahlten jetzt vor Begeisterung, während er seine Familie dazu überredete, ihn in seinen ehrgeizigen Plänen zu unterstützen, um ›es in der Welt zu etwas zu bringen‹. Und solche Macht hatte der Plan, von dem er besessen war, daß die Kinder im Nu zu weinen aufhörten. Voller Eifer hörten sie sich seine phantastischen Versprechungen an. Ihre kleinen Gesichter strahlten bald ebenso wie sein eigenes.

Auch seine Frau ließ sich anstecken, als sie sah, wie ihr strenger Mann seine Kinder mit Lächeln und Scherzen und schmeichlerischen Worten für seinen Plan zu gewinnen versuchte.

»Ich würd's nicht glauben«, sagte sie bei sich, »wenn ich's nicht mit meinen eigenen Augen sähe.«

Die Tränen rollten ihr übers Gesicht, und ihre Oberlippe zitterte.

»In fünfzehn Jahren hab ich nicht ein einziges Mal gesehn, daß er eins von den Kindern auf seinen Knien reiten ließ«, stammelte sie vor sich hin und wischte sich die Augen mit dem Schürzenzipfel trocken. »Und ich hab wahrhaftig niemals gesehen, daß er vor einem weinenden Baby mit der Rassel geklappert hat. Und da steht er nun auf einmal und macht sich zum Marktschreier! Allmächtiger Gott! Wenn ich's nicht mit meinen eigenen Augen sähe ...«

»Und wenn wir erst Laden-Inhaber sind, dann haben wir die schönsten Sachen in Hülle und Fülle«, fuhr Colm fort. »Wir können sogar Speck zum Frühstück essen. Ja, bestimmt, jeden Morgen können wir große, dicke Streifen knusprigen Speck essen, nur nicht freitags, natürlich. Die Dorfleute werden auf unsern Hof kommen, um das leckere Essen zu riechen, das in unsrer Pfanne brutzelt. Oh, ich sag euch, wir können Bäuche bekommen – so dick wie die von den Touristen! Wir werden kaum noch die Straße entlanggehen können, weil wir unser ganzes Fett schleppen müssen. Und wir haben Bänderkram und Samt und in jedem Zimmer einen Spiegel!«

Wieder einmal hatte er seine Frau und die Kinder vollständig für seine Idee gewonnen. Sie gingen also alle mit Begeisterung an die Arbeit, und der Laden wurde schleunigst eingerichtet. Es war sofort ein Erfolg. Die Leute kamen von weither, um mit dem mutigen Mann Geschäfte zu machen, der versuchte, auf zwanzig Ackern steinigen Landes zwei Ochsen aufzuziehen.

»Tod und Teufel!« sagten die Leute. »Es wird ihm bestimmt nicht glücken, aber trotzdem muß man seinen Mut bewundern. Wahrscheinlich wird er bei Kate Higgins im Narrenhaus enden, doch deshalb muß man ihn erst recht bewundern, weil er's versucht. Er macht dem Kirchspiel Ehre.«

Wenn Colm mit seinem Wagen herumzog und immer eins von den Kindern bei sich hatte, dann war jeder darauf erpicht, mit ihm ein Geschäft zu machen. Die Leute verkauften ihm alles, was sie bei der Hand hatten, und sie bemühten sich, nicht zu viel dafür zu verlangen. Bald mußte er das Haus und die Scheune von Kate Higgins hinzunehmen, um all seine Waren unterzubringen. Nach wenigen Monaten konnte er schon Fahrten in die Stadt machen und erzielte dort für alles, was er zu verkaufen hatte, hohe Preise.

Das Geld strömte so rasch und so reichlich ins Haus, daß seine Frau sich zu fürchten begann.

»Daß Gott unsre Herzen reinhalte von Stolz und Hochmut«, sagte sie, wenn sie die Geldscheine in den langen Friesbeutel steckte. »Es ist gefährlich, so rasch reich zu werden.«

»Du brauchst dich nicht zu fürchten, Frau«, sagte Colm zu ihr. »Als die Zeiten schlecht waren, haben wir uns alles versagt und den Mut nicht verloren. Darum gibt uns Gott jetzt ein tüchtiges Draufgeld als Belohnung. Sei dankbar, Frau, und fürchte dich nicht!«

Die Versprechen, die er den Kindern gegeben hatte, erfüllten sich. Es war alles in Hülle und Fülle vorhanden. Die kleinen Mädchen hatten Bänder im Haar und Spielzeug, mit dem sie sich in ihrer Freizeit vergnügen konnten. Seine Frau bekam ein Samtkleid und einen Federhut. Zum Frühstück aßen sie Speck.

»Sicher ist er auf einen Glücksstein getreten«, sagten die erstaunten Dörfler. »Aus allem, was er in die Hand nimmt, macht er einen Haufen Geld.«

Nur Andy Gorum hielt an seiner Prophezeiung fest, daß Colm mit Unglück geschlagen würde, weil er versuchte, ›allein zu stehen und sich über die andern zu erheben‹.

»Wartet's nur ab«, schrie Gorum immer wieder auf dem Hügel vor dem Dorf. »Gott wird ihn schlagen, wenn er's am wenigsten erwartet. Die beiden Tiere, die jetzt so prächtig sind, kommen bestimmt nicht auf ihren lebendigen vier Beinen zum Viehmarkt.«

Diese Prophezeiung erwies sich als ebenso falsch wie die vorhergehende. Während des ganzen Winters und im darauffolgenden Frühling verwendeten Colm und seine Familie die größte Sorgfalt an die beiden Tiere, die ihnen zum Wohlstand verholfen hatten. Daher waren sie tatsächlich die beiden Champions auf dem Jahrmarkt. Der Ochse mit dem dunkelweinroten Fell wurde von allen als das schönste Tier gepriesen, das man je in der Gegend gesehen hätte. Er erzielte den höchsten Preis.

Tränen rannen Colm über die Wange, als er, nachdem er sich von den Tieren getrennt hatte, mit seiner Frau vom Bahnhof fortging.

»Die beiden prächtigen Tiere haben mir Glück gebracht«, sagte er. »Mir ist jetzt einsam zumute, weil sie nicht mehr da sind. Wenn sie nicht gewesen wären, hätt ich mir nie vorgenommen, in der Welt voranzukommen. Gelobt sei Gott! Seine Wege sind wundersam. Den einen schlägt er nieder, und den andern erhebt er.«

»Du hast recht«, sagte seine Frau. »Gepriesen sei sein heiliger Name! Wir sind nur armselige Sünder und können seine geheimnisvollen Wege nicht erkennen.«

»Wenn die Kuh von Kate Higgins nicht gestorben wäre, dann wären wir noch heutigentags armselige Knechte auf unserm bißchen Land und müßten uns bis ans Ende unsrer Tage mit dem Hunger herumschlagen und würden niemals mit dem Mißgeschick fertig werden. Und sieh uns jetzt mal an, Frau! Wir können bald steinreich sein! Weiß der Himmel, wie weit wir's noch mal bringen!«

»Hör jetzt auf, so zu reden«, sagte seine Frau. »Wir dürfen nicht hochmütig werden. Und wir dürfen uns nicht rühmen. Die Leute werden schon neidisch auf uns. Ich seh schon den mißgünstigen Blick in den Augen unsrer Nachbarn.«

»Das stimmt«, sagte Colm. »Und deshalb habe ich daran gedacht, in der Stadt einen Laden aufzumachen. Es könnte besser sein, wenn wir nicht länger den Leuten vor Augen stehen, die uns als Arme gekannt haben.«

»In der Stadt?« rief seine Frau. »Nimm dir nur nicht zuviel vor, Colm!«

»Keine Bange!« erwiderte Colm. »Ich weiß, was ich will. Ich stelle ein paar Leute an und beginne im Großen einzukaufen. Das Geld liegt nur so auf der Straße. Man braucht weiter nichts als Mut, Frau!«

»In Gottes Namen!« sagte seine Frau.

Als sie die Stute für die Heimfahrt vor den neuen zweirädrigen Wagen spannten, kam Andy Gorum mit einer Gruppe betrunkener Männer des Wegs.

»Gottes Mühlen mahlen langsam«, grölte Andy, »doch sie mahlen trefflich fein! Die Blutsauger schleppen die Lebensmittel aus unserm Land und geben sie den kämpfenden Ausländern, und unsre Kinder müssen verhungern und sterben. Wir sind barfuß und in Lumpen, und sie verkaufen unsre Wolle und unsre Felle an die Kriegführenden. Sie schaffen all unsre prächtigen Tiere übers Meer, um den Heiden die Bäuche zu füllen. Doch bald wird die Zeit kommen, wenn die Hand des allmächtigen Gottes die Blutsauger niederschlägt, die uns ausplündern. Sie müssen in alle Ewigkeit in der Hölle schmoren!«

Als Colm in seinem neuen grünen Sportwägelchen fortfuhr, pfiffen ihm eine Menge Leute voller Haß und Hohn nach. Jetzt, da er sich so hoch erhoben hatte, war er wieder zum Feind geworden.

Sein hageres Gesicht war vollkommen gleichgültig gegen ihre Hohnrufe. Seine blassen Augen blickten starr geradeaus: voller Kälte und Entschlossenheit und Rücksichtslosigkeit.

(Deutsch von Elisabeth Schnack)

Sean O'Faolain
Gottlos leben und beinah sterben

Jacky Cardew ist einer von jenen Klubgängern und Junggesellen, die immer so gut gepflegt, konserviert und pomadisiert, wohlverarztet und betuntelt aussehen, daß ihr Alter unbestimmbar ist – wie eine Art Inventarstück, von dem seine Kameraden, wenn's ihn mit achtzig Jahren doch mal erwischt, sagen: »Nein, so etwas! Daß der arme Jack auch so unerwartet schnell dran glauben mußte!«

Dreißig Jahre lang hatte er in Hotelpensionen gewohnt, die sich Familienheim zubenennen. Letzten Winter aber sagte er zu seinen Freunden: »Diese verdammten Buden sind weder ›Hotel‹ noch ›Heim‹ – darum nehme ich mir jetzt eine Wohnung!« Was er schließlich fand, war eine Art Notbehelf, den man in irischen Städten Etagenwohnung nennt: zwei Zimmer, das heißt eins in zweie unterteilt, das WC im Erdgeschoß und das Badezimmer unterm Dach; und hier im Bad ein scheußlicher, unappetitlicher Gasbadeofen – ein Modell, wie es Prinz Albert vielleicht 1851 bei der großen Ausstellung im Kristall-Palast enthüllt hat.

Aber Jacky war hin. Endlich hatte er ein ›Heim‹. Außer ihm und der Besitzerin wohnte niemand im Hause. Im Erdgeschoß hatte ein Klempner seinen Laden – (das war ziemlich unruhig und roch ein bißchen nach Lötkolben); im ersten Stock waren Anwaltsbüros; die alte Frau wohnte unterm Dach, über Jackys Etage, und er sah sie fast nie, außer, wenn er seine Miete bezahlte.

Eines Nachts im Februar so gegen zwei Uhr morgens – es war häßliches Wetter draußen – hatte sich Jacky mit seinen Freunden gerade zum vierten Mal ›für das letzte Spielchen‹ zurechtgesetzt, als es ihnen so langsam auffiel, daß im Stockwerk über ihnen ein Hund dauernd mit dem Schwanz auf den Boden schlug. Eine Weile war nichts anderes zu hören als das Niederklatschen der Karten auf den Tisch, der Sprühregen auf den Scheiben und die halblauten Ausrufe der Spielenden. Dann hörte man das Klopfen von neuem.

»Wir müssen leiser sein, Kinder«, sagte einer von ihnen, der gerade ausspielte, »unsertwegen kann die alte Dame oben nicht einschlafen.« Sie spielten eifrig weiter. Dann hörten sie es wieder klopfen, diesmal dringlicher und lauter. Jacky blickte um sich, sah die hochgezogenen Augenbrauen, sah auf seine Uhr, auf das verlöschende Kaminfeuer, auf die Regentropfen an der Fensterscheibe, die im Laternenlicht des Squares unten glitzerten, und ging mit einem Stirnrunzeln fort, wie es sonst wohl ein Stift im Büro zu sehen bekam, der nicht genug ›kroch‹. Er zündete ein Streichholz an und stieg die Treppe hinauf. Die Nägel der ausgetretenen Stufen leuchteten auf. Als sie ihn stolpern und fluchen hörte, rief sie; er ging der Stimme nach, duckte sich vor den dicken Dachsparren und schob Wäsche, die sie dort zum Trocknen aufgehängt hatte, mit dem Ellbogen beiseite, so daß ihm die Kälte um den Schädel strich. Endlich fand er ihr Zimmer, eine kahle Dachstube; sie erschien ihm haarsträubend armselig, kalt und ungelüftet. Über das schräge Mansardenfenster liefen die Lichter der Stadt wie Tränen.

Beim Schein des Zündhölzchens sah er, wie sie ihn vom Kopfkissen mit matten Augen entsetzt anblickte; er sah die eingefallenen Wangen, den weißen Bart auf ihrem Kinn und die zwei Zöpfchen, die mit roten Wollresten zugebunden waren. Das Streichholz verbrannte ihm die Finger. Im Dunkeln hörte er sie flüstern: »Mr. Cardew, ich muß sterben!«

Er war so erschrocken, daß er sofort ein neues Streichholz ansteckte. Aber noch mehr erschrak er über die Antwort, die sie ihm auf seine Frage, ob er nicht ihre Freunde rufen könne, gab: »Gott steh mir bei!« keuchte sie. »Grüß Gott, Freunde! – Hab keinen Freund, der mir zu trinken gibt, keinen einzigen in der ganzen Welt!«

Er stürzte die Treppe hinunter. Einer seiner Kameraden war Arzt; der ging nach oben und untersuchte sie, redete ihr gut zu, kam wieder nach unten und sagte, es sei nicht besonders schlimm, es sei nur ihr Alter und vielleicht eine Magenverstimmung. Er verordnete ihr zwei Aspirin und eine Wärmflasche auf den Magen. Sie machten ihr's für die Nacht bequem, und dann gingen alle durch den strömenden Regen mit in die Schultern gezogenem Kopf nach Hause; sie konnten sich nicht genug tun vor Mitleid.

Jacky kehrte in sein unordentliches Zimmer zurück und setzte sich vor den kalten Kamin. Vom Rathaus hörte er die Viertelstunden schlagen, manchmal frisch und klar, manchmal schwach und traurig, so wie der Winterwind gerade gelaunt war. Plötzlich fiel's ihm ein, daß seine eigene Mutter auch in solch einer Nacht gestorben war. Er dachte, wer sich wohl um die alte Frau kümmern würde, wenn sie sterben sollte, und zum erstenmal bemerkte er die Familienbilder, die an den Wänden hingen, meistens junge Männer und Frauen, und Säuglinge mit leeren Gesichtern und offenen Mündern. Eine große, dunkle Vergrößerung hing da: ein Mann mit grauem Schnurrbart und kahlem Kopf.

Er erinnerte ihn an den alten Cassidy, seinen letzten Direktor, der jetzt regelmäßig jeden Dienstag mit einem anderen ehemaligen Bankier namens Enright zu Abend aß. Während Jacky in der toten Asche herumstocherte, fiel es ihm ein, daß Cassidy vielleicht keinen andern Freund in der ganzen Welt hatte – und überhaupt, wenn man erst mal fünfzig ist, was ist's dann noch groß anders als ein verdammter Galopp bergab?

Um halb vier ging er nach oben, um wieder nach ihr zu sehen. Sie schlief und atmete schwer. Er versuchte ihr den Puls zu fühlen, konnte sich aber nicht erinnern, wie viele Schläge normal sind, und bemerkte bloß, daß der ihre so schleppte wie ein Trauermarsch.

Er ging wieder in sein kaltes Zimmer. Es regnete immer weiter. Der Square glänzte hell. Er spürte dumpfe Schmerzen in der Leistengegend und dachte, ob es wohl Blinddarm-Entzündung sei. Dann fiel ihm ein, daß er ihr den Priester hätte schicken sollen, und er rechnete nach, wann er selbst das letzte Mal zur Beichte gegangen war. Um halb fünf schaute er wieder nach; sie atmete leichter, so daß er beruhigt war. Als er in seinen Pyjama stieg, warf er einen strafenden Blick auf sein Embonpoint.

Er wurde wie üblich von der alten Frau, bei der er wohnte, geweckt, als sie ihm eine heiße Tasse Tee mit Toast brachte. Unter dem Arm hatte sie das Gesangbuch; sie war zum Ausgehen angekleidet.

»Mein Gott«, würgte er entsetzt, »ich dachte, Sie liegen im...«

Sie mußte so lachen, daß ihr langer, dünner Körper wie ein Schilf im Wind hin und her schwankte:

»Mr. Cardew, Sie wissen doch, Unkraut vergeht nicht! s' ist noch nicht so weit mit meinem warmen Plätzchen im Fegefeuer!

Ich hab mir's gleich gedacht, daß ich für die Wagenladung Kohl mit Speck, die ich gestern gegessen habe, würde büßen müssen.« Dabei machte sie eine so deutliche Handbewegung vom Magen zur Kehle, daß er schnell sein Toastbrot weglegte. »Den ganzen Tag war ich wie aufgedunsen davon!«

Jacky zog sich an und fluchte lästerlich. Ehe er ging, wollte er mit der Frau ein ernstes Wort reden. Sie war wieder zurück von der Kirche, saß in ihrer Küche und löffelte einen großen Teller Suppe leer.

»Hören Sie mal, Mrs. Canty«, sagte er ernst, »stimmt das wirklich, daß Sie überhaupt keine Freunde haben?«

»Eine Menge Freunde habe ich, Mr. Cardew!« strahlte sie ihn an. »Die besten Freunde, die sich eine Frau nur wünschen kann.« Sie legte ihre knochigen Hände auf einen Stoß Gebetbücher – es waren sicher zwölf, der Stoß war fast einen halben Meter hoch, und alle waren in glänzend schwarzes Leinen eingebunden. »All die Seelen, die im Fegefeuer leiden! Und Sankt Antonius!« Unwillkürlich folgte sein Blick dem ihren zur Anrichte, wo eine große, gelbbraune Statue stand. »Und dann das Herz Jesu!« Er musterte die rotgoldene Figur über dem Spülstein, die noch mit welken Palmzweigen vom letzten Osterfest geschmückt war. »Sehen Sie doch, wie mir die ›Kleine Blume‹ zulächelt! Und dann noch Sankt Joseph und die heilige Monika!«

Jackys Kopf fuhr herum wie ein Wetterhahn. »Und habe ich nicht gerade eben erst zur ›Linken Schulter‹ gebetet? Wenn Sie *das* nicht Freunde nennen, Mr. Cardew!«

Sie lächelte mitleidig. Er ging schnell fort, sonst wäre er noch herausgeplatzt: warum, zum Teufel, haben Sie dann heute nacht nicht Ihre Freunde gerufen, anstatt mich nach oben zu trommeln? – So mußte es seine Sekretärin in der Bank entgelten.

»Der reinste elende Aberglauben, und weiter nichts! Tags den Schnabel aufreißen und nachts wehklagen. Das übliche irische Jammerlied! Und alles nur wegen der Angst vor Hölle und Verdammnis. Da muß man ja Atheist werden!«

Die Sekretärin widersprach. Fast hätten sie sich gestritten. Sie sagte, daß er sich schämen solle, ja sogar, daß ›sein Stündlein‹ schon noch kommen würde. Schließlich machte sie ihn ganz rasend, weil sie ›für ihn beten wollte‹.

Beim Mittagessen verwickelte er sich in eine heftige Diskussion über Religion und gebrauchte dabei dauernd das Wort

Gottlos leben und beinah sterben

›Obskuranten‹. Abends im Klub war er immer noch nicht zur Ruhe gekommen, aber dort mußte er vorsichtig sein, denn die meisten Mitglieder waren Ritter des heiligen Columban, und Geschäft ist Geschäft. Er schlug den Mittelweg ein:

»Übersehen Sie eins nicht: für echte Religion habe ich volles Verständnis. Und ich selbst bin ja kein Heiliger, das gebe ich ganz offen zu. Obgleich ich glaube, daß ich nicht schlimmer bin als andere, vielleicht sogar ein bißchen besser, wenn man's bei Licht besieht. Und eins will ich gern zugeben: im Alter ist die Religion ein großer Tröster. Aber wenn Religion und Charakter nicht Hand in Hand gehen, und zwar der Charakter zuerst – dann zerfällt alles in Formelkram.«

Hierin konnten sie ihm alle unbedenklich recht geben. Er musterte zufrieden seine Karten. »Sie spielen aus, Maguire!«

Nachher ging er zufällig mit Maguire nach Hause. Nach dem langen Regen war die Nacht weich, und ein leises Frühlingsahnen hing in der Luft.

»Vor Ostern wissen wir nicht, woran wir sind«, sagte Maguire und lachte verlegen.

»Warum lachen Sie?«

»Ach, als Sie sich vorhin im Klub über Religion ausließen, dachte ich bloß ... herrjeh, es ist ein Jahr her, seit ich zuletzt zur Beichte war. Und jetzt, wo Ostern näherrückt, werden wir wohl das Kochgeschirr wieder blankputzen müssen ... Osterpflicht, nicht wahr? Wohin gehen Sie? Ich gehe immer nach Rathfarnham zu den Jesuitenpatern. Das sind Leute von Welt. Unübertrefflich!«

»Ich gehe meistens auch zu ihnen«, log Jacky. »Die lassen wenigstens mit sich reden.«

Und er fragte sich, ob er dieses Jahr wohl auf einen Sprung hingehen würde.

Am Gründonnerstag, kurz nach Mitternacht, waren Jacky und seine Freunde gerade in einem hitzigen Kartenspiel, als ein leises Klopfen durch die Stubendecke drang.

»Immer ruhig Blut!« knurrte Jacky. »Gebranntes Kind scheut das Feuer! Schon wieder Narrenpossen!«

Sie nahmen die ausgeteilten Karten auf und fingen an zu spielen. Zwischen dem Niederklatschen der Karten konnten sie wieder das Klopfen hören, aber schon schwächer.

»Das hier ...«, sagte Jacky, »du spielst aus, Jim. Das hier ...

Gott, hast du bloß das As? Das hier ist ein typisches Beispiel einer modernen irischen Maulheldin. Ihr könnt's mir glauben, hinter all der Frömmigkeit ... Wer sagt denn, daß ich passe? Wovon sprecht ihr denn? Ich habe doch Redmonds Zwei mit meiner Sieben gestochen! Hinter all dieser sogenannten Frömmigkeit steckt nichts als kindische Angst vor dem Dunkel!«

Maguire lachte ihn aus:

»Also, Jacky, es ist wirklich kein Grund, daß ausgerechnet du dich aufs hohe Roß setzt. Die Kirche hat dich doch im Sack. Sie hat uns alle. Sie hat dich seit dem Tage, wo du geboren wurdest, und früher oder später wird sie dich erwischen, darum kannst du ebensogut jetzt schon klein beigeben und hast deine Ruhe. Denk an meine Worte! Ich werd's noch erleben, daß dein Schlafzimmer über und über mit Heiligenbildern behängt ist. Sie hat dich schon, die Kirche!«

Jacky brauste auf. Dieser elende Kerl, der höchstens einmal im Jahr zur Beichte ging, sprach hier, als ob er ein perfekter Heiliger wäre!

»Hör mal auf, mir bange zu machen, ja? Und überhaupt, du mit all deinem Dicketun, wann warst du denn zum letztenmal beichten?«

Maguire lachte selbstzufrieden:

»Es macht mir gar nichts aus, dir das zu verraten. Ich war vor drei Tagen da. Bei einem famosen alten Priester.« Er schnippte mit den Fingern und schaute sie alle an. »Er hat mich im Handumdrehen entlassen. Ich glaube, wenn ich ihm gebeichtet haben würde, daß ich einen Mord begangen hätte, würde er auch bloß gesagt haben: ›Hast du sonst noch irgendeine Kleinigkeit auf dem Herzen, mein Kind?‹«

Sie lachten Beifall.

»Ja, es geht nichts über einen Jesuitenpater«, fuhr Maguire fort. »Kennt ihr eigentlich die Geschichte von dem Burschen, der während der Unruhen zur Konfession ging und sagte: ›Vater, ich habe einen von den *Black and Tans* erschossen!‹ – Wißt ihr, was der Priester sagte? ›Mein Kind‹, sagte er, ›läßliche Sünden brauchst du nicht zu erwähnen!‹ Wahrhaftiger Gott, ich glaube wirklich, daß es genau so passiert ist!«

Sie lachten alle, obwohl sie die Anekdote schon oft gehört hatten. Es ist eine Geschichte, wie sie jeder verstockte Sünder gerne hört. Während sie noch lachten, klopfte es wieder.

Gottlos leben und beinah sterben

»Ich glaube, Jacky«, sagte einer von ihnen, ein Kaufmann namens Sullivan, »du wirst doch noch mal nach dem alten Weibsbild sehen müssen.«

Fluchend warf Jacky seine Karten hin. Er stieg in die Mansarde hinauf, zündete ein Streichholz an und sah auf den ersten Blick, daß es übel stand. Ihre Stirn war voller Schweißtropfen. Die Brust hob und senkte sich schnell. »Mr. Cardew, mit mir ist's aus! Holen Sie um Gottes willen den Priester!«

»Natürlich, sofort! Und den Doktor auch!«

Er stürzte die Treppe hinunter und platzte ins Zimmer:

»Himmel noch mal, Kinder, diesmal ist's kein Spaß! Sie muß dran glauben. Ich weiß es, man sieht's sofort. Maguire, sei so gut und hole schnell den Priester. Sullivan, am Kiosk ist ein Telefon, ruf einen Doktor – Cantillon, Hanley, Casey oder irgendeinen. Schnell, nur schnell!«

Er brachte ihr einen starken Whisky, aber sie war zu matt, um zu trinken. Der Priester kam; es war ein junger Mensch, der traurige Augen hatte und den Kopf senkte wie der heilige Franziskus. Die Spielbrüder drängten sich vor der Tür auf dem Dachboden. Durch die Dachluke sahen sie in den hellen Ostermond. Sie waren alle im besten Alter, jünger als Jacky, aber sonst einer wie der andere.

»Ja, ja«, flüsterte Maguire, »es ist wahr! Gerade wie's der alte Priester sagte. Tag und Stunde kennen wir nicht.«

»Es war ein schrecklicher Winter«, flüsterte Sullivan. »Ich hab's noch nie erlebt, daß so viele abkratzten. Gestern erst der alte Sir John Philpott.«

»Was? Nicht möglich!« rief Jacky und war ganz erschrocken über die Nachricht. »Du meinst doch nicht Philpott von Potter und Philpotts? Ich habe vor drei Tagen noch mit ihm im Klub gesprochen!« Er redete, als ob er beleidigt wäre, weil Sir John ihm nicht Bescheid gegeben hatte. »Aber er war doch verhältnismäßig jung? War er schon zweiundsechzig?«

»Das Herz!« flüsterte Wilson. »Es ging ganz plötzlich zu Ende mit ihm.«

Maguire seufzte: »Heute rot, morgen tot!«

»Das ist noch das beste«, brummte Sullivan. »Für niemand unangenehm!«

»Ja«, flüsterte Maguire, »vorausgesetzt, unsere Fahrkarte ist in Ordnung« – und er deutete respektvoll gen Himmel. »Ein

Priester hat mir mal gesagt, daß er einen Mann gekannt hat, der seit zwanzig Jahren zum ersten Mal wieder zur Beichte ging. Gerade hatte der Priester den Finger erhoben und ›Absolvo te‹ gesagt« – Maguire hob auch den Finger auf – »da fiel ihm der Mann in seinem Beichtstuhl tot vor die Füße. Das hatte wirklich an einem Fädchen gehangen!«

Jacky machte eine mißmutige Bewegung: er wußte, daß es bloß eine Priestergeschichte war, aber er wollte jetzt nichts weiter dagegen sagen.

»Der schönste Tod«, murmelte Sullivan, »ist der Soldatentod. Ich glaube, vor der Schlacht kann der Priester einem ganzen Regiment Generalabsolution erteilen, und wenn einer fällt, kommt er direkt in den Himmel!«

»Gut im Angriff, schlecht in der Verteidigung«, bemerkte Jacky weise.

»Ja, eben deshalb«, sagte Sullivan. »Und außerdem kann ich mir sehr gut denken, daß das auch der Grund ist, warum die Engländer besser in der Verteidigung als im Angriff sind. Es kämpft doch jeder wie ein Löwe, wenn er weiß, was hinterher kommt. Da hat der Tod keine Schrecken mehr.«

Sie verstummten. Ein Wölkchen verdunkelte den Mond. Dann wurden alle Gesichter wieder hell, und die Dächer der Stadt glänzten. Man hörte das leise Murmeln der Stimme des jungen Priesters.

»Er macht lange«, sagte Jacky. »Und dabei hat sie wahrhaftig nicht viel zu bekennen!« flüsterte er und wollte einen Scherz machen. »*Die* hat's gut!«

»Und dazu noch am Karfreitag!« sagte Maguire fromm. »Was für ein schöner Tod!«

»Ja«, flüsterte Wilson, »am Karfreitag!«

Sie seufzten alle tief. Der Priester kam, bückte sich wegen der Dachbalken, nahm seine Stola ab und küßte sie. Maguire fragte:

»Wird sie durchhalten, Vater?«

»Eine Heilige!« seufzte der Priester, als dächte er gleichzeitig an alle Sünder der ganzen Welt. Jacky brachte ihn bis an die Haustür, und als der Priester gegangen war, kam gerade der Arzt herunter. Jacky machte die Wagentür hinter ihm zu und steckte besorgt den Kopf durchs Fenster: »Steht's schlecht, Herr Doktor?«

»Wir können doch nicht ewig leben! Es will nichts mehr funk-

Gottlos leben und beinah sterben

tionieren, gerade wie bei einem alten Auto. In dem Alter muß man eben erwarten, daß man abberufen wird«, und er hob den Finger. Jacky zog schnell den Kopf zurück. Die Scheinwerfer schwenkten herum, der Wagen brauste fort und über den leeren Square, als ob das rote Schlußlicht mit jemandem durchginge.

Jacky blieb allein in seinem Zimmer zurück. Er sank in einen Sessel am offenen Fenster. Die Frühlingsnacht war milde. Lebendiges Leben pulste überall. Sogar die drei alten Platanen in der Mitte des Squares erbebten ein wenig, und der Ostermond hoch am Himmel war durchsichtig zart wie die ewige Jugend. Er sprang auf und lief in seinem Zimmer umher. Sein Blick fiel wieder über die glänzenden Dächer und blanken Schornsteine, und einen Augenblick war es, als flattere ein Vorhang auf: er sah sein Leben in all seiner ätzenden Leere und Einsamkeit – und er sah, wie es im Laufe der Jahre noch leerer und einsamer werden würde. Und nach seinem Tode würden der Mond und die alten Bäume noch immer da sein und noch immer erzittern vor Leben. Ein Wind fegte hastig durch den Staub auf dem Square. Er blickte auf die Karaffe: Ebbe! wie sein eigenes Leben. Wenigstens würde er sich morgen ausruhen können. Er blieb vor der schwarzen Vergrößerung stehen. Karfreitagmorgen. Nur noch ein Tag bis Ostern. Aus dem Spiegel sah ihn ein rotes, aderndurchzogenes Gesicht mit blauer Nase, dünnem, wirrem Haar und Säcken unter den Augen an. Er fuhr sich mit der Zunge über die Lippen, hatte auf einmal einen scheußlichen Geschmack im Mund und fühlte sein Herz unregelmäßig klopfen.

Schwerfällig setzte er sich ans offene Fenster, schaute den Mond und seine kalte Schönheit an und begann, mit der Vergangenheit abzurechnen. Es waren da ein paar unangenehme Sachen, die man nicht auf die leichte Schulter nehmen konnte.

»Zwar«, brüstete er sich gegenüber dem menschenleeren Platz, »zwar werde ich mich keinesfalls irgendeinem Dorfpriester ausliefern. Man muß sich seine Leute aussuchen ... Leider, Vater«, memorierte er, schnippte dabei etwas Asche von der Hose und rieb sich das Ohr, »leider, hm, habe ich mehr zu beichten als nur ein paar harmlose läßliche Sünden. Wir sind alle Menschen, Vater. Adamssöhne – nicht wahr, Vater?« Und dann war er im richtigen Fahrwasser. Frei und offen! Ein Weltmann zum andern! »Natürlich auch ein Tröpfchen Alkohol, Vater. Und dann, hm ... dann noch, hm ...« Jacky hustete und fuhr sich mit dem Finger hinter den Kragenrand. *So* leicht würde die Sache denn doch nicht gehen! Er schloß die Augen und dachte an all die Nächte, die ihm so amüsant vorgekommen waren – damals!

Als er die Augen wieder öffnete, schien ihm die Sonne warm ins Gesicht. Der Square erstrahlte im Sonnenschein, und jemand schüttelte ihn an der Schulter. Es war seine Hauswirtin, die ihm lächelnd Tee und Toast brachte.

»Was sagen Sie dazu, Mr. Cardew?« krähte sie. »Wo's mich letzte Nacht nicht erwischt hat, werde ich bestimmt hundert Jahre alt!«

Jacky blinzelte aus verquollenen Augen auf die drei Platanen, und das ganze Elend der letzten Nacht überfiel ihn. Er warf ihr einen wütenden Blick zu, stieß die Tasse auf den Tisch und wollte ihr gerade den Standpunkt klarmachen, da fuhr ihm ein verteufelter Schmerz wie von tausend glühenden Nadeln ins Kreuz.

»Oh, Mr. Cardew, warum haben Sie denn nur am offenen Fenster gesessen?«

Aber schon zuckte der Schmerz auch durch seinen Nacken, und es blieb ihm nichts weiter übrig, als sich mit einer Hand im Kreuz und der andern auf dem Nacken stöhnend und fluchend ins Bett zu schleppen.

Während er die Feiertage über so dalag, wurde er verwöhnt und verhätschelt wie nie in seinem Leben. Sie rieb ihm den Rücken und die Brust ein, brachte ihm heißen Punsch und fütterte ihn mit Osterleckereien, bis er schließlich, wenn auch widerstrebend, einsah, daß es verrückt wäre, sich eine andere Hauswirtin zu suchen. Aber als ihm am Ostersonntagmorgen die Sonne warm über die Brust glitt und er, die Hände hinterm Kopf und die Sonntagszeitung auf den Knien, seine Frühstückszigarette rauchte und dem silbernen Geläut der Kirchenglocken in der Stadt zuhörte, konnte er ein Gefühl leichten Unbehagens nicht ganz verjagen: es war nicht sehr stark, nur wie ein schlafender Schatten in einem Winkel seiner Seele – nur so ein Anflug von Besorgnis. Vorsichtig drehte er seine steifen Schultern herum, um auf den Kaminsims zu schauen: da hatte sie in einer Vase einen kleinen Palmzweig aufgestellt, und daneben stand eine Glasschale mit Weihwasser. Er brummte vor sich hin und machte sich seine Gedanken darüber. Wenn er erst wieder auf war, würde er all das Zeug schon aus dem Weg räumen. Doch da fiel ihm Maguire ein, und wie er immer gesagt hatte: »Sie hat dich schon, die Kirche!«

Er verzog den Mund: »Na gut!« und stäubte die Asche auf den Teppich. Eines Tages schon, zweifellos. Eines Tages schon.

Wie herrlich die Sonne war! Und wie schön es war, all die Füße unten auf dem Square zu hören, die zur Messe gingen. Ihre Schattenbilder huschten sachte über die Decke, und silberhell mahnten die Glocken: ›Seid fröhlich! Christ ist erstanden!‹

Er nahm die Zeitung wieder auf und vertiefte sich in den Bericht über die Pferderennen.

(Deutsch von Elisabeth Schnack)

Frank O'Connor
Mein Ödipus-Komplex

Vater war während des ganzen Krieges Soldat, deshalb sah ich ihn bis zu meinem fünften Lebensjahr nur sehr selten. Wenn er auf Urlaub nach Hause kam, schien er nicht weiter zu stören. Manchmal wachte ich nachts auf und sah im Kerzenlicht, wie eine große Gestalt sich über mich beugte und mich betrachtete. Oder ich hörte morgens, wie die Haustür ins Schloß fiel und seine genagelten Stiefel über die Pflastersteine der Gasse lärmten und sich entfernten. Vater kam und ging so geheimnisvoll wie Sankt Nikolaus. Eigentlich mochte ich seine kurzen Besuche recht gern, obwohl es sehr ungemütlich eng zwischen ihm und Mutter war, wenn ich frühmorgens in das große Bett kletterte. Er rauchte, und darum roch er so schön, und er rasierte sich – ein Vorgang, den zu beobachten ich nie müde wurde.

Mein Leben mit Mutter allein war friedlich und angenehm. Das Fenster meiner Dachstube sah nach Südosten, deshalb wachte ich schon beim ersten Morgengrauen auf, und mein Kopf war sofort berstend voll von Plänen. Nie schien das Leben so einfach, so angefüllt mit tausend Möglichkeiten wie gerade dann. Ich zog meine beiden Füße unter der Bettdecke hervor – sie hießen ›Frau Links‹ und ›Frau Rechts‹ – und erfand dramatische Auftritte, in denen sie die Tagesprobleme besprachen. Meistens redete ›Frau Rechts‹; ›Frau Links‹ begnügte sich damit, kräftig zu nicken (weil ich sie nicht so gut unter Kontrolle hatte). Sie berieten, was Mutter und ich den Tag über tun sollten, was Sankt Nikolaus zu Weihnachten bringen würde, oder was man zur Verschönerung des Heims tun konnte. Da war zum Beispiel die Sache mit dem Baby, über das ich immer verschiedener Meinung mit Mutter war. Unser Haus war das einzige in der kleinen Straße, in dem es kein Baby gab, und Mutter sagte, wir könnten uns keins leisten, weil Vater im Krieg sei, sie kosteten sechzehn Shilling sechs und das käme zu teuer. Doch darüber konnte ›Frau Rechts‹ nur den Kopf schütteln, denn die Geneys am Ende der Gasse hatten ein Baby, und die hatten bestimmt nicht sechzehn Shilling sechs übrig.

Wenn ich so meine Pläne für die allernächste Zukunft festgelegt hatte, stand ich auf, rückte einen Stuhl unter das Mansardenfenster und schob es ein wenig hoch, so daß ich über die Dächer der Stadt schauen konnte. Danach ging ich ins Schlafzimmer meiner Mutter, kletterte zu ihr ins Bett und erzählte ihr meine Pläne. Inzwischen war ich vor Kälte fast zum Eiszapfen erstarrt. Sobald ich wieder aufgetaut war, schlief ich über meinem Geplauder ein und wachte erst auf, wenn Mutter unten in der Küche schon Feuer anzündete und das Frühstück zurecht machte. Nachher gingen wir in die Stadt, kauften ein, beteten in der Kirche für Vater und machten am Nachmittag, wenn das Wetter schön war, Spaziergänge über Land. Abends im Bett betete ich wieder für Vater, damit er gesund aus dem Kriege käme. Ich ahnte ja nicht, was ich damit tat!

Eines Morgens, als ich in das große Bett stieg, war Vater wieder über Nacht wie ein Sankt Nikolaus erschienen. Aber anstatt dann seine Uniform anzulegen, zog er sich seinen guten blauen Anzug an, und Mutter war schrecklich froh. Ich verstand gar nicht, warum sie so froh war, denn ohne seine Uniform sah er wie ein ganz gewöhnlicher Mann aus. Doch sie strahlte und sagte, daß unsere Gebete erhört worden seien.

Als er mittags nach Hause kam, zog er die Stiefel aus und die Pantoffeln an, schlug die Beine übereinander und sprach sehr ernst mit meiner Mutter, die ein besorgtes Gesicht machte. Natürlich gefiel mir das gar nicht, daß sie besorgt aussah, denn sie war dann nicht mehr so schön. Also unterbrach ich ihn.

»Warte, Larry«, sagte sie sanft.

Das sagte sie immer, wenn langweilige Besucher da waren, deshalb bekümmerte ich mich nicht groß darum und redete weiter.

»Larry«, sagte sie ärgerlich, »sei still, ich rede mit Daddy!«

Es war das erste Mal, daß ich diese schrecklichen Worte hörte: »Ich rede mit Daddy.«

»Warum redest du mit Daddy?« fragte ich so gleichgültig ich nur konnte.

»Daddy und ich müssen etwas Geschäftliches besprechen. Stör uns jetzt nicht mehr!«

Ich fand, es sei höchste Zeit, mit Gegengebeten anzufangen, um Vater so schnell wie möglich wieder in den Krieg zu schicken.

Am Nachmittag ging er auf Mutters Bitte hin mit mir spazieren, und zwar, anstatt aufs Land, in die Stadt. In meiner gutgläubigen Art dachte ich, das sei entschieden ein Fortschritt. Aber ich merkte bald, daß Vater und ich verschiedener Ansicht waren darüber, was ein Spaziergang durch die Stadt bedeutete. Für ihn bedeutete es nicht, Straßenbahnen und Schiffe und Pferde anzuschauen, und wenn ich ihn zum Stehenbleiben bringen wollte, ging er einfach weiter und zog mich an der Hand nach.

Wenn er aber stehenblieb, dann dauerte es eine Ewigkeit, und immer sprach er mit seinen alten Freunden, die mich nicht im geringsten interessierten. Es war, als ob man mit einem Berg spazierenginge. Entweder achtete er überhaupt nicht auf mein Ziehen und Zerren, oder er sah wie von einem Kirchturm auf mich herunter und lachte. Noch nie war ich einem Menschen begegnet, der immer nur so an sich selbst dachte wie mein Vater.

Beim Nachmittagstee fing es wieder an, das ›Gerede mit Daddy‹. Doch war's nun noch komplizierter, weil Vater eine Zeitung hatte und sie alle fünf Minuten sinken ließ, um Mutter etwas daraus zu erzählen. Das war wirklich kein ehrlicher Wettbewerb um Mutters Aufmerksamkeit: *mir* hörte sie sonst genausogut zu – aber wenn man die Sachen fix und fertig aus einer Zeitung vorlas – was ich nicht konnte... Ich versuchte immer wieder, das Gespräch auf etwas anderes zu bringen, aber umsonst.

»Du mußt still sein, wenn Vater liest, Larry«, sagte Mutter ungeduldig.

Entweder unterhielt sie sich wirklich lieber mit Vater als mit mir, oder er hatte irgendwie Macht über sie, und sie getraute sich nicht, zu tun, was sie gern wollte. Ich nahm an, daß es das letztere war.

Und was dann am nächsten Morgen geschah, bestärkte noch meinen Verdacht. Ich wachte munter und vergnügt zur gleichen Zeit wie immer auf und hatte zuerst eine lange Unterhaltung mit meinen beiden Füßen. ›Frau Rechts‹ sprach von all dem Kummer, den sie mit ihrem Vater hatte, und ›Frau Links‹ bedauerte sie tüchtig. Dann holte ich meinen Stuhl und steckte den Kopf aus dem Mansardenfenster, wie ein Forschungsreisender, der zum erstenmal das neu entdeckte Land erblickt. Ich platzte förmlich vor Ideen, ging ins Schlafzimmer nebenan und kletterte in das große Bett.

Ich hatte Vater vollkommen vergessen, und nun saß ich da und überlegte, was ich mit ihm anfangen sollte: er nahm noch mehr Platz als sonst ein, und ich hatte es gar nicht bequem. Ich knuffte ihn also ein paarmal, und er brummte und streckte sich und machte tatsächlich Platz. Ich kuschelte mich zufrieden in das warme Bett und rief laut: »Mammi . . .«

»Still, Kindchen«, flüsterte sie, »weck Daddy nicht auf!«

Das war ja etwas ganz Neues! Wenn ich morgens nicht mehr erzählen durfte, wie sollte ich denn da Ordnung schaffen in meinem Kopf?

»Warum?« fragte ich.

»Daddy ist müde!«

Das ist doch kein Grund! dachte ich und fuhr fort: »Mammi, weißt du, wohin ich heute mit dir gehen möchte?«

»Nein, Kind«, seufzte sie.

»Crowleys Gasse hinunter und ins Tal, und da fische ich dir Wasserläufer, und . . .«

»Weck Daddy nicht auf!« zischte sie und legte mir die Hand auf den Mund.

Aber Daddy war wach, beinahe wenigstens. Er brummte, drehte sich um und sah auf seine Uhr. Er blinzelte ungläubig.

»Soll ich dir eine Tasse Tee bringen, Darling?« fragte Mutter so zart und leise, wie ich sie noch nie hatte sprechen hören.

»Tee?« rief Vater entrüstet, »du weißt wohl nicht, wieviel Uhr es ist? Fünf!«

»Mammi!« rief ich.

»Geh sofort in dein Bett, Larry!« sagte Mutter streng.

Ich fing an zu weinen, aber leise. Vater sagte gar nichts. Er zündete sich die Pfeife an, guckte ins halbdunkle Zimmer und beachtete uns nicht. Ich wußte, daß er wütend war. Und dabei war alles so ungerecht! Immer, wenn ich zu Mutter gesagt hatte, es sei unnötig, zwei Betten zu haben, und wir könnten die ganze Nacht in einem Bett schlafen, hatte sie geantwortet, daß es gesünder in zwei Betten sei. Und nun kam dieser Mann hier, dieser fremde Mensch, und schlief die ganze Nacht in ihrem Bett, ohne im geringsten an die Gesundheit zu denken! Er stand auf, machte Tee und brachte Mutter eine Tasse. Mir nicht.

»Mammi«, rief ich, »ich möchte auch eine Tasse Tee!«

»Ja, Kind«, seufzte sie, »du kannst aus meiner Untertasse trinken.«

Ich wollte nicht aus ihrer Untertasse trinken. Ich wollte als Gleichberechtigter in meinem eigenen Heim behandelt werden und eine Tasse für mich allein haben. Also trank ich ihre Tasse aus und ließ ihr gar nichts übrig.

Als sie mich am Abend zu Bett brachte, bat sie mich freundlich, ihr etwas zu versprechen.

»Was?« sagte ich.

»Deinen armen Vater nicht schon am frühen Morgen zu stören.«

»Warum?« fragte ich, denn mir schien alles verdächtig, was mit diesem unmöglichen Menschen zusammenhing.

»Weil Vater Sorgen hat.«

»Warum?«

»Ach, du weißt doch, als Vater im Krieg war, bekamen wir Geld von der Post, und jetzt gibt's dort keins mehr, und Vater muß suchen, ob er anderswo Geld findet, sonst müssen wir betteln gehen wie die arme Frau, die freitags immer das Geldstück bekommt. Und das möchtest du doch wohl nicht?«

Nein, das mochte ich nicht. Wenn der Mann Geld suchen mußte, so war's eine ernste Angelegenheit. Ich faßte also die besten Vorsätze. Mutter legte all meine Spielsachen rings um mein Bett, und als ich aufwachte, sah ich sie, und mein Versprechen fiel mir ein, und ich spielte – stundenlang, wie es mir schien. Dann holte ich den Stuhl und sah aus dem Mansardenfenster, auch stundenlang. Es war langweilig, und es war kalt. Schließlich konnte ich es nicht länger aushalten und ging ins andere Zimmer.

Meine Mutter wachte erschrocken auf: »Larry, du mußt entweder ganz still sein oder wieder in dein Bett gehen!«

»Mammi, ich finde es gesünder, wenn Daddy auch ein eigenes Bett zum Schlafen hat!«

Das schien sie stutzig zu machen, aber sie antwortete nicht.

Zornig gab ich Vater, ohne daß sie es merkte, einen Knuff. Er stöhnte und riß entsetzt die Augen auf: »Was ist? Wieviel Uhr?«

»Es ist nur das Kind«, sagte sie beruhigend. »Siehst du, Larry, du mußt jetzt wieder in dein Bett gehen!«

Als sie mich auf den Arm nehmen wollte, schrie und strampelte ich. Vater fing an zu schimpfen: »Das verdammte Kind! Schläft wohl überhaupt nie?«

»Es ist ja nur eine Angewohnheit, Darling«, sagte sie.

»Höchste Zeit, daß er sie aufgibt!« schrie Vater und sah uns mit bösen schwarzen Augen an. Ich machte mich frei, rannte in eine Ecke und heulte laut.

»Halt den Mund, du Strick!« rief Vater zornig.

So hatte noch nie jemand mit mir gesprochen. Da hatte ich also immer für ihn gebetet, und dabei war er mein schlimmster Feind. »Halt du selber den Mund!« schrie ich.

»Was?« rief Vater und sprang aus dem Bett.

»Michael«, rief Mutter, »ich bitte dich, das Kind ist noch nicht an dich gewöhnt!«

»Er muß Prügel bekommen«, rief Vater.

»Selber, selber, selber!« schrie ich ganz verzweifelt.

Da verlor er die Geduld und schlug mich. Gar nicht schlimm – aber die Ungerechtigkeit, von einem Fremden geschlagen zu werden, der sich in unser Heim und in Mutters Bett geschlichen hatte, machte mich vollkommen verrückt. Er sah mich an wie ein Riese, der mich ermorden wollte. Auf einmal begriff ich, daß er neidisch auf mich war.

Von dem Tage an war das Leben die reinste Hölle. Vater und ich verkehrten kühl und höflich miteinander. Ich konnte immer noch nicht verstehen, weshalb Mutter ihn so gern hatte. Er war in jeder Beziehung weniger nett als ich. Oft benützte er häßliche Wörter, und seinen Tee trank er auch nicht immer leise. Eine Weile glaubte ich, ihre Liebe zu ihm käme daher, weil sie sich für Zeitungen interessierte. Also dachte ich mir auch Neuigkeiten aus und tat so, als läse ich sie ihr vor. Aber es machte ihr nicht viel Eindruck. Ich steckte mir seine Pfeife in den Mund und wanderte so durchs Haus. Ich schlürfte sogar beim Teetrinken, aber sie verbot es mir nur. Der einzige Ausweg schien der zu sein, recht schnell zu wachsen und sie ihm dann wegzunehmen.

Eines Abends, als er besonders abscheulich war, immerzu mit ihr sprach und mich nicht beachtete, unterbrach ich ihn ganz ruhig:

»Mammi, wenn ich groß bin, heirate ich dich!«

»Ja, mein Schatz«, antwortete sie freundlich. Aber Vater legte die Zeitung hin und lachte laut heraus.

»Ja«, sagte ich voll Verachtung, »und Kinder werden wir auch haben.«

»Weißt du, Larry«, sagte sie, »vielleicht werden wir schon ganz bald eins haben, dann hast du einen Spielkameraden.«

Darüber freute ich mich mächtig, obwohl eigentlich kein

Grund dazu vorhanden war, wie sich allmählich herausstellte. Mutter war oft bedrückt, vermutlich, weil sie die sechzehn Shilling sechs für das Baby auftreiben mußte. Mit den Spaziergängen hörte es ganz auf. Sie wurde schrecklich nervös und gab mir Klapse für rein gar nichts. Oft dachte ich: Hätte ich sie doch nie auf die Idee mit dem Baby gebracht!

Und dann war es da – und ich konnte es von Anfang an nicht leiden. Ein schwieriges Kind, das dauernd alle Aufmerksamkeit beanspruchte. Mutter tat sehr töricht mit ihm. Sie merkte nie, daß es nur Theater machte. Und als Spielkamerad war es natürlich hoffnungslos.

Jetzt hieß es nicht mehr: »Weck Vater nicht auf!« sondern: »Weck Brüderchen nicht auf!«

Als Vater eines Abends von der Arbeit nach Hause kam, spielte ich im Garten Eisenbahn. Ich drehte mich nicht um. Ich sagte nur laut vor mich hin: »Wenn mir noch ein verdammtes Baby ins Haus kommt, dann hau ich ab!« Ich duckte mich und dachte, nun würde Vater mir eine Ohrfeige geben. Aber er stand lange still und sagte gar nichts, und dann ging er ins Haus. Von dem Augenblick an verstanden Vater und ich uns anscheinend etwas besser.

Mutter war nämlich furchtbar in ihrem Getue mit dem Baby. Sogar während der Mahlzeiten stand sie auf, schaute in seine Wiege, lächelte es wie verrückt an und bat Vater, auch zu kommen. Vater hob den Kopf ein wenig und sah unsicher hin, als verstünde er nicht, was die Frau wollte. Wenn er sich beklagte, daß das Baby die ganze Nacht brüllte, wurde Mutter ärgerlich und sagte, daß es niemals weine, nur wenn ihm etwas fehle. Das bewies, wie töricht die gute Frau war, denn dem Baby fehlte nie etwas, es tat sich bloß wichtig. Da war Vater doch klüger – wenn er auch nicht hübsch war. Er durchschaute das Baby ohne weiteres.

Und eines Nachts wachte ich dann auf und spürte etwas Warmes neben mir im Bett. Ich bekam Herzklopfen vor Freude, weil ich dachte, es sei Mutter. Da hörte ich, wie das Baby nebenan jammerte, und wie Mutter leise zu ihm sagte: »Ja, ja, ja, mein Babylein!«

Sie war es also nicht. Sondern Vater. Er lag neben mir, atmete laut und war hellwach. Anscheinend war er teufelswild. Allmählich begriff ich, warum. Jetzt war *er* an der Reihe. Erst hatte er mich aus dem großen Bett verjagt, und nun war er selbst weggejagt worden. Mutter kümmerte sich um niemanden mehr als um das ekelhafte Baby, und Vater und ich, wir mußten drunter leiden. Ich war schon mit fünf Jahren sehr großherzig: Rachsucht lag mir einfach nicht. Also streichelte ich ihn leise und sagte wie Mammi: »Ja, ja, ja, Daddy!«

Er war nicht gerade dankbar. »Hallo?« rief er scharf. »Bist du denn wach?«

»Nimm mich in den Arm!« bat ich, und er tat es, so gut er's konnte. Er war nichts als Knochen, der Mann, aber immerhin war es besser als gar nichts. Ich kuschelte mich an ihn und schlief ein.

Zu Weihnachten strengte er sich mächtig an und kaufte mir eine phantastisch schöne Eisenbahn. Denn seit jener Nacht war's mit den bitteren Gefühlen zwischen uns vorbei.

(Deutsch von Elisabeth Schnack)

Frank O'Connor
Eine kleine Grube im Moor

In der Dämmerstunde pflegte der große Engländer Belcher seine langen Beine aus der heißen Asche zu ziehen und uns zu fragen: »Hallo, Kinder, wie wär's?« Und Noble oder ich antworteten dann: »Wie du meinst, Genosse!« und der kleine Engländer Hawkins zündete die Lampe an und holte die Karten hervor. An manchen Abenden kam auch Jeremiah Donovan und führte die Oberaufsicht über das Spiel. Er regte sich über Hawkins' Karten auf (die er immer schlecht ausspielte) und schrie ihn an, als ob er einer von uns wäre: »Ih, du Saukerl, warum hast du denn nicht die Drei gespielt!«

Aber im allgemeinen war Jeremiah ein so stiller und zufriedener armer Teufel wie der lange Engländer Belcher, und respektiert wurde er bloß, weil er sich auf Dokumente verstand, wenn's auch langsam genug ging. Er trug einen kleinen Stoffhut und hohe Gamaschen über Straßenkleidern, und selten habe ich seine Hände außerhalb seiner Hosentaschen gesehen. Wenn man mit ihm sprach, wurde er rot, wippte von den Zehen auf die Fersen und zurück und blickte die ganze Zeit auf seine großen Bauernfüße. Noble und ich hänselten ihn mit seiner ungewöhnlich breiten Aussprache, denn wir stammen beide aus der Stadt.

Damals konnte ich nicht begreifen, warum Noble und ich die zwei Engländer bewachen mußten. Ich war fest überzeugt, daß man die beiden in irgendeinen irischen Acker zwischen hier und Claregalway hätte stecken können, und sie hätten ebensogut Wurzel geschlagen wie ein einheimisches Unkraut. Noch nie in meinem kurzen Dasein hab ich gesehen, daß zwei Menschen sich so rasch ans Land gewöhnten.

Sie wurden uns vom zweiten Bataillon zur Verwahrung übergeben, als die Suche nach ihnen zu brenzlig wurde, und Noble und ich, jung wie wir waren, übernahmen die Aufgabe mit großem Verantwortungsgefühl, aber damit machten wir uns bald vor dem kleinen Hawkins lächerlich, denn er bewies uns, daß er sich in der Gegend besser auskannte als wir.

»Du bist doch der Mann, den die andern ›Bonaparte‹ nen-

Eine kleine Grube im Moor

nen, was?« fragte er mich. »Mary Brigid O'Connell hat mich gebeten, ich soll dich fragen, was du mit dem Paar Socken gemacht hast, die ihr Bruder dir geliehen hat.«

Sie erklärten uns, daß das zweite Bataillon kleine Abende veranstaltete, zu denen auch die Mädchen aus der Nachbarschaft erschienen, und weil unsere Jungen sahen, daß die beiden Engländer so anständige Burschen waren, konnten sie sie nicht gut übergehen, sondern luden sie ein und standen bald ganz kameradschaftlich mit ihnen. Hawkins hatte sogar irische Tänze gelernt: ›Die Mauern von Limerick‹, ›Die Belagerung von Ennis‹ und ›Die Wellen von Tory‹, und er tanzte sie so gut wie ein Ire. Natürlich konnte er sich nicht revanchieren und ihnen englische Tänze beibringen, denn damals tanzten unsere Jungen grundsätzlich keine ausländischen Tänze.

Was für Vorrechte Belcher und Hawkins also beim zweiten Bataillon genossen hatten, bekamen sie natürlich auch bei uns, und nach ein oder zwei Tagen verzichteten wir sogar auf den Anschein, sie zu bewachen. Nicht etwa, daß sie weit gekommen wären, denn sie hatten eine zu auffällig breite Aussprache und trugen Khaki-Jacken und -Mäntel zu Zivilistenhosen und Stiefeln. Aber ich glaube felsenfest, daß sie nicht den leisesten Fluchtgedanken hegten, sondern ganz zufrieden waren, hier bei uns zu sein.

Nun war es köstlich mit anzusehen, wie Belcher mit der alten Frau fertigwurde, in deren Häuschen wir wohnten. Sie war ein Zankteufel ohnegleichen und benahm sich selbst zu uns reichlich verschroben, doch ehe sie auch nur Gelegenheit hatte, unsere Gäste (wie ich sie nennen möchte), mit ihrem Zungenschlag bekanntzumachen, hatte Belcher sie bereits als lebenslängliche Freundin gewonnen. Sie zerkleinerte gerade Feuerholz, und Belcher, der noch keine zehn Minuten im Haus war, sprang von seinem Stuhl auf und ging zu ihr hinüber.

»Erlauben Sie, Ma'am!« sagte er mit seinem eigentümlichen Lächeln, »lassen Sie mich nur machen!« Und damit nahm er ihr das alte Beil aus der Hand. Der Schlag rührte sie fast, so daß sie nichts entgegnen konnte. Von da an war Belcher dauernd hinter ihr her und trug ihr den Eimer oder den Korb oder eine Last Torf – wie es gerade kam. Wie Noble sehr richtig bemerkte, sah er alles, noch ehe sie daran dachte, und hatte heißes Wasser und sonst was bereit, was sie etwa brauchen konnte. Für einen so langen Menschen (denn wenn ich auch fünf Fuß zehn messe, muß ich doch zu ihm aufsehen), für einen so langen Laban war er erstaunlich kurz angebunden – oder soll ich's gar stumm nennen? Es dauerte einige Zeit, bis wir uns daran gewöhnt hatten, daß er wie ein Geist, ohne ein Wort zu sprechen, ein und aus ging. Besonders, weil Hawkins soviel wie eine ganze Kompanie schwadronierte, war es seltsam, wenn man hin und wieder mal den langen Belcher hörte, der sich die Zehen in der heißen Asche wärmte und ein einsames »Verzeihung, Genosse« oder »Schon recht, Genosse« hervorbrachte. Die Karten waren seine einzige Leidenschaft, und ich muß zugeben, daß er gut spielte. Er hätte mich und Noble gehörig rupfen können, aber was wir an ihn verloren, verlor Hawkins an uns, und Hawkins spielte mit dem Geld, das Belcher ihm gab.

Hawkins verlor an uns, weil er zuviel zu schwatzen hatte, und wir verloren wahrscheinlich aus dem gleichen Grunde an Belcher. Hawkins und Noble konnten sich bis in die frühen Morgenstunden giftig über Religion ereifern, denn Hawkins beunruhigte Noble (dessen Bruder ein Priester war) bis in die Tiefen seiner Seele mit einer Reihe von Fragen, die sogar einen Kardinal aus der Fassung bringen konnten. Und was schlimmer war: Hawkins hatte ein bedauerlich freches Mundwerk, selbst wenn es um Heiliges ging. In meinem ganzen Leben habe ich noch nie einen Menschen getroffen, der seine Diskussionen mit einer solchen Auswahl an Flüchen und Schimpfwörtern spickte. Er war ein schrecklicher Mensch, und mit ihm zu diskutieren war entsetzlich. Arbeiten tat er überhaupt nicht, und wenn er keinen zum Schwatzen fand, dann mußte die alte Frau herhalten.

Doch sie war ihm gewachsen, denn eines Tages, als er sie dahin gebracht hatte, sich unfromm über die Trockenheit zu beklagen, legte sie ihn gründlich herein, indem sie einzig und allein Jupiter Pluvius die Schuld gab (eine Gottheit, von der weder Hawkins noch ich je gehört hatten, obschon Noble sagte, die Heiden glaubten, er habe was mit dem Regen zu tun). Ein andermal fluchte er über die Kapitalisten, die den Weltkrieg angezettelt hätten, doch die alte Frau stellte ihr Bügeleisen hin, verzog ihren grämlichen kleinen Mund und sagte: »Mr. Hawkins, Sie dürfen mir über den Krieg erzählen, soviel Sie wollen, und sich einbilden, Sie könnten mir was vormachen, weil ich eine einfache arme Frau vom Lande bin, aber ich weiß, wer den

Eine kleine Grube im Moor

Krieg angefangen hat. Es war der italienische Graf, der aus dem Tempel in Japan ein heidnisches Götterbild gestohlen hat. Glauben Sie mir, Mr. Hawkins, nichts als Kummer und Sorge bricht über den herein, der die verborgenen Kräfte stört!« Ja, sie war wirklich eine verschrobene Alte!

Eines Abends tranken wir zusammen unsern Tee, und Hawkins zündete die Lampe an, und wir setzten uns alle zum Kartenspielen zurecht. Jeremiah Donovan kam auch, setzte sich und sah uns ein Weilchen zu, und plötzlich merkte ich, daß er zu den beiden Engländern nicht sehr nett war. Es war sehr überraschend für mich, denn etwas Ähnliches war mir vorher nie an ihm aufgefallen.

Spät abends kam es zwischen Hawkins und Noble zu einem richtig erbitterten Streit über Kapitalisten und Priester und Vaterlandsliebe.

»Die Kapitalisten«, sagte Hawkins und schluckte ärgerlich, »bezahlen die Priester dafür, daß sie euch was vom Jenseits vorerzählen, damit ihr nicht merkt, wie es die Schweinebande hier im Diesseits treibt.«

»Unsinn, Mann«, rief Noble und verlor die Beherrschung. »Die Menschen haben ans Jenseits geglaubt, als von Kapitalisten noch gar keine Rede war!«

Hawkins erhob sich, als ob er eine Predigt halten wollte. »Nein, so was! Wirklich?« höhnte er. »Also glaubst du all das, was sie glauben – das wolltest du doch sagen, nicht wahr? Und du glaubst, daß Gott den Adam schuf, und Adam den Sem, und Sem den Josaphat. Du glaubst an all die dummen alten Märchen von Eva und dem Paradiesgarten und dem Apfel. Nun hör mal gut zu, Genosse! Wenn du das Recht hast, an so einer dummen Ansicht festzuhalten, dann hab ich auch das Recht, an meiner dummen Ansicht festzuhalten, nämlich: das erste Wesen, das Gott schuf, war ein Sauhund von Kapitalist, komplett mit Moral und Rolls-Royce! – Hab ich recht, Genosse?« fragte er Belcher.

»Hast recht, Genosse«, antwortete Belcher mit seinem belustigten Lächeln und stand auf, um seine langen Beine ans Feuer zu halten und sich über den Schnurrbart zu streichen. Als ich daher sah, daß Jeremiah Donovan aufbrechen wollte und daß Hawkins' Diskussion über die Religion noch endlos andauern konnte, ging ich mit Donovan nach draußen. Wir schlenderten zusammen bis zum Dorf, und dann blieb er stehen, wurde rot und brummte etwas vor sich hin, ich solle lieber umkehren und auf die Gefangenen achtgeben. Mir paßte der Ton nicht, den er mir gegenüber anschlug, und überhaupt fand ich das Leben im Häuschen langweilig, deshalb erwiderte ich, warum wir sie, zum Teufel, überhaupt bewachen sollten. Ich erklärte ihm auch, daß ich's alles mit Noble besprochen hätte und daß wir lieber draußen bei einer Kampf-Kolonne wären.

»Was nützen uns die Burschen denn?« fragte ich.

Er sah mich überrascht an und sagte: »Ich dachte, ihr wüßtet, daß wir sie als Geiseln halten?«

»Als Geiseln?« fragte ich.

»Die Feinde halten ein paar von unseren Leuten gefangen«, sagte er, »und jetzt heißt es, sie wollten sie erschießen. Wenn sie aber unsere Leute erschießen, dann erschießen wir auch ihre.«

»Erschießen?« rief ich.

»Na, was glaubst du denn, wofür wir sie sonst aufbewahren?«

»Das war aber sehr unüberlegt von euch«, entgegnete ich, »daß ihr Noble und mich nicht von Anfang an aufgeklärt habt!«

»Wieso denn?« rief er. »Ihr hättet's ja wissen können.«

»Wir konnten's nicht wissen, Jeremiah Donovan«, sagte ich. »Und wo wir schon so lange mit ihnen zusammen sind!«

»Die Feinde halten unsere Leute ebenso lange gefangen, wenn nicht länger«, antwortete er mir.

»Das ist doch nicht das gleiche«, sagte ich.

»Was soll denn da für ein Unterschied sein?« fragte er.

Ich konnt's ihm nicht sagen, weil ich wußte, er würde es doch nicht verstehen. Wenn sich's auch bloß um einen alten Hund handelt, der bald eine Spritze vom Tierarzt bekommen muß, dann paßt man doch auf, daß er einem nicht zu sehr ans Herz wächst – aber der Donovan, das war einer, dem so was nicht naheging.

»Und wann soll die Sache entschieden werden?« fragte ich.

»Vielleicht heute abend«, sagte er. »Oder morgen oder spätestens übermorgen. Wenn das also dein ganzer Kummer ist, daß es dir hier zu langweilig wird, dann ist bald Schluß damit.«

Aber die Langeweile war jetzt ganz und gar nicht mein Kummer. Jetzt machte mir Schlimmeres Kummer. Als ich ins Häuschen zurückkehrte, war die Diskussion noch in vollstem Gange.

Hawkins predigte noch auf seine schönste Manier und behauptete, es gäbe kein Leben nach dem Tode, und Noble behauptete das Gegenteil, aber ich merkte doch, daß Hawkins Sieger war.

»Weißt du was, Genosse?« sagte er mit dreistem Grinsen. »Ich finde, du bist ebenso verdammt ungläubig wie ich. Du sagst, du glaubst ans Jenseits, aber du weißt genausowenig darüber wie ich, nämlich rein gar nichts. Wie ist der Himmel? Das weißt du nicht. Wo ist der Himmel? Das weißt du nicht. Du weißt verdammt gar nichts. Ich frag dich jetzt noch mal: haben sie Flügel?«

»Ja doch, ja«, sagte Noble, »sie haben Flügel. Genügt dir das? Sie haben Flügel.«

»Und woher bekommen sie ihre Flügel? Wer macht sie ihnen? Haben sie eine Flügelfabrik? Haben sie eine Art Laden, wo man sein Zettelchen abgibt und seine verdammten Flügel bekommt?«

»Mit dir kann man einfach nicht reden!« sagte Noble. »Jetzt hör mal her . . .« Und schon ging's wieder los.

Mitternacht war längst vorbei, als wir zuschlossen und zu Bett gingen. Als ich die Kerze ausblies, erzählte ich Noble, was mir Jeremiah Donovan gesagt hatte. Noble nahm es sehr ruhig auf. Als wir etwa eine Stunde im Bett gelegen hatten, fragte er mich, ob ich meinte, wir sollten es den Engländern sagen. Ich fand, wir sollten es nicht sagen, denn es war viel wahrscheinlicher, daß die Engländer unsere Leute nicht erschießen würden, und wenn es doch geschah, würden die Brigade-Offiziere, die ständig zum zweiten Bataillon kamen und die Engländer gut kannten, wahrscheinlich nicht dulden, daß die beiden umgelegt würden. »Das glaube ich auch«, sagte Noble. »Es wäre furchtbar grausam, ihnen jetzt Angst zu machen.«

»Jedenfalls war es sehr unüberlegt von Jeremiah Donovan«, antwortete ich.

Am nächsten Morgen aber fanden wir es sehr schwierig, Belcher und Hawkins gegenüberzutreten. Wir gingen im Haus herum und sagten den ganzen Tag kaum ein Wort. Belcher schien es nicht zu bemerken; er saß wie immer vor der heißen Asche und schien wie immer in Ruhe abzuwarten, ob sich etwas Unvorhergesehenes ereignen würde. Hawkins jedoch bemerkte es und führte es auf die Tatsache zurück, daß er Noble am Abend vorher in der Diskussion besiegt hatte.

»Warum kannst du eine Diskussion nicht auffassen, wie sich's gehört?« fragte er. »Du mit deinem Adam und deiner Eva! Ich bin Kommunist, jawohl, das bin ich! Kommunisten oder Atheisten – das kommmt schließlich auf das gleiche heraus.« Und stundenlang lief er noch im Haus herum und brummelte etwas, wenn ihn gerade die Stimmung überkam. »Adam und Eva! Adam und Eva! Konnten nichts Besseres mit ihrer Zeit anfangen als blöde Äpfel pflücken!«

Ich weiß nicht, wie wir den Tag überstanden, aber ich war sehr froh, als wir ihn hinter uns hatten, als das Geschirr abgeräumt war und als Belcher auf seine friedfertige Art sagte: »Hallo, Kinder! Wie wär's?« Wir setzten uns um den Tisch, und Hawkins holte die Karten hervor, und gerade dann hörte ich Jeremiahs Schritt auf dem Weg draußen, und eine dunkle Ahnung packte mich. Ich stand auf und fing ihn ab, noch ehe er bei der Tür anlangte.

»Was willst du?« fragte ich.

»Eure beiden Freunde«, sagte er und wurde rot.

»Ist das im Ernst gemeint, Jeremiah Donovan?«

»Es ist Ernst«, sagte er. »Heute früh haben sie vier von unseren Leuten erschossen, und darunter auch einen sechzehnjährigen Jungen!«

»Das ist schlimm«, sagte ich.

Im gleichen Augenblick kam mir Noble nach, und dann gingen wir drei den Gartenweg hinunter und unterhielten uns flüsternd. Der Nachrichten-Offizier Feeney stand am Gartentor.

»Was willst du jetzt unternehmen?« fragte ich Jeremiah Donovan.

»Ich möchte, daß du und Noble sie nach draußen bringen. Sagt ihnen, sie kämen zu einer andern Gruppe. Dann geht's am ruhigsten ab!«

»So was mach ich nicht!« stieß Noble hervor.

Jeremiah Donovan blickte ihn scharf an. »Meinetwegen – dann gehst du mit Feeney zum Schuppen; holt euch Geräte und grabt am andern Ende vom Moor eine Grube. Bonaparte und ich kommen euch nach. Laßt euch aber ja nicht mit den Geräten erblicken! Ich möchte nicht, daß es plötzlich zuviel für uns beide wird!«

Wir sahen, wie Feeney und Noble ums Haus und zum Schuppen gingen. Dann traten wir ein, und ich überließ Jeremiah

Eine kleine Grube im Moor

Donovan die Erklärungen. Er sagte ihnen, er habe Order erhalten, sie zum zweiten Bataillon zurückzuschicken. Hawkins ließ ein Maul voll Flüche los, und auch Belcher merkte man es an – obwohl er kein Wort sagte –, daß er etwas unruhig war. Die alte Frau war dafür, sie uns zum Trotz bei sich zu behalten, und hörte nicht auf, ihnen gute Ratschläge zu geben, bis Jeremiah Donovan schließlich die Geduld verlor und sie anschnauzte. Er war ekelhafter Laune, wie mir auffiel. In der Hütte war es inzwischen stockdunkel geworden, aber keiner dachte daran, die Lampe anzuzünden, und die beiden Engländer griffen im Dunkeln nach ihren Mänteln und verabschiedeten sich von der alten Frau.

»Kaum fühlt man sich mal zu Haus, da glaubt schon irgendein Hundesohn im Hauptquartier, es ginge einem zu lausig wohl, und schiebt einen wieder ab, verdammt!« sagte Hawkins und schüttelte ihr die Hand.

»Tausend Dank, Madam«, sagte Belcher. »Tausend Dank für alles!« – als ob er es selbst verschuldet hätte.

Wir gingen ums Haus herum auf die Rückseite, und dann zum Moor hinunter. Jeremiah Donovan erzählte es ihnen erst unterwegs. Er zitterte vor Aufregung. »Heute früh sind vier von unsern Leuten in Cork erschossen worden, und jetzt sollt ihr erschossen werden – als Vergeltung.«

»Wovon redest du eigentlich?« fuhr ihn der kleine Hawkins an. »Schlimm genug, die Menschen so herumzuschubsen wie unsereinen – auch ohne deine blöden Witze!«

»Es ist kein Witz«, erwiderte Donovan. »Tut mir leid, Hawkins, aber es ist wahr.« Und dann stimmte er die übliche alte Leier von Pflichterfüllung an, und wie unangenehm es wäre, und die Vorgesetzten ...

»Laß den Quatsch!« rief Hawkins gereizt.

»Kannst ja Bonaparte fragen!« sagte Donovan, als er merkte, daß Hawkins ihm nicht glaubte. »Stimmt's, Bonaparte?«

»Ja«, sagte ich, und Hawkins blieb stehen.

»Aber um Gottes willen, Genosse!«

»Doch, es ist wahr, Genosse!« sagte ich.

»Bei dir hört sich's nicht so an, als ob du's im Ernst meinst!«

»Aber bei mir!« rief Donovan und wurde allmählich erbittert.

»Was hast du denn gegen mich, Jeremiah Donovan?«

»Ich hab noch nie behauptet, daß ich was gegen dich hätte.

Aber warum müssen eure Leute vier von unsern Gefangenen nehmen und kaltblütig erschießen?«

Er packte Hawkins am Arm und zerrte ihn weiter, konnte es ihm aber nicht begreiflich machen, daß es Ernst war. Ich hatte einen Revolver in der Tasche und fingerte ständig daran herum und überlegte, was ich tun sollte, wenn sie sich wehrten oder ausrissen, und ich wünschte von Herzen, sie würden eins oder das andere tun. Ich wußte, daß ich bestimmt nicht auf sie schießen würde, wenn sie ausrissen. Hawkins wollte wissen, ob Noble auch damit zu tun hatte, und als wir ›Ja‹ sagten, fragte er, warum Noble ihn umlegen wollte. Und warum wir andern ihn umlegen wollten? Was hatte er uns getan? Waren wir nicht alle Genossen? Wir verstanden ihn doch! Und er verstand uns doch! Glaubten wir denn auch nur eine Sekunde lang, daß er uns erschießen würde, selbst wenn's alle hm-hm Offiziere in der hm-hm britischen Armee befahlen?

Mittlerweile hatten wir das Ende des Moors erreicht, und mir war so elend zumute, daß ich ihm nicht antworten konnte. Wir gingen am Rande entlang, und jeden Augenblick blieb Hawkins stehen und begann wieder von vorne – als ob er wie ein Uhrwerk aufgezogen würde –, daß wir doch Genossen seien. Dabei wußte ich, daß nichts anderes als der Anblick der offenen Grube ihn überzeugen könnte, daß wir's tun mußten. Und die ganze Zeit über hoffte ich, es würde noch etwas geschehen: daß sie ausreißen würden oder daß Noble mir die Verantwortung abnehmen würde.

Endlich sahen wir in einiger Entfernung die Laterne und hielten darauf zu. Noble hatte sie in der Hand, und Feeney stand irgendwo im Dunkeln hinter ihm, und das Bild – wie sie so still und stumm im Torfmoor standen – machte es mir deutlich, daß es wirklich Ernst war, und damit verschwand der letzte Funken Hoffnung, den ich noch hatte.

Belcher erkannte Noble und rief auf seine ruhige Art: »Hallo, Genosse.« Hawkins aber fuhr sofort auf ihn los, und die Fragerei ging wieder von vorne an, nur daß Noble diesmal gar nichts zu seinen Gunsten vorbringen konnte, sondern mit gesenktem Kopf dastand, während ihm die Laterne zwischen den Beinen baumelte.

Jeremiah Donovan übernahm es, für ihn zu antworten. Zum zwanzigsten Mal – als ob es ihn wie ein Spuk verfolge – fragte

Eine kleine Grube im Moor

Hawkins, wer hier etwa glaube, daß er Noble erschießen könnte.

»Doch, das würdest du tun«, sagte Jeremiah.

»Nein, das würd ich nicht tun, verdammt noch mal!«

»Doch, weil du wüßtest, sie würden dich erschießen, wenn du's nicht tust.«

»Ich würd's nicht tun, und wenn sie mich zwanzigmal erschießen wollten! Ich würde niemals einen Genossen erschießen. Und Belcher auch nicht, stimmt's, Belcher?«

»Stimmt, Genosse«, sagte Belcher, aber eher als Antwort auf die Frage – und nicht, um sich in den Streit einzumischen. Es klang so, als ob das Unvorhergesehene, auf das er immer gewartet hatte, endlich eingetroffen sei.

»Und wer sagt überhaupt, daß Noble erschossen würde, wenn er mich nicht erschießt? Was meint ihr denn, was ich tun würde, wenn ich an seiner Stelle wäre – mitten im verfluchten Torfmoor?«

»Was würdest du tun?« fragte Donovan.

»Ich würde natürlich mit ihm gehen, einerlei, wohin. Ich würde meinen letzten Shilling mit ihm teilen und durch dick und dünn zu ihm halten. Von mir kann keiner erzählen, daß ich jemals einen Freund im Stich gelassen hätte.«

»Jetzt ist's aber genug«, rief Jeremiah Donovan und spannte den Revolver. »Hast du jemandem eine Botschaft auszurichten?«

»Nein, niemandem!«

»Möchtest du ein Gebet sprechen?«

Hawkins gab eine Antwort, die sogar mich erschreckte, und dann wandte er sich wieder an Noble.

»Hör mal, Noble«, bat er, »du und ich, wir sind Genossen! Du kannst nicht auf meine Seite überlaufen, also komm ich auf deine Seite! Verstehst du jetzt, was ich meine? Gib mir eine Knarre, dann zieh ich mit dir und den andern Jungen los.«

Keiner antwortete ihm. Wir wußten, das war kein Ausweg.

»Hörst du, was ich sage?« fragte er. »Ich hab's satt. Du kannst mich fahnenflüchtig nennen oder was du sonst willst. Ich glaub nicht an euern Kram, aber er ist nicht schlimmer als unserer. Genügt dir das?«

Noble hob den Kopf, aber Donovan begann zu sprechen, und da ließ er ihn wieder sinken, ohne zu antworten.

»Zum letzten Mal: hast du eine Botschaft auszurichten?« rief Donovan, und seine Stimme klang kalt und erregt.

»Halt den Mund, Donovan! Du verstehst mich nicht, aber die Jungen hier verstehen mich. Die sind nicht so, sich jemanden zum Freund zu machen und dann den Freund zu erschießen. Sie sind nicht das Werkzeug von Kapitalisten!«

Ich war der einzige, der sah, wie Donovan seinen Revolver auf Hawkins' Nacken richtete, und als er es tat, machte ich die Augen zu und versuchte zu beten. Hawkins hatte gerade mit einem neuen Satz angefangen, als Donovan schoß. Beim Knall machte ich die Augen auf und sah, wie Hawkins torkelte und in die Knie sank und sich dann vor Nobels Füßen lang ausstreckte: genauso langsam und still wie ein kleiner Junge beim Einschlafen, und das Licht aus der Laterne spielte über seine mageren Beine und die blanken Bauernstiefel. Wir standen alle ganz unbeweglich und sahen zu, wie er im letzten Todeskampf zur Ruhe kam.

Danach zog Belcher ein Taschentuch hervor und versuchte, es sich über die Augen zu legen und zu verknoten (in unserer Aufregung hatten wir vergessen, es bei Hawkins ebenso zu machen). Als er merkte, daß es nicht groß genug war, drehte er sich um und bat mich, ihm meins zu leihen. Ich gab es ihm, und er knotete beide zusammen und zeigte mit der Fußspitze auf Hawkins.

»Er ist noch nicht ganz tot«, sagte er. »Gebt ihm lieber noch einen Schuß!«

Und tatsächlich, Hawkins hob das linke Knie hoch. Ich bückte mich und hielt meinen Revolver an seinen Kopf, besann mich aber und richtete mich wieder auf. Belcher verstand, was mir durch den Kopf ging.

»Gib's ihm nur zuerst«, sagte er. »Mir macht's nichts aus. Der arme Teufel! Wir wissen nicht, wie's ihm zumute ist!«

Ich kniete nieder und schoß. Mir war, als wüßte ich schon nicht mehr, was ich tat. Belcher, der ein bißchen ungeschickt mit seinen beiden Taschentüchern herumhantierte, lachte hell auf, als er den Schuß hörte. Noch nie hatte ich ihn lachen hören, und mir lief es kalt über den Rücken. Es klang so unnatürlich.

»Der arme Kerl!« sagte er ruhig. »Und gestern abend war er noch so wißbegierig! Ist doch komisch, Genosse, finde ich: jetzt weiß er so viel über alles, wie einer nur darüber wissen kann – und gestern abend tappte er noch im dustern!«

Eine kleine Grube im Moor

Donovan half ihm, die Binde über die Augen zu legen. »Danke, Genosse!« sagte er. Donovan fragte, ob er eine Botschaft auszurichten habe.

»Nein, Genosse«, sagte er. »Nicht von mir, aber wenn einer von euch an Hawkins' Mutter schreiben will: in seiner Brusttasche steckt ein Brief von ihr. Er und seine Mutter verstanden sich großartig. – Aber ich – mich hat meine Frau vor acht Jahren sitzen lassen. Ist mit einem anderen Burschen durchgebrannt und hat den Kleinen mitgenommen. Ich bin sehr für ein Zuhause, wie euch vielleicht aufgefallen ist, aber danach konnt ich nicht wieder von vorn anfangen.«

Es war ganz erstaunlich, daß Belcher in den paar Minuten mehr sprach als in all den vorangegangenen Wochen. Es war gerade so, als ob der Schuß einen Redefluß in ihm ausgelöst hätte und als könnte er die lange Nacht durch so weitermachen und ganz glücklich über sich selbst erzählen. Wir standen wie Dummköpfe da, weil er uns ja nicht länger sehen konnte. Donovan blickte Noble an, und Noble schüttelte den Kopf. Dann hob Donovan seinen Revolver und im gleichen Augenblick stieß Belcher wieder sein komisches Lachen aus. Vielleicht meinte er, wir hätten über ihn gesprochen, oder vielleicht war ihm zu Bewußtsein gekommen, woran auch ich hatte denken müssen, und er begriff es nicht.

»Entschuldigung, Genossen«, sagte er. »Mir scheint, ich rede einen Haufen Zeugs zusammen, und so dumm obendrein; daß ich im Haus praktisch bin und so weiter. Die Sache kam so plötzlich! Verzeiht mir, bitte!«

»Willst du kein Gebet sprechen?« fragte Donovan.

»Nein, Genosse«, sagte er. »Ich glaube nicht, daß es mir helfen würde. Ich bin bereit, und ihr wollt's gern hinter euch haben.«

»Du verstehst doch, daß wir's bloß aus Pflichtgefühl tun?« fragte Donovan.

Belcher hatte den Kopf wie ein Blinder erhoben, so daß man im Laternenschimmer nur sein Kinn und seine Nasenspitze sehen konnte.

»Ich hab nie so recht herausgebracht, was Pflicht eigentlich ist«, sagte er. »Ich weiß, daß ihr alle gute Burschen seid, wenn du das gemeint hast. Ich beklage mich nicht.«

Als könnte er es nicht länger ertragen, hob Noble die Faust und drohte Donovan, und im Nu hob Donovan den Revolver und schoß. Der lange Mensch plumpste wie ein Mehlsack um, und diesmal war ein zweiter Schuß nicht nötig.

Ich erinnere mich nicht mehr deutlich, wie wir sie begruben. Ich weiß nur, daß es schlimmer als alles andere war, sie so ins Grab zu schleppen. Verrückt einsam war es, nichts als der Fleck Laternenschimmer zwischen uns und dem Dunkel, und die Vögel riefen und kreischten ringsum, weil die Schüsse sie aufgeschreckt hatten. Noble untersuchte Hawkins' Habseligkeiten, fand den Brief von seiner Mutter und faltete ihm dann die Hände auf der Brust. Mit Belcher machte er es ebenso. Als wir das Grab zugeworfen hatten, trennten wir uns von Jeremiah Donovan und von Feeney und brachten die Geräte in den Schuppen zurück. Den ganzen Weg über sprachen wir kein Wort. Die Küche war dunkel und kalt, genau wie wir sie verlassen hatten, und die alte Frau saß vor dem leeren Kamin und hatte den Rosenkranz in den Händen. Wir gingen an ihr vorbei ins Zimmer, und Noble strich ein Zündhölzchen ab, um die Lampe anzuzünden. Sie stand ruhig auf und trat in die Türöffnung: von ihrer kratzbürstigen Natur war nichts mehr zu spüren.

»Was habt ihr ihnen angetan?« fragte sie flüsternd, und Noble zuckte zusammen, so daß ihm das Streichholz in der Hand erlosch.

»Was soll das?« fragte er, ohne sich umzudrehen.

»Ich hab euch gehört«, sagte sie.

»Was haben Sie gehört?« fragte Noble.

»Ich hab euch gehört. Meint ihr, ich hätt euch nicht gehört, als ihr den Spaten wieder in den Schuppen gestellt habt?«

Noble zündete noch ein Streichholz an, und diesmal flammte die Lampe auf.

»War's das, was ihr ihnen angetan habt?« fragte sie.

Dann fiel sie, weiß Gott, mitten in der Tür auf die Knie und fing an zu beten, und nachdem Noble sie ein, zwei Minuten angesehen hatte, machte er's wie sie und betete am Kamin. Ich drückte mich an ihr vorbei und überließ sie ihren Gebeten. Ich stand in der Haustür, blickte zu den Sternen auf und hörte, wie das Rufen der Vögel über dem Moor allmählich erstarb. Manchmal ist das, was man empfindet, so seltsam, daß man's gar nicht beschreiben kann. Noble sagte, er hätte alles zehnmal so groß gesehen: als ob in der ganzen Welt nichts anderes wäre als die kleine Grube im Moor, in der die Engländer steif und kalt wurden. Bei mir aber war's so, als ob die Grube im Moor Millionen Meilen weit weg wäre, und sogar Noble und die alte Frau, die hinter mir ihre Gebete sagten, und auch die Vögel und die dummen Sterne waren ganz weit weg, und ich war klein und ganz verlassen und einsam, wie ein Kind, das sich im Schnee verirrt hat. Und was ich später auch noch erlebt haben mag – nie wieder war mir so zumute.

(Deutsch von Elisabeth Schnack)

Sean O'Faolain
Charlies Griechin

Es dauerte über zwanzig Jahre, ehe ich Rika Prevelakis wiedersah, zu diesem Besuch angeregt von (ausgerechnet!) Charlie, und komischerweise in (ausgerechnet!) Athen. »Kleinigkeit, sie ausfindig zu machen«, versicherte er. »In der Universität kennt sie einfach jeder!«

Man sah ihr die fünfundvierzig Jahre nicht an, obwohl sie jetzt mollig, mütterlich und spottlustig war. Ihr Haar war noch schwarz, aber nicht mehr so seidig schimmernd. Ihre Gesichtshaut sah so weich und rosig aus, daß mir sofort unser alter Dubliner Witz einfiel: »Charlie, schmeckt ihr Puder nach Türkischem Honig?« – und auch seine Antwort, ein vergnügtes Zwinkern. Nichts verriet eigentlich ihr Alter, ausgenommen die Schweizer Ringe, die sie trug und die viel zu fest auf ihren pummeligen Fingern steckten, und dann an der Kehle die schwach angedeutete Venus-Wamme und an den Waden die harten Muskeln. Ihr Mann, den ich nicht kennenlernte, war offenbar ein Früchte-Exporteur, und zwar (ihrem reizenden Haus mit den modernen Gemälden und Skulpturen nach zu urteilen) ein sehr erfolgreicher. Sie erzählte mir, daß ihr ältester Sohn (sie hatte drei) neunzehn Jahre alt sei: eine Zahl, die mich zusammenzucken ließ, weil sie mich ohne weiteres in das Jahr nach ihrem berühmten Dubliner Aufenthalt zurückversetzte. Da hatte sie ja Charlie nicht mehr lange nachgetrauert!

Sie freute sich riesig, so aus erster Quelle von ihm zu hören, und stellte mir viele Fragen, und obwohl sie jetzt anscheinend mit einer gewissen gutmütigen Selbstverspottung an ihn dachte, war es doch klar, daß sie sich seiner auch mit einer warmen und dankbaren Zuneigung erinnerte.

»Er hat mich zur Besinnung gebracht«, sagte sie so schlicht, daß die abgedroschenen Worte wie eine taufrische Wahrheit klangen.

Wir plauderten fast eine Stunde lang; gegen den Schluß hin, und als ich schon aufbrechen wollte, fragte ich:

»Es würde mich interessieren, wie Sie Charlie nach alledem beurteilen?«

Sie lachte und imitierte den englisch-griechischen Bühnen-Akzent:

»Meine Mann mir sagen, und meine Mann ist särr kluges Mann, daß er nickt Meinung sagt, wenn jemand will wissen seine Meinung, sondern daß er gibt kleines Porträt.«

Ein kluger Mann, weiß Gott, dachte ich, als ich ihr entzückendes Haus verließ, dessen Garten über das funkelnde Blau des Piräus blickte. Meinungen! Wenn ich ein Dutzend Männer befragen wollte, die Charlie in seiner Glanzzeit gekannt hatten, könnte ich die Blütenlese erraten, die sie mir wie zwölf Schöffen geben würden:

1. Charlie Carton? Dem würde ich meine Frau anvertrauen – fünf Minuten lang!

2. Also ich glaube wirklich und wahrhaftig, daß er der teilnahmsvollste, warmherzigste und menschenfreundlichste junge Mann war, der mir je begegnet ist!

3. Ein kalter, hemmungsloser, egoistischer, unzuverlässiger Genußmensch!

4. Ein echter Menschenfreund, ein geborener Reformer und ein waschechter Revolutionär! Heutzutage gibt's nur noch verdammt wenig Männer wie ihn in Irland!

5. Was für ein Redner! Glänzend! Und so witzig! Ein furchtbar amüsanter Kerl! Ein Träumer und Rebell! Besitzt alles, was gut ist am irischen Volkscharakter!

6. Charlie Carton? Das Großmaul!

7. Müssen Sie nicht zugeben, daß er eine tolle Kreuzung zwischen einem Don Juan und dem heiligen Franziskus war? Ich meine, es stand immer auf der Kippe, welche Seite schließlich bei ihm die Oberhand gewinnen würde. Übrigens – welche war's dann zu guter Letzt?

8. *Hatte* er überhaupt Prinzipien? Ich hab's mit angesehen, wie ihm wegen eines kranken Kindes in den Slums in der einen Minute die Tränen in den Augen standen und wie er in der nächsten Minute ohne jedes Erbarmen eine Frau hinterging.

9. Nein, ich glaube nicht, daß ich von Charlie behaupten würde, er hätte viele Prinzipien gehabt. Ein paar? Na ja, vielleicht. Jedenfalls haben sie ihn nie sonderlich gedrückt. Erinnern Sie sich, was Aristide Briand mal über Prinzipien gesagt hat? *»Il faut toujours s'appuyer sur les principes; ils finissent par en*

céder.« Man muß sich recht fest auf seine Prinzipien stützen, dann geben sie eines Tages nach. Aber eins muß man Charlie lassen: er war nie ein Spielverderber. Ein echt männlicher Mann! Mochte ihn gut leiden ...

10. Wenn Sie meine ungeschminkte Meinung über ihn hören wollen: er war ein himmelschreiend saumäßiger Aufschneider!

11. Hab ihn bloß von der Studentenzeit her gekannt. Er konnte einem das Hemd vom Leibe weg schenken. So einem Burschen muß man einiges nachsehen.

12. Schlapp! Morsch bis auf die Knochen! Gefühlsduselig! Zu echter Zärtlichkeit genauso unfähig wie zur Leidenschaft. Da können Sie jede Frau fragen! Das einzige Gute, das sie ihm alle nachsagten: wenn er sie hinterging, schenkte er ihnen auch verflucht rasch reinen Wein ein!

Ich denke an die Nacht in London, als er mir sein Wohnschlafzimmer überließ. Von Mitternacht an läutete das Telefon jede halbe Stunde. Immer die gleiche Frau, das gleiche Mädchen. »Nein«, hab ich stets gesagt, »Mr. Carton ist nicht hier. Ich bin nur sein Gast und benutze heute nacht sein Zimmer.« Oder: »Charlie ist nicht hier, ich schwör's Ihnen! Wissen Sie denn nicht, daß es ein Uhr nachts ist, um Gottes willen? Ich möchte jetzt endlich schlafen!« Jedesmal sagte das gleiche traurige Stimmchen: »Bitte sagen Sie ihm doch bloß, ich hätte bloß angerufen, um mich bloß zu verabschieden!« Nach einer halben Stunde war sie wieder da, wieder und immer wieder, bis ich mich, halb wütend und halb mitleidig, zu fragen begann, ob er nicht genau das vorausgesehen hatte, als er mir so freigebig sein Zimmer zum Übernachten anbot. Schließlich wandte ich mich an das Fräulein vom Amt. Mit einer müden, englisch-höflichen Drei-Uhr-morgens-Stimme sagte sie: »Ich habe der Dame schon erklärt, daß Mr. Carton nicht da ist. Es hilft ihr nicht weiter, der armen Kleinen! Außerdem bin ich verpflichtet, *jeden* Anruf durchzugeben. Und bedenken Sie nur, es kostet sie 'ne Stange Geld! Es ist jedesmal ein Fernruf aus Straßburg!«

Wie ihn ein Salvador Dali gemalt hätte? Mit zwei Augen, aus denen je eine Frau schaut. Sein hübsches, knabenhaftes Gesicht hätte jeden Maler der Hoch-Renaissance entzückt, der ein Modell für die Verkörperung von Kraft und Jugendfrische suchte; doch es hätte eher ein Florentiner als ein Venezianer sein müssen, wegen Charlies blasser Haut, seiner buttergelben Haare, der kleinen, makellosen Zähne und der schweren Augenlider – und weil man trotz seiner Größe eher seine äußeren Merkmale beachtete und weniger an die Körperfülle oder den Umfang und das Gewicht dachte. Weder sein Gesicht noch sein Körper riefen jemals den Eindruck von etwas Knochigem hervor. Wenn er sich für den Boxerring ausgezogen hatte, sah sein Körper sehr weich, fast feminin aus, so daß niemand, der ihn nicht schon boxen gesehen hatte, ihn für einen Steher gehalten hätte. Doch er war ein Steher, und er war häufig Sieger, halsstarrig, behende wie ein Knabe, eher für Abwehr als für den Angriff, und stets siegte er dank seiner Geschicklichkeit. Er besiegte die Männer beim Boxen und die Frauen beim Flirt. Seine Jungenhaftigkeit war unecht. Mit einundvierzig war er noch immer lebhaft, lachlustig, schwatzhaft, völlig unbekümmert um sein Äußeres, ungekämmt, beinahe ungepflegt und von Natur sorglos: er machte sich nichts aus Geld oder Besitz, und meistens war er pleite. Was vielleicht der Hauptgrund war, weshalb die Frauen ihn (sogar schon während der Schulzeit) ständig bemuttern und verwöhnen wollten. Es muß jedesmal ein Schock für sie gewesen sein, wenn sie entdeckten, daß seine Sorglosigkeit allumfassend war – im weitesten Sinne des Wortes. Ihr hübsches Bübchen war so hart wie Stein. Ich mußte an ihn denken, als ich zum erstenmal das bekannte Bildnis des Lodovico Capponi von Bronzino im Frick-Museum sah: ein eleganter junger Ephebe, könnte man meinen, bis man in seine kühlen grauen Röntgenstrahl-Augen blickt, die einen zusammenzucken lassen, wie wenn einem ein Tropfen kochendes Wasser auf die Hand spritzt. Einer unsrer zwölf Schöffen erinnerte sich an ihn als einen waschechten Revolutionär, der andre als einen Rebellen. Aber um entweder das eine oder das andre in vollem Maße zu sein, war er am falschen Ort und zur unrechten Zeit geboren worden, nämlich in Irland nach der Revolution. Wie glücklich wäre er gewesen, so richtig mitten drin zu stecken! Wäre er damals erschossen worden (obwohl ich insgeheim glaube, daß er sie alle zu Boden geboxt hätte), wäre er heute einer unsrer heißgeliebten jungen Helden. Für den Krieg gegen die Nazis war er zu früh auf die Welt gekommen, und der Spanische Bürgerkrieg war fast beendet, als er von der Schule abging – zusammen mit der nicht mehr gar so jungen Lehrerin, die ihn jenen ganzen Sommer über zu einer

Camping-Tour (in einem winzigen Zelt) durch das gesamte England mitnahm.

»Sie hat meiner Erziehung den letzten Schliff gegeben«, pflegte er zu sagen – mit dem üblichen strahlenden Grinsen. »Was aus ihr geworden ist? Keine Ahnung! Sie wurde natürlich an die Luft gesetzt. Doch ja, geschrieben hat sie mir. Aber« (mit einer anmutigen Bewegung seiner schlanken, kräftigen Hand) »der Kranz unsrer Liebe hatte sich geschlossen.«

So redete er immer: so romantisch, und benahm sich so: skrupellos! Oft sagte er:

»Ich bin nämlich gar nicht so durch und durch irisch. Die Cartons sind zu Cromwells Zeiten als Siedler herübergekommen. Und ihr wißt ja, wie es den Pionieren nun mal geht: sie ziehen weiter...«

»Würden Sie ihn skrupellos nennen?« hatte ich Rika Prevelakis gefragt.

An Stelle von einer Antwort gab sie ihr letztes Zusammentreffen mit ihm wieder. Etwas hatte ich (hatten wir alle) schon darüber gewußt. Freimütig lieferte sie jetzt die fehlenden Einzelheiten.

Es ereignete sich zur Zeit seiner berühmten Riesen-Protestkundgebung im Jahre 1941. Damals war er einer von Irlands aktiven Kommunisten (hatten wir deren zwölf?) und nannte sich öffentlich ein Mitglied der Irischen Arbeiter-Partei, die, wie jedermann weiß, so links wie mein rechter Fuß war (und ist); im Privatleben nannte er sich Sozialist, und im Bett oder Bad bezeichnete er sich laut als Marxist (wie er selbst gestand). Das Datum ist bedeutsam. Wer 1941 Kommunist war, hatte nirgends auf den britischen Inseln ein leichtes Leben. Die Russen hielten sich noch an ihren Nichtangriffspakt mit Hitler. Die vielen Tausende von Iren im britischen Heer glaubten, sie wären ausgezogen, um sowohl die Kommunisten wie die Nazis zu bekämpfen. Dünkirchen lag hinter uns. Ebenso die Schlacht um Britannien. Doch als Spanien in Tanger einfiel (was uns alle an die Existenz General Francos erinnerte), und als die Deutschen in Athen einzogen (was Charlie an Lord Byron erinnerte), schien es der gegebene Augenblick, um sich wegen der Rechte der kleinen Nationen an Irland zu wenden. Folglich verkündeten Charlie und seine Freunde kurzerhand eine Riesen-Protestkundgebung ›zu Ehren Griechenlands‹, anberaumt auf den vierten Mai abends. Der gewählte Zeitpunkt hätte für alle Beteiligten nicht fataler sein können. Hätten sie bis zum Juni gewartet, wäre Rußland inzwischen Deutschlands Gegner geworden. Und vier Tage vor der Versammlung tauchte in Dublin Charlies alte Flamme auf: Rika!

Sie war damals etwa fünfundzwanzig, klein, dunkel, recht niedlich und so begeistert, Charlie kampfbereit zur Verteidigung ihres Vaterlandes zu sehen, daß ihre Niedlichkeit zu einer Art feuriger Schönheit erblühte. Sie war in jeder Hinsicht (bis auf einen einzigen Zug) eine sehr sympathische junge Dame, worüber sich alle einig waren, die sie kennenlernten, und die meisten von uns lernten sie kennen, weil Charlie sich vom Moment ihrer Ankunft in Dublin an wie verrückt bemühte, sie an seine Freunde abzuwimmeln. (Anscheinend hatte sich auch bei ihnen ›der Kranz ihrer Liebe geschlossen‹ ... jedenfalls seiner Liebe.) Obwohl sie hochgebildet war – sie unterrichtete damals die jungen Männer vom Auswärtigen Amt in London in Griechisch und griechischer Geschichte –, und obwohl sie auf fast allen Gebieten Bescheid wußte und kritisch und nüchtern und scharfsichtig war, blieb doch dieser eine unsympathische Zug an ihr bestehen: sie war kläglich unfähig zu merken, daß Charlie sie verabscheute, sie im gleichen Maß verabscheute, wie ihre Jagd auf ihn und seine Flucht vor ihr sie beide lächerlich machten.

»Es ist furchtbar!« Er schäumte vor Wut. »Als hätten wir blödsinnige Flitterwochen. Sie läßt keine Minute locker. Können wir zusammen frühstücken? Wo ich zu Mittag esse. Wohin ich abends zum Dinner gehe. Was ich heute abend mache, morgen abend mache, übermorgen abend mache. – Hör mal, tu mir um Gottes willen einen Gefallen, geh mit ihr mittagessen und laß sie irgendwo sitzen, in den Bergen meinetwegen.«

Die Tage kurz vor der Versammlung zeitigten das eine Ergebnis, daß sie uns alle mit Anrufen verfolgte:

»Könnte ich bitte mit Mr. Carton sprechen?«

»Rika, sind Sie's? Charlie ist leider nicht hier! Er wohnt nämlich nicht hier.«

»Aber er muß doch dort sein? Er hat mir gesagt, ich soll diese Nummer anrufen, wenn er nicht pünktlich da ist.«

»Wenn er nicht *wo* ist?«

»In Stephen's Green. Um drei. Neben dem Denkmal von James Clarence Mangan.«

Im sanften Frühlingsregen? Und jetzt war es vier! Und an James Clarence Mangans grüner Nasenspitze hing ein Tropfen! Was für ein schlauer Einfall, wenn man mit einem Mädchen Schluß machen will! Aber für Rika – lange nicht schlau genug.

»Also jedenfalls ist er nicht hier.«
»Dann rufe ich später noch mal an.«
»Das nützt gar nichts. Er ist nie hier.«
»Ich rufe wieder an. Er hat mir gesagt, ich soll's dauernd probieren. Wenn er kommt, sagen Sie ihm bitte, er möchte warten, bis ich wieder anrufe.«

Wir fragten uns und fragten einander, weshalb er so unaufrichtig zu ihr war. Warum gab er ihr nicht den Laufpaß, einfach aus reiner Menschenfreundlichkeit? War das die schwache Seite in seinem Charakter? Sie verriet uns, daß er (falls er ihr nicht aus dem Wege gehen konnte) neben ihr zu sitzen pflegte, ihre Hand hielt, ihr in die Augen blickte und ihr mit seiner warmen irischen Stimme Gedichte vortrug, möglichst von Byron.

»Ewige Flamme ungebund'nen Geistes,
du strahlst am hellsten, Freiheit, in Verliesen!
Dort ist das Menschenherz dein Aufenthalt,
das Herz, das einzig Lieb' zu dir kann binden.«

Wenn sie empört über ihn war, sagte er weich und besänftigend: »Laß die Tauben kommen, Rika! Daß sie sich niederlassen auf deinem schönen Köpfchen!« Einmal, als sie so tobte wie (*sein* bewundernswertes Bild!) die stürmische Ägäis, spürte sie, daß er ihre Hand ergriff und fragte: »Halte ich die Hand der Königin Maeve?« Worauf sie törichterweise erwiderte: »Wer ist Königin Maeve?« Denn nun sah sie sich auf einmal erstaunt, entzückt, aufgebracht und unwiderruflich in einen rotgoldenen Teppich keltischer Sagen und Legenden verstrickt.

»Unsere Vergangenheit, Rika, ist so alt und so reich wie eure große Vergangenheit, aus der du zu uns gekommen bist – so voller Wunder und Geheimnis, daß sie uns umgibt wie das raunende nächtliche Meer, übersät von den verblaßten Gesichtern und den matten Stimmen unsrer Toten, deren flüsternde Worte wir nie genug hören können und die zu verstehen wir nie hoffen dürfen. In jener dunklen Nacht irischer Vergangenheit erscheint stets unsre große Göttin, Königin Maeve, umgeben von den aufgeworfenen Häuptern der ewigen See, ihrer Herde weißer Stiere, bis zu den Bäuchen im grünen Weideland des Ozeans, ihren Speer hoch erhoben, die großen Augen wild funkelnd...«

Sie sollte nie hören, wie die Geschichte endete. Betäubt und hypnotisiert sah sie ihn gerade beim herrlichsten, leidenschaftlichsten Höhepunkt aufspringen und hörte ihn rufen: »Die Genossen erwarten mich! Bald beginnt der Kampf! Kannst mich in einer Stunde in Davys Byrnes Bar finden!«

Und schon polterte er die Treppe hinunter, und sie rief ihm übers Geländer nach: »Und wenn du nicht da bist?« und er schrie, vom Fuß der Treppe nach oben: »Rufe 70 70 70 an!« Sie hatte vier Whisky-Längen in Davy Byrnes Bar gewartet. Dann hatte sie entdeckt, daß eine Telefonnummer 70 70 70 gar nicht existierte, und daher geglaubt, sie müsse sich verhört haben. Bis sie am folgenden Tag die Nummer in einer Buchhandlung sah: ICH WAR STRAFGEFANGENER. Ein lebenswahrer Bericht von 70 70 70.

Am Morgen des Tages, an dem die Versammlung stattfinden sollte, war sie schließlich ganz verzweifelt. Bis dahin hatte sie es widerwillig gelten lassen, daß seine geheimen Vorbereitungen für die Versammlung eine begreifliche Erklärung für sein unerwartetes Verschwinden und Nichterscheinen wären. Aber wenn nun die Versammlung vorbei und fertig war? Das würde dann, wie sie sich sagte, entweder das Ende oder der Anfang von allem sein. Früh am Morgen, so früh, daß die Möwen noch kreischend auf die Abfallkübel niederstießen, wurde sie durch sein Klopfen an ihrer Hotelzimmertür geweckt. Da stand er auf dem Flur, in der Hand einen Koffer, den Kragen hochgeschlagen; das buttergelbe Haar hing ihm ins Gesicht, und mit großen Augen blickte er sie an. Er stellte ihr den Koffer vor die Füße und sagte mit furchtbarem Ernst:

»Rika, wenn die Versammlung heute abend zu Ende ist, ja vielleicht schon vorher, wird die ganze Stadt vor Erregung brodeln! Auf den Straßen kommt es möglicherweise zu Aufruhr und Blutvergießen! Falls ich nicht im Gefängnis sitze oder tot bin, fahre ich heut nacht um zwölf mit dem Auto zu deinem Hotel. Ich kenne den Nachtportier. Ein prächtiger junger Bursche aus Kerry. Einer von uns. Durchaus vertrauenswürdig. Er läßt mich durch die Hoftür ein. Dann fliehen wir beide in die Berge, wo einer meiner Freunde eine weißgetünchte Hütte mit einem goldenen Strohdach besitzt – sie steht neben einem dunklen See, und die Wellen flüstern seit ewigen Zeiten im Schilf, und die wilden Bergwasser rauschen seit ewigen Zeiten über die Felsblöcke, und dort sind wir endlich allein!«

»Aber«, hatte sie gefragt und ihren Morgenrock am Hals zusammengerafft, »woher soll ich wissen, daß ich dir trauen und mich wirklich auf dein Kommen verlassen kann?«

Er hatte sie angefunkelt.

»Du mir trauen? Wenn einer vertraut, dann bin ich es! Der Koffer hier« (er zeigte darauf) »enthält alles, was ich besitze: Papiere, Bücher, Briefe, Pläne und Karten. Genug, um mich lebenslänglich ins Unglück zu bringen! Ist die Hand, die ich jetzt ergreife, die Hand eines Schwächlings oder die Hand der Königin Maeve?«

(»Und ich Dumme«, seufzte sie, »antwortete ihm: ›Königin Maeve!‹«)

»Um Mitternacht! Sei bereit! Erwarte mich! Du meine griechische Braut!«

(»Und weg war er!« rief sie und warf wie ein Papst die Arme auf.)

Sie ging zu der Riesen-Protestkundgebung. (»Ich *nahm teil*«, sagte sie spöttisch.) Der Abend war ein wenig feucht. Charlie hatte behauptet, das College Green würde gepfropft voll sein. Rika fand eine Versammlung von dreihundert Menschen vor, von denen die meisten wie abendliche Spaziergänger aussahen: ein Lautsprecher hatte sie von der Hauptpromenade des College Greens fort und zu einem kleinen Platz, dem Foster Place, gelockt, wohin sie ein Oberwachtmeister und sechs Polizisten wie friedfertige Schäferhunde begleiteten. Diese breite und kurze Sackgasse, an der hauptsächlich Bankgebäude stehen, dient tagsüber als Parkplatz und wird nachts ganz allgemein für kleinere öffentliche Versammlungen benutzt. Rika sah bald, daß die Veranstalter der Versammlung (alte Kämpfer), die ihren Lockvogel am entgegengesetzten, unteren Ende der Sackgasse aufgestellt hatten, jetzt am Eingang zum Platz ein offenes Auto mit heruntergeklapptem Verdeck für die Hauptsprecher bereit machten, offenbar mit der Absicht, sich eine günstige Rückzugslinie zum College Green zu sichern, falls die Sache gefährlich wurde. Über die Rückenlehnen des Kabrioletts hatten sie eine flache Kiste gelegt, wie man sie zum Verpacken und zum Transport von zweidimensionalen Waren wie Glasscheiben, Holztäfelungen oder Bildern verwendet: es ergab ein Podium, das gerade breit genug war, um jeweils einen Sprecher zu tragen und zu zeigen.

Der Eröffnungsredner, ein junger Student vom Trinity College, namens Phil Clune, der später oberster Finanzberater für einen der neuen afrikanischen Staaten werden sollte, hütete sich wohlweislich (und es glückte ihm auch), seine Zuhörer zu Schlimmerem aufzustacheln als zu ein paar höhnischen Zwischenrufen wie etwa: »Lord Byron war ein Schweinehund!« oder: »Und was hat Griechenland für *uns* getan, als wir gegen die Black-and-Tans kämpften?« oder (in lächerlicher Verkennung seines jugendlichen Alters) »Und wo warst *du* denn 1916?« Sie fand alles deprimierend und verworren, bis die Menge rechtsum kehrt machen mußte, um sich den Hauptsprechern zuzuwenden. Dann wurde es etwas lebhafter, auch wenn es immer noch verworren blieb, besonders als eine Frau, die sie als ›vierschrötige Dicke mit kurzgeschnittenem grauem Haar, ähnlich Gertrude Stein‹ beschrieb, von der Griechischen Kirche als einer Zitadelle der Wahrheit, der Freiheit und ungewöhnlicher moralischer Tapferkeit zu sprechen begann. Das verursachte Zwischenrufe: »Welche Griechische Kirche?« und: »Für uns gibt's keine Griechische Kirche!« Daraufhin hielt sie es für ihre Pflicht, den ihr zunächst stehenden Leuten zu erklären, was die Griechische Kirche eigentlich sei, mit hauptsächlich der einen Wirkung, daß die Opposition in kleine, empörte Gruppen auseinanderfiel, die sich stritten, welche griechische Kirche sich zu Rom und welche sich zu Konstantinopel bekenne. Die Erörterungen legten sich, als die Vierschrötige über ›das bedauerliche Schweigen des Gefangenen im Vatikan‹ zu sprechen begann, den sie etwas allzu vertraulich ›Papa Pacelli‹ nannte. Das Ergebnis waren ärgerliche Rufe wie: »Für Sie, Ma'am, immer noch der Heilige Vater!« und: »Heh! Sie kommen wohl von Belfast?«

Hätte Rika ihr Dublin gut gekannt, dann hätte sie gewußt, daß es jetzt nur noch eine Sache von Minuten sein konnte, bis jemand ›Glaube unsrer Väter‹ anstimmte, und dann war es für alle klugen Männer und Frauen höchste Zeit, sich in den Schutz des nächsten Bank-Portals zu verziehen. Statt dessen zwängte sie sich nach vorn, wo sie sah, wie Charlie die stämmige Gertrude Stein beharrlich am Rockzipfel zerrte und ihr zornig etwas zuflüsterte, so daß sie rasch Schluß machte mit dem, was sie über den ›roten Dean of St. Paul's Cathedral‹ hatte sagen wollen, und von der Podium-Kiste herunterkraxelte.

Charlie sprang sofort mit ausgebreiteten Armen auf die Rednerbühne; sein buttergelbes Haar wehte im feuchten Wind, und seine herrliche Stimme deklamierte schallend:

»Ewige Flamme ungebund'nen Geistes,
du strahlst am hellsten, Freiheit, in Verliesen!
Dort ist das Menschenherz dein Aufenthalt,
das Herz, das einzig Lieb' zu dir kann binden!«

»Meine Freunde! Ich rufe Sie mit Trompetengeschmetter, das, so glaube ich, niemand unerwidert lassen kann, der mir zuhört! Hoch die Republik!«

Die Menge beantwortete das ›Trompetengeschmetter‹ mit keiner Silbe – und vermutlich hatte er genau das bezweckt, denn sogleich verstummten sie, um ihm zuzuhören, wenn auch wahrscheinlich eher unter dem Einfluß seiner schönen Rednerstimme und seiner geschmeidigen Boxer-Gestalt als der eigentlichen Worte, die er äußerte.

(»Oh«, erinnerte sie sich, »er sah wunderbar aus! Ich verliebte mich wieder bis über die Ohren in ihn! Denn das muß man ihm lassen: er hatte Haltung! Er hatte Mut!«)

»Meine Freunde!« rief er schallend. »Wir gehören einer uralten Rasse an, deren Vergangenheit so alt und so reich ist, so durchtränkt von einem geheimnisvollen Zauber, daß sie uns einschließt wie das nächtliche Rauschen des Meeres, das unsre grünen Küsten beschützt, gleich der flüsternden Ägäis, deren uralte Erinnerungen ewig durch das Schilf des antiken Hellas raunen und über seine Felsblöcke murmeln. Jenes Dunkel der allerersten Anfänge Irlands ist heute abend angefüllt mit den undeutlichen Gesichtszügen und den murmelnden Stimmen unsrer geliebten und rebellischen Toten, deren Worte wir ewig hören und bis auf die letzte Silbe klar und deutlich verstehen – sei es nun Königin Maeve von Connaught inmitten ihrer Herde milchweißer Stiere, dem aufschäumenden Gischt der See, ihren großen Speer hoch erhoben, wie sie uns mit Donnerstimme zuruft, an unser angestammtes Recht zu denken – oder sei es die stille, traurige Gestalt Cathleens, der Tochter Houlihans, die gleich einer ungekrönten Königin durch die Schatten schweift.«

(Rika zuckte die Achseln. »Nun ja, an mir hatte er sich eben eingeübt. Doch gerade dadurch fand ich mich ihm als Gefährtin verbunden. Und ich war stolz darauf!«)

»Meine Freunde!« schrie Charlie. »Was haben uns die Stimmen heute abend zu künden? Sie sagen uns: ›Gleich wie wir frei sind und frei bleiben wollen, so muß die ganze Menschheit frei sein und ewig frei bleiben!‹«

Im selben Augenblick riß Charlie eine irische Trikolore aus seiner linken Brusttasche und schwenkte sie über seinem Kopf – eine Geste, für die er tatsächlich ein paar beifällige Zurufe erntete.

»Aber, meine Freunde, ich sagte: die ganze Menschheit!«

Woraufhin er aus der rechten Brusttasche die blau-weiße griechische Flagge riß.

»Das ist die Flagge des kämpfenden Griechenlands! Heute abend kämpfen wir im Namen der Freiheit unter diesen beiden Fahnen. Hoch die Freiheit!«

Er erntete noch ein paar Beifallsrufe. Nun zog er aus seiner linken Jackentasche das schwarze Hakenkreuz auf rotem Grund.

»Ist die Flagge hier ein Zeichen für die Freiheit? Für eure Freiheit oder für die Freiheit eurer Kinder? Was mögt ihr darüber sagen, was dabei denken und empfinden? Ich will euch sagen, was ihr darüber denkt!«

Und wie ein Zauberkünstler förderte er ein halbes Dutzend Streichhölzchen aus seiner Westentasche zutage, zündete sie an seinem Hosensitz an – und das Hoheitszeichen der Nazis ging in Flammen auf. (»Ich hatte es tüchtig mit Petroleum begossen«, erklärte er uns später.)

»Ein Symbol!« brüllte er, als die Nazifahne aufflammte und in sich zusammensank. »Ein Symbol, so schwarz wie der Verrat und so rot wie Blut. Und nur mit Blut kann all seine Grausamkeit gerächt werden.«

Daraufhin schlängelten sich der Oberwachtmeister und seine sechs Polizisten nach vorne. Irland war schließlich offiziell ein neutrales Land, auch wenn wir neutraler *gegen* als *für* Deutschland waren, und vor Beginn der Versammlung hatte er strenge Warnung ausgegeben, es dürfe kein Wort geäußert werden, das nicht im Einklang mit der irischen Neutralität stehe. Doch was Charlie dann sagte, ließ ihn wieder unentschlossen abwarten.

»Damit meine ich das Blut, Freunde, das in euren Adern rinnt und voller Mitleid für die Kinder in unserm Elendsviertel in euren Herzen pulst, und auch für unsre Arbeitslosen, die nach

Brot jammern, für unsre Alten und Kranken, die vernachlässigt rings um uns her sterben, und für die Tausende unsrer jungen Männer, ja, und unsrer jungen Mädchen, die Tag für Tag das Fallreep hinaufsteigen, um nach fremden Ufern auszuwandern. Euer warmes irisches Blut kann euch nur an den dreifachen Ruf Freiheit, Gleichheit, Brüderlichkeit erinnern, der so viele unsrer jungen Leute jeder Generation anspornte, für die Republik zu sterben. Jenes Blut steht für die Menschenrechte! Jenes Blut ist die Farbe der Weltbruderschaft!«

Er griff hinter sich, um etwas in Empfang zu nehmen, und – im elektrischen Licht der Straßenlaternen auflodernd – schwenkte er die rote Fahne!

Im gleichen Augenblick stieg ein allgemeines Wutgeheul aus der Menge auf; eine Frauenstimme begann ›Glaube unsrer Väter‹ zu singen, der Oberwachtmeister und die Polizisten gingen aufs Auto los, die Menge wogte vorwärts, der Wagen schwankte, und um nicht unter die Raubtiere zu fallen, griff Charlie nach dem nächsten Laternenpfahl und kletterte wie ein Affe daran hoch, wobei er noch immer die rote Fahne schwenkte und noch immer »Hoch die Freiheit!« rief.

(In Rikas Augen konnte ich alles wie zwei große bunte Fernsehbilder widergespiegelt sehen.)

»Die irischen Polizisten waren großartig, wissen Sie! Sie stellten sich im Kreis rings um den Wagen und den Laternenpfahl auf. Einer kletterte hinauf und zog Charlie an den Beinen herunter, und der Oberwachtmeister sagte: ›Lauf, du Mistvieh!‹ Und wie er lief, mein Gott! Ein paar Leute aus der Menge rannten ihm nach, aber er war zu fix für sie. Ich krallte mich an den Oberwachtmeister und schrie: ›Ich bin eine Griechin!‹ Er packte mich und stieß mich, den Kopf voran, die Beine in der Luft, in das offene Auto, gerade im Augenblick, als der Wagen losfuhr und mit mir, der Vierschrötigen und vier oder fünf Männern fortsauste, während die rote Fahne hinter uns herflatterte. Sie hielten in einer langen, ruhigen Straße, stellten mich auf den Bürgersteig und fuhren weg, die lange Straße hinab und in den Nebel hinein.

Mein Gesicht blutete. Meine Strümpfe waren zerrissen. Ich sah gräßlich aus. Als ich mich aufrappelte, bemerkte ich, daß ich gegenüber vom Abbey-Theater war, und nie werde ich den Titel des Stückes vergessen, das an jenem Abend gespielt wurde. Es

Charlies Griechin

war Lennox Robinsons *Whiteheaded Boy*[1]. Als ich es las, mußte ich an Charlie denken. Mein Gott, sagte ich mir, vielleicht will er sich in meinem Hotel verstecken? Ich rannte die ganze Strecke. Ich wusch mich, um mich von der besten Seite zu zeigen, wenn er gegen Mitternacht kommen würde. Ich packte meine Koffer, obwohl ich so zitterte, daß ich's kaum konnte, und dann warf ich mich aufs Bett und weinte um meinen ›Whiteheaded Boy‹. Ich weinte, weil er wußte, daß ich ihn hatte ausreißen sehen, als er, entehrt, ums liebe Leben laufen mußte, und weil er heimatlos und ein Verfemter war. Dann plötzlich erblickte ich seinen Koffer und dachte, mein Gott, die Polizisten kommen vielleicht hierher, auf der Suche nach ihm, und dann finden sie all seine Papiere und Briefe und Pläne! Es gelang mir, den Koffer aufs Fensterbrett zu wuchten: er war sehr schwer. Ich stellte ihn draußen auf den Sims und zog die Vorhänge und die Gardine zu und legte mich wieder hin und weinte und wartete.

Um halb zwei wachte ich auf. Ich lief nach unten, um mich mit Charlies Freund, dem Nachtportier, zu beraten. Es war ein netter, lieber Junge, siebzehn oder achtzehn. Er sagte mir, daß er nie von einem Charlie Carton gehört habe. Da wußte ich, daß Charlie überhaupt nicht kommen würde. Aber was sollte ich mit dem Koffer anfangen? Ich beschloß, den jungen Mann in mein Vertrauen zu ziehen. Ich erzählte ihm, Charlie sei ein Patriot und ein Verfolgter. Nie werde ich vergessen, was er mir antwortete. ›Miss, wenn er für Irland ist, tue ich alles für ihn!‹ Ich weinte, als er es sagte, es klang so warmherzig, so griechisch. Als ich ihm von dem Koffer erzählte, den ich wie meinen Augapfel behüten sollte, holte er ein Schlüsselbund und einen Schraubenzieher, und zusammen gingen wir nach oben, um nachzusehen, was sich mit dem furchtbaren Koffer tun ließe. Gemeinsam zerrten wir ihn vom Fenstersims herein – er war inzwischen naß geworden – und stellten ihn auf den Fußboden und arbeiteten daran herum, und endlich gelang es uns, ihn zu öffnen.«

(Ich schüttelte den Kopf. Nicht etwa, weil ich nicht wußte, was darin war – Charlie hatte es mir erzählt –, sondern aus Mitleid mit ihr. Rika blickte aus dem Fenster – über die Wasserfläche des Hafens.)

»Wahrscheinlich«, sagte sie, »gibt es im Leben jedes Menschen

---

[1] whiteheaded = blondhaarig und = verhätschelter Junge.

einen Augenblick größter Beschämung, den er nie vergißt. Und ich durchlebte diesen Augenblick, als der Junge den Koffer öffnete – der nette Junge, der für Irland alles getan hätte. Der Koffer enthielt zwei Säcke mit Sand. Sonst nichts.« Sie lachte vergnügt. »Charlie war wirklich ein Halunke! Ich sagte zu dem Jungen: ›Vermutlich ist es Dynamit.‹ Er erwiderte nichts weiter als ›Ja, Miss‹. Ich blieb in meinem Zimmer, bis der Morgen anbrach. Dann fuhr ich mit dem Schiff nach London.«

Ich glaube, wenn Charlie bei uns gewesen wäre, hätte ich ihn geschlagen. Ich sagte:

»Manche Menschen würden weniger freundlich von ihm sprechen als Sie. Sie würden sagen, er sei ein Wichtigtuer, ein Schwindler, ein Schauspieler.«

»O nein! Er war viel mehr als nur das! Viel mehr! Er war gleichzeitig Dramatiker, Regisseur, Schauspieler und Schauspiel. Und wir waren sein Publikum. Er versuchte immer, ein Stück Leben zu spielen, das für ihn Wirklichkeit war, solange er davon träumte, obwohl es ja nur so wirklich war wie die Seifenblasen eines Kindes ... Ein Traum voller wirbelnder Farben, der schließlich entschwebte und lautlos zerplatzte.«

»War das nicht ziemlich hart für die Menschen, die seine Mitspieler sein mußten?«

»Sie meinen, für Menschen wie mich? Sehr hart! Wenn wir nämlich so töricht waren, anzunehmen, daß auch nur eins seiner Spiele ewig weitergehen würde. Aber nicht hart, wenn wir wußten, daß er jeden Augenblick das Klingelzeichen für den Vorhang geben konnte, um ein anderes romantisches Spiel in einem andern Theater, einer andern Stadt, einem andern Land zu beginnen. Selbst dann war es natürlich hart für seine Mitspieler, die er stellungslos zurückließ. Er war unbeschreiblich selbstsüchtig, weil er ein so unverbesserlicher Romantiker war. Immer in Fahrt! Ein Künstler, dessen einzige Kunst sein eigenes Leben war.«

»Manche Leute würden sagen, er sei einfach ein Don Juan gewesen.«

»Hoffentlich nicht! Der unglücklichste Menschenschlag! Immer auf der Jagd nach Schemen. Immer voller Hoffnung. Nie fühlten sie sich sicher. Er ist verheiratet.«

War es eine Feststellung oder eine Frage?

»Woher wußten Sie es?«

Sie lächelte:

»Wir heiraten alle. Was das betrifft, sind von allen Menschen die Don Juans (und auch die Donna Juanitas) diejenigen, die unbedingt heiraten, damit sie sich wenigstens einmal sicher fühlen, ehe sie sterben oder impotent werden. Um überzeugt zu sein, daß ihre Suche ... Ach, es ist zu kompliziert. Und es hat lange gedauert, bis ich's richtig begriffen hatte. Ehe es so weit war, habe ich ihn so gehaßt wie sonst niemand in meinem ganzen Leben. Und ich bin ein sehr guter Hasser«, lächelte sie. »Als ich begriff, daß er einfach sein muß, was er ist, wurde er mir gleichgültig.«

»Haben Sie ihm jemals geschrieben?«

Sie sah mich kalt an.

»Ich bin glücklich verheiratet und habe drei Söhne. Ich bin Professorin. Ich habe einen Mann, der mich anbetet. Ich habe ein schönes Heim. Warum sollte ich ihm schreiben?«

»Er hat Sie nicht vergessen.«

Sie lächelte befriedigt, und wir gaben uns die Hand.

»Grüßen Sie ihn sehr herzlich von mir. Und versichern Sie ihn meiner Anteilnahme!«

Ich zuckte zusammen und blickte sie an – bis ich sah, daß sie es nicht spöttisch gemeint hatte. Ihr Lächeln war traurig, noch während sie die Tür schloß.

Als ich die engen Gassen zum Hafen hinunterwanderte, dachte ich lange darüber nach, was ich sagen sollte, falls jemand meine Ansicht über sie hören wollte. War sie, wie alle Frauen mit Erfahrung, vernünftig, praktisch und völlig ohne Illusionen? Verachtete sie vor allem jene Träume, von denen sich selbst die ältesten Männer nie ganz frei machen können? Oder erinnerte sogar sie sich manchmal mit einem unmerklichen, verstohlenen Lächeln an gewisse vergangene Tage, in denen sie ein wenig anders gewesen war?

Es machte mir Spaß, daß sich Charlie, als ich ihm von der Begegnung in Athen erzählte, sofort eifrig erkundigte, ob sie sich noch an ihn erinnere.

»Ewig!«

»Und ist sie noch schön?«

»Schöner denn je!«

Ich beobachtete, wie er seine durchdringenden grauen Röntgenstrahl-Augen zusammenkniff, wie sie angesichts des schönen

Bildes, das ihnen vorschwebte, immer größer wurden und dann sehr, sehr zögernd auch diesen Traum aufgaben. Er hatte kleine Säcke unter den Augen. Sein Haar war so schütter wie Staub. Dann sagte er – und seine Hand beschrieb einen zierlichen Kreis –: »Immerhin, der Kranz unsrer Liebe hatte sich geschlossen!«

(Deutsch von Elisabeth Schnack)

Brian Friel
Der Lerchengrund

Die ersten zehn Meilen legten sie schweigend zurück. Einmal – an einer Stelle, wo die Hauptstraße landeinwärts biegt und sie einer schmaleren Karrenstraße folgten, die am Atlantik entlangläuft – nahm der Wachtmeister den Pfeifenstiel aus den Zähnen und sagte: »Das hier ist alles mein Reich, so weit Sie nur sehen können«, aber Herr Grass sagte auf eine so seltsame Art »Ja?«, daß der Wachtmeister gar nicht sicher war, ob der Deutsche ihn überhaupt verstanden hatte. Auf so vieles, was der Wachtmeister an jenem Morgen vorbrachte – Fragen über die Arbeit, die sie vorhatten, und über die Gegenden, die sie noch aufsuchen mußten –, hatte der Deutsche stets mit »Ja?« geantwortet, so daß der alte Wachtmeister sich auch jetzt wieder vornahm, den Mund zu halten und lieber die Sonne zu genießen. Es machte ihm Spaß, daß die beiden auf dem Rücksitz – Polizist Burke, sein Untergebener, und der andere Deutsche, ein Herr Henreich – die Unterhaltung ebenfalls zu mühsam fanden.

Der Wachtmeister stammte aus Cavan, und als Cavanmann war er gesprächig. Er war seit sechsundzwanzig Jahren in Donegal, und noch immer kam es vor, daß die Schönheit dieser Gegend ihn überwältigte – wie am heutigen Frühlingsmorgen, an dem das Meer sich weit hinaus bis in die warme Himmelsluft erstreckte und der knusprig frische Sonnenschein flimmernde Lichter aus dem Granitboden lockte. Ach was, er *mußte* darüber sprechen!

»Verdammt schön, nicht wahr? Gott im Himmel über uns und das schönste Stück seiner Schöpfung rings um uns her! Wissen Sie, wenn meine Frau nicht in den Midlands begraben läge, hätte ich nichts dagegen, daß man mich irgendwo längs der Küste zur letzten Ruhe legt.«

»Ja?« meinte Herr Grass. Er war jung und sauber und sehr höflich.

»Natürlich kommt's nicht die Bohne drauf an, wo sie einen hinpacken, wenn unser Stündlein gekommen ist. Aber es wäre nett, das Meer so nahe zu wissen, und über einem die Vögel, nicht?« Er warf einen Seitenblick auf das Gesicht des Deutschen.

»Und man würde nicht alle zehn Minuten durch Leichenzüge gestört, die an einem vorbeischleichen. Hab's selber beobachtet, als ich vor Jahren in Dublin stationiert war. Alle zehn Minuten kommen sie, und jedermann sieht traurig und jämmerlich aus. Glauben Sie mir: auf so einem Friedhof ist alles tot! Wenn sie einen auf 'nem großen Friedhof abladen, dann ist's endgültig aus und vorbei!«

»Ja, sehr deprimierend, Herr Wachtmeister«, bestätigte der Polizist Burke vom Rücksitz her in der stillen Hoffnung, den Gefühlen seines Wachtmeisters gerecht zu werden.

»Aber verstehen Sie auch, was das bedeutet, wenn man hier draußen in der Wildnis begraben wird?« Der Wachtmeister erwärmte sich für seine Idee. »Hier draußen ist's was ganz anderes, Burke! Hier draußen haben Sie noch alles Leben um sich her, Mann! Verdammt noch mal, soviel herrliches Leben ist hier um einen her, daß man gar keine Gelegenheit hat, endgültig tot zu sein.«

»Sehr hübsch, sehr hübsch«, sagte Herr Grass.

»Ein großartiges Fleckchen«, kam es von Burke.

Der Wachtmeister war nicht überzeugt, ob er sich deutlich genug ausgedrückt hatte, und steckte die Pfeife wieder zwischen die Zähne.

Der Wagen fuhr vorsichtig weiter, denn die Karrenstraße war holperig. Nur vereinzelt tauchten noch Häuser auf. Buntgewürfelte Stückchen Ackerland verloren in ihrem Kampf mit dem zähen, vertorften, steinigen Boden allmählich den Mut und verschwanden schließlich ganz und gar. Nun blieb nichts als das unfruchtbare Heideland, höchstens noch hier und da ein verknorzter Baum, der dem Meer den Rücken kehrte und seine gekrümmten Arme dem schützenden Binnenland entgegenstreckte. Ein schmales Vorgebirge von etwa drei Meilen Länge stieß rechtwinklig von der Küste ab.

»Das ist unser Ziel«, sagte der Wachtmeister, »die Spitze von der Landzunge! Dort liegt Ihr Mann begraben! Schwenken Sie rechts ab, sowie wir unten zu dem weißen Felsen kommen!«

»Und der Weg . . .?« begann Herr Grass.

»Da braucht man doch keinen Weg zu so 'ner Stelle hin!« erklärte der Wachtmeister. »'ne Wagenspur wird wohl dasein, wenn ich mich recht erinnere. Fahren Sie nur zu, Mann!«

Sie fuhren auf der schmalen Landzunge dahin, solange es eben

Der Lerchengrund

anging, doch auf halbem Wege war die Spur plötzlich von Kaninchenbauten durchlöchert. Herr Grass hielt sofort. »Wenn wir gingen, wär's vielleicht sicherer und schneller«, meinte er.

»Wie Sie wollen«, erwiderte der Wachtmeister. »Ein kleiner Spaziergang nimmt mir etwas Hammelfett unterm Hemde weg.«

»Ja?« antwortete Herr Grass.

»Nur so eine Redensart!« brummelte der Wachtmeister.

Herr Henreich, der bisher nicht gesprochen hatte, sagte auf deutsch etwas zu Herrn Grass, und Herr Grass gab ihm die Wagenschlüssel. Er trat an den Kofferraum, öffnete ihn und holte einen Spaten und einen großen weißen Segeltuchsack hervor, den er ordentlich zusammenfaltete und unter den Arm klemmte. Herr Grass ging zu ihm, und sie sprachen sehr schnell miteinander.

»Kann ich Ihnen behilflich sein?« fragte der Wachtmeister.

»Ja?« meinte Herr Grass.

»Meine Güte!« stöhnte der Wachtmeister vor sich hin; dann sagte er zum Polizisten Burke: »Los, Mann! Wir zeigen ihnen den Weg!«

Sie folgten der Spur, die zur Mitte der öden Halbinsel führte. Manchmal erweiterte sie sich zu einer Art Weg, der breit genug für einen Wagen war, und dann wurde ganz unerwartet ein schmaler Pfad daraus, der mit einem Sandhaufen endete.

»Der Mann, der den Weg hier angelegt hat, kann nie ganz nüchtern gewesen sein«, schnaufte der Wachtmeister.

Burke freute sich über die Gelegenheit zum Sprechen. »Was halten Sie von ihnen?« tuschelte er vertraulich.

»Von wem?«

»Von den beiden Deutschen?«

»Was soll ich denn von ihnen halten? Sie gehen hier ihrer Arbeit nach, sie tun ihre Pflicht, wie sie's im ganzen Land tun müssen. Und wir sind dabei und müssen aufpassen, daß alles nach Recht und Gesetz durchgeführt wird. Was soll ich denn sonst von ihnen halten?« Und um Burke zu beweisen, daß er sich nicht in eine kleinliche Kritik der beiden Ausländer ziehen ließ, drehte er sich um und rief ihnen zu: »Sehen Sie die winzigen Punkte im Wasser – etwas südlich von der Insel drüben? Das sind die Männer von der Gola-Insel, die ihre Hummerkörbe aussetzen.«

»Ja?« rief Herr Grass gegen den Wind.
»Was hat er gesagt?« fragte der Wachtmeister.
»Ja?« äffte der Polizist ihn treffend nach.
»Allmählich glaube ich, er sagt das bloß, um mich zu ärgern«, erwiderte der Wachtmeister.

Eine halbe Meile vor der äußersten Kuppe des Vorgebirges tauchte der Pfad steil in ein Tal hinab, in eine kleine Mulde aus grünem Gras, die von gelben Sanddünen umsäumt war. Das Vorgebirge aber endete mit einem hohen, stumpfnasigen Hügel, der den Wind vom Atlantik abwehrte. Ein paar Sekunden, nachdem sie das Tal betreten hatten, vernahmen ihre Ohren noch das Sausen der Seebrise, und sie waren noch zum Sprechen aufgelegt. Dann wurden sie der Stille inne – und kaum hatte die Stille sie zum Schweigen gebracht, da hörten sie die Lerchen, nicht ein paar oder ein Dutzend, sondern Hunderte, und alle schwebten unsichtbar in der hitzeflimmernden Bläue, ein Baldachin aus Musik über der winzig kleinen Welt unten.

»Mein Gott, großartig, was?« sagte der Wachtmeister. Er ließ sich ungeschickt aufs Gras fallen und kniff die Augen zusammen, um im hellen Licht die Lerchen zu entdecken. Polizist Burke setzte sich neben ihn und öffnete den Kragen seines Uniformrocks. Herr Grass und Herr Henreich standen da und warteten.

»Verdammt noch mal, man sollt's nicht meinen, daß es so was noch auf der Welt gibt, wie? Für so ein Fleckchen würde mancher ein Vermögen hergeben. Ein Vermögen! Und was würden sie damit machen, wenn sie's hätten? Was wohl?«

»Was, Herr Wachtmeister?« fragte Burke pflichtschuldigst.

»Es kaputtmachen! Das würden sie damit machen. Es umgraben und planieren und Häuser draufstellen und mit Zement umgeben. Abmurksen! Das würden sie damit machen! Abmurksen! Hab's ja selber erlebt, als ich vor Jahren in Dublin stationiert war, wie sie die schönsten Gegenden, Malahide und Skerries und Bray, verhunzt und verschandelt haben! Abgemurkst haben! Verwüstet haben!«

Herr Grass hatte ein Notizbuch und einen Bleistift in der Hand.

»Das ist Glennafuschock?«

»Glenn-na-fuiseog«, verbesserte der Wachtmeister und verlieh dem gälischen Namen die richtige Aussprache. »Es bedeutet ›Lerchengrund‹. Hier muß man achtgeben, wo man hintritt:

man könnte auf einem Nest stehen und es zertreten. Hören Sie sich das an, Mann! Hören Sie sich das an!« Er legte den Kopf auf die Seite; sein Mund stand offen, und seine breite, fleischige Brust hob und senkte sich ruhig. Grass und Henreich und Burke blickten sich ohne besondere Ergriffenheit um. Nach ein paar Minuten raffte sich der Wachtmeister zusammen, und als er sprach, vermied er es, Herrn Grass ins Gesicht zu blicken.

»Herr Grass«, begann er, »Sie haben vermutlich nie im Leben etwas Regelwidriges getan?«

»Ja?«

»Ich meine ...« Der alte Wachtmeister suchte ernsthaft nach den richtigen Worten. »Vermutlich haben Sie noch nie etwas Unrechtes getan, etwas, das gegen Ihre Anweisungen verstieß?«

»Ungehorsam?«

Das Wort gefiel dem Wachtmeister nicht. Er zauderte, ehe er es durchgehen ließ. »Ungehorsam, meinetwegen. Ungehorsam. Waren Sie Ihren Vorgesetzten jemals ungehorsam, Herr Grass?«

Der Deutsche sann gewissenhaft über die Frage nach. »Nein«, erwiderte er langsam. Dann, mit Entschiedenheit: »Nein!«

Burke blickte seinen Wachtmeister forschend an.

»Ich auch nicht«, sagte der Wachtmeister. »Niemals. Aber ich glaube, daß es Momente gibt, wo's nicht so verkehrt wäre ...« Er sah, daß Burke ihn beobachtete, und blickte weg. »Es gibt Momente, wo man Befehle überhören sollte – sie vergessen könnte.«

»Überhören?« fragte Herr Grass.

Der Wachtmeister erhob sich und blickte dem Deutschen ins Gesicht. »Ich möchte Sie um was bitten!« Sein Atem ging stoßweise, und er sprach rasch. »Lassen Sie den jungen Menschen hier! Graben Sie ihn nicht aus!«

Herr Grass erstarrte.

»Lassen Sie ihn hier liegen, wo er alles um sich herum hat, was es auf Gottes Erde an Schönem gibt! Seit achtzehn Jahren liegt er schon hier; er ist mittlerweile ein Bestandteil der Gegend geworden. Lassen Sie ihn hier! Lassen Sie ihn in Frieden ruhen!«

»Meine Anweisungen lauten ...«

»Wer wird's erfahren, frage ich Sie? Wer wird's weitersagen, was geschehen ist? Ich fülle Ihnen alle Formulare aus, die Sie von Ihrer Regierung erhalten haben, und von Burke haben wir nichts zu befürchten. Es bleibt unter uns vieren! Keiner wird was davon erfahren!«

»Es wird spät. Wir müssen heute noch nach Dublin zurückkehren«, sagte Herr Grass.

»Sie verstehen mich nicht«, seufzte der Wachtmeister. »Ich bitte Sie, das Grab hier nicht anzurühren! Nicht dieses hier! Verstehen Sie das?« Er hob die Stimme und äußerte jedes Wort mit Bedacht: »Rühren Sie das Grab nicht an! Ich verrate es keinem Menschen. Burke verrät es auch nicht. Ich unterzeichne Ihre Papiere ...« Er drehte sich zu seinem Polizisten um: »Burke, versuchen Sie's! Er versteht mich nicht. Ich drücke mich nicht richtig aus.«

»Ich verstehe«, sagte Herr Grass. »Aber ich habe meine Anweisungen, ich muß gehorchen.«

Die vier standen verlegen da und blickten einander an. Das Gesicht des Wachtmeisters, das lebhaft und straff gewesen war, solange er seine Bitte vortrug, behielt den gespannten Zug noch bei, bis die Zornesröte ob der abschlägigen Antwort verflogen war. Dann erschlaffte es, und ein Nerv unter seinem rechten Auge zuckte krampfhaft. In der Stille, die nun folgte, prallte die Sonne in Hitzewellen auf sie nieder. Die Luft umfing sie wie ein großer, leerer, warmer Raum. Die Lerchen füllten die Leere allmählich wieder aus, zuerst ein paar, dann mehr und mehr, bis der muldenförmige Grund von ihrem Getriller vibrierte.

Der schwere Körper des Wachtmeisters sackte in seiner Uniform zusammen. Er blickte quer übers Tal auf den stumpfnasigen Hügel.

»Ein junger Flieger aus Hamburg war's«, sagte er müde. »Und er flog gegen den Stummel von einem Vorgebirge da drüben. Es war eine Sommernacht im Jahre 42, und sein Flugzeug verbrannte.«

Herr Grass verglich es mit den Angaben in seinem Notizbuch.

»Unteroffizier Werner Endler«, las er.

»Er war schon tot, als ich herkam. Und begraben. Die Fischer fanden ihn etwa fünfzig Meter vom Flugzeug entfernt. Sie hoben ein Grab aus und legten ihn darin zur Ruhe, ehe der Priester oder sonst jemand kam, es war ein Wetter wie heute, und der junge Mensch hatte schwere Brandwunden.« Er rieb sich die schweißfeuchten Hände an den Hosennähten trocken.

»Die genaue Lage? Ist sie bezeichnet?«

»Ich weiß, wo es ist«, sagte er. »Kommen Sie mit!« Er warf sich in die Hitzewellen und überließ es den andern, ihm zu folgen.

Das Grab, ein Grashügel, der mit wilden Maiglöckchen übersät war, lag am Fuße des stumpfnasigen Hügels. Herr Henreich öffnete es und steckte die sterblichen Überreste, soweit noch vorhanden, in den Segeltuchsack. Dann schloß er das Grab wieder und strich die Erde mit den Händen glatt, so daß es ordentlicher aussah, als er es vorgefunden hatte. Während der Exhumierung schritt der Wachtmeister ein paar Meter neben der Stelle, wo die Deutschen arbeiteten, auf und ab, und Burke stieg in die Dünen hinauf, um Wasser zu lassen. Innerhalb von zwanzig Minuten hatten die Deutschen ihre Aufgabe erledigt.

»Ich glaube, das ist alles«, sagte Herr Grass. »Jetzt sind wir fertig.«

»Na schön«, erwiderte der Wachtmeister gereizt, »dann können wir ja gehen. Das verdammte Tal ist der reinste Backofen. Mir klebt das Hemd am Rücken.«

Auf der Rückfahrt war Herr Grass etwas gesprächiger. In seinem bedächtigen, langsamen Englisch erzählte er ihnen von seiner Kindheit, von seinem Dienst bei der Marine während des Krieges und von seinem jetzigen Posten bei der deutschen Kriegsgräberkommission. Am nächsten Tag würden er und Herr Henreich in die Grafschaft Clare fahren, und am übernächsten Tag in die Grafschaft Galway. Danach würden sie alle Exhumierten zum Kriegerfriedhof in der Grafschaft Wicklow schaffen, wo schon über fünfzig Deutsche begraben lagen. Dann zurück nach Berlin, wo Greta und seine Kinder, drei Jungen, ihn erwarteten. Er zeigte ihnen eine Photographie von Greta am Ufer eines Sees, einer rundlichen, sorglosen jungen Frau in Shorts.

Als sie wieder in der Polizeiwache waren, unterzeichnete der Wachtmeister die Formulare, die bestätigten, daß er bei der Exhumierung Augenzeuge gewesen war, und Burke beglaubigte die Unterschriften des Wachtmeisters. Dann setzten auch Herr Grass und Herr Henreich ihre Namen darauf und gaben dem Wachtmeister ein Duplikat des Formulars. Zum Essen wollten sie nicht bleiben: sie müßten am Abend schon in Dublin sein. Sie dankten den beiden Polizisten für ihre Hilfe, entschuldigten sich, so viel von ihrer Zeit in Anspruch genommen zu haben, und fuhren ab.

»Jetzt sind sie weg«, sagte Burke, der dem Wagen nachblickte.
»Aye«, stieß der Wachtmeister hervor.
»Kein Wunder, daß sie eine gewaltige Nation sind. Haben Sie schon mal so was an Tüchtigkeit erlebt? Und da fahren sie hin – mit 'nem Toten in ihrem Wagen – und sind glücklich wie die Lämmer. Was halten Sie von ihnen, Herr Wachtmeister? Und haben Sie den andern Burschen, den forschen Herrn Henry, gesehen, wie der wacker gebuddelt hat, als müßt' er Kartoffeln fürs Mittagessen ausbuddeln? Den hat's eiskalt gelassen.«
»Aye.«
»Und der andere Bursche hat die Namen in seinem Büchlein abgehakt, genau wie ein Kaufmann seine Ware. Tja, die sind 'ne gewaltige Nation! Gewaltig! Und als sie dann ...«
»Aye, gewaltig«, kam es vom Wachtmeister, der gar nicht merkte, was er sagte. Dann straffte er die Schultern, schob seinen Magen mit der flachen Hand zurück und sagte forsch:
»So, Burke, und jetzt rein mit uns und an die Arbeit! Haben Sie die Handzettel mit der Hundelizenz verteilt?«
»Ich wollt's heut nachmittag machen, Herr Wachtmeister.«
»Und die Statistik über angebautes Land im oberen Kirchspiel – haben Sie die fertig?«
»Bis auf drei oder vier Häuser, Herr Wachtmeister. Ich mach's bald mal abends mit dem Fahrrad.«
»Gut«, sagte der Wachtmeister. »Das wär's dann.« Seine Arbeitswut verging genauso schnell, wie sie gekommen war. Die Schultern sackten ab, und der Magen wölbte sich wieder vor. »Weiß der Kuckuck, was da draußen plötzlich in mich gefahren ist«, sagte er so leise, als wäre er allein.
»Wie bitte, Herr Wachtmeister?«
»Was, zum Teufel, in mich gefahren ist ... So was hab ich in meinem Leben noch nicht gemacht. Nie in all den Jahren bei der Polizei. Und noch obendrein vor Ausländern!« Er lupfte die Mütze ein paar Zentimeter, stieß die Finger darunter und kratzte sich den Schädel. Dann drückte er sich die Mütze wieder in die Stirn. »Der Teufel soll mich holen, wenn ich's verstehe! Vielleicht war die Hitze dran schuld. Die Hitze und die Jahre ... das sind heimtückische Bundesgenossen, Burke, sehr heimtückische.«
»Wovon sprechen Sie eigentlich, Herr Wachtmeister?« fragte Burke mit dick aufgetragener Ahnungslosigkeit.

»Sie wissen verdammt gut, wovon ich spreche, Burke! Und jetzt will ich Ihnen mal was flüstern!« Er stach mit dem Zeigefinger auf die Schulter des Polizisten. »Wenn jemals ein Wort von dem, was draußen in Glenn-na-fuiseog vorging, über Ihre Lippen kommt – einerlei, zu wem, ob jetzt oder später, Burke –, dann laß ich Sie, so wahr Gott mein Richter ist, auf den verlorensten Posten in Irland versetzen. So, und nun raus mit Ihnen, verteilen Sie die Handzettel!«

»Jawohl, Herr Wachtmeister!«

»Und melden Sie sich bei mir, wenn Sie zurück sind!«

»Wird gemacht, Herr Wachtmeister, wird gemacht!«

Der Wachtmeister drehte sich um und watschelte von dannen. Für einen Mann von seinen Jahren und seinem Körperbau trug er eine sehr würdevolle Haltung zur Schau.

(Deutsch von Elisabeth Schnack)

John Montague
Der Schrei

I

Schließlich stand er auf, um zu Bett zu gehen. Sein Vater war schon vor ein paar Minuten weggeschlurft, und seine Mutter bereitete geschäftig eine Wärmflasche vor und glitt zerbrechlich wie ein Geist durch die winzige Küche. Als er ihr weißes Haar und die Kaninchen-Hausschuhe und den Perlmutter-Rosenkranz sah, der ihr aus der Schürzentasche baumelte, rührte sich sein Gewissen, weil sie seinetwegen so lange aufgeblieben war. Doch er kam jetzt so selten nach Hause, daß er den Rhythmus des Haushalts verlernt hatte und sich einfach bemühte, das zu tun, was ihnen Freude machte. Und während sie mit ihren großen Krönungsbechern voll Kakao dasaßen, hatten sie in seiner Gegenwart so gierig getrunken, daß er sich verpflichtet fühlte, immer weiter zu erzählen. Meistens von Dingen, die sie nie gesehen hatten: von Reisen in Europa, und wie es war, wenn man für eine große Zeitung arbeitete, und von der großen Freiheit des Londoner Lebens. Letzteres hatte seinen Vater sehr beunruhigt, und in seinem Blut regten sich Jahrhunderte einer republikanischen Staatsform.

»Was meinst du mit Freiheit, Sohn?«

»Ich meine damit, daß sich niemand in deine Angelegenheiten einmischt. Was du tust, geht nur dich selbst etwas an, vorausgesetzt, daß du kein Unheil anrichtest.«

Als er die Bestürzung in seines Vaters Gesicht gewahrte, versuchte er es mit vertrauteren Bildern. »Niemandem bei der *Tocsin* würde es zum Beispiel auch nur im Traume einfallen, dich zu fragen, ob du katholisch oder protestantisch bist – wenigstens nicht so, wie sie es hierzulande machen. Wenn sie's überhaupt tun, dann deshalb, weil sie sich aufrichtig dafür interessieren.«

»Kannst du mir dann erklären, Sohn, warum England den Ruf hat, den es allgemein im Ausland genießt? Hat es sich nicht überall in die Freiheit andrer eingemischt, einerlei, wohin es kam – von Afrika bis hierherauf in den Norden?«

»Das ist nicht das wahre England, Vater! Das ist die Regierung, und das ist die herrschende Schicht! Der wahre Engländer ist bestimmt nicht so. Er tritt für die Freiheit des Individuums ein, ›leben und leben lassen‹. Du solltest sie mal hören, wie sie im Hyde Park reden!«

»Dann habe ich wohl nie einen richtigen Engländer kennengelernt«, sagte sein Vater eigensinnig. Sein Gesicht war ziegelrot geworden, und seine Nüstern zuckten und ließen die Spitzen weißer Härchen sehen. Mit seinem kahlen, runden Schädel und den blanken Augen glich er dem Chad auf der Karikatur der Nachkriegszeit, der über eine Mauer späht, doch was sein Gesicht ausdrückte, das war nicht humorvoller Verzicht, sondern Ärger.

»Vielleicht sind sie ganz recht«, warf seine Mutter schüchtern ein, »solange sie im eigenen Lande sind.«

Und dabei blieb es. Sein Vater war immer ein heftiger England-Gegner gewesen: er erinnerte sich, von seinem Vater den Ausspruch gehört zu haben, daß er gern den Rest seines Lebens bei Wasser und Brot verbringen würde, wenn er England gedemütigt sehen könnte. Und was für ein Kampf war es gewesen, als er ihnen zum erstenmal seine Absicht mitgeteilt hatte, versuchsweise in London an einer Zeitung zu arbeiten! Dublin wäre recht gewesen, auch Amerika, wo sein Vater zehn Jahre als Koch in einem großen Hotel verbracht hatte, ehe er nach Hause kam und heiratete und die kleine Nachrichten-Agentur übernahm. Aber England! Religiöse und politische Vorurteile verschmolzen und schufen seines Vaters Idee von einem England als der Verkörperung allen Übels. Und etwas von seines Vaters Härte hatte in ihm einen Widerhall gefunden: während seiner Jünglingsjahre hatte er mit der ortsansässigen Gruppe der I.R.A. Fühlung genommen und versucht, sich ihnen anzuschließen. Man (oder eigentlich er: ein magerer, melancholischer Ei-Packer namens Sheridan, der im Rufe stand, bei der Truppe Maschinengewehr-Schütze zu sein) hatte ihm aufgetragen, sich für eine Zusammenkunft zu melden, doch als der Zeitpunkt gekommen war, hatte er sich gedrückt und gesagt, er müsse verreisen.

Und deshalb hatte Peter vorhin das Thema gewechselt. Er erzählte von den Theateraufführungen, die er gesehen hatte, von den großen amerikanischen Musicals, dem Bolschoi und dem Königlichen Ballett. Doch sein Vater schien noch immer unruhig, einmal ertappte er ihn dabei, wie er traurig zur Mutter hinüberblickte, und er überlegte, was er wohl Falsches gesagt hatte. Ihre Augen leuchteten auf, als er eine Wohltätigkeits-Vorstellung beschrieb (taktvoll verbessert aus ›Vorführung auf allerhöchsten Befehl‹), wo alle Stars in ihren glitzernden Kleidern erschienen waren.

»Oh, das muß hübsch gewesen sein!« sagte sie mit stiller Sehnsucht.

Erst als er die Treppe hinaufging, begriff er, was seines Vaters Blick bedeutet hatte. Seine Mutter rief ihm nämlich nach: »Gute Nacht, Sohn, und vergiß nicht zu beten!« Das war es gewesen: wegen seines Besuchs hatten sie nicht, wie sonst, den Rosenkranz gebetet, sondern darauf gewartet, daß er sich daran erinnern und es vorschlagen sollte. Wie konnte er ihnen erklären, daß er in England nie jemand gesehen hatte, der den Rosenkranz betete, ausgenommen zwei irische Burschen in seiner ersten Pension in Camden Town, die alle andern in Verlegenheit gesetzt hatten, als sie neben dem Bett niederknieten und laut auf gälisch beteten. Englische Katholiken hielten es nicht für wichtig, sich mit unwesentlichen Sorgen zu belasten. Doch wenn er angefangen hätte, ihnen all das zu erklären, hätten sie daraus gefolgert, daß er seinen Glauben völlig verloren habe. Während der kurzen Zeit, die er zu Hause war, sollte er lieber versuchen, Politik und Religion nicht zu berühren.

Das Zimmer lag im oberen Stockwerk; es war das Vorderzimmer, in dem er stets geschlafen hatte. Das Oberleintuch war so einladend ordentlich wie immer zurückgeklappt, die blaue Daunendecke war die gleiche, sogar der gelbe Nachttopf unter dem Bett. Über dem Kamin hing das vertraute Bild der Madonna von der Immerwährenden Hilfe – eine steife Madonna, die ein ernstes Jesuskind in den Armen wiegte, und ein Pantoffel baumelte an seinem rundlichen Füßchen. Gegenüber, auf der Wand über dem Bett, hing ein viktorianisches Mustertuch, das seine Großmutter als junges Mädchen gestickt hatte: ARBEIT IST DIE GRÖSSTE FREUDE!

Es war alles so unverändert, daß es fast zum Fürchten war: als würde er mit dem Geist seines jüngeren Selbst konfrontiert. Er hörte, wie sich sein Vater im Nebenzimmer bewegte, umherging und seufzte. Nachdem Peter sich ausgezogen hatte, kniete er ein paar Augenblicke im Schlafanzug neben seinem Bett nieder; er hoffte, der alte Mann würde sein Gemurmel hören und erraten, was es bedeutete. Dann wanderte er im Zimmer herum, auf der Suche nach etwas Lesestoff.

Das *Wolf-Tone-Jahrbuch* und *Mit Gott auf dem Amazonas* schob er weg und entdeckte dabei eine mit Ruß befleckte Nummer des *Ulster Nationalist*, die offenbar vom Kaminrost entfernt worden war, um Platz für den elektrischen Radiator zu schaffen. Er nahm sie triumphierend mit ins Bett.

Der Leitartikel sprach mit würdevoller Bitterkeit von der Benachteiligung der Katholiken in Nord-Irland in bezug auf freie Stellen und Wohnungen. Es wurden Tatsachen aufgeführt, und obwohl ihn das sattsam bekannte Thema eher langweilte, spürte Peter, wie der Zorn ob solch sinnloser Ungerechtigkeit in ihm aufstieg. Er blätterte rasch die Seite um und las unter *Gerichtsverhandlung:*

UNITED NATIONS FÜR MOORHILL?

Das Gericht in Moorhill beschäftigte sich am Mittwoch mit einem weitschweifigen Verhör geladener Zeugen wegen angeblicher Beleidigungen und Tätlichkeiten. James MacKennie, wohnhaft Craigavon Terrace, sagte aus, daß Miss Phyllis Murphy einen Eimer Wasser über ihn ausgeschüttet habe, als er auf seinem Fahrrad vorbeigefahren sei. Im Kreuzverhör gab der Zeuge zu, heftige Worte zu Miss Murphy geäußert zu haben, er habe ihr jedoch nicht, wie sie behauptete, damit gedroht, »es ihr heimzuzahlen«. Er gab zu, sich fünf Shilling von Miss Murphy geborgt zu haben, »um seine Kopfschmerzen zu kurieren«. Sein Anwalt, Mr. John Kennedy, erklärte, sein Klient sei Kriegsteilnehmer im Ersten Weltkrieg gewesen und beziehe Invalidenrente. Es stimmte zwar, daß er wiederholt im Gefängnis gesessen hätte, doch in der Gemeinde sei er eine geachtete Persönlichkeit.

Die Angeklagte, Miss Phyllis Murphy, behauptete, James MacKennie sei ein stadtbekanntes Ekel, und außerdem »führe er unanständige Reden«. Sie stritt ab, gesagt zu haben, daß »er nun hoffentlich mit der andern Seite seines Orangisten-Gesichts lachen müsse«.

Als der Polizeirichter das Urteil fällte, sagte er, es sei ein schwieriger Fall, den man nicht ohne weiteres entwirren könne, aber er fände, daß beide Parteien schuldig seien, und deshalb verpflichte er sie, ein Jahr lang Frieden zu halten. Es sei traurig, daß sich jetzt, wo man den Krieg aus der Welt zu schaffen versuche, die nächsten Nachbarn stritten; vielleicht sollte er die *United Nations* bitten, nach Moorhill zu kommen ... (Gelächter im Saal.)

Peter Douglas las weiter, halb entzückt und halb schaudernd. Zum erstenmal seit seiner Rückkehr war ihm etwas leichter ums Herz; er warf die Zeitung auf den Fußboden und drehte sich zufrieden auf die Seite, um einzuschlafen. Irgendwo im unteren Stockwerk schlug die Kuckucksuhr, die er seiner Mutter mitgebracht hatte.

II

Etwas später erwachte er plötzlich, weil er Geschrei hörte. Er lauschte aufmerksam, doch vom Nebenzimmer konnte es nicht herrühren. Vielleicht war es seine Mutter? Nein, es war zu laut, war eine Männerstimme. Es kam von draußen, von der Straße her, war aber nicht genau unterhalb seines Fensters; er setzte sich kerzengerade im Bett auf und wandte seinen Kopf zum Fenster hin. Ja, da war es wieder, deutlicher. Es klang, als habe ein Mann Schmerzen.

»O Jesus, Sir, Jesus, es tut so weh!«

Vielleicht war jemand plötzlich krank geworden, und sie brachten ihn zum Krankenwagen? Oder war's eine Feuersbrunst? Er erinnerte sich an eine Nacht vor vielen Jahren, als die Feuerwehrleute den alten Carolan aus seinem Haus trugen, der wie ein gestochenes Schwein quietschte, weil die Kleiderfetzen auf seinen Beinen noch immer schwelten. Aber mit wem sprach der Mann auf der Straße unten, und wen nannte er ›Sir‹?

»O Jesus, Sir, rühren Sie mich nicht mehr an!«

Im ganzen Städtchen flammten die Lichter auf; die dunkle Gestalt einer Frau, in einen Morgenrock gehüllt, erschien am Fenster gegenüber, auf der andern Straßenseite: nur etwas sehr Ungewöhnliches konnte in Moorhill ein so unsittliches Benehmen rechtfertigen. Vielleicht war es eine Rauferei? Dann überfiel ihn eine kalte Gewißheit, und Peter Douglas war überzeugt, was es war: jemand wurde von den Polizisten verprügelt.

Der Schrei

»O Gott, Sir, schlagen Sie mich nicht mehr!«

Die Stimme war hoch und flehentlich. Dann hörte er Füßescharren, und es klang wie ein Schlag, ein heftiges Krachen, wie wenn ein Stein auf Holz trifft. Peter stieß seine Bettdecken zurück, rannte ans Fenster und beugte sich weit hinaus. Unten auf der Straße sah er eine Menschenansammlung. Jemand kniete auf der Erde, sein Körper befand sich im Lichtkreis einer Taschenlampe, die einer von den in schwere Capes gekleideten Umstehenden hochhielt. In den Fenstern darüber bewegten sich Schatten, beobachteten, waren stumm.

»Komm jetzt mit auf die Wache und laß dein Geschrei!« rief eine ungeduldige Stimme.

»Ach nein, Sir, ich kann nicht, ich bin halbtot! Hilf mir doch jemand, um Gottes willen, bitte!«

Wieder winselte die Stimme, aber auf einen gemurmelten Befehl hin wurde die Taschenlampe angeknipst, und vier Gestalten umzingelten den Knienden. Erhob denn keiner einen Einwand, keiner von diesen dunklen, stummen Schatten ringsumher? Peter Douglas öffnete den Mund, um zu schreien, doch es kam ihm jemand zuvor. Hinter den Männern öffnete sich eine Tür, und ein Lichtstrahl fiel auf die Straße. Er hörte eine scharfe, gebildete Stimme rufen:

»Was zum Teufel macht ihr Rüpel da? Laßt den Mann in Ruhe!«

Einer von den vier Polizisten drehte sich um und ließ das Licht seiner Taschenlampe direkt ins Gesicht des Sprechers fallen.

»Halten Sie Ihre verdammte Fresse, verstanden, sonst können Sie auch was abkriegen!«

Er hörte wieder Gemurmel, und dann wurde eine Tür zornig zugeschlagen. Die vier Gestalten packten ihr Opfer, das jetzt wie ein Sack zwischen ihnen hing, und halb im Schritt, halb rennend brachten sie ihn zur Wache am Ende der Straße. Schreie waren nicht mehr zu hören, nur das Schurren von Stiefeln auf dem Pflaster, hin und wieder ein Stöhnen, und dann (als die Tür der Wachtstube geöffnet und hinter ihnen geschlossen wurde) eine bedrückende Stille. Die Lichter im Städtchen erloschen eins ums andere. Peter Douglas gehörte zu den letzten, die sich zurückzogen; die Augen schmerzten ihn (er hatte seine Brille auf dem Nachttisch liegen lassen), weil er so angespannt ins Dunkel gespäht hatte, um alles zu sehen. Als er wieder ins Bett stieg, hörte er die Kuckucksuhr: »Kuckuck, Kuckuck, Kuckuck!«

III

Als er am nächsten Morgen nach einem kurzen, unruhigen Schlaf zum Frühstück hinunterging, sah er, daß sein Vater ihn voller Ungeduld erwartete. Meistens war er um diese Zeit schon im Geschäft, doch nun hörte Peter die Stimme seiner Mutter, die mit einer frühen Kundin redete: »Ja, Mrs. Wilson, es ist wirklich schönes Wetter für diese Jahreszeit ...« Und sein Vater bereitete das Frühstück, Cornflakes, Tee und Toast und Speck, der duftend in der Pfanne brutzelte. Es war klar, daß er etwas auf dem Herzen hatte: Peter spürte es ebenso argwöhnisch wie ein Gefangener, dessen Wärter auf einmal freundlich ist.

»Du bist, scheint's, ganz hübsch munter heute, wie?« fragte er und machte sich über die Cornflakes her.

Sein Vater antwortete nicht, sondern hantierte mit Tellern und Lappen am Herd herum, bis er seinem Sohn triumphierend einen vollgehäuften Teller mit Speck, Eiern und Würstchen hinstellte.

»Der Alte kann's immer noch«, sagte er. Dann setzte er sich ans Tischende und sah seinem Sohn zu, der nervös und mit höflich beherrschtem Genuß aß.

»Viel Appetit scheinen die Leute in England jedenfalls nicht zu haben«, sagte er, »einerlei, was sie sonst haben mögen.« Und dann, ohne weitere Umschweife: »Hast du gehört, was heute nacht los war?«

»Ja«, erwiderte sein Sohn kurz. »Du auch?«

»Ich hab nur den Schuß gehört, aber heute früh haben ja alle Leute drüber geredet.«

»Was haben sie gesagt?«

»Sie haben erzählt, die Hilfspolizisten hätten einen jungen Mann namens Ferguson verprügelt. Sie haben ihn beschuldigt, er gehöre zur I.R.A.«

»Und stimmt das?«

»Hah, wie soll ich das wissen? Die meisten sagen, nein; ein harmloser junger Bursche, der mit seinem Mädchen auf der Brücke geschmust hat, ohne sich um sonstwas zu kümmern.«

»Warum sind sie denn dann über ihn hergefallen?«

»Was glaubst du denn? Du weißt doch verdammt gut, daß sie da keinen Grund brauchen, um jemand von unsern Leuten zu verprügeln.«

In den voraufgegangenen Monaten war der Kampf der I.R.A. gegen den Norden wieder aufgeflackert. Es war die gleiche alte Geschichte: Wachtstuben und Zollbaracken wurden in die Luft gesprengt, und Polizeipatrouillen wurden aus dem Hinterhalt überfallen. Auf beiden Seiten waren mehrere Menschen getötet worden, und die Polizeitruppe war verstärkt worden, sogar in verhältnismäßig ruhigen Gebieten wie Moorhill, das zwar vorwiegend katholisch, aber zu weit von der Grenze entfernt war, als daß ein Überfallkommando das Risiko auf sich genommen hätte. Eines Nachts war eine Hütte am Rande des Städtchens in Flammen aufgegangen, doch dann stellte es sich heraus, daß es nur ein dummer Streich von Kindern war.

»Was soll der schon für Sprengstoff bei sich gehabt haben«, lächelte sein Vater matt, »falls du nicht das Mädchen als solchen ansehen willst. Diese verdammten Hilfspolizisten sind so darauf versessen, sich aufzuspielen, und stolzieren mit ihren kleinen Gewehren in der Stadt herum. Aber im übrigen scheißen sie sich vor Angst die Hosen voll, und in ihrer Wut wollen sie sich eben rächen.«

»Ich verstehe.« Peter versagte es sich, darauf hinzuweisen, daß einige dieser Punkte sich gegenseitig ausschlossen, denn er kannte seines Vaters Stimmung nur zu gut. Er schenkte sich eine letzte Tasse Tee ein.

»Und was willst du nun dagegen tun?« fragte sein Vater aufgebracht.

»Wieso? Was soll ich denn dagegen tun?«

»Gestern abend hast du von den Engländern und von der Freiheit geredet. Da hast du jetzt ein Beispiel von der englischen Freiheit. Eine jämmerliche Sache! Was willst du dagegen tun?«

»Was möchtest du? Soll ich mir vielleicht eine Flinte besorgen?« fragte er spöttisch.

»Es wäre nicht das Schlechteste. Aber du und deinesgleichen, ihr fallt ja schon beim bloßen Anblick einer Flinte in Ohnmacht!«

Peter brauste auf. »So? Glaubst du? Vielleicht haben wir zu viele Flinten in der Hand von den verkehrten Leuten gesehen!«

»Womit willst du sie denn dann bekämpfen?« schnaufte sein Vater verächtlich. »Mit 'nem Federhalter? Mit 'ner Schreibmaschine? Gegen Maschinengewehre würde dir das verdammt wenig nützen!«

»Es könnte mehr nützen, als du meinst. Moralischer Druck ist immer das beste – Gandhi hat's bewiesen! Aber das haben sie euch in Ballykinlar nicht beigebracht!«

»Moralischer Druck – denk mal an! Wie willst du solchen Schurken mit deinem moralischen Druck kommen? Gewalt ist nur durch noch mehr Gewalt in Schranken zu halten.«

Peter Douglas stand auf, lehnte sein Kreuz gegen die Herdschiene und blickte auf seinen Vater herunter. Mit den dunkelblauen Säcken unter den blutunterlaufenen Augen und dem erhobenen rechten Arm, der bestätigend auf den Tisch hämmern wollte, hätte man ihn als das Urbild eines Patrioten in Bronze gießen können. Peters eigene schlappe Gelassenheit, seine Hornbrille, das ordentlich in den Ausschnitt seines Sporthemds gesteckte Halstuch und die spitzen italienischen Schuhe – alles verkörperte seine Abwehr gegen den alten Feuerfresser, der schon seine Kindheit wie eine ewige Gewitterwolke bedroht hatte. Doch jetzt fürchtete er sich nicht mehr vor ihm und genoß nur die ruhige Sicherheit seiner eigenen Einstellung.

»Im Grunde deines Herzens weißt du genau, Vater, daß Gewalt falsch ist. Jetzt fragst du mich, was ich tun kann. Ja, in diesem besonderen Fall kann ich mehr tun als du oder ein ganzes Regiment der I.R.A. Ich kann für die *Tocsin* einen Artikel schreiben, der die ganze Geschichte aufdeckt. Wackere, anständige (ja, englische) Männer werden ihn lesen und sich schämen, was hier in ihrem Namen geschieht. Fragen werden laut, vielleicht im Parlament – wenn nicht diesmal, dann das nächstemal. Und allmählich, wenn der herrschenden Schicht in Ulster nachgewiesen wird, was für Ungeheuerlichkeiten sie begeht, wird sie zur Vernunft kommen. Im zwanzigsten Jahrhundert darf man nicht hoffen, sich mit ein paar altmodischen Losungsworten durchzusetzen: Voreingenommenheit bringt stets Gewalt hervor.«

Sein Vater schwieg, und Peter konnte nicht feststellen, ob er beeindruckt war oder nicht. Dann stand er auf, um den Frühstückstisch abzuräumen, und sagte:

»Dann tu das nur! Schreib deinen Artikel!«

Der Schrei

»Gut.«

Sein Vater lächelte listig. »Immerhin hab ich dich dazu gebracht, etwas dagegen zu unternehmen. Du hast den alten Ulster-Geist noch nicht ganz verloren!«

Peters erste Aufgabe bestand darin, Auskünfte einzuziehen. Er fing an, im Städtchen umherzuschlendern und sich die Gespräche in Läden und Kneipen anzuhören. Zuerst war das eine Niete: wenn die Männer an der Bar ihn mit seinem blassen Großstadt-Gesicht eintreten sahen, verstummten sie, oder sie tuschelten untereinander. Wenn sie festgestellt hatten, wer er war (»Ach so, Sie sind der Junge von James Douglas« – eine doppelte Anerkennung seiner Familie und seiner Religion leuchtete im Gesicht des Fragestellers auf), dann sprachen sie weiter, und empört.

»Ja, die Schwarzmäntel haben ihn tüchtig ins Gebet genommen«, sagte einer von den Männern mit wissendem Blinzeln und nickte. »Wenn man denen in die Hände fällt, kommt man nicht so leicht davon.«

»Ist er schwer verwundet?« fragte Peter.

»Das könnte ich Ihnen nicht genau sagen, aber heute früh war der Arzt bei ihm. Es heißt jedenfalls, daß sein Arm gebrochen ist.«

»Ich habe gehört, er hätte sich zwei Rippen gebrochen und obendrein den Kopf voller Wunden.«

»Ja, den haben sie gehörig versohlt.«

»Von den Burschen kann man kein fair play erwarten.«

»Die sind schwarz bis in ihre schwarze Seele hinein!«

Doch als Peter fragte, was man tun könne, um Einspruch zu erheben, da blickten sie ihn trübselig an und schüttelten den Kopf.

»Sie wissen doch genau, daß es verdammt nichts nützt«, sagte der eine hilflos.

»Von dem Tage an wären Sie selbst ein Gezeichneter«, sagte ein anderer.

»Ist alles ein abgekartetes Spiel von den Schwarzmänteln«, stimmte ein dritter in das Klagelied der andern ein.

Ihre Teilnahmslosigkeit bestärkte Peter in seinem Entschluß; was ihn beunruhigte, war nur das Fehlen von genauen Einzelheiten. Sehr wenig Leute schienen den Burschen auch nur zu kennen, denn er wohnte weit draußen in der Gegend der Black Mountains. Und andere, die ihn kannten, waren nicht sehr von ihm eingenommen; sie sagten, er sei ein Heimlichtuer und lungere immer vor der Musik-Box in Higgins' Café herum. Doch alle waren sich einig über die rohe Gewaltsamkeit des Überfalls, obwohl die meisten gestanden, sie wären zu weit weg gewesen, um viel sehen zu können.

Die Quelle für den ersten Teil der Geschichte war offenbar das Mädchen, doch sie war weggelaufen, als der Streit ausbrach, und ihr Vater hatte ihr verboten, das Elternhaus zu verlassen. Der Mann, der die Polizisten beschimpft hatte, war der Lehrer, also war er erst am Abend wieder zu Hause. Der zweitbeste Augenzeuge, den er finden konnte, war der Besitzer des Dew Drop Fun. Er und seine Frau schliefen in einem Zimmer, das auf die Straße blickte, genau dorthin, wo der schlimmste Teil der Prügelei stattgefunden hatte. Ja, sie hätten ihn furchtbar geschlagen, erzählte er Peter, und er hatte auch gehört, wie einer von ihnen sagte: »Hau ihm lieber auf 'n Buckel, das sieht man nachher nicht so!«

»Man sollte die Burschen boykottieren«, schloß der Wirt ergrimmt.

Im Wirtshaus Mountain Rest fand Peter den Stadtschreiber, der friedlich einen Doppel-Whiskey trank. Er war groß, mit herunterhängendem Schnauz, und hatte während des Normandie-Feldzuges in einem Artillerie-Regiment gedient; der knabenhafte Eifer, mit dem er in einer Gemeinde, die an religiöser Heuchelei krankte, für den Atheismus Propaganda machte, hatte Peter stets belustigt. Der Stadtschreiber fand, daß der Vorfall der vergangenen Nacht ein Sturm im Wasserglas sei. Der Bursche hätte den Streit herausgefordert, und die Hilfspolizisten hätten nur den einen Fehler begangen, daß sie nicht schnell genug gehandelt hätten. »So einem Schreihals muß man am besten gleich eins mit dem Hammer über den Kopf ziehen, dann kann er nicht mehr quietschen!«

Keiner sprach. Peter kippte hastig sein Lagerbier hinunter und ging: es war Zeit, mit dem Artikel zu beginnen:

Es ist deprimierend, der Gewalt wiederzubegegnen, ihrem bekannten Verhaltensablauf: Furcht und Ohnmacht. Als ich das erstemal darauf stieß, war es in New York: ein Knäuel von

Der Schrei

Jungen unter einer Straßenlaterne, und dann der eine, der zurücktaumelte, die Hände in die Seite gepreßt, während die andern ausrissen. Spontan wollte ich helfen, doch eine feste Hand hielt mich davon ab. Bis das Krankenauto kam, war der Junge tot.

Das ist das klassische Schauspiel von Gewalt in einer Großstadt; den Zuschauer entschuldigt der bloße Abstand vom Geschehen. Nicht ganz so bühnenhaft wirkt es, wenn es sich unter Menschen abspielt, die man kennt. Letzthin kehrte ich in die kleine Stadt in Nord-Irland zurück . . .

Immerhin, es war wenigstens ein Anfang; ein bißchen konventionell in seiner Ironie – und die ›philosophische‹ Einleitung würde wahrscheinlich geopfert werden müssen; aber jedenfalls ein Anfang. Es würde schon besser werden, wenn er zum eigentlichen Vorfall kam: sollte er mit einer Beschreibung des Städtchens beginnen, um mit dem Hintergrund bekanntzumachen, oder sollte er sich einfach hineinstürzen? Und vor allem mußte er Interviews mit der Polizei bringen: da sie nicht daran gewöhnt waren, ausgefragt zu werden, würden sie sich vermutlich mit ihren eigenen Worten richten.

Als Peter noch überlegte, hörte er jemand in das Schlafzimmer treten, in dem er saß und vor sich auf dem Koffer seine Hermes aufgebaut hatte. Es war seine Mutter: sie hatte einen leuchtenden Fransenschal um die Schultern gelegt und kam mit einer Wärmflasche an. Sie schob sie sehr auffällig unter die Bettdecken.

»Hab mir gedacht, daß ich sie heute mal etwas früher reinstecken will, damit du ein warmes Bett hast! Letzte Nacht war's ziemlich kalt!«

Peter wartete ungeduldig, daß sie gehen sollte, aber als sie zögerte und die Bettdecken immer wieder zurechtzupfte, wurde es ihm klar, daß die Wärmflasche nur ein Vorwand war.

»Du schreibst ja, wie ich sehe«, sagte sie endlich.

»Ja.«

»Ist es wegen der letzten Nacht?«

»So ungefähr.«

»Da hat er dich wohl dazu angestiftet?« Sie sprach von seinem Vater immer auf diese halb abstrakte Art, wie wenn er nicht ihr Mann, sondern eher jemand wäre, den man ihr vor

Jahren angehängt hatte – ein bedauerlicher, aber unabänderlicher Wesenszug des Haushalts.

»So ungefähr. Aber ich hätt's vielleicht auch von mir aus getan.«

»Glaubst du, es ist vernünftig, das zu tun?«

»Wie meinst du das: vernünftig? Man kann doch derartige Vorfälle nicht ohne Protest hingehen lassen!«

Sie blickte ihn ein paar Sekunden lang schweigend an, und dann stemmte sie die Hände in die Hüften und sagte: »Du hältst dich besser außerhalb! Du bringst uns nur alle in die Patsche!«

»Vater glaubt das aber gar nicht!«

»Ist mir einerlei, was er glaubt. Ich habe mit dem Mann weiß Gott über dreißig Jahre zusammengelebt, und ich versteh ihn immer noch nicht! Ich glaube, der wird nie erwachsen!« Sie äußerte die letzten Worte mit einer Grimasse halb drolliger Resignation.

»Aber in diesem Fall bin ich seiner Ansicht.«

»Oh, für dich ist es leicht! Du mußt ja nicht das ganze Jahr hindurch hier leben. Das Stück, das du da schreibst, wird böses Blut machen. Ich habe in dieser Stadt schon zuviel Streitigkeiten unter Nachbarn mitangesehen.«

»Aber Mutter, du warst doch früher eine richtige Revolutionärin!« Sein Vater hatte oft mit großem Behagen erzählt, wie sie verhaftet worden war, weil sie am Strand von Warrenpoint ›Das Lied des Soldaten‹ gesungen hatte. Danach hatte sie den Helm des Polizisten auf ihren Sonnenschirm aufgespießt und ins Schwimmbecken geworfen. Das Ereignis war in der Familie als ›Susies Kampf für die irische Freiheit‹ bekannt.

»Ich habe zuviel davon gehabt«, erwiderte sie schroff. »Meine Brüder haben für die irische Unabhängigkeit gekämpft, und wohin ist's mit ihnen gekommen? Sind beide in Australien – konnten keine Stelle in ihrer Heimat kriegen. Und sieh dich selber an: wenn du eine Stelle willst, mußt du nach England!«

»Aber ich schreibe ja nur einen Artikel, Mutter – ich nehme doch kein Gewehr in die Hand!«

»Es ist alles das gleiche Lied! Saure Trauben und böses Blut! Er und ich, wir müssen hier leben, wenn das Ding erscheint – nicht du! Komm jetzt runter und laß die Maschine in Ruhe!« Sie deutete auf die Schreibmaschine, als wäre sie verflucht.

Peter erhob sich widerwillig. Trotz ihres zerbrechlichen Körpers, ihrer porzellanweißen Haut und ihrer großen Puppenaugen besaß sie einen stahlharten Willen. Während der nächsten paar Tage tauchten immer wieder rätselhafte Anspielungen auf seinen Artikel in ihren Gesprächen auf, Andeutungen, die bezweckten, ihn und seinen Vater unsicher zu machen – wie Schuljungen, die etwas auf dem Kerbholz haben.

»Aber du kannst doch unmöglich einverstanden sein mit dem, was sie getan haben?« sagte er.

»Natürlich bin ich nicht mit ihnen einverstanden. Eine üble Bande!« Murrend verschwand sie in der Küche und kehrte mit einer Schüssel voller Eier und einem Schneebesen zurück. »Aber wir müssen mit ihnen leben«, erklärte sie und trieb den Schneeschläger wie einen elektrischen Drillbohrer in die Eier. »Warum sonst hat Gott sie dort hingestellt?«

IV

Man muß unterscheiden zwischen der Royal Ulster Constabulary und dem beliebten englischen ›Bobby‹. Die Ulster-Polizisten sind auf den beiden Inseln die einzigen gewöhnlichen Polizisten, die Revolver tragen; bei Ausnahmezuständen sind sie mit leichten Maschinengewehren ausgerüstet. Wenn man hierzu noch die zwölftausend Hilfspolizisten rechnet, dann hat man alle Elemente eines Polizeistaates – jedoch nicht in Spanien oder Afrika, sondern auf den britischen Inseln! Solche Maßnahmen sind nicht, wie man argumentiert, vorbeugender Art, sondern Symptome einer politischen Krankheit.

Polizisten! Peter Douglas konnte sich an keinen Augenblick seines Lebens erinnern, in dem er sie nicht gefürchtet und verabscheut hatte. Zum Teil hatte sein Vater ihm das Beispiel gegeben: wenn er als Kind mit ihm durch die Stadt gegangen war, oder auf dem Weg zur Kirche, hatte er gespürt, wie er sich verhärtete, sobald eine schwarze Uniform in Sicht kam. Falls ein Polizist, der neu im Städtchen war, ihn zu grüßen wagte, durchbohrte er ihn mit einem verächtlichen Blick. Es war auch wegen der Uniform: das bedrohliche Schwarz des schweren Serge-Stoffes, der breite Gürtel und vor allem der dunkle Wulst des

Pistolenhalfters auf der Hüfte: Erz-Insignien der Brutalität und der Unterdrückung! Ganz besonders einer war's, ›der Sturmtrüppler‹ genannt: ein klobiger Kerl, früher Expeditionssoldat, der durch die Stadt stolzierte, ihm auf den Fersen ein schwarzer Polizeihund. Er hatte die Gegend längst verlassen, doch für Peter war er das Symbol für alle Bitterkeit seiner Heimatprovinz geworden, auf ewig in den Gassen Ulsters patrouillierend, so düster und raubgierig wie das Vieh an seiner Seite.

Und dann waren da noch die Hilfspolizisten, junge Einheimische, die mit Gewehren und Maschinenpistolen ausgerüstet waren und einen hübschen Lohn für Nachtpatrouillen erhielten. Als Peter sie das erstemal gesehen hatte, war er etwa zehn Jahre alt und radelte an einem warmen Sommerabend von seines Onkels Haus in Altnagore wieder heim. Es waren etwa dreißig, und sie exerzierten vor einer Orangisten-Lodge mit Wellblechdach. Obwohl er die meisten von ihnen kannte – einheimische Protestanten, die er in Geschäften oder auf der Straße kennengelernt hatte oder in deren Farmhäusern er gewesen war –, ignorierten sie ihn und starrten geflissentlich geradeaus. Drei Abende später hatten sie ihn und seinen Vater an einer Straßenecke aufgehalten, hatten getan, als erkennten sie ihn nicht, und hatten sie erst nach fast einer halben Stunde weitergehen lassen.

Vielleicht waren diese Erinnerungen ungenau und ungerecht, überlegte Peter Douglas, als er die Straße entlangging, aber die Ereignisse der letzten Nacht schienen sie zu bestätigen.

Aus Higgins' Café brach ein Lichtschwall hervor, dann Musik, der harsche Klang einer Pop-Platte. Im Lichtkreis einer Straßenlaterne stand die zwergenhafte Gestalt Joe Dooms, des Dorftrottels, der etwas aus einem Blechnapf aß. Eine Gruppe von Kindern umzingelte ihn, aber sie wichen ins Dunkel zurück, als Peter vorüberging.

Vor der Polizeiwache, auf einer Anhöhe am Ende der Stadt, schien eine ungewöhnliche Geschäftigkeit zu herrschen. Ein Land-Rover mit mehreren Polizisten war vor dem Haus vorgefahren, und außerdem ein langer schwarzer Wagen, dessen Antenne und dessen dunkle, glitzernde Karosserie unverkennbar auf einen Streifenwagen hinwiesen. Die Polizeiwache war ein großes Gebäude mit einem Anstrich von weißen, schwarz umrandeten Feldern; ohne die blaue Polizeilampe über der Tür hätte es auch das Haus eines Arztes oder Firmendirektors in einem behaglichen englischen Vorort sein können. Doch da es auf beiden Seiten von dicken Rollen Stacheldraht und kleinen Sandsack-Blockhütten eingeschlossen war, aus deren Schießscharte ein Maschinengewehr hervorschaute, glich es einer Festung, dem Hauptquartier eines Gauleiters in einer besetzten Stadt. Als er den Fußweg hinaufkam, sah er in der Blockhütte eine flüchtige Bewegung: er wurde also unter Bestreichung gehalten.

»Ist der Wachtmeister da?« fragte Peter. Und dann, gereizt: »Um Gottes willen, behalten Sie das Dings unten! Ich wohne hier in der gleichen Straße!«

»Was wünschen Sie von ihm?« Ein junger Polizist kam heraus; die Maschinenpistole baumelte in seinem Arm, und seine Drohung war so unglaubwürdig wie die eines Meccano-Spielzeugs.

»Ich möchte ihn gern interviewen. Ich bin Journalist und arbeite für eine Zeitung in England. Ich möchte gern mit ihm über den Vorfall der vergangenen Nacht sprechen.«

»Sie sind Journalist?« sagte der Polizist mit einem Tonfall, der verriet, daß er ihm keinen Glauben schenkte. »In England?«

»Ja, und ich würde gern mit dem Wachtmeister sprechen.«

Einen Augenblick blickte ihn der Polizist schweigend an, mit hellblauen, ausdruckslosen Augen in einem Gesicht, dessen Totenblässe durch den schwarzen Schirm seiner Mütze noch betont wurde. Dann wandte er sich um und winkte Peter, ihm in die Wachtstube zu folgen.

Fünf Männer waren in der Wachtstube, zwei Polizisten, die er zu kennen glaubte, zwei ziemlich mürrisch dreinblickende Hilfspolizisten und ein fünfter, der, nach seiner Haltung, der gut geschnittenen Uniform mit dem Sam-Browne-Koppel und den blank gewichsten Ledergamaschen zu urteilen, ein höherer Polizei-Offizier zu sein schien. Als sie Peter sahen, machten sie erstaunte Gesichter.

»Hier is'n Mann, Herr Wachtmeister«, wandte sich der Polizist an einen der beiden städtischen Polizisten, »der behauptet, er wär 'n Journalist. Er arbeitet für 'ne Zeitung in England, sagt er.«

Der Wachtmeister kam langsam näher. »Sie sind doch der Sohn von Mr. Douglas, nicht wahr?« fragte er mit einem Ton, der halb höflich, halb zweiflerisch war.

»Ja, Herr Wachtmeister, stimmt. Ich arbeite für eine Zeitung in England und verbringe jetzt einen kurzen Urlaub zu Hause. Ich möchte gern von Ihnen ein paar Tatsachen über den Vorfall gestern nacht erfahren!«

»Gestern nacht?« Der Wachtmeister blickte in dumpfer Verzweiflung zu dem gut angezogenen Offizier hinüber.

»Für welche Zeitung arbeiten Sie?« fragte der Offizier mit scharfer Stimme. Während er sprach, trat er auf Peter zu, als hoffte er, schon allein durch seine Persönlichkeit den Eindringling einzuschüchtern. Es war die unverkennbare Stimme der Autorität, britisch und frostig und mit dem ausgeglichenen Tonfall der B.B.C.-Sprecher.

Peter erklärte es höflich.

»Ja, ich verstehe«, erwiderte der Offizier zurückhaltend. »Mir scheint, ich kenne die Zeitung.« Dann wandte er sich an den Wachtmeister. »Finden Sie nicht, wir sollten Mr. Douglas in ein anderes Zimmer führen, Knowles?«

Während Peter dem Wachtmeister Knowles in einen großen Raum auf der Rückseite der Polizeiwache folgte, kam ihm ein Gedanke.

»Das ist der County-Inspektor, nicht wahr?«

»Ja, stimmt«, sagte der Wachtmeister. Er sah aus, als wollte er noch mehr hinzufügen, besann sich aber eines Besseren und stocherte eine Minute lang sinnlos im Feuer herum, ehe er das Zimmer verließ. So lagen die Dinge also: sie waren ausgesprochen besorgt wegen des nächtlichen Vorfalls, und der County-Inspektor war persönlich hergekommen, um die Sache näher zu untersuchen. Peter war auf der rechten Fährte.

Ein paar Minuten drauf trat der County-Inspektor schneidig ins Zimmer. Er pflanzte sich genießerisch vor dem Feuer auf und bedachte Peter mit einem strahlenden, energischen Lächeln. Mit seinem hinter die Ohren zurückgebürsteten Haar, dem langen, ovalen Gesicht und dem sauber geteilten Schnurrbärtchen, dem schmalen Nasenrücken und den beinah schrägstehenden Augen war er entschieden hübsch – ein Mann, geboren und gewohnt zu befehlen.

»So, Mr. Douglas! Kommt ja nicht oft vor, daß einer von euch Journalisten sich in dieser Gegend umschaut! Schade, daß ich Ihnen keinen Drink anbieten kann, aber ich bezweifle, daß sich der Komfort der Polizeiwache so weit versteigt.« Er lachte kurz auf. »Sie stammen von hier, nehme ich an?«

»Ja«, antwortete Peter. Die strahlende Unverschämtheit im Tonfall des Mannes empörte ihn, schüchterte ihn aber auch ein, so daß er – fast gegen seinen Willen – ungefragt noch weitere Auskunft gab. »Aber ich bin in Laganbridge in die Schule gegangen.«

»Oh«, sagte der Offizier interessiert und glaubte, gemeinsame Interessen entdeckt zu haben. »Bin dort auch in die Schule gegangen. In ›The King's‹ vermutlich?«

»Nein«, erwiderte Peter knapp. In den ersten Unglauben mischte sich Genugtuung darüber, daß der Inspektor, irregeleitet durch Douglas' englischen Akzent und seine Stellung an einer Londoner Zeitung, unvermuteterweise in eine Falle geraten war, und er fügte hinzu: »In St. Kieran.«

Es war, dachte Peter lächelnd, wie wenn man einem unverbesserlichen Südstaatler gestehen würde, daß man trotz des ganz normalen Aussehens eben doch ein Nigger wäre. ›The King's‹ war eine der berühmtesten protestantischen Schulen in Nord-Irland, eine georgianische Pflanzschule für Kricketspieler, Kolonialbeamte, gamaschengeschmückte Bischöfe und sogar (wie um ihre vielseitige Leistungsfähigkeit zu beweisen) für einen hervorragenden Literaturkritiker. Auf dem gegenüberliegenden Hügel, im Schutze der wuchtigen Massen einer Kathedrale aus der Zeit nach der Katholiken-Emanzipation, erhob sich das Diözese-Seminar St. Kieran, wo die Söhne der streng erzogenen katholischen Farmer, Gastwirte und Kaufleute studierten – meistens, um Priester zu werden.

»Oh!« Der County-Inspektor hielt inne. Er war sichtlich aus der Fassung geraten. Dann fand er mit einer kühnen Wendung zu seiner anfänglichen Selbstbeherrschung zurück:

»Kannte ihn flüchtig, Ihren Bischof! Netter alter Knabe! Was ich aber nicht so mochte, war die Sherry-Sorte, die er bevorzugte.«

»Die Sherry-Sorte?« wiederholte Peter erstaunt.

»M-tjä!« Wie er es aussprach, mit einem einleitenden Summton und einem anschließenden Zischlaut, hätte es alles mögliche bedeuten können. »Bezieht ihn direkt aus Spanien; unsre Boys schaffen ihm die Sendung jeweils durch den Zoll. Bißchen trocken. Ich persönlich ziehe Bristol Cream vor.«

Wenn ein solcher Mann überhaupt an Nationalisten dachte, dann wahrscheinlich in unbestimmten Begriffen einer unruhestiftenden Minderheit; es machte ihm nichts aus, mit ihnen in Berührung zu kommen, vorausgesetzt, daß die Begegnung auf höchster Ebene stattfand, mit einem Maharadscha oder Bischof zum Beispiel, oder mit einem zuvorkommenden hohen eingeborenen Beamten. Und warum sollte er sich ändern? Überzeugung von seiner Toleranz, unerschüttert in seiner Position innerhalb des festen Gefüges ›Königin plus Staat‹, würde er seine Tage vermutlich in ehrenvollem Ruhestand und mit einer netten kleinen Auszeichnung auf der Ehrenliste beschließen.

»Ich habe den Bischof nie kennengelernt«, sagte Peter abweisend.

Er hätte sich die Bemerkung sparen können, da ihre Ironie wie ein Papierpfeil an der heiteren Miene des andern abprallte: der Inspektor war inzwischen schon beim nächsten Thema.

»Well«, sagte er, »wegen der kleinen Geschichte also, von der Sie sprachen ... Ich glaube nicht, daß da für einen Mann wie Sie viel zu holen ist. Schließlich eine höchst unbedeutende Angelegenheit! Irgendein kleiner Rowdy war frech zu unsern Boys, und sie haben ihn ein paar Stunden eingesperrt, bis er sich abgekühlt hatte. Haben ihn am Morgen wieder freigelassen. Ganz alltägliches Vorkommnis!«

»... nachdem sie ihn auf dem Weg zur Wache verprügelt hatten«, sagte Peter hartnäckig.

»Oh, so möchte ich es doch nicht ausdrücken«, erwiderte der Inspektor sachlich. »Er hat sich der Verhaftung widersetzt, da mußten sie ihm schließlich ein bißchen Beine machen. Hat dabei vielleicht ein paar Kratzer abgekriegt, aber mehr auch nicht!«

»Jedenfalls genug, um ins Krankenhaus eingeliefert zu werden!«

»Oh, haben Sie das auch gehört?« fragte der Inspektor interessiert. »Well, well, es ist erstaunlich, wie sich so etwas herumspricht, obwohl ich fürchte, daß Sie daran nicht viel Brauchbares finden werden. Der Bursche beklagte sich dauernd, deshalb ließen wir den Arzt kommen. Er konnte nichts Aufregendes feststellen, doch um ganz sicherzugehen, hat er ihn zum Röntgen ins County-Krankenhaus geschickt. Nach ein paar Stunden wurde er entlassen – pudelwohl! Die Mutter kam und holte ihn ab.«

»Sie glauben also, es steckte überhaupt nichts dahinter?« fragte Peter ungläubig.

Der Schrei

»Ja, ungefähr so.«
»Aber von dem Lärm wurde das ganze Städtchen wach!«
Der Inspektor lachte trocken. »Ja, das war etwas ärgerlich! Der Bursche ist, scheint's, ein Exhibitionist! Hat gebrüllt wie ein Ochse, erzählten die Boys, sobald sie ihn nur mit dem Finger antippten. Ein ziemlich abgefeimter Trick, wenn man's bei Licht besieht!«
»Ein Trick?« Peter starrte in das höfliche Gesicht ihm gegenüber. Doch in der ausgeglichenen Miene des Inspektors entdeckte er weder Zweifel noch bewußte Irreführung.
»Ja, ein Trick! Manchen dieser Burschen ist man einfach nicht gewachsen! Jedenfalls ist er 'n Halbstarker, der beweisen will, daß er sich vor der Polizei nicht fürchtet. Doch ich glaube, er hat inzwischen begriffen, daß er letzte Nacht ein bißchen zu weit gegangen ist und sich lächerlich gemacht hat.« Der Inspektor rieb sich befriedigt die Hände – mit einer Geste, die das Thema als erledigt fallenließ. »Well, sehen Sie, mehr ist nicht dran an der kleinen Geschichte! Tut mir leid, daß ich Ihnen nichts Saftigeres bieten kann! Weiß doch, was Leute von Ihrem Schlag brauchen. Vielleicht nächstes Mal!«
Betäubt folgte Peter ihm über den Flur und ging zur Tür hinaus. Er hatte schon die Hälfte der Hauptstraße hinter sich, ehe ihm einfiel, daß die I.R.A. überhaupt nicht erwähnt worden war.

»So, so, das hat er Ihnen also aufgetischt«, sagte der Lehrer voller Bewunderung. Peter hatte ihn auf dem Rückweg aufgesucht, und sie waren quer über die Straße in die nächste Wirtschaft gegangen, die Dew Drop Inn.
»Ja. Ich war leider so verdutzt, daß mir überhaupt nichts einfiel, was ich hätte entgegnen können. Ich meine, es hörte sich alles so einleuchtend an; vielleicht hat der Mann die Wahrheit gesagt.«
»Das erklärt noch nicht, weshalb er mich besucht hat!«
»Was, hat er Sie besucht?« staunte Peter.
»Ja, als ich von der Schule nach Hause kam, wartete der hohe Herr persönlich im Wohnzimmer auf mich. Sagte, er hätte meinen Bruder, der im County-Gesundheitsamt arbeitet, oft von mir sprechen hören und sich gedacht, er könne doch mal bei mir hereinschauen. Dann hat er ganz unverfroren von der Sache in

der vergangenen Nacht angefangen und gesagt, es würde mich sicherlich freuen, von ihm zu hören, daß alles ein Mißverständnis gewesen sei. Sie hätten dem Burschen eine Standpauke gehalten und ihn dann nach Hause geschickt. Es bestände *keinerlei* Grund mehr, daß ich mir irgendwelche Sorgen mache. Der Hilfspolizist Robson bedaure, was er zu mir gesagt habe: es sei ihm bloß im Eifer herausgefahren und habe nichts zu bedeuten.«

»Dann waren sie also tatsächlich im Druck! Und was haben Sie gesagt?«

»Was konnte ich sagen? Ich habe ebenfalls gelächelt und gesagt, daß ich Robsons Entschuldigung annähme und mit Freuden höre, daß der Bursche wohlauf sei. Ich arbeite ja hier, und ebenso (wie er taktvoll durchblicken ließ) mein Bruder. Außerdem« – er zwinkerte nervös und schob seine mageren, nur mit dem Regenmantel bedeckten Schultern vor – »habe ich mir die Sache durch den Kopf gehen lassen und finde, daß wir keinen besonders festen Boden unter den Füßen haben.«

»Was meinen Sie denn damit? Kein zivilisierter Mensch kann es ohne Widerspruch zulassen, daß jemand vor seinen Augen zusammengeschlagen wird.«

»In einem gewöhnlichen Falle nicht, nein. Aber der Bursche scheint nicht ernstlich verletzt zu sein, und wir wären nicht in der Lage, ihnen etwas Bestimmtes nachzuweisen. Wir würden ihnen nur in die Hände spielen, indem wir uns selbst als Unruhestifter entpuppen.«

Peter schwieg einen Augenblick und nahm einen Schluck von seinem Glas Tuborg. »So ungefähr redet auch meine Mutter, aber nicht mein Vater.«

»Ach, Ihr Vater ist, wenn Sie die Bemerkung erlauben, auf seine Art beinahe ebenso stur wie ein Orangist. Seine Art zu sprechen mag im *Dail Eireann* angebracht sein, aber hier lockt er damit keinen Hund vom Ofen, wie Sie ja selbst wissen. Denn schließlich müßten wir, selbst wenn wir ein Vereinigtes Irland bekämen, doch weiter mit ihnen zusammen leben, und deshalb können wir ebensogut schon jetzt anfangen. Und Sie werden wohl zugeben, daß die Polizei in letzter Zeit in Nord-Irland ziemlich viel durchgemacht hat. Wenn wir noch in den zwanziger Jahren wären, hätten wir jetzt 'ne Menge toter Nationalisten herumliegen.«

Der Schrei

»Sie finden also, ich sollte den Artikel, an dem ich arbeite, lieber nicht abschicken?«

»Ach, ich weiß nicht – es kommt darauf an ... Warum wollen Sie den Burschen nicht mal besuchen, ehe Sie sich dazu entschließen?«

Der Besitzer der Dew Drop Inn spähte hastig ins Zimmer. »Bitte, Gentlemen, gehen Sie!« sagte er. »Ist schon reichlich über die Polizeistunde hinaus!«

Als sie durch die Küche gingen, drängte sich eine Gruppe junger Männer herein. Es waren die Hilfspolizisten, die Peter vor der Polizeiwache gesehen hatte. »Gute Nacht, Mr. Concannon, gute Nacht, Mr. Douglas!« sagte der Wirt und geleitete sie bis zur Tür. Dann drehte er sich um und begrüßte seine neuen Gäste.

V

»Das da muß es sein«, sagte James Douglas und reckte den Hals. Seit etwa zehn Minuten hatten sie die Landstraße verlassen und schaukelten über einen schmalen Fahrweg. Zuerst sahen sie noch ein paar vereinzelte Gehöfte, doch als sie höher und höher hinauffuhren, blieben zunächst die Häuser und dann auch die Bäume hinter ihnen, und zu beiden Seiten des Weges dehnten sich endlose Strecken traurigen Hochmoors. Endlich, als die beschotterte Oberfläche des Fahrwegs in die verschlammten Furchen einer Karrenspur überging, fiel ihr Blick auf eine kleine Hütte. Weißgetüncht, mit einem moosbewachsenen Strohdach, stand sie auf einer Anhöhe – ohne einen andern Schutz gegen den Wind als einen primitiven Zaun, der aus alten Teerfässern zurechtgezimmert war. Gegen die Hauswand lehnte ein verbeultes, leuchtend rotes Rennfahrrad, dessen Vorderrad fast den Zugang zur Halbtür versperrte.

»Ja, das muß es sein«, sagte der Fahrer. »Wetten, daß es stimmt?«

»Trübselig genug sieht es aus«, meinte Peter.

»Ausgepowert«, bestätigte der Fahrer vergnügt und zog die Handbremse.

»Soll ich mitkommen?« fragte Peters Vater und sah ihn unschlüssig an. Während der ganzen Fahrt in die Black Mountains hatte er auffallend zufrieden vor sich hingesummt, doch der Anblick der Hütte schien ihn zu entmutigen.

»Nein«, erwiderte Peter kurz angebunden. »Ich geh allein.«

Der Wagen, der schwankend den Weg hinaufgekommen war, hatte bereits Aufmerksamkeit erregt: ein braun-weiß gefleckter Köter raste ihnen entgegen und begrüßte sie, und an einem von den beiden kleinen Fenstern blinkte flüchtig das erschrockene Gesicht einer Frau auf. Als Peter aus dem Wagen stieg und seine Stadtschuhe auf dem Hof im Schlamm einsanken, stürzte sich der Hund auf ihn.

»Down, Flo! Down!« Eine Frau von etwa fünfzig Jahren, die einen formlosen roten Pullover und ein Paar Männerstiefel ohne Schnürsenkel trug, tauchte in der Tür auf. Sie stand da, trocknete sich die Hände an der verwaschenen Schürze ab und wartete, daß Peter sprechen sollte.

»Wohnt hier Michael Ferguson?«

Ein Ausdruck bestürzten, tierhaften Nichtverstehens flog über ihr Gesicht. »Gott steh uns bei«, murmelte sie. »Noch mehr Kummer!« Dann drehte sie sich um. »Er ist drin, falls Sie ihn sehen wollen.«

Nach dem Licht des Berglandes wirkte das Innere der Hütte so düster wie eine Höhle. Ein zerbröckelndes Torffeuer warf sein launisches, rauchiges Licht auf die zusammengekauerte Gestalt eines alten Mannes, der aufsah, als der Eindringling eintrat, und ihm dann mit einem lauten Scharren seines Schemels den Rücken kehrte. Neben dem in der Asche stehenden Teekessel lag ein krankes Huhn, dessen magerer roter Kopf aus einem Flanellkokon hervorsah. Die andere Seite des Zimmers nahmen ein Spind und ein Bett ein, auf dem ein junger Mann lag. Um die Stirn trug er einen Verband.

»Kannst du nicht wenigstens aufstehn«, rief die Frau grob, »wenn jemand dich besuchen kommt?«

Der junge Mann erhob sich steifbeinig von seinem Lager. Er war ungefähr zwanzig, groß und breitschultrig und recht gut gewachsen. Er trug eine mit schweren Metallschnallen und -haken besetzte Jacke aus imitiertem Leder. Sie war hoch hinaufgerutscht und ließ ein zerrissenes Khakihemd sehen. Das Hemd steckte locker in einer fadenscheinigen Niethose, die von einem mit Nägeln beschlagenen Ledergürtel mit Hufeisenschnalle zusammengehalten wurde. Diese Aufmachung wurde vervollständigt durch grelle, rot und blau gestreifte Socken, die aus den schweren Farmstiefeln hervorschauten.

»Sind Sie von der Polizei?« Seine eng zusammenstehenden Augen in dem stark verpickelten Gesicht wichen Peters Blick aus; es war, als hätte er zum Hund gesprochen, der jetzt winselte und zwischen ihren Beinen hindurchfuhr.

Peter erklärte ihm seinen Besuch, so gut er konnte. Vor Nervosität benutzte er Worte, die sie (er sah es an dem verwirrten Ausdruck in ihren Gesichtern) nicht verstehen konnten, deshalb wiederholte er sein Anliegen ein paarmal. »Ich möchte helfen, verstehen Sie?« schloß er.

»Ich glaube nicht, daß ich viel für Sie tun kann, Mister«, brachte der Bursche endlich vor.

»Was soll denn das nun? Darum geht es ja gar nicht! Ich möchte etwas für Sie tun! Ich möchte einen Artikel schreiben, der aufdeckt, wie Sie von den Polizisten mißhandelt wurden. Sie wollen doch nicht etwa abstreiten, daß man sie zusammengeschlagen hat?«

Vom Herdfeuer kam plötzlich ein Geräusch, weil der alte Mann auf seinem Schemel herumschwenkte. Seine Augen – klein und rot umrandet wie bei einem Truthahn – funkelten vor Gehässigkeit, und als er sprach, tropfte ihm der Speichel über das kragenlose Hemd.

»Wenn er zu Hause bei seiner Mutter geblieben wäre, wie sich das für einen ordentlich erzogenen Burschen gehört, dann wäre ihm kein bißchen passiert. Aber heutzutage gibt's ja weiter nichts als ins Kino und zum Musikautomaten rennen! Er hat's verdient, was er hat einstecken müssen, und das war noch viel zu wenig!«

Das Gesicht des jungen Mannes flammte auf, aber er blieb still. Statt seiner ergriff die Mutter das Wort.

»Um die Wahrheit zu sagen, wär's uns lieber, Sir, die Geschichte würde in Vergessenheit geraten. Das wäre nämlich für uns alle besser.«

»Ja, stimmt, Sir! Wie's nun mal ist, möchte ich nicht, daß noch dran gerührt wird.«

Da hatte er's nun klipp und klar. Die Polizei hatte nicht bloß mit dem Burschen, sondern auch mit der Mutter gesprochen. Sie waren durchaus bereit, dem Burschen und den Eltern zuliebe die Sache zu vergessen; vor lauter Großmut hatten sie wahrscheinlich auch noch für den Rücktransport gesorgt, der für Leute in ihren Verhältnissen sonst eine kaum erschwingliche Ausgabe gewesen wäre. Einerlei, was für eine Wiedergutmachung Peter ihnen anbieten konnte, einerlei, was für Hilfe oder Hoffnung, es wäre wie nichts, verglichen mit den nicht näher beschriebenen, aber sehr konkreten Drohungen. Nun würde er die Wahrheit über den Vorfall nie herausbringen: ob der Bursche Beziehungen zur I.R.A. hatte, ob er die Polizisten herausgefordert hatte, ja nicht einmal, ob er – Peter – ihr Schweigen richtig auslegte. Zwischen ihrer Hilflosigkeit und seiner Freiheit lag ein unüberbrückbarer Abgrund, und mit verzweifelter Geste wandte er sich zum Gehen. Die Mutter und der Bursche begleiteten ihn; obwohl der Bursche ängstlich bemüht war, es zu verheimlichen, hinkte er ganz eindeutig.

»Tut mir leid, daß ich Ihnen nicht helfen kann, Sir«, sagte er. Seine Stimme, wenn sie auch matt war, klang beinah freundlich. Als er unter der Tür den Kopf duckte, konnte Peter sehen, daß das Haar über dem Verband in zwei feuchten Strähnen zusammenklebte – wie die Flügel einer Ente.

Während der Austin den Berghang hinunterschlingerte, sprachen Peter und sein Vater nicht. Eine Gewitterwolke zog vom Tal herauf, dunkel wie ein Umhang. Nur der Fahrer schien in munterer Stimmung, als er sich ihnen zuliebe über die Familienverhältnisse der Fergusons ausließ.

»Er ist eigentlich kein schlechter Mensch«, sagte er nachdenklich, »so rauhbeinig er sich geben mag. Die beiden andern Jungen waren schlau genug, sich nach England zu verziehen. Er war zuerst auch in Barnsley, aber er kam zurück, als der alte Mann operiert werden mußte. Das hätte auch nicht jeder getan!«

Erst als sie wieder zu Hause waren und als James Douglas mühsam durch die Wagentür, die sein Sohn ihm aufhielt, auf den Prellstein hinunterstieg, brach er das Schweigen.

»Hast du immer noch im Sinn, den Artikel zu schreiben?« fragte er furchtsam und blickte Peter forschend ins Gesicht.

Peter sah ihn ein Weilchen an, als müsse er es an den Knöpfen abzählen.

»Ich weiß es wirklich nicht«, sagte er dann.

Natürlich gibt es Mittel und Wege, wie man mit solchen Vorkommnissen fertig wird, und jeder Kolonialbeamte von Ulster

Der Schrei

bis Rhodesien ist damit vertraut. Die Anklage wird nicht weiter verfolgt oder als unbedeutend hingestellt, die übereifrigen Soldaten oder Polizisten werden gerügt, jedes öffentliche Aufsehen wird bewußt vermieden. Vielleicht ist es, wie die Behörden jedenfalls behaupten, am Ende doch die beste Methode. Trotzdem fragt man sich, in wieviel kleinen Ulster-Städtchen sich derartige Fälle in diesem Augenblick *in unser aller Namen* ereignen.

Nach der Rückkehr war Peter sofort in sein Schlafzimmer hinaufgegangen, weil er an seinem Artikel schreiben wollte – jedoch mit geringem Erfolg. Er konnte, als er verwirrt auf den soeben niedergeschriebenen Abschnitt starrte, nicht einmal entscheiden, ob er es aufgeben sollte oder nicht: er konnte einen Anfang und ein Ende zustande bringen, aber das Ganze ergab nicht den logischen und doch leidenschaftlichen Entrüstungsschrei, den zu erzielen er gehofft hatte. Er erhob sich und ging im Zimmer auf und ab; schließlich blieb er am Fenster stehen und blickte müßig auf die Main Street hinunter, wie er es am ersten Abend getan hatte.

Seit einer Stunde hatte es heftig geregnet, doch jetzt hellte es sich auf. Am Horizont, im Westen der Stadt, brach eine wässerige Sonne aus grauen Wolken hervor. Weich, fast mit dem Licht der Morgenröte, schien sie auf das Städtchen und ließ die lange Häuserzeile der Hauptstraße vom Old Tower zum War Memorial und noch über den Bahnhof hinaus wie frisch gewaschen und sauber erscheinen.

Da war sie, seine Heimatstadt, vor ihm ausgebreitet und bis in alle Einzelheiten strahlend. Er kannte jeden Winkel, war in dem niedrigen Betongebäude drüben in die Schule gegangen, war mit seinem Schlitten den Hügel hinuntergerodelt, hatte später sogar seinen ersten Schatz in das Dunkel des Torwegs geführt. Er kannte jedes Haus und fast alle, die darin wohnten. Man konnte diesen Ort nicht lieben oder verabscheuen: solche Gefühle waren belanglos, denn es war ein Stück seines Lebens und daher unentrinnbar. Doch während seines ganzen letzten Schuljahrs war sein einziger Gedanke der gewesen, zu entfliehen. Die Enge des Daseins und die versteckte Bitterkeit der politischen Einstellung waren ihm plötzlich wie die Lebensweise in einem Gefängnis vorgekommen. Man hielt die Iren immer für eine fröhliche Rasse, doch in den Menschen hier war etwas – ein herbes Verlangen, die menschliche Situation auf ihre unumgänglichsten Lebensbedingungen zu reduzieren, und das erschreckte ihn. Es hatte Jahre gedauert, bis er sich kräftig genug fühlte, wieder herzukommen, und bis er in seinen eigenen Ansichten so weit gefestigt war, um die Feindseligkeit überstehen zu können, die ihr Verhalten auszustrahlen schien.

Doch gab ihm diese Kraft auch das Recht, über sie zu Gericht zu sitzen, besonders, wenn es um einen Vorfall wie den jetzigen ging? Bereits nach nur zwei Tagen war die Empörung in der Stadt abgeflaut. War es Furcht? Oder ein Versuch, jenen guten Willen zu fördern, den Menschen wie seine Mutter für die einzig mögliche Lösung hielten? Oder war es reine Passivität – das Ergebnis eines Krämergeistes, der jedermann als einen möglichen Käufer wertete? Einerlei, was für ein Schicksal sich innerhalb dieser grauen Mauern abspielte – zwei Völker, verkettet und in alle Ewigkeit zusammengeschweißt –, man durfte es ihnen sicherlich überlassen, es selber zu gestalten.

Als er so über die Stadt blickte, ernüchtert in seiner Selbsterkenntnis, schoß plötzlich und wie hervorgestoßen eine Zwergengestalt aus einem Torweg. Die Kleider des Kleinen waren bunt zusammengestückelt, und er trug eine zerlumpte Mütze, die er tief über die Ohren gezogen hatte. Das eine Bein war barfuß, der andere Fuß steckte in einem alten Schuh. Um den Gürtel trug er ein ›Wehrgehenk‹ aus Blechbüchsen. Peter erkannte ihn fast sofort: es war Joe Doom, der Dorftrottel. Er lebte in seiner eigenen winzigen Hütte am Stadtrand, erbettelte Pennies von den Vorübergehenden und stopfte Essensreste in seine Blechbüchsen. Die Leute hänselten ihn, ernährten ihn und duldeten ihn aus einer Barmherzigkeit heraus, die älter als staatliche Institutionen war, und zum Entgelt ergötzte er sie mit seinen Narrenspossen, dem Gegurgel und der sprunghaften Logik, die seine einzige Möglichkeit waren, sich mitzuteilen. Jetzt blickte er wild ringsum, gen Himmel, auf die wässerige Sonne und auf das Licht, das über die Häuserfronten fiel. Dann, als konzentrierte er sich, sah er Peter am Fenster oben stehen. Ihre Blicke kreuzten sich eine Sekunde lang, und etwas wie ein Triumphgefühl blitzte in Joe Dooms Augen auf. Er fummelte fieberhaft an seinem Rücken herum, die Blechbüchsen tanzten, und dann zog er ein Stück weiße Pappe nach vorne. Nach einem raschen Blick zurück auf den Torweg (wie wenn er Unterstützung brauchte) hielt er die Pappe hoch über seinen Kopf, so daß Peter – oder jeder andere, der gerade des Wegs kam – es lesen konnte. In großen, ungelenken Buchstaben, wie mit Kohle hingeschmiert, stand da:

SCHNÜFFELNASE HAU AB

(Deutsch von Elisabeth Schnack)

Edna O'Brien
Bindungen

Alles war erledigt, der Koffer war zugeschlossen, ihr schwarzer Samtkragen war sorgfältig gebürstet, und an der Wand steckte eine Liste, die ihren Mann daran erinnern sollte, wann er die Hühner und Puten füttern und was für Futter er ihnen geben müsse. Sie hatte sich, wie es jede Mutter getan hätte, einen Besuch bei ihrer Tochter Claire in London vorgenommen, nur war *ihre* Tochter eben anders: sie hatte ihren Glauben verloren, und sie verkehrte mit fragwürdigen Leuten und schrieb Gedichte. Wenn es Erzählungen gewesen wären, hätte man das Sündige an ihnen nachweisen können, aber diese Gedichte waren völlig sinnlos und schienen deshalb noch sündhafter. Ihre Tochter hatte ihr das Geld für die Flugreise geschickt. Jetzt ging sie also und gab ihrem Mann zum Abschied einen Kuß – eine Freundlichkeit, die sie ihm gegenüber nie empfand, wenn er Tag für Tag seine Zeit damit verbrachte, aus dem Fenster auf die nassen Johannisbeerbüsche zu starren und wegen des Regens zu murren, obwohl er sich eigentlich über jeden Vorwand freute, zu Hause herumzubrüten und dauernd Tee zu verlangen, den er aus der Untertasse schlürfte, weil ihm das mehr Spaß machte.

»Die Puten sind am wichtigsten«, sagte sie und küßte ihn zum Abschied, während ihre Gedanken zum noch fernen Weihnachtsfest flogen, zu den Puten, die sie dann verkaufen, und zu den schwereren, die sie als Geschenk weggeben wollte.

»Hoffentlich kommst du gut an«, sagte er. Sie war noch nie geflogen.

»Alle irischen Flugzeuge sind geweiht, sie stürzen nicht ab«, sagte sie und glaubte felsenfest an den Gott, der sie erschaffen und ihr diesen alten Sünder von Ehemann zugeteilt hatte, und das ziemlich große Bauernhaus mitsamt Federvieh und Plackerei und der einen Tochter, die sich so verändert hatte und unberechenbar geworden, ja ihnen ganz entwachsen war.

Sobald sie den Schreck überwunden hatte, daß man sich für den Start festschnallen mußte, machte ihr die Reise Spaß. Als sie höher und höher stiegen, blickte sie auf die grellweißen, duftigen Wolken und hoffte im stillen, daß ihr Mann während ihrer

Abwesenheit nicht vergessen würde, das Hemd zu wechseln. Der Flug wäre einwandfrei gewesen, hätte nicht eine kreischende Frau im Flugzeug gesessen, die von der Hostess beruhigt werden mußte. Sie sah wie eine Frau aus, die, ohne es zu wissen, in eine Nervenklinik geschickt wurde.

Claire holte ihre Mutter am Flughafen ab, und sie küßten sich herzlich, da sie sich über ein Jahr nicht gesehen hatten.

»Hast wohl Steine drin?« fragte Claire, als sie den Vulkankoffer aufhob. Er war mit einem Stückchen neuer Schnur noch besonders gut verschlossen. Ihre Mutter trug einen schwarzen Strohhut, und rechts und links auf der Krempe steckte ein Büschel Kirschen.

»Das war sehr nett von dir, mich abzuholen!« sagte die Mutter.

»Ist doch selbstverständlich«, erwiderte Claire und forderte ihre Mutter auf, sich im Taxi anzulehnen. Es war eine lange Fahrt, und man konnte sich's ebensogut bequem machen.

»Ich hätte mich durchfragen können«, sagte die Mutter, und Claire entgegnete ein wenig zu schroff: »Unsinn!« Um es dann wiedergutzumachen, erkundigte sie sich freundlich, wie der Flug gewesen war.

»Oh, das muß ich dir erzählen, eine ganz merkwürdige Frau war im Flugzeug, die kreischte immerzu.«

Claire hörte es und wurde steif, weil ihr einfiel, daß ihre Mutter früher bei kritischen Anlässen eine gewöhnliche und erregte Stimme bekommen hatte – eine Stimme, die sagen konnte: »Lieber Herr Jesus, dein Vater wird uns umbringen!« oder: »Was soll nur aus uns werden, der Gerichtsvollzieher ist da!« oder: »Sieh dir das an, der Schornstein hat Feuer gefangen!«

»Und sonst?« fragte Claire. Es sollten ja Ferientage sein und nicht etwa Ausflüge in die Vergangenheit.

»Wir bekamen Tee und Brote. Ich konnte meins nicht essen, weil Butter auf dem Brot war.«

»Noch immer anfällig?« fragte Claire. Ihre Mutter bekam Gallenbeschwerden, wenn sie Butter, Fisch, Olivenöl oder Eier aß, obwohl sie tagtäglich Hammelragout oder selbstgeräucherten Speck vertrug.

»Ich habe jedenfalls gute Sachen für dich eingekauft«, sagte Claire. Sie hatte einen Vorrat an Biskuits, Gelees und Eingemachtem gekauft, lauter Dinge, die ihre Mutter gern aß, die sie selbst aber verabscheute.

Der erste Abend verlief sehr friedlich. Die Mutter packte die Geschenke aus: ein Brathuhn, Brot, Eier, einen Wandbehang mit einem Kirchturm, an dem sie den ganzen Winter gestickt und sich fast blind gestichelt hatte, ein Weihwassergefäß und aus Muscheln gebastelte Aschenbecher, zu Lampen umgearbeitete Flaschen und ein Bild von einem Stierkämpfer, das aus kleinen lackierten und auf Karton geklebten Kieseln zusammengesetzt war.

Claire baute sie auf dem Kaminsims in der Küche auf und trat einen Schritt zurück, weniger, um sie zu bewundern, als vielmehr, um festzustellen, wie unharmonisch sie aussähen, wenn sie alle beisammenstanden.

»Danke«, sagte sie so liebevoll zu ihrer Mutter, wie sie es vielleicht früher als Kind getan hätte. Sie war gerührt über die Geschenke, besonders über den Wandbehang, obwohl er häßlich war. Sie dachte an die Winterabende und an die qualmende Spirituslampe (sie hofften, daß man bald elektrisches Licht legen würde) und wie ihre Mutter sich über die Arbeit beugte und nicht einmal einen Fingerhut benutzte, um die Nadel leichter hindurchstecken zu können, weil sie an Selbstkasteiung glaubte, und wie ihr Vater sich dann zu ihr umdrehte und sagte: »Kannst du mir deine Brille leihen, Mom? Ich will mal in die Zeitung schauen.« Er war zu faul, seine Augen untersuchen zu lassen, und dachte, die Brille seiner Frau würde es auch tun. Sie konnte es sich ausmalen, wie sie Abend für Abend am Kaminfeuer saßen: grüne Flämmchen flackerten aus dem Torf, die Hühner waren eingesperrt, und draußen schlichen die Füchse durch den Wind.

»Ich bin froh, daß es dir gefällt«, sagte die Mutter ernst, »ich hab's im Gedanken an dich gestickt«, und beide standen mit Tränen in den Augen da und genossen die von Liebe erfüllten Sekunden – wohl wissend, daß sie von kurzer Dauer sein würden.

»Du kannst siebzehn Tage bleiben«, sagte Claire, denn das war die Zeitspanne, die der Spezialtarif zuließ. Eigentlich meinte sie: ›Willst du siebzehn Tage bleiben?‹

»Wenn es dir recht ist«, antwortete die Mutter übermäßig bescheiden. »Ich sehe dich nicht allzuoft, und du fehlst mir.«

Claire verzog sich in die Küche, um für die Wärmflasche ihrer Mutter den Kessel aufzusetzen; sie wollte jetzt keinerlei Enthüllungen mit anhören, keine Schilderungen, wie schwer das Leben gewesen war und wie sie während der vielen Saufperioden des Vaters in Todesgefahr geschwebt hatten.

»Vater läßt dich grüßen«, sagte die Mutter ein bißchen verärgert, weil Claire nicht gefragt hatte, wie es ihm ginge.

»Wie geht's ihm?«

»Großartig – er rührt keinen Tropfen an!«

Claire wußte, daß er sie sonst überfallen hätte, wie er sie früher zu überfallen pflegte, als sie, noch ein Kind, in der Klosterschule war, oder daß sie ein Telegramm erhalten hätte, das knapp und dringend »Heimkommen, Mutter« lautete.

»'s ist alles Gottes Werk, daß er kuriert wurde«, fuhr die Mutter fort.

Claire dachte erbittert, daß Gott zu lange gewartet habe, um dem mageren, enttäuschten Mann zu helfen, den der Alkohol ausgemergelt und verrückt gemacht und zugrunde gerichtet hatte. Aber sie sagte nichts, sie füllte nur die Wärmflasche, drückte mit dem Arm die Luft heraus und brachte ihre Mutter dann die Treppe hinauf und zu Bett.

Am nächsten Morgen fuhren sie in die Stadt, und Claire schenkte ihrer Mutter fünfzig Pfund. Die Frau wurde rot und begann, den Kopf zu schütteln – eine hastige, unbeherrschte Bewegung, die an ein vom Koller befallenes Tier erinnerte.

»Du warst schon immer so gutherzig, viel zu gutherzig«, sagte sie zu ihrer Tochter, während ihre Augen Gestelle mit Mänteln, Regenmänteln und Röcken auf kreischenden Bügeln und Hüte in allen erdenklichen Formen und Farben erblickten.

»Probiere etwas an«, sagte Claire. »Ich muß jemand anrufen.«

Am Abend sollten Gäste kommen – sie hatte es schon vor Wochen abgemacht –, und weil es Bohemiens waren, konnte sie sich nicht vorstellen, daß ihre Mutter sie ertrug oder daß sie ihre Mutter ertrugen. Und was die Sache noch schwieriger machte: sie waren ein ›Trio‹, ein Mann mit zwei Frauen, seiner Ehefrau und seiner Freundin. Im gegenwärtigen Stadium ihres Zusammenlebens war die Frau offensichtlich in anderen Umständen. Die Freundin sagte am Telefon, sie freuten sich mächtig auf den Abend, und Claire hörte sich die Einladung bestätigen, indem sie erwiderte, sie hätte nur angeläutet, um sie daran zu erinnern. Sie gedachte noch einen zweiten Mann einzuladen, um dem Abend einen Anstrich von Schicklichkeit zu verleihen, aber die einzigen

Junggesellen, die ihr in den Sinn kamen, waren ihre Liebhaber, und sie konnte sie nicht auffordern, es war erbärmlich.

»Verdammt«, sagte sie und ärgerte sich über alles mögliche, besonders aber über die Tatsache, daß sie sich in einer jener trübseligen, liebeleeren Perioden befand, wie sie in jedermanns Leben vorkommen, jedoch viel häufiger, meinte sie, je älter man wurde. Sie war achtundzwanzig. Bald würde sie dreißig sein. Verwelken.

»Wie macht sich der?« fragte ihre Mutter mit alberner Stimme, als Claire zurückkehrte. Sie hielt einen Handspiegel hoch, um einen lächerlichen Hut, den sie aufprobiert hatte, von rückwärts zu betrachten. Er glich dem blanken Strohhut, den sie auf der Reise getragen hatte, nur war er noch überladener und kostete zehn Guineas. Das war das erste, was Claire an ihm auffiel. Der weiße Preiszettel baumelte vor der Nase ihrer Mutter. Claire haßte es so sehr, Sachen für sich zu kaufen, wie andere Leute es hassen, zum Zahnarzt zu gehen. Sie zog nie von einem Laden zum andern. Wenn sie zufällig in einem Schaufenster etwas sah, stellte sie die Größe fest und kaufte es.

»Bin ich zu alt dafür?« fragte ihre Mutter. Eine schwerwiegende Frage – in jeder Hinsicht.

»Nein«, antwortete Claire. »Er steht dir gut.«

»Hüte habe ich eben schon immer geliebt«, sagte ihre Mutter, wie wenn sie ein heimliches Laster zugab. Claire erinnerte sich an Schubladen, in denen Filzhüte lagen, an Troddeln auf Hutkrempen und an kleine Augenschleier mit Tupfen, von denen sie als Kind geglaubt hatte, sie könnten einem übers Gesicht kriechen.

»Ja, ich erinnere mich an deine Hüte«, erwiderte Claire und erinnerte sich auch an den Geruch von Kampfer und leeren Parfumflaschen und an einen königsblauen Hut, den ihre Mutter einmal mit der Post zur Ansicht bekommen und zur Messe getragen hatte, ehe sie ihn wieder ins Geschäft zurückschickte.

»Wenn er dir gefällt, nimm ihn!« sagte Claire nachsichtig.

Ihre Mutter kaufte ihn, und außerdem einen doppelseitigen Regenmantel und ein Paar Schuhe. Sie erzählte der Verkäuferin, die ihren Fuß maß, von einem Paar Schuhe, das siebzehn Jahre gehalten hatte und schließlich von einer Zigeunerin gestohlen wurde – hinterher wurde sie wegen dieses Diebstahls ins Gefängnis gesteckt.

»Ich hätte der armen alten Seele gern das Gefängnis erspart«, sagte die Mutter, und Claire stieß sie an, damit sie den Mund hielte. Im Schutze des neuen, breitkrempigen Hutes lief das Gesicht der Mutter rot an.

»Habe ich etwas Verkehrtes gesagt?« fragte sie beklommen, als sie die Rolltreppe hinabfuhr und ihre Pakete an sich gedrückt hielt.

»Nein. Ich meinte nur, sie hätte keine Zeit: es ist hier nicht wie in den Läden zu Hause.«

»Ich glaube, die Geschichte machte ihr Spaß«, entgegnete die Mutter und raffte allen Mut zusammen, ehe sie im Erdgeschoß von der Rolltreppe trat.

Zu Hause bereiteten sie das Essen vor, und die Mutter räumte das Vorderzimmer auf, ehe die Gäste kamen. Ohne ein Wort zu sagen, trug sie all ihre Trophäen, den Wandbehang, das Kieselbildchen, die Aschenbecher, das Weihwasserbecken und die andern Ziergegenstände ins Vorderzimmer und stellte sie dort neben die Bücher, die Zeichnungen und das Plakat aus Bengalen, das ein Überbleibsel von Claires dunkelhäutigem Liebhaber war.

»Hier sehen sie hübscher aus«, sagte ihre Mutter entschuldigend, womit sie gleichzeitig die Aktzeichnung verurteilte.

»An deiner Stelle würde ich ein paar von den Sachen da wegnehmen!« riet sie ihrer Tochter mit ernstem Tonfall.

Claire blieb stumm und nippte von dem Whisky, den sie ihrer Ansicht nach bitter nötig hatte. Dann erkundigte sie sich, um das Thema zu wechseln, nach den Füßen ihrer Mutter. Für den nächsten Tag trafen sie eine Verabredung mit einer Fußpflegerin.

Die Mutter hatte sich eine blaue Bluse angezogen, und Claire trug eine Samthose; so saßen sie auf niedrigen Puffs vor dem Feuer, während eine Lampe mit blauem Schirm einen friedlichen Schimmer auf ihre Gesichter warf, die sich so sehr glichen. Mit ihren sechzig Jahren, und frisch zurechtgemacht, hatte die Mutter noch immer ein Gedicht von einem Gesicht: rund, blaß, makellos und mit sanften Augen, erwartungsvoll trotz allem, was das Leben ihr gebracht hatte. Auf dem Weiß der Augäpfel hatten sich gelbe Flecke eingestellt, das traurige Gelb der Alternden.

»Du hast ein Teeblättchen auf dem Augenlid«, sagte sie zu

Claire und hob die Hand, um es wegzuwischen. Es war Wimperntusche, die so verschmiert wurde, daß Claire hinaufgehen mußte, um sich zurechtzumachen.

In genau dem gleichen Augenblick kamen die Gäste.

»Sie sind da«, sagte die Mutter, als die Türglocke schrillte.

»Mach die Tür auf«, rief Claire hinunter.

»Sieht es nicht seltsam aus, wenn du es nicht tust?« fragte die Mutter.

»Ach, mach schon auf!« rief Claire ungeduldig. Sie war richtig erleichtert, daß die andern sich nun allein durch die Reihe von Vorstellungen hindurchwursteln mußten.

Das Essen war ein Erfolg. Es schmeckte ihnen, und die Mutter war nicht so scheu, wie Claire es erwartet hatte. Sie erzählte von ihrer Reise (unterdrückte aber den Zwischenfall von der ›verrückten Frau‹) und von einem Fernsehprogramm, das sie einmal gesehen hatte und in dem gezeigt wurde, wie man Vogelnestersuppe sammelt. Nur ihre Stimme klang unnatürlich.

Nach dem Essen setzte Claire ihren Gästen riesengroße Kognaks vor, so erleichtert war sie, daß nichts Verhängnisvolles zur Sprache gekommen war. Ihre Mutter trank natürlich keinen Alkohol. Die Gäste lehnten sich befriedigt zurück, rochen an ihrem Kognak, tranken ihren Kaffee, schnippten die Zigarettenasche auf den Fußboden, weil sie die Aschenbecher um Haaresbreite verfehlten, klatschten und schenkten sich wieder ein. Sie lächelten über die verschiedenen neuen Ziergegenstände, machten aber keine weiteren Bemerkungen, sondern sagten nur, daß die Stickerei hübsch sei.

»Claire mag sie gern«, sagte die Mutter schüchtern und löste erneutes Schweigen bei ihnen aus. Der Abend schleppte sich mit kurzen, aber bedrückenden Pausen hin.

»Sie lieben also chinesisches Essen?« fragte der Mann. Er nannte ein chinesisches Restaurant, das sie aufsuchen sollte. Es lag im East End von London, und wenn man dort hingehen wollte, mußte man einen Wagen haben.

»Bist du schon dagewesen?« fragte die Ehefrau die junge blonde Freundin, die kaum etwas gesagt hatte.

»Ja, und es war prima, bis auf das Schweinefleisch, das in Chanel Nr. 5 schwamm. Weißt du noch?« wandte sie sich an den Mann, der mit dem Kopf nickte.

»Wir müssen mal hingehen«, sagte die Frau. »Falls du je einen

Abend für mich erübrigen kannst.« Sie starrte in den großen Kognakschwenker, den sie auf ihrem Schoß hin und her schaukelte. Er war für Rosenblätter gedacht, doch als sie ihn sah, hatte sie darauf bestanden, daraus zu trinken. Die Rosenblätter welkten bereits auf dem Kaminsims.

»Es war an dem gleichen Abend, an dem wir den Mann fanden, der sich gegen eine Wand lehnte, so hatten sie ihn zusammengeschlagen«, erzählte die Freundin schaudernd und erinnerte sich, wie sie auch damals geschaudert hatte.

»Du hattest solch Mitleid mit ihm«, sagte der Mann amüsiert.

»Das hätte doch jeder gehabt«, warf die Frau spitz ein, und Claire wandte sich an ihre Mutter und versprach ihr, daß sie am nächsten Abend in das Restaurant gehen würden.

»Woll'n sehen«, entgegnete die Mutter. Sie wußte, was sie in London besichtigen wollte: den Buckingham-Palast, den Tower und das Wachsfigurenkabinett. War sie erst wieder zu Hause, dann waren es diese Gebäude, über die sie mit ihren Nachbarinnen, die schon in London gewesen waren, sprechen würde – und nicht über irgendeine verrufene Gegend, in der man Männer gegen die Wand schleuderte.

»Nein, nicht noch einen, es ist nicht gut für das Baby!« sagte der Mann, als seine Frau ihr leeres Glas auf der Hand balancierte und zur Kognakflasche schaute.

»Wer ist wichtiger, ich oder das Baby?«

»Sei nicht albern, Marigold«, sagte der Mann.

»Entschuldige«, erwiderte sie mit verändertem Tonfall. »An wessen Gesundheit denkst du eigentlich?« Sie war im Begriff, ihren Gefühlen freien Lauf zu lassen; ihre Wangen waren vom Kognak und vom Ärger erhitzt. Im Gegensatz zu ihr sah Claires Mutter wie ein Grabmal aus, kreideweiß und versteinert.

»Wie steht's mit dem Feuer?« fragte Claire und sah nach. Es war ein Stichwort für ihre Mutter, aufzuspringen und mit dem Kohleneimer hinauszurauschen.

»Ich hol sie«, rief Claire und folgte ihr. Die Mutter wartete nicht, sondern blieb erst in der Küche stehen.

»Sag mir bitte«, rief sie, und ihre blauen Augen blitzten beleidigt, »mit welcher von den beiden Damen er verheiratet ist!«

»Das geht dich nichts an«, antwortete Claire hastig. Sie hatte vorgehabt, es zu beschönigen und zu behaupten, die schwangere

Frau hätte eine psychische Störung, doch statt dessen verletzte sie ihre Mutter und erklärte sie für engherzig und grausam.

»Zeig mir deine Freunde, und ich werde dir sagen, wer du bist«, antwortete die Mutter und ging fort, um Kohle zu holen. Den gefüllten Kohleneimer stellte sie vor die Wohnzimmertür und ging dann nach oben. Claire, die wieder zu ihren Gästen zurückgekehrt war, hörte die Schritte ihrer Mutter, als sie die Treppe hinaufstieg und in das Schlafzimmer über ihnen trat.

»Ist deine Mutter zu Bett gegangen?« fragte der Mann.

»Wahrscheinlich ist sie müde«, erwiderte Claire und deutete ihre eigene Müdigkeit an. Sie wünschte, daß sie sich verabschiedeten. Sie konnte sie nicht ins Vertrauen ziehen, obwohl es alte Freunde waren. Sie würden vielleicht spotten. Sie waren ebensowenig wahre Freunde wie ihre Ex-Liebhaber – sie waren alle samt und sonders nur Begleiterscheinungen gesellschaftlichen Lebens, Statisten, Bekanntschaften, die man pflegte, um zu andern Bekannten sagen zu können: »Und eines Abends wurden ein paar von uns verrückt und veranstalteten ein Nackt-Happening ...« Es war niemand da, zu dem sie Vertrauen hatte, niemand, den sie ihrer Mutter vorstellen und dabei unbekümmert sein konnte.

»Musik, Kognak, Zigaretten ...« Sie mahnten, äußerten ihre Wünsche, besprachen, wer zum Automaten gehen und Zigaretten holen sollte. Pauline tat es. Sie blieben, bis sie das Päckchen aufgeraucht hatten, und das war lange nach Mitternacht.

Claire eilte ins Zimmer ihrer Mutter; das Licht brannte noch, und sie war wach und spielte mit ihren Rosenkranzperlen. Es waren die alten schwarzen Hornperlen von früher.

»Verzeih mir!« entschuldigte sich Claire.

»Du hast mich wie ein Zigeunerweib beschimpft«, klagte die Mutter, und vor Erregung schlug ihr die Stimme um.

»Ich hab's nicht so gemeint«, sagte Claire. Sie bemühte sich, verständig und selbstsicher zu sprechen und ihrer Mutter zu erklären, die Welt sei groß und mancherlei Leute lebten in ihr, von denen jeder andere Ansichten über andere Dinge hätte.

»Sie sind nicht aufrichtig«, entgegnete ihre Mutter und betonte das letzte Wort.

»Wer ist das schon?« erwiderte Claire und dachte an die hinterhältige Art, mit der die Liebhaber sich verzogen, oder mit was für Tricks einstige Zimmervermieterinnen den Zähler hergerichtet hatten, so daß eine elektrische Einheit das Doppelte kostete. Ihre Mutter hatte keine Ahnung, wie einsam man sich fühlte, wenn man den ganzen Tag Manuskripte las und hin und wieder ein Gedicht schrieb oder wenn man von einer Erinnerung oder Idee verzehrt wurde und dann dauernd ausging und Menschen suchte, in der Hoffnung, daß einer von ihnen der Richtige wäre und um ihr Wesentlichstes wüßte, um Leib und Seele.

»Ich war eine gute Mutter, ich habe alles getan, was ich konnte, und das ist nun der Dank, den ich dafür bekomme!« Es wurde mit soviel Berechtigung vorgebracht, daß Claire sich abwandte und verkrampft lachte. Ein Vorfall wollte ihr über die Lippen, etwas, an das sie nie mehr gedacht hatte. »Du warst ins Krankenhaus gegangen«, sagte sie zu ihrer Mutter, »um deinen Zeh aufschlitzen zu lassen, und dann kamst du nach Hause und erzähltest mir, der Doktor hätte gesagt: ›Halten Sie Ihren rechten Arm hoch, bis ich Ihnen eine Spritze gegeben habe‹, aber als du es tatest, gab er dir keine Spritze, er schnitt dir einfach in den Zeh. Warum hast du mir das erzählt?« Die Worte purzelten ihr unvermutet aus dem Mund, und sie wurde sich des Furchtbaren erst bewußt, als sie spürte, wie ihre Knie zitterten.

»Wovon sprichst du?« fragte ihre Mutter stumpf. Das Gesicht, das zu Beginn des Abends rund gewesen war, schien jetzt alt und verzerrt und bitter.

»Nichts«, sagte Claire. Unmöglich, es zu erklären. Sie hatte alle Regeln verletzt: Anstand, Güte und Vorsicht. Nie würde sie es am folgenden Morgen mit einem Scherz abtun können. Sie stammelte eine Entschuldigung, ging in ihr Zimmer und blieb zitternd auf dem Bettrand sitzen. Seit der Ankunft ihrer Mutter wurde sie von lauter Einzelheiten aus ihrer Kinderzeit heimgesucht. Ihr gegenwärtiges Leben, ihre Arbeit und die Freunde, die sie hatte, schienen unwesentlich im Vergleich zu allem, was vorher geschehen war. Sie konnte die verschiedenen Herden zischender weißer Gänse aufzählen (damals waren es Gänse gewesen), die jahrein, jahraus über die sumpfigen Wiesen zogen; im Gedächtnis Vergrabenes konnte sie jetzt vor sich sehen: Löcher in der Zufahrt, wo der Regen stehenblieb und das herausgesickerte Benzin eines vorüberfahrenden Wagens Regenbogenfarben malte. Sie blickte auf den Regenbogen hinunter, um einer andern Farbe zu entrinnen, die in ihrem Geiste oder auf ihrer Zunge war. Einmal hatte sie sich alle vier Finger geleckt, weil ein verborgenes Rasiermesser sie ihr aufgeschlitzt hatte, das senkrecht in ein Bord geklemmt worden war, zu dem sie hinaufgelangt hatte, um einen Bonbon zu suchen oder da oben nach verstecktem Staub zu tasten. Die gleiche Farbe war auf dem geschändeten Zeh ihrer Mutter gewesen, unter dem dicken, plumpen Verband. Und in der Kirche war das Ewige Licht eine Schale voll Blut, in der eine Flamme lag. Diese Bilder hatten sie damals nicht beunruhigt. Sie liebte es, tagsüber allein in die Kirche zu schlüpfen und von einer Kreuzwegstation zur nächsten vorzurücken, Gottes auserwählter Liebling zu sein und zu beten, daß sie vor ihrer Mutter stürbe, um ja nicht ihres Vaters Sündenbock zu werden. Wie konnte sie ahnen, wie konnte auch nur einer von ihnen ahnen, daß sie zwanzig Jahre später, als sie in einem geheizten Plastikzelt saß und sich ein Dampfbad leistete, plötzlich, von panischer Angst gepackt, aufschreien würde, weil sie glaubte, ihr Schweiß verwandle sich in Blutstropfen. Sie hatte die Hände durch die Schlitze gesteckt und den Masseur angefleht, sie zu beschützen, genau wie sie vor langer Zeit ihre Mutter angefleht hatte. Sich lächerlich gemacht hatte. Genau wie sie sich bei den verschiedenen Männern lächerlich gemacht hatte. Am ersten Abend, an dem sie den Inder kennenlernte, trug sie einen Weißfuchskragen, und neben seinem dunklen, gutgeschnittenen Kinn hob sich das Weiß kräftig ab, als sie durch ein Spiegelzimmer zu Tisch gingen und sich sahen und gesehen wurden. Er hatte etwas gesagt, das sie nicht verstehen konnte.

»Erzählen Sie's mir später!« hatte sie erwidert und ihn schon ein wenig mit Beschlag belegt, schon angedeutet: ›Du sollst mich in diesem Spiegelzimmer nicht im Stich lassen – mich in meinem bläulichweißen Fuchs, der deinen bläulichschwarzen Lippen so schmeichelt!‹ Doch nach ein paar Wochen verließ er sie – wie die andern. Sie wurde vertraut mit den verschiedenen Rückzugsmethoden: unvermittelt, ehrlich, nett. Blumen, Briefe, die auf dem Land aufgegeben waren, und der Kehrreim: »Ich möchte dir nicht weh tun.« Es erinnerte sie an die Spur, welche die Schnecken im Sommer morgens auf dem Rasen hinterließen: traurige, silberne Abschiedsspuren. Ihr Fortgehen stand ihr viel lebhafter vor Augen als ihr Kommen – oder war sie nur fähig, sich an das Schlimmste zu erinnern? Sich an alles zu erinnern, ohne etwas zu enträtseln? Sie zog sich aus und sagte sich, daß ihre vier Finger ausgeheilt waren, daß der Zeh ihrer Mutter jetzt wie der Zeh von allen andern Leuten aussah, daß ihr Vater Tee trank und keine Wutanfälle hatte und daß sie eines Tages einen Mann kennenlernen würde, den sie liebte und nicht verscheuchte. Aber es war ein Optimismus, der vom Kognak herrührte. Sie war wieder hinuntergegangen und hatte die Flasche geholt. Der Kognak belebte ihre Hoffnung, doch er störte ihre Herzschläge, und sie konnte nicht schlafen. Als der Morgen sich näherte, wiederholte sie sich die lieben und versöhnlichen Worte, die sie ihrer Mutter sagen wollte.

Am Sonntag gingen sie in die Messe, aber offensichtlich gehörte es nicht zu Claires Gewohnheiten, in die Kirche zu gehen: sie mußten sich nach dem Weg erkundigen. Als sie eintraten, holte ihre Mutter eine kleine Likörflasche aus ihrer Handtasche und füllte sie am Weihwasserbecken mit dem geweihten Wasser.

»Es ist immer gut, es bei sich zu haben«, erklärte sie Claire, wenn auch etwas verschämt. Der Auftritt hatte sie auseinandergebracht, und sie waren jetzt auf eine Art höflich, zu der es nie hätte kommen sollen.

Nach der Messe gingen sie – weil die Mutter ihre Wünsche geäußert hatte – ins Wachsfigurenkabinett und zum Tower, und dann schlenderten sie durch den Park vor dem Buckingham-Palast.

»Gutes Weidegras ist das hier«, sagte die Mutter. Von dem feuchten, ziemlich hohen Gras wurden ihre neuen Schuhe fleckig. Es regnete. Die Speichen vom Schirm der Mutter tippten ständig gegen Claires Schirm, und einerlei, wieviel Abstand sie zu halten versuchte, die Mutter folgte ihr dementsprechend – wie um sie zu stechen.

»Hör mal«, sagte die Mutter, »ich habe mir etwas überlegt.«

Claire wußte, was kommen würde. Ihre Mutter wollte nach Hause; sie machte sich Sorgen wegen ihres Mannes, wegen ihres Federviehs, wegen der Wäsche, die sich aufgetürmt hatte, und wegen des Frühlingsweizens, der bald ausgesät werden mußte. Im Grunde war sie unglücklich. Sie und ihre Tochter waren weiter voneinander entfernt, als wenn sie jede Woche Briefe wechselten und über das Wetter oder die Arbeit oder die Erkältung schrieben, die sie gehabt hatten.

»Du bist erst sechs Tage hier«, sagte Claire, »und ich möchte dich noch in die Theater und Restaurants führen. Geh noch nicht!«

»Ich werd's mir überlegen«, antwortete die Mutter. Aber ihr Entschluß war schon gefaßt.

Zwei Abende drauf warteten sie in der Halle des Flughafens und wagten kaum zu sprechen, um nicht das Ausrufen der Flugnummer zu überhören.

»Die Abwechslung hat dir gutgetan«, sagte Claire. Ihre Mutter hatte sich mit ihren neuen Sachen herausgeputzt und sah elegant aus. Zwei weitere neue Hüte trug sie in der Hand und hoffte, sie dadurch den Blicken der Zollbeamten zu entziehen.

»Ich schreibe dir, ob ich Zoll dafür bezahlen mußte«, sagte sie.

»Ja, tu's!« erwiderte Claire lächelnd und strich den Kragen ihrer Mutter glatt: sie wollte etwas Liebevolles, etwas Versöhnliches sagen, ohne ihre Meinungsverschiedenheiten Wort für Wort durchkauen zu müssen.

»Niemand kann behaupten, du hättest mich nicht gut ausstaffiert, so elegant, wie ich jetzt bin«, sagte die Mutter und lächelte ihrem Spiegelbild in der Glastür der Telefonbude zu. »Und unsre Fahrt auf der Themse«, sagte sie, »die habe ich wohl am meisten von allem genossen.« Sie sprach von der kurzen Fahrt, die sie flußabwärts bis Westminster unternommen hatten. Geplant war, in der entgegengesetzten Richtung nach Kew und Hampton Court ins Grüne zu fahren, aber sie (oder vielmehr Claire) hatten es zu lange anstehen lassen, so daß sie nur den Personendampfer zur City nehmen konnten, der aus dem Grünen zurückkehrte.

Claire hatte mit ihrer Zeit gegeizt: an jenem Nachmittag hatte sie am Schreibtisch gesessen und vorgegeben zu arbeiten und den Zeitpunkt hinausgeschoben, bis sie endlich aufgestanden und zu ihrer Mutter gegangen war, die unten gesessen und alle im Laufe der Jahre verschwundenen Knöpfe angenäht hatte. Und jetzt bedankte sich ihre Mutter und sagte, es wäre wunderschön gewesen. Wunderschön! Sie waren an Lagerhäusern vorbeigefahren, an Kränen, die gelb und schräg aufgerichtet ihre Feierabendstellung eingenommen hatten, an Gerüsten, die sich wie angestrahlte Honigwaben gegen den Himmel abhoben, und an Schiffen und Gaswerken und schmutzigen Schloten. Der Frühlingsabend war vom Abwässer-Gestank verpestet, und doch hörte ihre Mutter nicht auf, ihr zu danken.

»Hoffentlich ist meine verrückte Dame nicht an Bord«, sagte die Mutter und versuchte, jetzt einen Scherz daraus zu machen.

»Sehr unwahrscheinlich«, erwiderte Claire, aber die Mutter erklärte, das Leben sei voll seltsamer und trauriger Zufälle. Sie sahen einander an, sahen wieder weg, spotteten über einen Mann, der Brote aus seiner Tasche holte und verschlang, blickten auf die Flughafen-Uhr und verglichen die Zeit mit der auf ihren Uhren.

»Pst, pst!« mußte Claire sagen.

»Das ist es!« riefen sie dann beide und waren erleichtert. Wie wenn sie heimlich gefürchtet hätten, die Flugnummer würde nicht ausgerufen!

An der Sperre küßten sie sich; ihre feuchten Wangen berührten sich und blieben eine Sekunde lang so, und jeder gewahrte den Kummer des andern.

»Ich schreibe dir, ich schreibe häufiger«, versprach Claire, und ein paar Minuten stand sie winkend und weinend da, ohne sich bewußt zu werden, daß der Besuch vorbei war und daß sie jetzt zurückkehren konnte zu ihrem eigenen Leben – wie es eben war.

(Deutsch von Elisabeth Schnack)

Anhang

Zeittafel

	1814–1873 Joseph Sheridan Le Fanu
	1820 Charles Robert Maturin, *Melmoth the Wanderer*
1829 *Catholic Emancipation Bill:* Daniel O'Connell setzt im Parlament des ›Vereinigten Königreichs von Großbritannien und Irland‹ die formelle Gleichstellung der Katholiken durch.	
1845–1847 Große Hungersnot. Vernichtung der Kartoffelernte durch Kartoffelfäule. Getreide und Vieh gehören ausschließlich den britischen Großgrundbesitzern. 800 000 Iren sterben an Hunger oder Cholera; 700 000 wandern aus (Einwanderungsländer: USA, Kanada, England). Seitdem verläßt jeder zweite Ire das Land.	
	1847–1912 Bram Stoker
	Le Fanu, *The House by the Churchyard*
1848 Aufstand der *Young Irelanders* unterdrückt.	
1849 Irische Forderung nach *Home Rule:* innenpolitische Selbstverwaltung mit eigenem Parlament und eigener Regierung innerhalb des Britischen Empire.	
	1852–1933 George Moore
	–1932 Lady Augusta Gregory
	1854–1900 Oscar Fingal O'Flahertie Wills Wilde
	1856–1951 George Bernard Shaw
1858 James Stephens und John O'Mahony gründen in New York die *Fenian Society* zur Errichtung einer unabhängigen irischen Republik.	
	1860–1949 Douglas Hyde
	1864 J. Sh. Le Fanu, *Uncle Silas*
	1865–1939 William Butler Yeats
1869 *Church Disestablishment Act:* Die Anglikanische Kirche ist nicht mehr Staatskirche in Irland.	
1870 *First Land Act* soll die irischen Pächter schützen. Isaac Butt gründet die *Home Rule League.*	
	1871–1909 John Millington Synge
1874 Die *Home Rule League* gewinnt 60 der 105 irischen von 660 Sitzen	

im britischen Unterhaus. Der Protestant Charles Stewart Parnell wird ihr erfolgreichster Politiker.

1878–1957 Lord Dunsany
   –1964 Daniel Corkery

1879 Reise Parnells durch die USA; die amerikanischen Iren sichern ihm Unterstützung zu.

1880–1964 Sean O'Casey

1881 *Land-League*-Bewegung: Boycott gegen die britischen Landlords. Gladstone läßt Parnell verhaften. Unruhen.

1882 *Second Land Act.* Die radikale Geheimorganisation der *Invincibles* ermordet die britischen Staatssekretäre für Irland, Lord Cavendish und T. H. Burke im Dubliner Phoenix Park. Ausnahmegesetze.

1882–1941 James Joyce
   –1950 James Stephens

1886 *First Home Rule Bill,* von Gladstone befürwortet, mit großer Mehrheit im britischen Unterhaus abgelehnt. Parnell und seine Anhänger lösen einander im Parlament mit Monsterreden von 24 Stunden Dauer ab.

1888 George Moore, *Confessions of a Young Man*
1889 Somerville and Ross, *An Irish Cousin*

1890 Parnell heiratet eine geschiedene Frau. Skandal. Nach vergeblichen Versuchen, den Parteivorsitz wiederzuerhalten, stirbt er ein Jahr später in England.

1890 Oscar Wilde, *The Picture of Dorian Gray*

1892 W. B. Yeats, *The Countess Kathleen*

1893 *Second Home Rule Bill,* vom Unterhaus angenommen, vom Oberhaus abgelehnt. Douglas Hyde gründet in Dublin die *Gaelic League* zur kulturellen Erneuerung Irlands.

1893 W. B. Yeats, *The Celtic Twilight*
Oscar Wilde, *Lady Windermere's Fan*

1894 George Moore, *Esther Waters*
1895 Oscar Wilde, *The Importance of Being Earnest*

1896 James Connolly gründet die *Irish Socialist Republican Party.*

1897 Bram Stoker, *Dracula*
1898 G. B. Shaw, *Mrs. Warren's Profession*

1899 Arthur Griffith und Sean O'Kelly gründen die *Sinn Féin* (»Wir sind wir«)-Bewegung. Ihr Ziel ist die völlige politische Unabhängigkeit

1899 W. B. Yeats, *The Wind Among the Reeds*
Somerville and Ross, *Some Experiences of an Irish R.M.*

von England, während die *Irish Nationalist Party* nur für *Home Rule* eintritt.

1900 Queen Victoria besucht Dublin.

1901 G. B. Shaw, *Three Plays for Puritans*

1902 Yeats gründet zusammen mit Douglas Hyde und George Russell die *Irish National Theatre Society*, aus der später das *Abbey Theatre* hervorgeht.

1902 W. B. Yeats, *Cathleen ni Houlihan*

1903–1966 Frank O'Connor
George Moore, *The Untilled Field*
G. B. Shaw, *Man and Superman*
Erskine Childers, *The Riddle of the Sands*

1906 Lady Gregory und W. B. Yeats erste Direktoren des *Abbey Theatre*.

1907 Theaterskandal um den *Playboy of the Western World* von Synge.

1907 ›AE‹ (G. W. Russell), *Deirdre*
J. M. Synge, *The Playboy of the Western World*
G. B. Shaw, *John Bull's other Island*

1909 Erstes Kino in Dublin, von James Joyce eröffnet.

1909 J. M. Synge, *The Aran Islands*

1912–1914 *Third Home Rule Bill* vom Parlament angenommen. Die protestantischen Ulster-Provinzen protestieren und stellen ein bewaffnetes Freiwilligen-Corps auf, die *Ulster Volunteers*. *Sinn Féin* bildet daraufhin die *Irish Volunteers*. Wegen der Gefahr eines Bürgerkriegs und des Weltkrieges wird auf Kriegende vertagt.

1913 Streik-Bewegung der *Irish Transport and General Workers' Union* unter Jim Larkin und James Connolly. Von britischen Truppen und der *Royal Irish Constabulary* blutig unterdrückt. Die Gewerkschaften stellen daraufhin die *Irish Citizen Army* auf.

1913 G. B. Shaw, *Pygmalion*

1914–1918 Erster Weltkrieg. Irische Soldaten dienen in der britischen Armee.

1914 James Joyce, *Dubliners*
George Moore, *Hail and Farewell*

1916 *Easter Rising*: Osteraufstand der *Irish Republican Brotherhood* und *Irish Citizen Army*. Ausrufung der Republik unter ihrem provisorischen Präsidenten Padraic Pearse. Nach sechs Tagen blutig niedergeschlagen. Die Führer, darunter Padraic Pearse und James Connolly, werden ohne Gerichtsverfahren erschossen.

1916 James Joyce, *A Portrait of the Artist as a Young Man*

		1917	Seumas O'Kelly, *By the Stream Kilmeen* Daniel Corkery, *The Threshold of Quiet*
1918	Sinn Féin gewinnt 73 der 106 irischen Sitze im britischen Unterhaus. Ihr Anführer Eamon de Valera gründet die *Irish Republican Army (IRA)* als Guerillatruppe.	1918	James Joyce, *Exiles*
1919	Die irischen Abgeordneten ziehen nicht ins britische Parlament ein, sondern konstituieren sich in Dublin zum *Dáil Eireann*, dem irischen Unterhaus. De Valera verkündet die unabhängige Republik, die von London nicht anerkannt wird. Straßenkämpfe, Sabotageakte, Guerillakrieg. Großbritannien verhängt den Ausnahmezustand und entsendet eine speziell trainierte Polizeitruppe, die *Black and Tans*. Verbot der *Sinn Féin*. Massenverhaftungen und Deportationen. Die irische Nationalregierung erklärt England den Krieg.	1919	Sean O'Casey, *The Story of the Irish Citizen Army*
1920	*Government of Ireland Act* unter Lloyd George. Das britische Parlament verabschiedet das *Home-Rule*-Gesetz. Die Ulster-Provinzen verbleiben bei Großbritannien.		
1921	Waffenstillstand mit England. Irland, außer Ulster, wird Dominion. Der neue Dáil, unter William Cosgrave, nimmt den Vertrag an. Widerstand der Republikaner, die den Freistaat für ungesetzlich und seine Regierung für abgesetzt erklären.	1921	G. B. Shaw, *Back to Methuselah*
1922	Bürgerkrieg. Spaltung der *Sinn Féin* in Freisinnige (unter Cosgrave, für Dominionsstatus und Verzicht auf Ulster) und Republikaner (unter De Valera, für unabhängige Republik und Anschluß Ulsters). Auf republikanischer Seite kämpfen u. a. die Schriftsteller O'Flaherty, O'Faolain und O'Connor.	1922	James Joyce, *Ulysses*
1923	Die Freistaat-Regierung erzwingt mit britischer Hilfe einen Waffenstillstand. Cosgrave wird Präsident des *Executive Council*. Nobelpreis für W. B. Yeats.	1923–1964	Brendan Behan Sean O'Casey, *The Shadow of a Gunman* G. B. Shaw, *Saint Joan*

Zeittafel

	1924 Sean O'Casey, *Juno and the Paycock*
	1925 Daniel Corkery, *The Hidden Ireland*
1926 Nobelpreis für G. B. Shaw. Theaterskandal um ›*The Plough and the Stars*‹ von O'Casey.	1926 Sean O'Casey, *The Plough and the Stars*
1927 De Valera gründet und führt die neue Partei *Fiánna Fáil* (»Schar des Schicksals«).	
	1929 Sean O'Casey, *The Silver Tassie*
	1931 Liam O'Flaherty, *I Went to Russia*
1932 Wahlsieg de Valeras, der bis 1948 Premierminister bleibt. Wirtschaftskrieg mit England.	1932 Frank O'Connor, *The Saint and Mary Kate*
1933 De Valera schafft den Treue-Eid auf die britische Krone ab. Cosgrave und General Owen O'Duffy gründen die Partei *Fine Gael* (»Familie der Iren«) und schließen mit den faschistischen Blauhemden ein nationales Oppositions-Bündnis.	1933 Sean O'Faolain, *A Nest of Simple Folk*
1936 Das Amt des britischen Generalgouverneurs für Irland wird abgeschafft.	1936 Sean O'Faolain, *Bird Alone*
1937 Eine neue Verfassung tritt in Kraft: Irland ist demnach ein souveräner, demokratischer Staat; *Eire* und *Ireland* sind Staatsnamen; die Staatsflagge: grün (Katholiken) – weiß (Friede) – orange (Protestanten). Amtssprachen sind Irisch und Englisch. Irisch-Unterricht ist an allen Schulen obligatorisch. England nimmt die einseitige Vertragsänderung hin. Frank O'Connor wird Direktor des *Abbey Theatre*.	1937 Liam O'Flaherty, *Famine* Lord Dunsany, *My Ireland*
1938–1945 Douglas Hyde erster Staatspräsident der Republik Eire. Britische Truppen räumen den letzten Militärstützpunkt. Sieg der Unionisten bei Wahlen in Nordirland. Handelspakt mit England.	1938 Samuel Beckett, *Murphy* Elizabeth Bowen, *The Death of the Heart*
1939–1945 Zweiter Weltkrieg. Irland wahrt strikte Neutralität, gestattet den Alliierten keine Operationen auf seinem Territorium.	1939 James Joyce, *Finnegans Wake* Sean O'Casey, *I Knock at the Door* Flann O'Brien, *At Swim-Two-Birds*
	1940 Sean O'Casey, *Purple Dust* Sean O'Faolain, *Come Back to Erin*

1942	Protest gegen die Stationierung von US-Truppen in Nordirland.		
1945–1958	Sean Thomas O'Kelly wird Staatspräsident. England erkennt die Verfassung von 1937 an.	1945	Elizabeth Bowen, *The Demon Lover*
1947	Gegensätze zwischen *Fiánna Fáil* und *Fine Gael* führen zur Auflösung des Parlaments.		
1948	Wahlen. Sieg der *Fiánna Fáil*. Koalitionsregierung der *Fine Gael* mit der *Irish Labour Party* und der *Clann na Poblachta* (republikanische Partei) unter John A. Costello.		
1949	*Republic of Ireland Act:* Die formelle Anerkennung der Unabhängigkeit tritt in Kraft. Neue Staatsnamen: *Poblacht na Eireann* und *Irish Republic*. Gleichzeitig *Ireland Bill:* formelle Bestätigung des status quo in Nordirland. Protest des Dáil. NATO-Beitritt wird abgelehnt.	1949	Sean O'Casey, *Cock-A-Doodle-Dandy*
		1950	Liam O'Flaherty, *Two Lovely Beasts*
		1951	Elizabeth Bowen, *Look at All Those Roses*
		1952	Lord Dunsany, *The Little Tales of Smethers* Frank O'Connor, *Fish for Friday* Bryan MacMahon, *Children of the Rainbow*
		1954	Samuel Beckett, *Waiting for Godot*
1955	Irland wird Mitglied der UNO.	1955	Bryan MacMahon, *The Red Petticoat* James Plunkett, *The Trusting and the Maimed. Irish Stories*
		1956	Brendan Behan, *The Quare Fellow* Mary Lavin, *The Patriot Son*
		1957	Frank O'Connor, *Domestic Relations*
		1958	Samuel Beckett, *Endgame* Brendan Behan, *The Hostage*
1959	Eamon de Valera wird Staatspräsident.	1959	Sean O'Faolain, *I Remember! I Remember!*
		1960	Anthony C. West, *River's End* Edna O'Brien, *The Country Girls*
		1961	Frank O'Connor, *An Only Child* John Montague, *Poisoned Lands* Mary Lavin, *The Great Wave*
1962	Offizielle Auflösung der IRA.	1962	Brian Friel, *The Saucer of Larks The Letters of Oscar Wilde*
1963	Staatsbesuch des irischstämmigen US-Präsidenten Kennedy in Irland.	1963	Edna O'Brien, *Girl With Green Eyes*

1965	Wahlsieg der Fiánna Fáil unter Sean Lemass. Wirtschaftsvertrag mit England.	1964	John Montague, *Death of a Chieftain*
		1965	John McGahern, *The Dark*
			Elizabeth Bowen, *A Day in the Dark*
			Anthony C. West, *The Ferret Fancier*
			Flann O'Brien, *The Third Policeman*
		1966	Brian Friel, *Gold in the Sea*
			Aidan Higgins, *Langrishe, Go Down*
			The Letters of James Joyce
1967	Antrag auf Mitgliedschaft in der EWG.	1967	John B. Keane, *Letters of a Successful T.D.*
			Bryan MacMahon, *The Honey Spike*
		1968	Frank O'Connor, *My Father's Son*
1969	Nobelpreis an Samuel Beckett.	1969	Elizabeth Bowen, *Eva Trout of Changing Scenes*
1970	Schwere Straßenkämpfe in Belfast und Londonderry.	1970	John Montague, *A New Siege*

Bislang keine Lösung des Ulster-Problems. Fortgesetzte Terrorakte der Unionisten und der illegal fortbestehenden IRA.

Zu den Autoren

LE FANU, Joseph Sheridan (1814–1873) stammte aus einer wohlhabenden Dubliner Familie, studierte am Trinity College, wo er das ›Dublin University Magazine‹ herausgab; schloß sein Jura-Studium ab, praktizierte aber nicht, sondern gründete die Zeitung ›Evening Mail‹, die er selbst redigierte und mit Artikeln belieferte. Seine eigentliche literarische Laufbahn begann nach dem Tod seiner Frau: er schrieb (meist im Bett, stets mit Bleistift) zunächst zahlreiche Gedichte, von denen die Balladen *Phaudrig Croohore* und *Shaumus O'Brien* (1837) noch heute zum Anthologien-Bestand in Irland zählen, dann seine einzigartigen Schauergeschichten und -romane: *A Passage in the Secret History of an Irish Countess* (Erzählung 1839), *The House by the Churchyard* (Roman 1861), *Uncle Silas* (Roman 1864), *In a Glass Darkly* (Erzählung 1872) wurden die berühmtesten. Er starb in Dublin, wenige Tage nach Beendigung seines letzten Werks *Willing to Die*.

Le Fanu, ein Bewunderer Edgar Poes und Nathaniel Hawthornes, wurde seinerseits von Wilkie Collins, Rider Haggard, H. P. Lovecraft und Henry James als Meister psychologischer ›Gothic Tales‹ bewundert. Und V. S. Pritchett: »Le Fanus Gespenster finde ich die beunruhigendsten: es sind sehr wirkliche, sehr glaubhafte Gespenster, Splitter des Unbewußten, die ans Ufer des Bewußtseins treiben ... W i r s e l b s t sind die Gespenster! – Man könnte Le Fanu den Simenon des Phantastischen nennen. Seine Art zu erzählen ist von der gleichen durchsichtigen Klarheit.«

Von Le Fanu erschien im Diogenes Verlag: *Carmilla der weibliche Vampir* und vier andere unheimliche Geschichten. Deutsch von Helmut Degner und Elisabeth Schnack. Mit 85 Illustrationen von Edward Ardizzone (1968). Daraus hier: *Der ehrenwerte Herr Richter Harbottle*.

WILDE, Oscar Fingal O'Flahertie Wills (1854–1900) wurde in Dublin geboren, wo sein Vater als berühmter Augen- und Ohrenarzt praktizierte, seine Mutter als ›Speranza‹ patriotische Lieder verfaßte, einen Salon für die Spitzen des irischen Risorgimentos eröffnete und ihren Sohn, der eine Tochter werden sollte, mit den prunkvollen Vornamen aus der gälischen Mythologie versah. Er studierte am Trinity College, Dublin, und Magdalen College, Oxford; John P. Mahaffy, John Ruskin und Walter Pater wurden seine ästhetischen Erzieher; der Maler Whistler gab den letzten Schliff: nachdem er 1881 einen Band *Poems* zum Druck befördert hatte, brach er auf nach Amerika zu einer Vortragstournee über Ästhetik, lernte dort Longfellow und Walt Whitman kennen, wie er später in Paris und London von Victor Hugo über Mallarmé bis Algernon Swinburne alle, die in der Welt der Kunst einen Namen hatten, kennenlernte. Nach der Heirat mit Constance Lloyd, der Tochter eines Dubliner Rechtsanwalts, lebte er im Londoner Künstlerviertel Chelsea, gab die Frauenzeitschrift ›Women's World‹ heraus, bis seine Produktion das Versprechen seiner Pose einlöste: *The Happy Prince* (Märchen 1888), *The Portrait of Mr. W. H.* (ein Shakespeare-Essay 1889), *The Picture of Dorian Gray* (Roman 1890), *The Critic as Artist* (Essay 1890), *The Soul of Man Under Socialism* (Essay 1890), *Lord Arthur Savile's Crime* (Erzählung 1891), *A House of Pomegranates* (Märchen 1891), *Intentions* (Essays 1891) und dann der, auch finanziell, überwältigende Erfolg der Komödien: *Lady Windermere's Fan* (1892), *A Woman of No Importance* (1893), *An Ideal Husband* und *The Importance of Being Earnest* (1895); der Einakter *Salomé*, der nicht aufgeführt werden durfte, war 1894 mit den Illustrationen von Beardsley erschienen, aus dem Französischen des Oscar Wilde ins Englische übersetzt von Lord Alfred Douglas, dessen Freundschaft ihm 1895, im Jahr seines größten Triumphs, zum tiefsten Fall verhalf: wegen Homosexualität wurde Wilde zu zwei Jahren Zuchthaus mit Schwerarbeit verurteilt. Im Gefängnis entstand der autobiographische Essay *De Profundis* (erst 1949 vollständig veröffentlicht), nach der Entlassung, als er unter dem Namen Sebastian Melmoth (nach dem Helden eines Schauerromans seines Großonkels Charles Robert Maturin) in Frankreich und Italien lebte, schrieb er noch *The Ballad of Reading Gaol* (1898).

Oscar Wilde starb in Paris, im schäbigen Hotel d'Alsace, an der Rue des Beaux Arts.
James Joyce: »Wilde setzte die Tradition der irischen Komödiendichter fort, die von den Tagen Sheridans und Goldsmiths zu Bernard Shaw reicht, und wurde, wie sie, Hofnarr der Engländer ... Seine brillanten Bücher, funkelnd von Epigrammen (die nach Ansicht mancher Leute zum scharfsinnigsten Redner des letzten Jahrhunderts machten) –, all das ist nun verteiltes Beutegut.«
Von Oscar Wilde erschienen im Diogenes Verlag: *Das Gespenst von Canterville*, übersetzt von N. O. Scarpi, mit Illustrationen von Paul Flora (1957); *Die Sphinx ohne Geheimnis*, enthaltend sämtliche Erzählungen, philosophische Leitsätze zum Gebrauch für die Jugend sowie Zeichnungen von Aubrey Beardsley (1970); ebenfalls 1970 der Essay *Der Sozialismus und die Seele des Menschen*, deutsch von Gustav Landauer und Hedwig Lachmann (detebe 3). Eine Wilde-Werkausgabe ist in Vorbereitung.

DUNSANY, Edward John Moreton Drax Plunkett, 18th Baron (1878–1957), geboren als irischer Landedelmann in London, wurde Offizier, unterstützte Yeats und Lady Gregory bei der Gründung des Abbey Theatre, war als Professor für englische Literatur (›Byron Professor‹) und vermutlich auch in geheimer diplomatischer Mission in Athen. Lord Dunsany betrachtete sich in erster Linie als Gentleman und Soldat, dann als Jäger und Schachspieler. Gleichwohl hat er über fünfzig Bücher hinterlassen: Gedichte, Romane (u. a. *The Curse of the Wise Woman* 1933), Theaterstücke (die außer im Abbey Theatre auch vom Moskauer Künstlertheater aufgeführt wurden), politische Pamphlete (*If I Were Dictator* 1934), Reisebücher, historische Werke (*My Ireland* 1937), eine Autobiographie (*Patches of Sunlight* 1938) und, vor allem, zahllose phantastische Geschichten um Jorkens und Smetters: Ellery Queen ernannte die wahrhaft niederSmetterische Groteske *The Two Bottles of Relish* (›Zwei Flaschen Würze‹, enthalten in Mary Hottingers *Mord*-Anthologie, detebe 25/II) zu einer der zwölf besten Kriminalgeschichten der Welt. Und mit den Münchhausiaden des Mr. Joseph Jorkens hat er seinem kosmopolitisch-ironischen Fabuliertalent das Denkmal eines Lügenbarons unserer Zeit gesetzt. Seinen Lebensabend verbrachte er mit Fuchsjagden und Cricketspielen auf seinen Gütern; er starb in Dublin.
Lord Dunsanys Story-Sammlungen im Diogenes Verlag: *Jorkens borgt sich einen Whiskey* (1957) und *Smetters erzählt Mordgeschichten* (1958, beide deutsch von Elisabeth Schnack); beide Bände zu einem vereinigt 1965 und 1972. Daraus hier: *Eine welterschütternde Erfindung*.

MOORE, George (1852–1933), geboren in Moore Hall, County Mayo, erzogen in England und Frankreich; studierte zunächst an der Kunst-›Académie Julian‹ in Paris; von seinen Ambitionen als Maler blieb das Werk *Modern Painting* (1893), das den französischen Impressionisten – die er persönlich kannte – gewidmet ist. In Paris geriet er auch in den Bannkreis Emile Zolas, in dessen Gefolgschaft er erste naturalistische Romane schrieb. W. B. Yeats überredete ihn, heim nach Irland zu kommen. Hier konzipierte er die Werke *Confessions of a Young Man* (1888), *Esther Waters* (1894), *Evelyn Innes* (1898), *The Lake* (1905) und die dreibändige Autobiographie *Hail and Farewell* (1911–1914), vielleicht das wichtigste Dokument über die Anfänge der irischen Renaissance. Als Geschichtenerzähler wollte er der ›Irische Turgenev‹ werden: der erste Sammelband erschien 1903 unter dem Titel *The Untilled Field*, darin auch die Erzählung *Home Sickness*. George Moore, den die politischen Verhältnisse in England, vor allem der Burenkrieg, aus London vertrieben hatten, ließ sich von den Verhältnissen in Irland, vor allem vom übermächtigen Einfluß der katholischen Kirche, zurücktreiben; er starb schließlich in London. Mit ihm beginnt die anglo-irische, regionalistisch-realistische Literatur im engeren Sinne.

Von George Moore erschienen im Diogenes Verlag: die Erzählung *Heimweh* in der Anthologie *Grüne Insel*, Meistererzählungen aus Irland (1961); *Stadt und Land*, eine Auswahl aus seinen Erzählungen (1964); beide Bände zusammengestellt und teils auch übersetzt von Elisabeth Schnack.

O'CASEY, Sean (1884–1964) wurde als John Casey, letztes von dreizehn Kindern protestantischer Eltern, in Dublin in bedrängten wirtschaftlichen Verhältnissen geboren. Wegen eines Augenleidens besuchte er nur drei Jahre die Grundschule, arbeitete dann als Botenjunge und Hilfsarbeiter. Er lernte und las mit der gründlichen Leidenschaft des Autodidakten, trat der Gälischen Liga bei und bald auch der Gewerkschaft Jim Larkins, wo er zeitweilig Erster Sekretär der Irish Citizen Army wurde und zahlreiche politische Artikel und Kampfschriften verfaßte. 1916 trat er der Sozialistischen Partei bei, 1919 erschien die kritische *Story of the Irish Citizen Army*. Fast 40jährig, erlebte er die Uraufführung seiner Revolutions-Tragikomödie *The Shadow of a Gunman* am Abbey Theatre; 1924 folgte *Juno and the Paycock*; 1926 *The Plough and The Stars*: ein Theaterskandal brach aus. O'Casey ging mit seiner Frau, einer Schauspielerin des Abbey Theatre, ins Exil nach England. Die Enttäuschung wurde vollkommen, als Yeats 1929 sein Stück *The Silver Tassie* ablehnte; Shaws Protest nützte nichts. – Bis 1961 entstanden zahlreiche weitere Stücke, die O'Casey als bedeutendsten europäischen Dramatiker zwischen Shaw und Brecht ausweisen: *Within the Gates*; die Einakter *A Pound on Demand* und *The End of the Beginning* (1934); *A Star Turns Red* (1940); *Purple Dust* (1940); *Red Roses for Me* (1942); *Oak Leaves and Lavender* (1946); *Cock-á-Doodle-Dandy* (1949); *The Hall of Healing* und die Einakter *Bedtime Story* und *Time to Go* (1951); *The Bishop's Bonfire* (1955); *The Drums of Father Ned* (1959, die Aufführung wurde in Irland verboten); *Behind the Green Curtains* und die Einakter *Figaro in the Night* und *The Moon Shines on Kylenamoe* (1961): eine überbordende Mischung von Posse und Propaganda, Christentum und Kommunismus, bitterem Realismus und poetischer Zukunftsgläubigkeit, die auch für seine sechsbändige Autobiographie charakteristisch ist: *I Knock at the Door* (1939), *Pictures in the Hallway* (1942), *Drums Under the Window* (1946), *Inishfallen, Fare Thee Well* (1949), *Rose and Crown* (1952) und *Sunset and Evening Star* (1954). An seinem 80. Geburtstag sagte er: »Heute bin ich mehr denn je Kommunist.« Er starb in Torquay, einer Hafenstadt an der Südküste Englands.

Heinrich Böll: »Diese wilde Flut von Seligpreisungen und Flüchen ist das protestantische Gegenstück zu Joyces ›Ulysses‹ ... Die aufgeklärte Intelligenz hat ihren Propheten Joyce schon früh erkannt, die neue Linke hat ihren Propheten O'Casey noch nicht entdeckt. Seine Autobiographie enthält hinreichend Theorie und praktische Beispiele zum Thema Repression in Schule, Ehe, Kirche und Kulturleben. Mir scheint, die neue Linke hat bisher zuviel ›Theologie‹ gelesen und zuwenig ›Bibel‹. Hier wird die Bibel vorgelegt.«

Von Sean O'Casey erschienen im Diogenes Verlag: die sechsbändige Autobiographie in den Übersetzungen von Georg Goyert und Werner Beyer: *Ich klopfe an* (1965), *Bilder in der Vorhalle* (1966), *Trommeln unter dem Fenster* (1967), *Irland, leb wohl!* und *Rose und Krone* (1968), *Dämmerung und Abendstern* (1968); ein Sammelband mit Stücken: *Rebell zum Schein*, deutsch von Irmhild und Otto Brandstädter (1966). Seit 1971 bringen Diogenes Taschenbücher Einzelausgaben der Stücke in neuen Übersetzungen: *Purpurstaub* (deutsch von Helmut Baierl und Georg Simmgen, 1971), *Dubliner Trilogie: Der Schatten eines Rebellen* (deutsch von Maik Hamburger), *Juno und der Pfau* (deutsch von Maik Hamburger) und *Der Pflug und die Sterne* (deutsch von Volker Canaris und Dieter Hildebrandt, 1972). Eine *Auswahl aus den Stücken, der Autobiographie und den Aufsätzen*, mit einem Vorwort von Heinrich Böll und einem Nachwort von Klaus Völker, hat Urs Widmer 1970 für einen Diogenes Sonderband getroffen.

Der Torero, 1933 entstanden, wurde aus dem Band *Blasts and Benedictions* (Macmillan, London 1966) von W. E. Richartz für diese Anthologie erstmals ins Deutsche übersetzt.

JOYCE, James (1882–1941): eine Jahrhundertgestalt für die moderne Literatur. Geboren in Rathgar, aufgewachsen in Dublin (mit neun jüngeren Geschwistern),

erzogen von Jesuiten, schrieb er schon als Schüler brillante Aufsätze zum Entzücken seiner Familie wie auch der Patres; darunter einen Essay mit dem Titel *My Favourite Hero* – über Odysseus/Ulysses.
1898 bis 1902 studierte er Sprachen und Philosophie; nach dem B.A.-Abschluß begann sein unstetes, hungerleidiges Wanderleben, das ihn nach Paris, dann zurück nach Dublin führte, wo er 1904 seine Lebensgefährtin Nora Barncale kennenlernte; dann nach dem damals noch österreichischen Triest, wo er Freundschaft mit Italo Svevo schloß, und Zürich, wo er später, nahezu erblindet, starb. Diverseste, immer wieder abgebrochene Studien (Medizin, Gesang) und Berufe (Englischlehrer, bald bankrotter Kinoleiter, Bankangestellter) begleiteten seine Odyssee als Schriftsteller. Schon der erste Gedichtband *Chamber Music* (1907) wurde zunächst von vier Verlagen abgewiesen; der Erzählungsband *Dubliners*, abgeschlossen 1905, erst neun Jahre später gedruckt. *A Portrait of The Artist As a Young Man* erschien 1915 in Fortsetzungen in der von Ezra Pound edierten Zeitschrift ›Egoist‹ und in Buchform im Verlag von D. H. Lawrence (New York 1916). Dort auch wurde 1918 das Theaterstück *Exiles* gedruckt – 1919 in München in deutsch uraufgeführt. Den *Ulysses* begann er 1914 in Triest – das Schlußwort des Romans, ›Ja‹, wurde 1921 in Paris geschrieben. Die Editionsgeschichte dieses Opus, das 1922 von der Buchhandlung Shakespeare & Co. in Paris gedruckt wurde und auf deutsch erstmals 1927 erschien, setzt sich aus Ablehnungen, Beschlagnahmen wegen »Obszönität«, Raubdrucken, Verbrennungen und einer umständlichen Drucklegung zusammen. Erst 1934 bzw. 1936 konnte das Buch in England bzw. Amerika erscheinen – und fand reißenden Absatz. Nach dem *Ulysses* schrieb Joyce siebzehn Jahre an seinem letzten, einem Ur-Buch, *Finnegans Wake* (1939).
Dazu T. S. Eliot: »*Ulysses* war so epochemachend und endgültig, daß man sich fragte, ob Joyce danach noch irgend etwas anderes würde schreiben können. Als dann 1927 Teile aus *Finnegans Wake* eine Pariser Zeitschrift veröffentlichte, schienen diese so verrückt und unverständlich, daß alle außer seinen glühendsten Bewunderern sagten: er ist zu weit gegangen ... Man muß sich schon bemühen, sich mit dem eigentümlichen Idiom und dem seltsamen Wortschatz vertraut zu machen. – Man versuche aber nicht, *Finnegans Wake* zu lesen, ehe man *Ulysses* gelesen hat, und den *Ulysses* nicht, ehe einem das *Portrait* richtig gefällt. Und zuallererst lese man die *Dubliners*: es ist die einzige Möglichkeit, das Werk eines der größten Schriftsteller zu verstehen, eines der größten nicht nur unserer Zeit, sondern aller europäischen Literatur.«
Im Diogenes Verlag erschien 1966 unter dem Titel *Die Toten* eine Auswahl aus den ›Dubliners‹ und dem ›Portrait‹ in der Übersetzung von Georg Goyert. Eine Neuausgabe der gleichen Auswahl in den Neuübersetzungen von Dieter E. Zimmer und Klaus Reichert ist in Vorbereitung.
Eine kleine Wolke wird mit freundlicher Genehmigung des Suhrkamp Verlags aus *Dubliner*, dem 1. Band der Frankfurter Ausgabe der Werke von James Joyce, abgedruckt. Copyright © by Suhrkamp Verlag, Frankfurt am Main 1969. *Irland – Insel der Heiligen und Weisen* – ein Vortrag, den Joyce italienisch am 27. April 1907 in Triest an der Università Popolare hielt. Es war der erste einer Folge von drei Vorträgen. Der zweite befaßte sich mit Mangan, der dritte, der sich nicht erhalten hat, mit der irischen literarischen Renaissance. Abdruck mit freundlicher Genehmigung des Suhrkamp Verlags aus *Kleine Schriften*, dem ersten Teilband des 4. Bandes der Frankfurter Ausgabe der Werke von James Joyce. Copyright © by Suhrkamp Verlag, Frankfurt am Main 1974. Copyright der Originalausgabe © 1959 by Harriet Weaver and Lionel Monro as administrators of the Estate of James Joyce.

O'FLAHERTY, Liam (* 1897), auf den Aran-Islands, County Galway, aufgewachsen, von seinen Eltern zum Priester bestimmt und in einem Dubliner Jesuiten-Internat erzogen, trat im Ersten Weltkrieg den Irish Guards der Britischen Armee bei, wurde in Frankreich verwundet und nach seiner Entlassung Heizer, Holzfäller, Fabrikarbeiter, Schauspieler, Matrose und Weltenbummler; er kämpfte im Bürgerkrieg auf

republikanischer Seite, flüchtete nach ihrer Niederlage ins französische und englische Exil, wo sein Werk entstand: die Romane *The Informer* (1926), *The Puritan* (1931), *Sherrett* (1932) und, als bedeutendster, *Famine* (1937); zahlreiche Erzählungen, gesammelt in *Spring Sowing* (1924), *The Tent* (1926), *The Mountain Tavern* (1929), *The Short Stories of Liam O'Flaherty* (1937) und *Two Lovely Beasts* (1948).
Seine Reise in die junge Sowjetunion schildert der Bericht *I Went to Russia* (1931). Die Kritik schmückte ihn mit den Beinamen »Der wilde Ire«, »Der irische Zola« und »Der aristokratische Sozialist«; William Plomer schrieb über den Roman *Hungersnot*: »Eine grandiose Sympathiekundgebung für den ewigen Kampf des Menschen um Brot, Freiheit und Menschenwürde.«
Liam O'Flaherty im Diogenes Verlag: *Hungersnot*. Roman. Deutsch von Herbert Roch. (1965) – *Armut und Reichtum*. Erzählungen. Deutsch von Elisabeth Schnack (1961), daraus die Titelgeschichte in diesem Band. – *Ich ging nach Rußland*. Ein politischer Reisebericht, deutsch von Heinrich Hauser (1971).

O'FAOLAIN, Sean (* 1900) als Sohn eines Polizisten in der südirischen Hafenstadt Cork geboren, im Bürgerkrieg Bombenbauer für die Republik und Leiter des Geheimen Nachrichtendienstes De Valeras, Student in Dublin, Harvard-Stipendiat, Dozent für englische Literatur in England und Amerika, Direktor des ›Arts Council of Ireland‹, lebt als freier Schriftsteller in Dublin. Sein Werk zeigt seine Doppelbegabung als Erzähler und Theoretiker. Romane: *A Nest of Simple Folk* (1933), *Bird Alone* (1936), *Come Back to Erin* (1940); Geschichten: *Midsummernight Madness* (1932), *A Purse of Coppers* (1937), *Teresa* (1947), *The Finest Stories of Sean O'Faolain* (1957), *I Remember! I Remember!* (1959); Reisebücher: *Irish Journey* (1940), *Summer in Italy* (1950), *South to Sicily* (1951); Biographien: *Constance Markiewicz* (über die Aktivistin der irischen Nationalbewegung und Ministerin für Arbeit im ersten irischen Kabinett, 1934), *The King of Beggars* (über Daniel O'Connell, 1938), *The Great O'Neill* (über den Earl of Tyrone, Rebellenführer gegen Elizabeth I., 1942) und *Newman's Way* (über Kardinal Newman, 1952); literaturtheoretische Werke: *The Vanishing Hero* (Essay über Joyce, Faulkner, Hemingway, Greene, Waugh, Huxley, Woolf, Bowen, 1956) und *The Short Story* (1948), bis heute ein grundlegendes Werk zur Gattung Kurzgeschichte.
Sean O'Faolain, deutsch von Elisabeth Schnack, im Diogenes Verlag: *Sünder und Sänger*. Erzählungen (1960, daraus hier *Gottlos leben und beinah sterben*). – *Der Einzelgänger*. Roman (1963). – *Ein Volk voll kleiner Leute*. Roman (1966). – *Dividenden*. Erzählungen 1969, daraus hier: *Charlies Griechin*).

O'CONNOR, Frank (1903–1966) eigentlich Michael O'Donovan; geboren und unter ärmlichsten Verhältnissen aufgewachsen in Cork, las, lernte und bildete sich autodidaktisch, stand im Bürgerkrieg auf republikanischer Seite, wofür ihn die frisch konstituierte Republik Eire einsperrte; aus dem Gefängnis entlassen, fand er eine Anstellung als Bibliothekar, schrieb Literatur unter dem Pseudonym O'Connor nach dem Mädchennamen seiner Mutter; gründete eine Laienbühne, war Direktor des Abbey Theatre und verbrachte seine zweite Lebenshälfte als Gastprofessor an amerikanischen Universitäten in New York und Kalifornien; er starb während eines Sommerurlaubs in Dublin. Frank O'Connor schrieb Romane: *The Saint and Mary Kate* (1932) und *Dutch Interior* (1940); Reisebücher: *Irish Miles* und *Leinster, Munster and Connaught;* Gedichte; Dramen; essayistische Werke: *Towards an Appreciation of Literature* (1945), *The Mirror in the Roadway* (1956) und *The Lonely Voice* (1962, Studien zur Kurzgeschichte); eine zweibändige Autobiographie: *An Only Child* (1961) und *My Father's Son* (1968 von Maurice Sheehy aus dem Nachlaß zusammengestellt); sein Hauptwerk aber bilden seine weit über hundert Erzählungen, die er, auch wenn sie schon erschienen waren, immer wieder umschrieb. Die wichtigsten Sammelbände: *The Stories of Frank O'Connor* (1952), *More Stories by Frank O'Connor* (1954), *Collection Two* (1964), *Collection Three: The Last Collection* und *A Set of Variations* (1968). W. B. Yeats über O'Connor: »Wer seine Heimat so verewigt, der tut für Irland, was Čechov für Rußland tat.«

Frank O'Connor im Diogenes Verlag: *Und freitags Fisch*. Erzählungen (1958, daraus hier: *Mein Ödipus-Komplex*). – *Die Lange Straße nach Ummera*. Erzählungen (1959, daraus hier: *Eine kleine Grube im Moor*). – *Die Reise nach Dublin*. Roman (1961). – *Einziges Kind*. Autobiographie 1 (1964). – *Geschichten von Frank O'Connor* (1967). – *Meines Vaters Sohn*. Autobiographie 11 (1970). – *Ausgewählte Erzählungen* (1971). – Die gesammelten Erzählungen in sechs Einzelbänden: *Und freitags Fisch* (1975), *Mein Ödipus-Komplex*, *Don Juans Versuchung*, *Eine unmögliche Ehe*, *Eine selbständige Frau*, *Brautnacht* (alle 1977) – alle deutsch von Elisabeth Schnack.
Den Aufsatz *Die Kurzgeschichte* hat Elisabeth Schnack für diesen Band nach einem Originalmanuskript übertragen.

FRIEL, Brian (* 1929) stammt aus Nordirland; der Sohn eines Dorfschullehrers war zehn lange Jahre lang selbst Dorfschullehrer, bis er von der Literatur leben konnte; er wohnt in der westirischen Grafschaft Donegal. Mit dem Theaterstück *Philadelphia, Here I Come* wurde er auf dem Dublin Festival 1964 als erfolgreichster Dramatiker nach Brendan Behan gefeiert. Neben zahlreichen weiteren Stücken (darunter *The Lovers of Class MacGuire* und *The Mundy Scheme*) erschienen zwei Geschichtensammlungen: *The Saucer of Larks* (1962) und *Gold in the Sea* (1966).
Edna O'Brien: »Brian Friel schuf eine so wirklichkeitsnahe, treffende Welt, daß man ihn mit Čechov und Camus vergleichen kann ... diese Geschichten sind, wie Kurzgeschichten sein sollen: brillant formuliert, komisch und traurig.«
Eine Auswahl aus beiden Bänden übersetzte Elisabeth Schnack für *Das Strohwitwen-System* und andere Erzählungen, 1970 im Diogenes Verlag, daraus hier *Der Lerchengrund*.

MONTAGUE, John (* 1929), auf einer Farm in Nordirland aufgewachsen, Studium am University College in Dublin, Reisen nach Amerika, Filmkritiker, Journalist, lebt als Auslandskorrespondent der ›Irish Times‹ meist in Paris. John Montague ist in erster Linie Lyriker, seine Gedichtbände: *Forms of Exile* (1958), *Poisoned Lands* (1961), *A Chosen Light* (1967) und *A New Siege* (1970, ein langes, Bernadette Devlin gewidmetes Poem, Vorabdruck aus einem geplanten Werk *The Rough Field*).
Ein Band Erzählungen: *Anlaß zur Sünde* (englisch unter dem Titel *Death of a Chieftain* 1964) erschien 1969, übersetzt von Elisabeth Schnack, im Diogenes Verlag. Daraus hier: *Der Schrei*.

O'BRIEN, Edna (* 1932), aufgewachsen in Galway, erzogen in einem von Nonnen geführten Internat, studierte in Dublin Pharmazie, lebt seit langem in London. Ihre Bücher – in Irland fast alle verboten – erreichten eine Auflage von über einer Million und erschienen in fünfzehn Sprachen. Kingsley Amis über Edna O'Brien: »Ein Naturtalent ... sie hat meinen privaten Nobelpreis.«
An Romanen schrieb sie: *The Country Girls* (1960), *The Lonely Girl* (1962), *Girls in Their Married Bliss* (1964), *August Is a Wicked Month* (1965), *Casualties of Peace* (1966), *A Pagan Place* (1970), *Night* (1973); dann ein Drehbuch: *Zee & Co.* (1971); und auch Erzählungen: *The Love Object* (1968) und *A Scandalous Woman* (1974).
Im Diogenes Verlag erschienen: *Das Mädchen mit den grünen Augen*. Roman, deutsch von Margaret Carroux (1972). – *X, Y & Zee*. Drehbuch, deutsch von Elisabeth Schnack (1972). – *Das Liebesobjekt*. Erzählungen, deutsch von Elisabeth Schnack (1972, daraus hier: *Bindungen*). – *Plötzlich im schönsten Frieden*. Roman, deutsch von Margaret Carroux (1974).

Soweit nicht anders vermerkt, liegen alle deutschen Rechte an den Erzählungen in diesem Band beim Diogenes Verlag, Zürich. Die bibliographischen Angaben zu den Originalausgaben erheben keinen Anspruch auf Vollständigkeit. – Die Zeittafel umfaßt den Zeitraum der Lebensdaten der hier versammelten Autoren.

Einige Literaturhinweise

zur angelsächsischen Literatur

HARVEY, Paul [Ed.]: *The Oxford Companion to English Literature.* London ⁴1967
KARRER, Wolfgang & KREUTZER, Eberhard: *Daten der englischen und amerikanischen Literatur* von 1890 bis zur Gegenwart. Köln: Kiepenheuer & Witsch 1973
POLLARD, Arthur: *Webster's New World Companion to English and American Literature.* New York: World Publishing 1973
SCHIRMER, Walter F.: *Geschichte der englischen und amerikanischen Literatur* von den Anfängen bis zur Gegenwart. Tübingen: Niemayer ⁵1968

zur Kurzgeschichte

BATES, Herbert E.: *The Modern Short Story:* A Critical Survey. London: Nelson 1945
BOWEN, Elizabeth: *The Short Story.* London: Faber & Faber 1937
DODERER, Klaus: *Kurzgeschichte und Short Story.* In: ›Lexikon der Weltliteratur im 20. Jahrhundert‹, 2. Band. Freiburg i. Br.: Herder 1961
KILCHENMANN, Ruth J.: *Die Kurzgeschichte.* Formen und Entwicklung. Stuttgart: Kohlhammer ⁴1975 (= Sprache und Literatur 37)
KÜNNEMANN, Horst: *Short Story und Kurzgeschichte.* Ein Weg zur Literatur. In: ›Monatshefte für Jugendschrifttum‹, Heft 8, München 1961
LARDNER, Ring: *How to Write Short Stories.* In: ›The Ring Lardner Reader‹, New York: Scribner's 1963
MAUGHAM, W. Somerset: *The Short Story.* In: ›Points of View‹, London: Heinemann ³1960
ROHNER, Ludwig: *Theorie der Kurzgeschichte.* Frankfurt a. M.: Athenäum 1973
O'CONNOR, Frank: *The Lonely Voice:* A Study of the Short Story. Cleveland: World Publishing 1962
O'FAOLAIN, Sean: *The Short Story.* Cork: Mercier ²1972
O'FAOLAIN, Sean: *Short Stories:* A Study in Pleasure. Boston: Little, Brown 1961 (Eigentlich eine Anthologie mit englischen, irischen, amerikanischen, russischen und französischen Erzählungen; wegen der subtilen und amüsanten Einführung und Kommentierung hier rubriziert.)
POE, Edgar A.: *Twice-Told Tales.* By Nathaniel Hawthorne. [Rezension] in: ›Graham's Lady's and Gentleman's Magazine‹, April 1842
SUMMERS, Hollis [Ed.]: *Discussions of The Short Story.* Boston: Heath 1963

zur Geschichte Irlands

BECKETT, James Camlin: *Geschichte Irlands* [A Short History of Ireland]. Deutsche Bearbeitung von Beherend Finke. Stuttgart: Kröner 1971 (= KTA 419)
CURTIS, Edmund: *A History of Ireland.* London: Methuen ³1968 (= University Paperback 23)
LYONS, F. S.: *Ireland Since the Famine.* New York: Scribner's 1971
RANDALL, Clarke: *A Short History of Ireland:* From 1485 to the Present Day. (Mit 2 Karten). London: Univ. Tutorial Press ⁸1963

zur irischen Literatur

BOYD, Ernest: *Ireland's Literary Renaissance*. New York: Barnes & Noble 1968
BROWN, Malcolm: *The Politics of Irish Literature*. Seattle: Univ. of Washington Press 1972
CLEEVE, Brian: *Dictionary of Irish Writers*. [2 Bde.] Cork: Mercier 1967
HYDE, Douglas: *Literary History of Ireland*. New York: Barnes & Noble 1967 [Reprint der EA von 1889]
KENNY, Herbert A.: *literary dublin*. A History. Dublin: Gill & Macmillan 1974
O'CONNOR, Frank: *A Short History of Irish Literature*. New York: Putnam's 1967

zur irischen Kurzgeschichte

DOCKRELL-GRÜNBERG, Susanne. *Studien zur Struktur anglo-irischer Kurzgeschichten* [Dissertation]. Tübingen 1967

Anthologien

Irische Erzähler. Auswahl und Übersetzung von Elisabeth SCHNACK. Zürich: Manesse 1952
Modern Irish Short Stories. Selected with an Introduction by Frank O'CONNOR. London: Oxford ¹1957 (= The World's Classics 560)
Irish Short Stories. Edited by Valentin IREMONGER. London: Faber & Faber ¹1960
The Irish Genius. Ed. by Devin A. GARRITY. New York: Signet 1960 (= A Signet Book D 1756)
Grüne Insel. Meistererzählungen aus Irland. Auswahl, Vorwort und Übersetzung von Elisabeth SCHNACK. Zürich: Diogenes 1961
Irische Erzähler der Gegenwart. Herausgegeben von Elisabeth SCHNACK. Stuttgart: Reclam ¹1965 (= RUB 8982–86)
Lob der grünen Insel. Irische Erzählungen. Herausgegeben von Herbert GORSKI. Leipzig: St. Benno o. J.
Irland erzählt. Herausgegeben von Elisabeth SCHNACK. Frankfurt a. M.: Fischer ¹1968 (= Fischer Taschenbuch 888)
Liebesgeschichten aus Irland. Herausgegeben und übersetzt von Elisabeth SCHNACK. Zürich: Diogenes ¹1969

zur Folklore Irlands

Irische Märchen. Herausgegeben, übersetzt und Nachwort von Ursula CLEMEN. München: Winkler 1971 (= Die Fundgrube 51)
Irische Märchen. Herausgegeben von Frederik HETMANN. Frankfurt a. M.: Fischer 1971 (= Fischer Taschenbuch 1225)
Irische Volksmärchen. Herausgegeben von Käte MÜLLER-LISOWSKI. Köln-Düsseldorf: Diederichs 1973 (= Die Märchen der Weltliteratur)
O'FAOLAIN, Sean: *The Irish: A Character Study*. Old Greenwich: Devin-Adair 1949

Weitere Literaturhinweise s. den Anhang im ›Diogenes Lesebuch englischer Erzähler‹; die dort ›Zur englischen Literatur‹, ›Zur englischen Kurzgeschichte‹ und unter ›Anthologien‹ genannten Werke schließen stets auch die anglo-irische Literatur mit ein.

Chronologische Bibliographie irischer Autoren im Diogenes Verlag

1957

DUNSANY, Lord: *Jorkens borgt sich einen Whiskey* [Jorkens Borrows Another Whiskey]. Zehn Klubgeschichten. Deutsch von Elisabeth Schnack. Illustrationen von André François. 96 S., Pp., kl. 8° (= Diogenes Tabu).

WILDE, Oscar: *Das Gespenst von Canterville* [The Canterville Ghost]. Eine materialistisch-idealistische Geschichte. Deutsch von N. O. Scarpi. Zeichnungen von Paul Flora. 74 S., Pp., kl. 8° (= Diogenes Tabu).

1958

DUNSANY, Lord: *Smetters erzählt Mordgeschichten* [The Little Tales of Smetters]. Fünf Kriminalgrotesken. Deutsch von Elisabeth Schnack. Mit Zeichnungen von Paul Flora. 96 S., Pp., kl. 8° (= Diogenes Tabu).

O'CONNOR, Frank: *Und freitags Fisch* [Fish for Friday]. Sieben Geschichten von irischen Liebes- und Ehepaaren. Ausgewählt und übersetzt von Elisabeth Schnack. 202 S., Ln., 8°.

1959

O'CONNOR, Frank: *Die lange Straße nach Ummera* [The Long Road to Ummera]. Elf Meistererzählungen aus Irland. Ausgewählt und übersetzt von Elisabeth Schnack. 228 S., Ln., 8°.

1960

O'FAOLAIN, Sean: *Sünder und Sänger.* Meistererzählungen aus Irland. Ausgewählt und übersetzt von Elisabeth Schnack. 352 S., Ln., 8°.

1961

O'CONNOR, Frank: *Die Reise nach Dublin* [The Saint and Mary Kate]. Roman. Deutsch von Elisabeth Schnack. 378 S., Ln., 8°.

O'FLAHERTY, Liam: *Silbervogel* [Grey Seagull]. Meistererzählungen aus Irland. Ausgewählt und übersetzt von Elisabeth Schnack. 278 S., Ln., 8°.

SCHNACK, Elisabeth: *Grüne Insel.* Meistererzählungen aus Irland, von Daniel Corkery, James Joyce, Maurice Kennedy, Benedict Kiely, Bryan MacMahon, Francis MacManus, Michael McLaverty, John Montague, George Moore, Frank O'Connor, Sean O'Faolain, Liam O'Flaherty, Seumas O'Kelly, James Plunkett, M. Ross, Edward Sheehy, E. O. Somerville, James Stephen und Anthony C. West. Auswahl, Vorwort und Übersetzung von Elisabeth Schnack. 408 S., Ln., 8° (= Diogenes Anthologie).

1963

O'FAOLAIN, Sean: *Der Einzelgänger* [Bird Alone]. Roman. Deutsch von Elisabeth Schnack. 348 S., Ln., 8°.

1964

MOORE, George: *Stadt und Land* [aus: ›The Untilled Field‹ und ›Celibate Lives‹]. Erzählungen. Auswahl, Vorwort und Übersetzung von Elisabeth Schnack. Mit Holzschnitten von Werner Hofmann. 444 S., Ln., kl. 8° (= Diogenes Erzähler Bibliothek).

O'CONNOR, Frank: *Einziges Kind* [An Only Child]. Autobiographie Band 1. Deutsch von Elisabeth Schnack. 390 S., Ln., 8°.

1965

DUNSANY, Lord: *Jorkens borgt sich einen Whisky.* [Zusammenfassung der beiden Tabu-Bände von 1957 und 1958.] 232 S., Ln., 8°.

O'CASEY, Sean: *Ich klopfe an* [I Knock at the Door]. Autobiographie Band I. Deutsch von Georg Goyert. Mit einer Einleitung von Kaspar Spinner. 214 S., Ln., 8°.

O'FLAHERTY, Liam: *Hungersnot* [Famine]. Roman. Deutsch von Herbert Roch. 506 S., Ln., 8°.

1966

JOYCE, James: *Die Toten* [aus: ›Dubliners‹ und ›A Portrait of the Artist as a Young Man‹]. Erzählungen. Deutsch von Georg Goyert. Einleitung von Kaspar Spinner. Holzschnitte von Werner Hofmann. 336 S., Ln., kl. 8° (= Diogenes Erzähler Bibliothek).

O'CASEY, Sean: *Bilder in der Vorhalle* [Pictures in the Hallway]. Autobiographie Band II. Deutsch von Georg Goyert. 302 S., Ln., 8°.

O'CASEY, Sean: *Rebell zum Schein*. Ausgewählte Stücke. Deutsch von Irmhild und Otto Brandstädter. Mit einem Nachwort von Heinz Dietrich Kenter. 874 S., Ln., 8°.

O'FAOLAIN, Sean: *Ein Nest voll kleiner Leute* [A Nest of Simple Folk]. Roman. Deutsch von Elisabeth Schnack. 494 S., Ln., 8°.

1967

O'CASEY, Sean: *Trommeln unter den Fenstern* [Drums Under the Windows]. Autobiographie Band III. Deutsch von Werner Beyer. 288 S., Ln., 8°.

O'CONNOR, Frank: *Geschichten von Frank O'Connor*. Ausgewählt und übersetzt von Elisabeth Schnack. 346 S., Ln., 8°.

1968

LE FANU, Joseph Sheridan: *Carmilla der weibliche Vampir* und vier andere unheimliche Geschichten. Deutsch von Helmut Degner und Elisabeth Schnack. Mit 84 Illustrationen von Edward Ardizzone. 388 S., Ln., kl. 8° (= Sammlung ›Klassische Abenteuer‹).

O'CASEY, Sean: *Irland, leb wohl!* [Inishfallen, Fare Thee Well]. Autobiographie Band IV. Deutsch von Werner Beyer. 276 S., Ln., 8°.

O'CASEY, Sean: *Rose und Krone* [Rose and Crown]. Autobiographie Band V. Deutsch von Werner Beyer. 312 S., Ln., 8°.

STOKER, Bram: *Draculas Gast* [Dracula's Guest]. Sechs Gruselgeschichten. Deutsch von Erich Fivian und H. Haas. Zeichnungen von Peter Neugebauer. 316 S., Ln., kl. 8° (= Diogenes Erzähler Bibliothek).

1969

MONTAGUE, John: *Anlaß zur Sünde* [Death of a Chieftain]. Erzählungen. Deutsch von Elisabeth Schnack. 294 S., Ln., 8°.

O'CASEY, Sean: *Dämmerung und Abendstern* [Sunset and Evening Star]. Autobiographie Band VI. Deutsch von Werner Beyer. 316 S., Ln., 8°.

O'FAOLAIN, Sean: *Dividenden* [aus: ›The Heat of the Sun‹ und ›I Remember! I Remember!‹]. Neun Liebesgeschichten. Ausgewählt und übersetzt von Elisabeth Schnack. 364 S., Ln., 8°.

SCHNACK, Elisabeth: *Liebesgeschichten aus Irland*. Von Elizabeth Bowen, Brian Cleeve, Lord Dunsany, Brian Friel, Norah Hoult, Maurice Kennedy, Bryan MacMahon, Michael McLaverty, John Montague, George Moore, Edna O'Brien, Frank O'Connor, Liam O'Flaherty, Julia O'Faolain, Sean O'Faolain, Seumas O'Kelly, James Plunkett, G. B. Shaw, Edward Sheehy, James Stephens. Herausgegeben und übersetzt von Elisabeth Schnack. 488 S., Ln., 8° (= Diogenes Sonderband).

1970

FRIEL, Brian: *Das Strohwitwensystem* [aus: ›The Gold in the Sea‹, ›The Saucer of Larks‹]. Elf Erzählungen. Deutsch von Elisabeth Schnack. 276 S., Ln., 8°.

O'CASEY, Sean: *Eine Auswahl aus den*

Stücken, der *Autobiographie und den Aufsätzen*. Herausgegeben von Urs Widmer. Mit einem Vorwort von Heinrich Böll und einem Nachwort von Klaus Völker. 346 S., Ln., 8° (= Diogenes Sonderband).

O'CONNOR, Frank: *Meines Vaters Sohn* [My Father's Son]. Autobiographie Band II.) Deutsch von Elisabeth Schnack. 323 S., Ln., 8°.

O'CONNOR, Frank: *Und freitags Fisch*. Neun Erzählungen. Ausgewählt und übersetzt von Elisabeth Schnack. Mit Illustrationen von Godi Hofmann. [Veränderte Neuausgabe der 1958 erschienenen Sammlung.] 268 S., Ln., kl. 8° (= Diogenes Erzähler Bibliothek).

WILDE, Oscar: *Die Sphinx ohne Geheimnis* [Lord Arthur Savile's Crime]. Sämtliche Erzählungen sowie 35 philosophische Leitsätze zum Gebrauch für die Jugend. Übersetzungen von N. O. Scarpi, Frieda Uhl, Rudolph Lothar und Gerd Haffmans. Zeichnungen von Aubrey Beardsley. Nachwort von Gerd Haffmans. 244 S., Ln., kl. 8° (= Diogenes Erzähler Bibliothek).

WILDE, Oscar: *Der Sozialismus und die Seele des Menschen* [The Soul of Man under Socialism]. Ein Essay. Deutsch von Gustav Landauer und Hedwig Lachmann. 74 S., br., kl. 8° (= Diogenes Handbuch).

1971

O'CASEY, Sean: *Purpurstaub* [Purple Dust]. Eine abwegige Komödie in drei Akten. Deutsch von Helmut Baierl und Georg Simmgen. 120 S., br., kl. 8° (= detebe 2/1).

O'CONNOR, Frank: *Ausgewählte Erzählungen* [aus: ›Die lange Straße nach Ummera‹ und ›Geschichten von Frank O'Connor‹]. Deutsch von Elisabeth Schnack. 346 S., Ln., 8°, 1971 (= Diogenes Sonderband).

O'CONNOR, Frank: *Hochzeit* [The Holy Door]. Eine Liebesgeschichte. Deutsch von Elisabeth Schnack. 116 S., Pp., kl. 8°.

O'FLAHERTY, Liam: *Ich ging nach Rußland* [I Went to Russia]. Reisebericht. Deutsch von Heinrich Hauser. 234 S., br., kl. 8° (= detebe 16).

WILDE, Oscar: *Der Sozialismus und die Seele des Menschen*. [Neuausgabe des 1970 erschienenen Essays]. 74 S., br., kl. 8° (= detebe 3).

1972

DUNSANY, Lord: *Smetters erzählt Mordgeschichten*. [Neuausgabe des Sammelbands von 1965.] 278 S., Ln., kl. 8° (= Diogenes Erzähler Bibliothek).

O'BRIEN, Edna: *Das Mädchen mit den grünen Augen* [The Lonely Girl]. Roman. Deutsch von Margaret Carroux. 278 S., Ln., 8°.

O'BRIEN, Edna: *X, Y & Zee oder Deine Freundin ist bezaubernd* [Zee & Co]. Drehbuch. Deutsch von Elisabeth Schnack. 158 S., Ln., 8°.

O'BRIEN, Edna: *Das Liebesobjekt* [The Love Object]. Erzählungen. Deutsch von Elisabeth Schnack. 262 S., Ln., 8°.

O'CASEY, Sean: *Dubliner Trilogie*. Die drei Revolutionstragödien: *Der Schatten eines Rebellen* [The Shadow of a Gunman]. Tragödie in zwei Akten. Deutsch von Maik Hamburger. *Juno und der Pfau* [Juno and the Paycock]. Tragödie in drei Akten. Deutsch von Maik Hamburger und Adolf Dresen. *Der Pflug und die Sterne* [The Plough and the Stars]. Tragödie in vier Akten. Deutsch von Volker Canaris und Dieter Hildebrandt. Statt eines Vorworts: ›Notiz zum Gebrauch der Übersetzung‹ von Volker Canaris und Dieter Hildebrandt. 244 S., br., kl. 8° (= detebe 2/II).

O'FLAHERTY, Liam: *Hungersnot* [Neuausgabe des 1965 erschienenen Romans]. 434 S., Ln., 8° (= Diogenes Sonderband).

1973

O'CASEY, Sean: *Die sechsbändige Autobiographie in Kassette*. Einmalige Sonderausgabe.

1974

O'BRIEN, Edna: *Plötzlich im schönsten Frieden* [Casualties of Peace]. Ro-

man. Deutsch von Margaret Carroux. 230 S., Ln. 8°.
STOKER, Bram: *Draculas Gast*. [Taschenbuch-Neuausgabe der 1968 erschienenen Geschichtensammlung.] 136 S., br., kl. 8° (= detebe 73).

1975

CHILDERS, Erskine: *Das Rätsel der Sandbank* [The Riddle of the Sands]. Ein Bericht des Geheimdienstes. Deutsch von Hubert Deymann. 336 S., br., kl. 8° (= detebe 92).
O'CONNOR, Frank: *Und freitags Fisch*. Gesammelte Erzählungen I. Deutsch von Elisabeth Schnack. [Inhalt nicht identisch mit der 1958 und 1970 erschienenen Sammlung. Diese Ausgabe ist der erste Band einer sechsbändigen Werkausgabe der Erzählungen.] 256 S., br., kl. 8° (= detebe 85/I).

1976

O'FAOLAIN, Sean: *Sünder und Sänger*. [Taschenbuch-Neuausgabe der 1960 erschienenen Geschichten-Sammlung.] 368 S., br., kl. 8° (= detebe 102/1).
O'FLAHERTY, Liam: *Armut und Reichtum*. [Taschenbuch-Neuausgabe der 1961 unter dem Titel ›Silbervogel‹ erschienenen Geschichten-Sammlung.] 288 S., br., kl. 8° (= detebe 103/1).

1977

O'CONNOR, Frank: *Mein Ödipus-Komplex*. Gesammelte Erzählungen II. *Don Juans Versuchung*. Gesammelte Erzählungen III. *Eine unmögliche Ehe*. Gesammelte Erzählungen IV. *Eine selbständige Frau*. Gesammelte Erzählungen V. *Brautnacht*. Gesammelte Erzählungen VI. [Zusammen mit dem Band *Und freitags Fisch* von 1975 enthält diese Ausgabe sämtliche Erzählungen der Sammlungen *Und freitags Fisch* von 1958, *Die lange Straße nach Ummera* von 1959 und *Geschichten von Frank O'Connor* von 1967 sowie über dreißig Erzählungen erstmals deutsch.] Alle Bände übersetzt und geordnet von Elisabeth Schnack. Je 260–380 S., br. kl. 8° (= detebe 85/II–VI).

1978

MOORE, Brian: *Die große viktorianische Sammlung* [The Great Victorian Collection]. Roman. Deutsch von Alexander Schmitz. Ca. 280 S., Ln., 8°.
MOORE, Brian: *Katholiken* [Catholics]. Roman. Deutsch von Elisabeth Schnack. Ca. 150 S., br., kl. 8° (= detebe 178).
O'CASEY, Sean: *Ich klopfe an*. [Taschenbuch-Neuausgabe des ersten Bandes der Autobiographien von 1965.] 224 S., br., kl. 8° (=detebe 150/1).

1979

DUNSANY, Lord: *Smetters erzählt Mordgeschichten* [Taschenbuchausgabe des 1958 erschienenen Bandes]. Ca. 120 S., br., kl. 8° (= detebe 190/1). *Jorkens borgt sich einen Whisky* [Taschenbuchausgabe des 1957 erschienen Bandes]. Mit Zeichnungen von Paul Flora. Ca. 100 S., br., kl. 8° (= detebe 190/2).
LE FANU, Sheridan: *Carmilla, der weibliche Vampir* [Titelgeschichte aus dem 1968 erschienenen Band]. Ca. 120 S., br., kl. 8° (= detebe 189).
JOYCE, James: *Die Toten* [erweiterte Taschenbuch-Neuausgabe der 1966 erschienenen Sammlung]. Erzählungen und Erzählstücke in den Neuübersetzungen von Dieter E. Zimmer, Klaus Reichert und Hans Wollschläger. Mit einem Nachwort von Fritz Senn. 272 S., br., kl. 8° (= detebe 164)
O'FLAHERTY, Liam: *Tiergeschichten*. Auswahl und Übersetzung von Elisabeth Schnack. 190 S., Ln., 8° (= Diogenes Sonderband)
SCHNACK, Elisabeth: *Liebesgeschichten aus Irland* [Taschenbuch-Neuausgabe der 1969 erschienenen Sammlung]. Herausgegeben und übersetzt von Elisabeth Schnack. 336 S., br., kl. 8° (= detebe 198)

Irische Literatur im Diogenes Verlag

● Erskine Childers
Das Rätsel der Sandbank. Ein Bericht des Geheimdienstes. Roman. Deutsch von Hubert Deymann. Mit vier Karten.
detebe 20211

● Lord Dunsany
Smetters erzählt Mordgeschichten. Fünf Kriminalgrotesken. Deutsch von Elisabeth Schnack. Mit Zeichnungen von Paul Flora. detebe 20597
Jorkens borgt sich einen Whisky. Zehn Clubgeschichten. Deutsch von Elisabeth Schnack. Mit Zeichnungen von Paul Flora.
detebe 20598

● James Joyce
Das James Joyce Lesebuch. Auswahl aus ›Dubliner‹, ›Porträt des Künstlers‹ und ›Ulysses‹. Deutsch von Dieter E. Zimmer, Klaus Reichert und Hans Wollschläger; dazu Aufzeichnungen von Georges Borach über Joyce und ein Nachwort von Fritz Senn.
detebe 20645

● Sheridan Le Fanu
Carmilla, der weibliche Vampir. Eine Vampirgeschichte. Deutsch von Helmut Degner. Mit Zeichnungen von Edward Ardizzone. detebe 20596
Der ehrenwerte Herr Richter Harbottle. Unheimliche Geschichten. Deutsch von Helmut Degner und Elisabeth Schnack. Illustrationen von Edward Ardizzone. detebe 20619

● Brian Moore
Die große viktorianische Sammlung. Roman. Deutsch von Alexander Schmitz
Katholiken. Roman. Deutsch von Elisabeth Schnack. detebe 20546

● Edna O'Brien
Das Mädchen mit den grünen Augen. Roman. Deutsch von Margaret Carroux.
detebe 20879
Das Liebesobjekt. Erzählungen. Deutsch von Elisabeth Schnack. detebe 20305

● Sean O'Casey
Purpurstaub. Eine abwegige Komödie. Deutsch von Helmut Baierl und Georg Simmgen. detebe 20002

Dubliner Trilogie: Der Schatten eines Rebellen / Juno und der Pfau / Der Pflug und die Sterne. Deutsch von Volker Canaris, Dieter Hildebrandt, Adolf Dresen und Maik Hamburger. detebe 20034
Ich klopfe an. Autobiographie I. Deutsch von Georg Goyert. Mit einem Vorwort von Kaspar Spinner. detebe 20394
Bilder in der Vorhalle. Autobiographie II. Deutsch von Georg Goyert. detebe 20761
Trommeln unter den Fenstern. Autobiographie III. Deutsch von Werner Beyer.
detebe 20762
Irland, leb wohl! Autobiographie IV. Deutsch von Werer Beyer. detebe 20763
Rose und Krone. Autobiographie V. Deutsch von Werner Beyer. detebe 20764
Dämmerung und Abendstern. Autobiographie VI. Deutsch von Werner Beyer.
detebe 20765
In Vorbereitung:
Das Sean O'Casey Lesebuch. Eine Auswahl aus den Stücken, der Autobiographie und den Essays. Mit einem Vorwort von Heinrich Böll und einem Nachwort von Klaus Völker. Herausgegeben mit Anmerkungen, einer Chronik und Daten zur irischen Geschichte von Urs Widmer

● Frank O'Connor
Werkausgabe der Erzählungen, alle deutsch von Elisabeth Schnack
Und freitags Fisch. Erzählungen I.
detebe 20170
Mein Ödipus-Komplex. Erzählungen II.
detebe 20352
Don Juans Versuchung. Erzählungen III.
detebe 20353
Eine unmögliche Ehe. Erzählungen IV.
detebe 20354
Eine selbständige Frau. Erzählungen V.
detebe 20355
Brautnacht. Erzählungen VI. detebe 20356

● Sean O'Faolain
Sünder und Sänger. Ausgewählte Erzählungen I. Deutsch von Elisabeth Schnack.
detebe 20231
Trinker und Träumer. Ausgewählte Erzählungen II. Deutsch von Elisabeth Schnack.
detebe 20741

Lügner und Liebhaber. Ausgewählte Erzählungen III. Übersetzt und mit einem Lebensbild von Elisabeth Schnack.
detebe 20742

● **Liam O'Flaherty**
Ich ging nach Rußland. Ein politischer Reisebericht. Deutsch von Heinrich Hauser.
detebe 20016
Armut und Reichtum. Ausgewählte Erzählungen. Deutsch von Elisabeth Schnack.
detebe 20232

● **Oscar Wilde**
Der Sozialismus und die Seele des Menschen. Ein Essay. Deutsch von Gustav Landauer und Hedwig Lachmann. Frontispiz von Walter Crane. detebe 20003

Die Sphinx ohne Geheimnis. Sämtliche Erzählungen. Zeichnungen von Aubrey Beardsley. Herausgegeben und mit einem Nachwort von Gerd Haffmans.
detebe 20922

● **Liebesgeschichten aus Irland**
Von G. B. Shaw bis Frank O'Connor. Herausgegeben und übersetzt von Elisabeth Schnack. Ein Diogenes Sonderband, auch als detebe 20629

● **Das Diogenes Lesebuch irischer Erzähler**
Geschichten von Oscar Wilde bis Edna O'Brien. Mit einleitenden Essays von Frank O'Connor und James Joyce, Zeittafel, biobibliographischen Notizen und Literaturhinweisen. Herausgegeben von Gerd Haffmans.
detebe 20273

Lesebücher im Diogenes Verlag

Das Diogenes Lesebuch klassischer deutscher Erzähler
in drei Bänden: I. von Wieland bis Kleist, II. von Grimm bis Hauff, III. von Mörike bis Busch. Herausgegeben von Christian Strich und Fritz Eicken. detebe 20727, 20728, 20669

Das Diogenes Lesebuch moderner deutscher Erzähler
in zwei Bänden: I. von Schnitzler bis Kästner, II. von Andersch bis Urs Widmer. Herausgegeben von Christian Strich und Fritz Eicken. detebe 20782 und 20776

Das Diogenes Lesebuch amerikanischer Erzähler
Geschichten von Washington Irving bis Harold Brodkey. Bio-Bibliographie der Autoren und Literaturhinweise. Herausgegeben von Gerd Haffmans. detebe 20271

Das Diogenes Lesebuch englischer Erzähler
Geschichten von Wilkie Collins bis Alan Sillitoe. Bio-Bibliographie der Autoren und Literaturhinweise. Herausgegeben von Gerd Haffmans. detebe 20272

Das Diogenes Lesebuch irischer Erzähler
Geschichten von Joseph Sheridan Le Fanu bis Edna O'Brien. Bio-Bibliographie der Autoren und Literaturhinweise. Herausgegeben von Gerd Haffmans. detebe 20273

Das Diogenes Lesebuch deutscher Balladen
von Bürger bis Brecht. Herausgegeben von Christian Strich. detebe 20923

Das Diogenes Lesebuch französischer Erzähler
von Stendhal bis Simenon. Herausgegeben von Anne Schmucke und Gerda Lheureux. detebe 20304

Das Alfred Andersch Lesebuch
Herausgegeben von Gerd Haffmans. detebe 20695

Das Wilhelm Busch Bilder- und Lesebuch
Ein Querschnitt durch sein Werk, dazu Essays und Zeugnisse sowie Chronik und Bibliographie. Herausgegeben von Gerd Haffmans. detebe 20391

Das Erich Kästner Lesebuch
Herausgegeben von Christian Strich. detebe 20515

Das James Joyce Lesebuch
Auswahl aus ›Dubliner‹, ›Porträt des Künstlers‹ und ›Ulysses‹. Aus dem Englischen von Dieter E. Zimmer, Klaus Reichert und Hans Wollschläger. Mit Aufzeichnungen von Georges Borach und einer Betrachtung von Fritz Senn. detebe 20645

Das Karl Kraus Lesebuch
Herausgegeben und mit einem Nachwort von Hans Wollschläger. detebe 20781

Das George Orwell Lesebuch
Essays, Reportagen, Betrachtungen. Herausgegeben und mit einem Nachwort von Fritz Senn. Deutsch von Tina Richter. detebe 20788

Das Georges Simenon Lesebuch
Herausgegeben von Daniel Keel. detebe 20500

Das Tomi Ungerer Bilder- und Lesebuch
Mit Beiträgen von Erich Fromm bis Walther Killy. Zahlreiche Zeichnungen. Chronik und Bibliographie. Herausgegeben von Daniel Keel. detebe 20487

Das Urs Widmer Lesebuch
Herausgegeben von Thomas Bodmer. Vorwort von H. C. Artmann. Nachwort von Hanns Grössel. detebe 20783

Werk- und Studienausgaben in Diogenes Taschenbüchern

● **Alfred Andersch**
Studienausgabe in 15 Einzelbänden
detebe

Einige Zeichnungen
Essay. detebe 20399

Das Alfred Andersch Lesebuch
Herausgegeben von Gerd Haffmans.
detebe 20695

Über Alfred Andersch
Herausgegeben von Gerd Haffmans.
detebe 20819

● **Sherwood Anderson**
Ich möchte wissen warum
Erzählungen. detebe 20514

● **Angelus Silesius**
Der cherubinische Wandersmann
detebe 20644

● **Honoré de Balzac**
Die großen Romane
in 10 Bänden. detebe 20901–20910

Erzählungen
in 3 Bänden. detebe 20896, 20897, 20899

Über Balzac
Herausgegeben von Claudia Schmölders.
detebe 20309

● **Charles Baudelaire**
Die Tänzerin Fanfarlo
Prosadichtungen. detebe 20387

● **Gottfried Benn**
Ausgewählte Gedichte
Herausgegeben und mit einem Nachwort von Gerd Haffmans. detebe 20099

● **Ambrose Bierce**
Die Spottdrossel
Erzählungen. detebe 20234

● **James Boswell**
Dr. Samuel Johnson
Biographie. detebe 20786

● **Ulrich Bräker**
Werke in 2 Bänden
Herausgegeben von Samuel Voellmy und Heinz Weder. detebe 20581 und 20582

● **Wilhelm Busch**
Schöne Studienausgabe in 7 Einzelbänden
Herausgegeben von Friedrich Bohne in Zusammenarbeit mit dem Wilhelm-Busch-Museum in Hannover. detebe 20107–20113

● **Calderón**
Das große Welttheater
Neu übersetzt von Hans Gerd Kübel und Wolfgang Franke. detebe 20888

● **Anton Čechov**
Das dramatische Werk in 8 Bänden
in der Neuübersetzung und Neutranskription von Peter Urban.
detebe

Das erzählende Werk in 10 Bänden
Herausgegeben von Peter Urban.
detebe 20261–20270

● **Joseph Conrad**
Lord Jim
Roman. detebe 20128

Der Geheimagent
Roman. detebe 20212

Herz der Finsternis
Erzählung. detebe 20369

● **Das Diogenes Lesebuch amerikanischer Erzähler**
Geschichten von Poe bis Brodkey.
detebe 20271

- **Das Diogenes Lesebuch englischer Erzähler**
Geschichten von Stevenson bis Sillitoe.
detebe 20272

- **Das Diogenes Lesebuch irischer Erzähler**
Geschichten von Wilde bis O'Brien.
detebe 20273
Alle herausgegeben von Gerd Haffmans

- **Das Diogenes Lesebuch klassischer deutscher Erzähler**
in 3 Bänden.
Band I: von Wieland bis Kleist.
Band II: von Grimm bis Hauff.
Band III: von Mörike bis Busch.
detebe 20727, 20728, 20669

- **Das Diogenes Lesebuch moderner deutscher Erzähler**
in 2 Bänden.
Band I: von Schnitzler bis Kästner.
Band II: von Andersch bis Widmer.
detebe 20782 und 20776
Alle herausgegeben von Christian Strich und Fritz Eicken

- **Das Diogenes Lesebuch französischer Erzähler**
Geschichten von Stendhal bis Simenon. Herausgegeben von Anne Schmucke und Gerda Lheureux. detebe 20304

- **Fjodor Dostojewski**
Meistererzählungen
Herausgegeben und übersetzt von Johannes von Guenther. detebe 20951

- **Friedrich Dürrenmatt**
Das dramatische Werk in 17 Bänden
detebe 20831–20847

Das erzählende Werk in 12 Bänden
detebe 20848–20860
Herausgegeben in Zusammenarbeit mit dem Autor. Alle Bände wurden revidiert und mit neuen Texten ergänzt.

Über Friedrich Dürrenmatt
Herausgegeben von Daniel Keel.
detebe 20861

- **Meister Eckehart**
Deutsche Predigten und Traktate
detebe 20642

- **Joseph von Eichendorff**
Aus dem Leben eines Taugenichts
Novelle. detebe 20516

- **William Faulkner**
Werkausgabe in 19 Einzelbänden
detebe

Briefe
Herausgegeben und übersetzt von Elisabeth Schnack und Fritz Senn. detebe 20958

Über William Faulkner
Herausgegeben von Gerd Haffmans.
detebe 20098

- **Federico Fellini**
Werkausgabe der Drehbücher und Schriften
Herausgegeben von Christian Strich.
detebe

- **F. Scott Fitzgerald**
Studienausgabe in bisher 8 Einzelbänden
detebe

- **Gustave Flaubert**
Werkausgabe in 7 Bänden
detebe 20721–20725 und 20386

Über Gustave Flaubert
Herausgegeben von Gerd Haffmans und Franz Cavigelli. detebe 20726

- **Ford Madox Ford**
Die allertraurigste Geschichte
Roman. detebe 20532

- **Franz von Assisi**
Die Werke
detebe 20641

- **Goethe**
Gedichte I
detebe 20437

Gedichte II
Gedankenlyrik / Westöstlicher Diwan.
detebe 20438

Faust
Der Tragödie erster und zweiter Teil.
detebe 20439

● **Nikolai Gogol**
Die Nase
Erzählungen. Zeichnungen von Alfred Kubin. detebe 20624

Die toten Seelen
Roman. detebe 20384

● **Iwan Gontscharow**
Ein Monat Mai in Petersburg
Erzählungen. detebe 20625

● **Jeremias Gotthelf**
Ausgewählte Werke in 12 Bänden
Herausgegeben von Walter Muschg.
detebe 20561–20572

Gottfried Keller über Jeremias Gotthelf
detebe 20573

● **Heinrich Heine**
Gedichte
Ausgewählt von Ludwig Marcuse.
detebe 20383

● **O. Henry**
Gesammelte Geschichten in 6 Bänden
detebe 20871–20876

Glück, Geld und Gauner
Ausgewählte Geschichten. detebe 20235

● **Hermann Hesse**
Die Fremdenstadt im Süden
Erzählungen. Ausgewählt von Volker Michels. detebe 20396

● **Otto Jägersberg**
Drei Lehrstücke:
Land
detebe 20551

Seniorenschweiz
detebe 20553

Der industrialisierte Romantiker
detebe 20554

● **Jewgeni Jewtuschenko**
Ausgewählte Gedichte
Anthologie der besten Nachdichtungen.
detebe 20061

● **Juan Ramón Jiménez**
Herz, stirb oder singe
Gedichte. detebe 20388

● **James Joyce**
Das James Joyce Lesebuch
Auswahl aus ›Dubliner‹, ›Porträt des Künstlers‹ und ›Ulysses‹. Aus dem Englischen von Dieter E. Zimmer, Klaus Reichert und Hans Wollschläger. Mit Aufzeichnungen von Georges Borach und einer Betrachtung von Fritz Senn. detebe 20645

● **Das Erich Kästner Lesebuch**
Herausgegeben von Christian Strich.
detebe 20515

● **Gottfried Keller**
Zürcher Ausgabe
In der Edition von Gustav Steiner.
detebe 20521–20528

Über Gottfried Keller
Herausgegeben von Paul Rilla. detebe 20535

● **Ring Lardner**
Geschichten aus dem Jazz-Zeitalter
Herausgegeben von Fritz Güttinger.
detebe 20135

● **D. H. Lawrence**
Sämtliche Erzählungen und Kurzromane in 8 Einzelbänden
detebe 20184–20191

Liebe, Sex und Emanzipation
Essays. detebe 20955

John Thomas & Lady Jane
Roman. detebe 20299

Briefe
Auswahl von Richard Aldington. Vorwort von Aldous Huxley. Übersetzung und Nachwort von Elisabeth Schnack. detebe 20954

● **Doris Lessing**
Hunger
Erzählungen. detebe 20255

Der Zauber ist nicht verkäuflich
Afrikanische Geschichten. detebe 20886

● **Carson McCullers**
Werkausgabe in 7 Einzelbänden
detebe 20140–20146

Über Carson McCullers
Herausgegeben von Gerd Haffmans.
detebe 20147

● **Heinrich Mann**
Liebesspiele
Ausgewählte Erzählungen. Mit Zeichnungen
von George Grosz. detebe 20100

● **Thomas Mann**
Der Bajazzo
Ausgewählte Erzählungen. Herausgegeben
von Gerd Haffmans. detebe 20555

● **Ludwig Marcuse**
*Werkausgabe in bisher 12
Einzelbänden*
detebe

● **W. Somerset Maugham**
*Werkausgabe in 20
Einzelbänden*
detebe

● **Herman Melville**
Moby-Dick
Roman. detebe 20385

Billy Budd
Erzählung. detebe 20787

● **Molière**
Komödien in 7 Einzelbänden
In der Neuübersetzung von Hans Weigel.
detebe 20199–20205

Über Molière
Herausgegeben von Christian Strich, Rémy
Charbon und Gerd Haffmans.
detebe 20067

● **Thomas Morus**
Utopia
detebe 20420

● **Sean O'Casey**
Purpurstaub
Komödie. detebe 20002

*Dubliner Trilogie: Der Schatten
eines Rebellen / Juno und der
Pflug / Der Pflug und die Sterne*
Komödien. detebe 20034

Autobiographie in 6 Einzelbänden
detebe 20394 und 20761–20765

● **Frank O'Connor**
*Gesammelte Erzählungen in 6
Einzelbänden*
detebe

● **Sean O'Faolain**
*Ausgewählte Erzählungen in
3 Einzelbänden*
detebe

● **Liam O'Flaherty**
Armut und Reichtum
Erzählungen. detebe 20232

Ich ging nach Rußland
Reisebericht. detebe 20016

● **George Orwell**
*Studienausgabe in bisher
7 Einzelbänden*
detebe

Das George Orwell Lesebuch
Herausgegeben und mit einem Nachwort
von Fritz Senn. detebe 20788

● **Konstantin Paustowski**
Das Sternbild der Jagdhunde
Erzählungen I. detebe 20627

Die Windrose
Erzählungen II. detebe 20647

● **Edgar Allan Poe**
Der Untergang des Hauses Usher
Erzählungen. detebe 20233

● **Saki**
Die offene Tür
Erzählungen. Zeichnungen von Edward Gorey. detebe 20115

● **Jewgenij Samjatin**
Attila, die Geißel Gottes
Geschichte. detebe 20626

● **Arthur Schnitzler**
Spiel im Morgengrauen
Erzählungen. Ausgewählt von Hans Weigel.
detebe 20218

● **Arthur Schopenhauer**
Werkausgabe in 10 Bänden
nach der historisch-kritischen Ausgabe von
Arthur Hübscher. detebe 20421–20430

Über Schopenhauer
Herausgegeben von Gerd Haffmans.
detebe 20431

● **William Shakespeare**
Sonette
Deutsch von Karl Kraus. detebe 20381

*Dramatische Werke in
10 Bänden*
Übersetzung von Schlegel/Tieck. Illustrationen von Heinrich Füßli. detebe 20631–20640

Shakespeare's Geschichten
Sämtliche Stücke von William Shakespeare nacherzählt von Walter E. Richartz und Urs Widmer. detebe 20791 und 20792

● **Alan Sillitoe**
*Studienausgabe in bisher
7 Einzelbänden*
detebe

● **Stendhal**
Werke in 10 Bänden
detebe 20966–20975

Über Stendhal
Herausgegeben von Irene Riesen.
detebe 20976

● **Laurence Sterne**
Tristram Shandy
Roman. detebe 20950

● **R. L. Stevenson**
Werke in 12 Bänden
in der Edition und Übersetzung von Curt und Marguerite Thesing.
detebe 20701–20712

● **Teresa von Avila**
Die innere Burg
detebe 20643

● **Henry D. Thoreau**
*Walden oder Leben in den
Wäldern*
Vorwort von W. E. Richartz. detebe 20019

*Über die Pflicht zum
Ungehorsam gegen den Staat*
Essay. Nachwort von W. E. Richartz.
detebe 20063

● **Lydia Tschukowskaja**
Ein leeres Haus
Roman. detebe 20008

Untertauchen
Roman. detebe 20393

● **Robert Walser**
Der Spaziergang
Erzählungen und Aufsätze. Nachwort von Urs Widmer. detebe 20065

Maler, Poet und Dame
Aufsätze über Kunst und Künstler. Herausgegeben von Daniel Keel. detebe 20794

● **H. G. Wells**
*Studienausgabe in bisher
5 Einzelbänden*
detebe

● **Nathanael West**
Schreiben Sie Miss Lonelyhearts
Roman. detebe 20058

Tag der Heuschrecke
Roman. detebe 20059

*Eine glatte Million oder
Die Demontage des Mister
Lemuel Pitkin*
Roman. detebe 20249

● **Oscar Wilde**
*Der Sozialismus und die Seele
des Menschen*
Essay. detebe 20003

Die Sphinx ohne Geheimnis
Sämtliche Erzählungen. detebe 20922

● **Hans Wollschläger**
*Die bewaffneten Wallfahrten gen
Jerusalem*
Geschichte der Kreuzzüge. detebe 20082

Die Gegenwart einer Illusion
Essays. detebe 20576

Karl May
Biographie. detebe 20253